Gestão do Conhecimento

T136g   Takeuchi, Hirotaka
    Gestão do conhecimento / Hirotaka Takeuchi, Ikujiro Nonaka; tradução Ana Thorell. Porto Alegre : Bookman, 2008.
    320 p.; 25 cm.

    ISBN 978-85-7780-191-6

    1. Gestão do conhecimento. 2. Administração I. Nonaka, Ikujiro. II. Título.

                                                    CDU 658.01

Catalogação na publicação: Mônica Ballejo Canto – CRB 10/1023.

Hirotaka Takeuchi
Ikujiro Nonaka

Gestão do Conhecimento

Tradução:
Ana Thorell

Consultoria, supervisão e revisão técnica desta edição:
Cláudio Reis Gonçalo
Doutor em Engenharia de Produção – UFSC/Monash University (Austrália)
Professor do Programa Pós-Graduação em Administração da Unisinos

Reimpressão 2009

2008

Obra originalmente publicada sob o título
Hitotsubashi on Knowledge Management
ISBN 0-470-82074-8

Copyright © 2004 John Wiley & Sons (Asia) Pte Ltd
Tradução autorizada do original em língua inglesa publicado por John Wiley & Sons (Asia) Pte. Ltd.

Capa: *Paola Manica*

Leitura final: *Sandro Andretta*

Supervisão editorial: *Arysinha Jacques Affonso*

Editoração eletrônica: *Techbooks*

Reservados todos os direitos de publicação, em língua portuguesa, à
ARTMED® EDITORA S.A.
(BOOKMAN® COMPANHIA EDITORA é uma divisão da ARTMED® EDITORA S. A.)
Av. Jerônimo de Ornelas, 670 - Santana
90040-340 Porto Alegre RS
Fone (51) 3027-7000   Fax (51) 3027-7070

É proibida a duplicação ou reprodução deste volume, no todo ou em parte,
sob quaisquer formas ou por quaisquer meios (eletrônico, mecânico, gravação,
fotocópia, distribuição na Web e outros), sem permissão expressa da Editora.

SÃO PAULO
Av. Embaixador Macedo de Soares, 10.735 - Galpão 5
Vila Anastácio - 05035-000 São Paulo SP
Fone (11) 3665-1100   Fax (11) 3667-1333

SAC 0800 703-3444

IMPRESSO NO BRASIL
PRINTED IN BRAZIL

ORGANIZADORES

Hirotaka Takeuchi é professor e reitor da Universidade de Hitotsubashi. Antes de se juntar à Hitotsubashi, lecionou na Harvard Business School. O seu livro mais recente, *Can Japan Compete?*, foi escrito em co-autoria com Michael E. Porter.

Ikujiro Nonaka é professor da Universidade de Hitotsubashi, em Tóquio, no Japão. Ele é o autor mais citado no campo de gestão do conhecimento, e o seu livro *Criação do conhecimento na empresa*, que ganhou o prêmio de melhor livro de gestão, em 1996, também é o mais citado da área.

Os prof. Takeuchi e Nonaka têm Ph.D. e MBA pela Universidade da Califórnia em Berkeley.

COLABORADORES

Cristina L. Ahmadjian
Professora Associada da Escola Superior de Estratégia Corporativa Internacional, Universidade de Hitotsubashi, Tóquio, Japão.

Satoshi Akutsu
Professor Associado da Escola Superior de Estratégia Corporativa Internacional, Universidade de Hitotsubashi, Tóquio, Japão.

Kazuo Ichijo
Professor da Escola Superior de Estratégia Corporativa Internacional, Universidade de Hitotsubashi, Tóquio, Japão.

Ken Kusunoki
Professor Associado da Escola Superior de Estratégia Corporativa Internacional, Universidade de Hitotsubashi, Tóquio, Japão.

Emi Osono
Professor Associado da Escola Superior de Estratégia Corporativa Internacional, Universidade de Hitotsubashi, Tóquio, Japão.

Ryoko Toyama
Professor Associado do Instituto Avançado de Ciência e Tecnologia do Japão e da Escola Superior da Ciência do Conhecimento, Tatsunokuchi, Ishikawa, Japão.

AGRADECIMENTOS

Desejamos, primeiramente, reconhecer a colaboração de todos os colaboradores deste livro. Eles vieram de disciplinas múltiplas, mas tinham uma meta singular em mente, que era colocar a Hitotsubashi ICS na fronteira do conhecimento na cena global. Também queremos agradecer aos nossos colegas no International Business Strategy Program, na Hitotsubashi ICS, que proporcionaram um ambiente favorável à criação de novos conhecimentos. Entre eles estão Sherman Abe, Yaichi Aoshima, Helen Chen, Yoshinori Fujikawa, Toshiaki Ikoma, Emiko Kakiuchi, Michael Korver, Shingo Oue, Patricia Robinson, Norihiko Shimizu, Genichi Taguchi e Ryuji Yasuda.

Também desejamos agradecer o entusiasmo e o espírito de cooperação dos membros de nossa equipe de apoio – Mariko Hayashida, Koko Sakata, Taeko Sugeno e Ritsuko Watanabe, que suportaram alegremente o encargo de nos manter no alvo e facilitaram a tarefa complexa de coordenar o projeto de redação deste livro.

Nossa gratidão também a Nicholas Wallwork, da John Wiley & Sons (Ásia), por compactuar com a idéia original de levar este projeto adiante, aos editores Janis Soo e Robyn Flemming por nos fornecerem muitas idéias para melhorar o manuscrito e a Pauline Pek por facilitar a complexa rede de comunicação.

Finalmente, nosso agradecimento pessoal para nossas esposas e filhos, assim como para os familiares de nossos colaboradores, por seu incentivo e tolerância. Como diz a letra da música , "You are the sunshine of our lives".

Hirotaka Takeuchi
Ikujiro Nonaka

PREFÁCIO

Em 1995, empreendemos uma jornada para construir uma nova teoria de criação do conhecimento organizacional. Para fazer isso, vasculhamos a literatura e descobrimos que o conhecimento tem sido um tema central de debate na filosofia e na epistemologia desde os dias de Platão e Sócrates. Certamente, não era o tema central de debate na gestão daquele tempo.

A gestão do conhecimento percorreu um longo caminho desde que nossa trajetória foi iniciada, em 1995. Atualmente, a teoria que defendemos em *The Knowledge-Creating Company* (New York: Oxford University Press, 1995) é considerada como "uma das teorias mais citadas na literatura da gestão do conhecimento".[1] Em um levantamento recente, este livro original, de Nonaka e Takeuchi, classificou-se em primeiro lugar em termos de referências citadas. Possuía 126 citações, seguido pelo artigo de Nonaka em *Organization Science* (48 citações), Davenport e Prusak (43 citações), Leonard-Barton (39 citações) e por Polanyi (39 citações).[2] Peter Drucker chamou nosso livro original de "clássico".

Nós afirmamos que a gestão do conhecimento está agora no centro do que a gestão tem de fazer no ambiente de mudanças rápidas atuais. As mudanças estão ocorrendo no ambiente externo em múltiplas dimensões e em ritmo acelerado. Elas incluem novas formas de competição, globalização dos mercados e das cadeias de suprimentos, avanços tecnológicos, emergência de novas indústrias, tendências demográficas, modificações na força de trabalho e jogos geopolíticos de poder, para citar algumas. Essas mudanças endêmicas no ambiente externo exigem mudanças contínuas e rápidas na organização. A gestão deve responder à mudança ou enfrentar o inevitável: mudar ou morrer.

Esta ênfase na mudança coloca a gestão do conhecimento no âmago do que necessita ser feito para enfrentar o ambiente atual de modificações rápidas. A característica exclusiva do conhecimento como recurso reside no fato de que se torna obsoleto tão logo é criado. Assim, novos conhecimentos têm de ser criados continuamente para que uma empresa sobreviva no ambiente competitivo atual. A gestão do conhecimento – definida como o processo de criar continuamente novos conhecimentos, disseminando-os amplamente através da organização e incorporando-os velozmente em novos produtos/serviços, tecnologias e sistemas – perpetua a mudança no interior da organização.

O ambiente de mudanças rápidas que o gerenciamento enfrenta é também muito complexo. Como Joan Magretta escreveu em sua obra recente,[3] o gerenciamento é uma empreitada complexa que pode ser bem mais difícil do que aparenta:

Exige tanto conhecimento técnico quanto *insight* humano; demanda a perspectiva e o temperamento para lidar com enorme complexidade, incerteza e mudança. Necessita de análise e empatia, entusiasmo e curiosidade, poder decisório e paciência. Os gestores são céticos que questionam tudo, não presumindo nada como verdadeiro, devendo ainda assim confiar em outros para que a tarefa seja realizada.

Esta exigência dupla para atingir o que aparenta ser dois opostos (por exemplo, conhecimento técnico e *insight* humano, análise e empatia, capacidade decisória e paciência, ou questionamento dos outros e confiança nos outros), ao mesmo tempo, também coloca a gestão do conhecimento no centro da agenda de todo administrador atual. O próprio conhecimento é formado por dois componentes dicotômicos e aparentemente opostos – especificamente, o conhecimento explícito e o conhecimento tácito. Como veremos neste livro, uma organização cria novos conhecimentos convertendo o conhecimento tácito em conhecimento explícito, e vice-versa. O novo conhecimento é criado através da "síntese", que é um processo contínuo e dinâmico que reconcilia e transcende os opostos.

Prévia dos capítulos

A essência da criação do conhecimento está profundamente enraizada no processo de administração da "síntese" através de múltiplos opostos. O Capítulo 1 identifica seis conjuntos de opostos – tácito/explícito, corpo/mente, indivíduo/organização, inferior/superior, hierarquia/força de trabalho e Oriente/Ocidente – que exigem uma síntese para que o novo conhecimento seja criado. Assim como o processo de criação do conhecimento, o Capítulo 1 salienta que os administradores devem abraçar, cultivar e sintetizar dois traços aparentemente opostos para que a organização atualize-se continuamente. Eles devem buscar, por exemplo, tanto o curto prazo quanto o longo prazo, o global e o local, a eficiência e a criatividade, a flexibilidade e o controle, a melhoria contínua e a inovação perturbadora, a eficácia operacional e o posicionamento estratégico.

Os Capítulos 2 e 3 são retratados como opostos neste livro. O Capítulo 2 apresenta a perspectiva prática de como as empresas líderes atuam na criação de novos conhecimentos. Amplamente baseado em estudos de casos, enfatiza a importância das metáforas, do caos e dos administradores medianos no processo de criação do conhecimento. O Capítulo 3 apresenta os fundamentos teóricos do processo de criação do conhecimento, destinando a maior parte do texto à explicação do modelo SECI (socialização, externalização, combinação e internalização) e de como uma espiral de conhecimento é orquestrada dentro da organização.

Os Capítulos 4 e 5 são tentativas de ampliação do modelo original. O Capítulo 4 tenta construir uma teoria nova baseada no conhecimento da empresa, incorporando o conceito de *ba*, o raciocínio dialético e a teoria da estruturação do modelo SECI. Defende que a criação do conhecimento é um processo sintetizador, através do qual a organização interage com os indivíduos e o ambiente para transcender aos paradoxos e às contradições. O Capítulo 5 descreve as características necessárias que "possibilitam" as condições que apóiam e sustentam o processo de criação do conhecimento.

Os Capítulos 6 a 11 são tentativas de sintetizar a gestão do conhecimento com o raciocínio e a prática gerencial geral. Examinamos os seguintes conceitos e práticas de administração a partir da perspectiva do conhecimento:

- inovação do conceito de produto (Capítulo 6)
- competição global (Capítulo 7)
- rede interorganizacional (Capítulo 8)
- processo de elaboração de estratégias (Capítulo 9)
- capacidade de *branding* (Capítulo 10) e
- tecnologia da informação (Capítulo 11)

O Capítulo 12 proporciona um estudo de caso real sobre o que é necessário para criar novo conhecimento em uma organização iniciante. A empresa em operação é a Graduate School of International Corporate Strategy (ICS) da Universidade Hitotsubashi, uma escola de administração estabelecida em 2000, onde oito dos nove autores colaboradores ensinam nos cursos do programa MBA. A Hitotsubashi tornou-se a primeira escola de graduação "profissional" a ser certificada pelo Ministério da Educação do Japão.

ALGUMAS PALAVRAS SOBRE A HITOTSUBASHI

Por ser a pioneira no Japão, a Hitotsubashi ICS recebeu considerável atenção da mídia estrangeira. Um artigo intitulado "Building a World Class Business School" (*Business Week,* October 2, 2000) tinha o seguinte a dizer sobre a Hitotsubashi ICS:

> Visando à educação de seus jovens executivos mais promissores, o Japão sempre os transferiu para Harvard, Wharton ou para a Universidade da Califórnia em Berkeley. Para os professores de administração no Japão, isso equivale a uma desgraça nacional. "Por que o Japão, a segunda maior economia mundial, não possui uma escola de administração de categoria mundial?" ... [a Hitotsubashi ICS] é a primeira escola estatal a oferecer um MBA, e a única instituição no Japão a exigir experiência de trabalho como qualificação para o ingresso.

A Hitotsubashi ICS também foi descrita em um artigo de duas páginas do *Financial Times* (30 de outubro, 2000), que focalizava a ousada tentativa da escola de "romper com o passado":

Contrariando a maioria das universidades japonesas, onde os professores raramente se afastam do campus, a nova escola de graduação convocou uma equipe de antigos consultores, banqueiros de investimentos e professores aposentados. Embora a *staff* seja predominantemente japonês, todos têm experiência internacional ou em companhias estrangeiras.

Na sala de aula, os professores planejam focalizar as técnicas de administração ocidentais – mas também destacam os princípios japoneses de "gestão do conhecimento", trabalho em equipe e tecnologia da produção.

Além disso, haverá cursos "aventureiros", concertos e consultas de campo semanais, onde os estudantes enfrentarão temas do mundo real como a falta de moradia, a fome e a pobreza... [O] programa marca uma tentativa pouco habitual de uma escola de graduação japonesa de encarar as responsabilidades sociais das empresas.

A ICS é nova, mas a Hitotsubashi tem uma história longa. Sua origem pode ser traçada até a abertura de uma escola vocacional particular próxima a Ginza (Tóquio), em 1875. Sua equipe de ensino era internacional desde o início, com William C. Whitney, um americano, ensinando inglês manuscrito, conversação e gramática em 1875. Além dessas aulas de inglês, os primeiros cursos incluíam assuntos muito práticos, como contabilidade, aritmética japonesa e ocidental e geografia.

O campus da escola mudou-se para Hitotsubashi, em Kanda Ward (Tóquio), em 1885, e para Kunitachi, um subúrbio de Tóquio, depois que o terremoto de 1923 demoliu o campus do centro de Tóquio. A Hitotsubashi mudou-se de volta para o local no centro de Tóquio com a abertura do campus da ICS, em 2000.

Antes, em 1920, já havia ascendido ao status universitário sob o nome de Tokyo University of Commerce. Foi renomeada Hitotsubashi University em 1949. Ao longo dos anos, o aprendizado prático cedeu, gradualmente, lugar a um conteúdo mais acadêmico. Atualmente, a Hitotsubashi é a principal instituição no Japão no campo de ciências sociais.

Com a ICS, a Hitotsubashi está voltando às suas raízes. Localizando-se novamente no centro de Tóquio. Ensinando nosso programa de MBA em inglês. Tendo americanos no núcleo de nossa equipe de ensino. Ensinando habilidades práticas de administração. Ao mesmo tempo, no entanto, a ICS é uma tentativa ousada de romper com o passado. Por exemplo, embora Mercúrio seja o símbolo da universidade, a ICS criou um novo logo formado de uma bandeira ondulante e de uma face humana (ver à página 297). Significa um líder inovador, não-convencional, rompendo estruturas, carregando a bandeira até a fronteira do conhecimento na economia global. "Saindo da caixa". Quebrando as estruturas. Questionando o conhecido. A Hitotsubashi ICS é sobre isso tudo.

NOTAS

1. Chun Wei Choo and Nick Bontis, "Knowledge, Intellectual Capital, and Strategy," in Chun Wei Choo and Nick Bontis, *The Strategic Management of Intellectual Capital and Organizational Knowledge* (New York: Oxford University Press, 2002), p. 11.

2. Chun Wei Choo, "Perspectives on Managing Knowledge in Organizations", *Cataloging and Classification Quarterly*, no prelo.

3. Joan Magretta, *What Management Is* (New York: The Free Press, 2002), p. 218.

Sumário

Capítulo 1 Criação e Dialética do Conhecimento — 17
Hirotaka Takeuchi e Ikujiro Nonaka

Capítulo 2 A Empresa Criadora de Conhecimento — 39
Ikujiro Nonaka

Capítulo 3 Teoria da Criação do Conhecimento Organizacional — 54
Ikujiro Nonaka e Hirotaka Takeuchi

Capítulo 4 Criação do Conhecimento como Processo Sintetizador — 91
Ikujiro Nonaka e Ryoko Toyama

Capítulo 5 Da Administração à Promoção do Conhecimento — 118
Kazuo Ichijo

Capítulo 6 Diferenciação de Valor: Organização do *Know-What* para a Inovação do Conceito de Produto — 142
Ken Kusunoki

Capítulo 7 Gestão do Conhecimento e Concorrência Global: A Abordagem da Olympus à Gestão do Conhecimento Global na Indústria de Câmeras Fotográficas Digitais — 165
Yoko Ishikura

Capítulo 8 Criação do Conhecimento Interorganizacional: Conhecimento e Redes — 201
Christina L. Ahmadjian

Capítulo 9 O Processo de Elaboração da Estratégia como Diálogo — 217
Emi Osono

Capítulo 10 Capacidades de *Branding*: Um Olhar sobre a Capacidade da Sony na Criação do Conhecimento da Marca — 251
Satoshi Akutsu e Ikujiro Nonaka

Capítulo 11 Síntese do Conhecimento Modular e Integral: Inovação da Arquitetura do Negócio na Era da TI — 270
Ken Kusunoki

Capítulo 12 Criação do Conhecimento dentro de uma Organização Dialética — 294
Hirotaka Takeuchi

Índice — 315

CAPÍTULO **1**

CRIAÇÃO E DIALÉTICA DO CONHECIMENTO

HIROTAKA TAKEUCHI E IKUJIRO NONAKA

Quanto mais turbulentos os tempos, quanto mais complexo o mundo, mais paradoxos existem. As contradições, as inconsistências, os dilemas e as polaridades abundam nestes dias e nesta época. As empresas bem-sucedidas não estão apenas enfrentando o paradoxo, mas tirando vantagem dele.[1]

F. Scott Fitzgerald certa vez mencionou que "o teste de uma inteligência diferenciada é a capacidade de manter duas idéias opostas em mente, ao mesmo tempo, e ainda manter a capacidade de funcionar".[2] Uma inteligência diferenciada iniciará com a premissa de que a vida é formada de opostos: masculino e feminino, vida e morte, bom e mau, jovem e velho, trabalho e casa. Temos que viver com o paradoxo, aceitá-lo, enfrentá-lo, tirar sentido dele e usá-lo para achar um melhor caminho.

Joseph Schumpeter pode ser citado como alguém capaz de manter duas idéias opostas em mente ao mesmo tempo. Schumpeter postulava o "desequilíbrio dinâmico" como o único estado estável da economia, e a "destruição criativa", por parte dos inovadores, como a força impulsora da economia. Uma onda de interesse atual em Schumpeter é o reflexo dos nossos tempos. O que é digno de nota é o fato de que seus postulados são a antítese da teoria econômica prevalente, baseada na idéia do equilíbrio como norma de uma economia saudável e nas políticas, monetária e fiscal, como impulsionadoras de uma economia moderna. Uma mente diferenciada agora tem a oportunidade de manter duas visões opostas – a tese de Schumpeter e a antítese da economia dos dias modernos – ao mesmo tempo e usá-las para encontrar um melhor caminho.

Viver com um paradoxo não é confortável nem fácil. Charles Handy descreve isso da seguinte forma:

> É como andar em uma floresta escura em uma noite sem lua. É uma experiência desagradável e, às vezes, assustadora. Todo o sentido de direção está perdido; as árvores e os arbustos oprimem; onde quer que se pise, encontra-se um novo obstáculo; todo ruído ou murmúrio é amplificado; há um sopro de perigo; parece mais seguro ficar imóvel do que mover-se. Vindo o amanhecer, no entanto, o caminho fica claro; os ruídos agora são o canto dos pássaros e o murmúrio na vegetação rasteira é apenas o dos coelhos disparando; as árvores definem o trajeto em vez de bloqueá-lo. A floresta é um lugar diferente.[3]

Se pudermos esclarecer os paradoxos, o mundo parecerá diferente e menos ameaçador. Na realidade, isto é o que as empresas bem-sucedidas estão fazendo.

O sucesso das corporações nunca foi tão frágil. Apenas algumas poucas empresas têm demonstrado capacidade de mudar tão rápido quanto o ambiente que as cerca e de lidar com as complexidades envolvidas. Uma das principais razões pelas quais as empresas fracassam, atualmente, é sua tendência de eliminar os paradoxos, prendendo-se a antigas rotinas criadas pelo seu sucesso anterior.

Em contraste nítido, uma nova espécie de empresa emergiu como líder nesta época de paradoxos. Essas empresas, que estamos chamando de empresas "dialéticas", não estão apenas enfrentando passivamente o paradoxo. Estão abraçando ativamente os opostos. Estão cultivando contradições positivamente. Estão usando os paradoxos, entusiasticamente, como um convite para encontrar um melhor caminho.

PARADOXO E CONHECIMENTO

A passagem, única em duzentos anos, da Sociedade Industrial para a Sociedade do Conhecimento mudou a forma de vermos o paradoxo. O paradoxo era algo a ser eliminado na Sociedade Industrial. Ia contra a própria essência do que Frederick Taylor estava tentando atingir. Para aumentar a eficiência na produção, ele prescreveu métodos e procedimentos "científicos" para organizar e realizar o trabalho, o mais importante deles sendo o estudo do tempo e do movimento. Na realidade, outros métodos para aumentar a eficiência na produção – linhas de montagem, automação, robótica, CAD/CAM, para citar alguns – podem ser vistos como tentativas de eliminar o paradoxo do chão de fábrica.

Ao mesmo tempo, uma tentativa semelhante de erradicar a ambigüidade estava ocorrendo na área do processamento da informação. Fortemente influenciado pelo desenvolvimento do computador e das ciências cognitivas, Herbert Simon investigou a natureza humana da solução de problemas e da tomada de decisão, desenvolvendo a visão da organização como uma "máquina de processamento da informação". Como os seres humanos sofriam com a racionalidade limitada, a organização tinha que lidar com a complexidade do mundo real decompondo a realidade em partes de informação pequenas e simples o suficiente para que a pessoa as processasse. O processamento eficaz da informação, afirmava Simon, é possível apenas quando os problemas complicados são simplificados e as estruturas organizacionais são especializadas.

Um exemplo típico da visão de Simon manifesta-se no modo como um carro é fabricado. O processo de fabricação do carro é decomposto em várias tarefas simples e a cada trabalhador é atribuída uma pequena tarefa. Ele não necessita entender o que os outros estão fazendo ou o que a sua tarefa significa para o processo total de fabricação do carro. A divisão de todo o processo em pequenas tarefas ou módulos era a chave para o sucesso na Sociedade Industrial.

A passagem para a Sociedade do Conhecimento elevou o paradoxo, de algo a ser eliminado e evitado, para algo a ser aceito e cultivado. As contradições, as inconsistências, os dilemas, as dualidades, as polaridades, as dicotomias e as oposições não são alheios ao conhecimento, pois o conhecimento em si é formado por dois componentes dicotômicos e aparentemente opostos – isto é, o conhecimento explícito e o conhecimento tácito.

O conhecimento explícito pode ser expresso em palavras, números ou sons, e compartilhado na forma de dados, fórmulas científicas, recursos visuais, fitas de áudio, especificações de produtos ou manuais. O conhecimento explícito pode ser rapidamente transmitido aos indivíduos, formal e sistematicamente.

O conhecimento tácito, por outro lado, não é facilmente visível e explicável. Pelo contrário, é altamente pessoal e difícil de formalizar, tornando-se de comunicação e compartilhamento dificultoso. As intuições e os palpites subjetivos estão sob a rubrica do conhecimento tácito. O conhecimento tácito está profundamente enraizado nas ações e na experiência corporal do indivíduo, assim como nos ideais, valores ou emoções que ele incorpora.

Para ser preciso, existem duas dimensões para o conhecimento tácito. A primeira é a dimensão "técnica", que engloba as habilidades informais e de difícil detecção, muitas vezes captadas no termo *"know-how"*. Os mestres-artesãos ou os *chefs* de três estrelas, por exemplo, possuem um tesouro de especialidade nas pontas dos dedos, desenvolvido depois de anos de experiência, mas freqüentemente têm dificuldade em articular os princípios técnicos ou científicos por trás daquilo que sabem. Os *insights* altamente subjetivos e pessoais, as intuições, os palpites e as inspirações derivadas da experiência corporal, todos se encaixam nesta dimensão.

O conhecimento tácito também contém uma importante dimensão "cognitiva". Ela consiste em crenças, percepções, ideais, valores, emoções e modelos mentais tão inseridos em nós que os consideramos naturais. Embora não possa ser articulada muito facilmente, essa dimensão do conhecimento tácito dá forma ao modo como percebemos o mundo em torno de nós.

O conhecimento não é explícito *ou* tácito. O conhecimento é tanto explícito quanto tácito. O conhecimento é inerentemente paradoxal, pois é formado do que aparenta ser dois opostos.

A capacidade de envolver dois opostos – em outras palavras, descobrir uma forma de ter tanto A quanto B ao mesmo tempo – tem estado no palco central da literatura de administração desde que Collins e Porras cunharam o termo "a genialidade do *e*" há quase dez anos. As empresas bem-sucedidas funcionam bem a curto prazo *e* a longo prazo.[4] "Elas procuram melhoria contínua *e* tecnologia perturbadora.[5] Elas buscam inovação do produto *e* do processo *e* inovação no conceito de negócios.[6] Elas preservam o núcleo *e* estimulam o progresso.[7] Além disso, buscam economia de escala e de escopo *e* economia de velocidade; controle *e* independência; eficiência *e* criatividade; o global *e* o local.

Para ter sucesso nos turbulentos dias de hoje e no mundo complexo, as empresas necessitam abraçar não apenas um conjunto de opostos, mas uma completa multidão de opostos ao mesmo tempo. A Tabela 1.1 apresenta um exemplo vivo de como múltiplos traços opostos são perseguidos simultaneamente pelos Marines dos Estados Unidos, uma organização que se destaca no mundo atual. O que não está claro na literatura de administração é como as empresas devem agir para fazer o mesmo. Uma compreensão da dialética ajudará em relação a isso.

CONHECIMENTO E DIALÉTICA

A dialética, que é uma forma de raciocínio que remonta à antiga Grécia, enfatiza duas características que são úteis nos tempos turbulentos e no complexo mundo atual.[8] A primeira é sua ênfase na mudança. Em vez de referir-se a algo estático, refere-se ao processo e ao movimento. A segunda é sua ênfase nos

Tabela 1.1 Os Marines dos Estados Unidos: Um exemplo vivo da dialética em ação

1. Aceitação dos paradoxos

Lidar com ambientes complexos exige uma mente não-simplista, não-extremada, e a tensão entre os traços pode proporcionar a sutileza e variação necessária na visão

2. Cultivo dos traços opostos

Necessidade de arriscar o fracasso/Necessidade de obter sucesso

Ter autoridade/Respeitar a hierarquia

Ter planos e processos bem-definidos/Necessidade de improvisação

Ser disciplinado/Ser criativo

Ter uma tarefa principal/Lidar com funções diferentes

Analisar cuidadosamente/Agir rapidamente

Ter que competir contra outros Marines/Ter que colocar o sucesso de outros acima do seu próprio

Fonte: D.H. Freedman, *The 30 Management Principles of the U.S. Marines* (New York: HarperBusiness, 2000).

opostos. A mudança ocorre através do conflito e da oposição, de acordo com o raciocínio dialético. Está sempre buscando a contradição dentro das pessoas ou das situações, como o principal guia para o que está acontecendo e o que provavelmente acontecerá. O ponto inicial do movimento dialético é a *tese* (T*a* na Figura 1.1). O próximo estágio é para que essa tese mostre-se inadequada ou inconsistente. É a oposição ou a negação do primeiro estágio e, portanto, é conhecida como *antítese* (T*b*). O segundo estágio, então, também demonstra ser inadequado ou inconsistente. Assim, resulta um terceiro estágio, conhecido como *síntese* (T*c*).[9] É neste estágio que a tese e a antítese prévias reconciliam-se e transcendem. Com o tempo, no entanto, mesmo a síntese tornar-se-á unilateral de alguma forma. Servirá então como tese para um novo movimento dialético, e assim o processo continuará em ziguezague e de modo espiralado, como mostrado na figura.

O processo dinâmico no qual a organização cria, mantém e explora o conhecimento é muito similar ao padrão dialético mostrado na Figura 1.1. O conhecimento também é criado dinamicamente, sintetizando o que aparenta serem opostos e contradições. É criado através de uma espiral que passa através de dois conceitos aparentemente opostos, como tácito *e* explícito, caos *e* ordem, micro (indivíduo) *e* macro (ambiente), eu *e* outro, mente *e* corpo, parte *e* todo, dedução *e* indução, criatividade *e* controle, inferior *e* superior, burocracia *e* força de trabalho, e assim por diante. A chave para liderar o processo de criação do conhecimento é o raciocínio dialético, que transcende e sintetiza essas contradições.

Para complicar a matéria, devemos entender que os opostos, na verdade, não são realmente opostos; daí o uso de termos como "o que aparenta ser oposto" ou "aparentemente oposto" até agora. Por uma razão, os opostos são interdependentes, significando que dependem uns dos outros. Não teria sentido falar sobre a escuridão se não houvesse algo como a luz. Cada membro de um pólo oposto parece necessitar de outro para fazê-lo ser o que é. Em segundo lugar, os opostos são interpenetrantes, o que significa que podem ser encontrados uns nos outros. Existe alguma luz em toda escuridão e alguma escuridão em toda claridade. Se olharmos detidamente para alguma coisa, podemos ver seu oposto

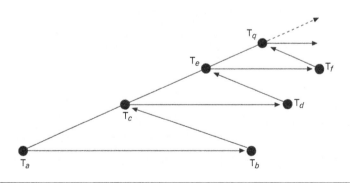

FIGURA 1.1 Espiral da tese-antítese-síntese.

exatamente lá. Em terceiro lugar, os opostos podem se tornar a mesma coisa, se tomarmos seu oposto ao extremo final e o tornarmos absoluto. Portanto, se tornarmos a escuridão absoluta, seremos cegos – não podendo ver nada. E, se tornarmos a luz absoluta, estaremos igualmente cegos e incapazes de ver.[10]

Essas proposições apresentadas sobre opostos na dialética aplicam-se igualmente bem ao conhecimento. Primeiramente, o conhecimento tácito e o conhecimento explícito são retratados como extremos polares; mas na verdade são não apenas complementares um ao outro, como também interpenetrantes. Começamos realmente a entender o conhecimento tácito no momento em que nos permitimos entender nosso conhecimento explícito. O exercício de uma forma de conhecimento exige a presença e a utilização da outra forma. Em segundo lugar, eles também são interpenetrantes. Existe algum conhecimento explícito em cada conhecimento tácito e algum conhecimento tácito em todo conhecimento explícito. Eles são contínuos, porém separáveis. Algumas das fontes mais úteis de conhecimento em uma organização são as que articulam o discernimento ou o conjetural, e as que revelam o oculto ou o não-óbvio.[11] Em terceiro lugar, o conhecimento tácito é a realidade vista a partir de um determinado ângulo ou contexto. Igualmente, o conhecimento explícito é uma realidade vista de um diferente ângulo ou contexto. Se os tomarmos ao extremo e os tornarmos absolutos, eles podem transformar-se um no outro.

O raciocínio dialético aprecia o paradoxo, como exemplificado pela aceitação do que um leigo provavelmente veria como conceitos contraditórios – isto é, a "interdependência" de opostos, a "interpenetração" de opostos e a "união" de opostos. Em outras palavras, a dialética aceita o que aparenta estar nas extremidades opostas – por exemplo, masculino e feminino, vida e morte, bom e mau, novo e velho – como interdependentes, interpenetrantes e "unificados".

Como no raciocínio dialético, a criação do conhecimento aceita o que aparenta ser oposto – por exemplo, o conhecimento tácito e o conhecimento explícito – e tenta sintetizá-los transformando-os e os unindo para transcender à realidade existente. A nova realidade é criada através da síntese, que é o processo contínuo e dinâmico que reconcilia e transcende aos opostos. Em outras palavras, o processo envolve a utilização de uma tese (A) e uma antítese (B) para criar uma nova realidade (C). C é separado e independente de A e B, não algo intermediário entre A e B. O que torna a criação do conhecimento complexa é o fato de que a síntese tem que ocorrer em base contínua (como indicado pelo ziguezague e o padrão espiralado da Figura 1.1) e através de uma multidão de opostos.

No final de nosso livro *The Knowledge-Creating Company*, declaramos que "a essência da criação do conhecimento está profundamente enraizada no processo de construir e administrar sínteses" (p. 237), e identificamos os seguintes opostos que exigem uma síntese antes que o novo conhecimento possa ser criado, organizacionalmente, de maneira espiralada:

- tácito/explícito;
- corpo/mente;

- indivíduo/organização;
- *top-down/bottom-up;*
- hierarquia/força de trabalho; e
- Oriente/Ocidente.

Como veremos a seguir, no âmago da criação de conhecimento das empresas está sua habilidade de envolver os opostos, cultivá-los e usá-los como um convite para encontrar um melhor caminho.

SÍNTESE DE TÁCITO/EXPLÍCITO

Uma organização cria e utiliza conhecimento convertendo o conhecimento tácito em conhecimento explícito, e vice-versa. Identificamos quatro modos de conversão de conhecimento: (1) *socialização*: de tácito para tácito; (2) *externalização*: de tácito para explícito; (3) *combinação*: de explícito para explícito; e (4) *internalização*: de explícito para tácito. Este ciclo, que se tornou conhecido na literatura como modelo SECI, espiral SECI ou processo SECI (ver Figura 1.2), está no núcleo do processo de criação do conhecimento. Este modelo descreve como os conhecimentos tácito e explícito são amplificados em termos de qualidade e quantidade, assim como do indivíduo para o grupo e, então, para o nível organizacional.

A criação do conhecimento inicia com a socialização e passa através de quatro modos de conversão do conhecimento, formando uma espiral. O conhecimento é amplificado passando pelos quatro modos de conversão, que podem ser descritos como a seguir:

1. *Socialização*: Compartilhar e criar conhecimento tácito através de experiência direta.

2. *Externalização*: Articular conhecimento tácito através do diálogo e da reflexão.

3. *Combinação*: Sistematizar e aplicar o conhecimento explícito e a informação.

4. *Internalização*: Aprender e adquirir novo conhecimento tácito na prática.

A espiral também é amplificada à medida que passa para os níveis ontológicos, do indivíduo para o grupo e, então, para a organização. Cada modo do processo SECI envolve uma combinação diferente das entidades de criação do conhecimento, como mostrado abaixo:

1. *Socialização*: indivíduo para indivíduo.

2. *Externalização*: indivíduo para grupo.

3. *Combinação*: grupo para organização.

4. *Internalização*: organização para indivíduo.

FIGURA 1.2 Processo SECI.
Fonte: Adaptada de Nonaka e Takeuchi, 1995. Takeuchi.

Três desses modos já foram discutidos em obras sobre a teoria organizacional até um determinado ponto. A socialização, por exemplo, é similar no conteúdo à teoria dos processos de grupo e da cultura organizacional. A combinação tem suas raízes no paradigma do processamento da informação. A internalização está intimamente ligada com a organização do aprendizado. A externalização, no entanto, tem sido amplamente negligenciada na literatura organizacional. É neste modo que o conhecimento tácito, que é pessoal, específico ao contexto e difícil de formalizar e comunicar aos outros, é convertido em conhecimento transmissível e articulado. Quando a expressão adequada não pode ser encontrada, as metáforas e analogias tornam-se ferramentas úteis. As metáforas oferecem uma forma para que os indivíduos, baseados em outros contextos e com experiências diferentes, compreendam algo intuitivamente através do uso da imaginação e dos símbolos. As analogias esclarecem como duas idéias ou objetos são semelhantes ou não-semelhantes e, portanto, propiciam um passo intermediário entre a imaginação pura e o raciocínio lógico.

A produção de novos conhecimentos envolve um processo que amplifica, organizacionalmente, o conhecimento criado pelos indivíduos e cristaliza-o como parte da rede de conhecimentos da organização. O que impulsiona esse processo de amplificação do conhecimento é a interação contínua, dinâmica e simultânea entre o conhecimento tácito e o conhecimento explícito. Na terminologia da dialética, a síntese de A (tácito) e B (explícito) cria C (novo conhecimento).

SÍNTESE DE CORPO/MENTE

O raciocínio dialético aceita "ambos-e" e nos livra da tirania do "ou-ou". A esse respeito, o raciocínio dialético vai contra a tradição da filosofia ocidental de separar a mente do corpo, resumida na obra do racionalista francês Descartes. Ele propunha um conceito que leva seu nome denominado como dualismo ou separação cartesiana. Descartes defendia que a verdade definitiva pode ser deduzida apenas a partir da existência real de um "eu pensante", tornada famosa por sua frase "Penso, logo existo". Ele presumia que o eu pensante é independente do corpo ou da matéria. Assim, de acordo com o dualismo cartesiano, o conhecimento verdadeiro pode ser obtido apenas pela mente, não pelo corpo. Contrastando, a criação do conhecimento enfatiza muito a importância da experiência corporal. Por exemplo, a criança aprende a comer, andar e falar através da tentativa e do erro; ela aprende com o corpo, não apenas com a mente. O aprendizado, no entanto, representa somente um dos modos da estrutura de criação do conhecimento. O aprender-fazendo é equivalente à internalização, que é a conversão do conhecimento explícito em conhecimento tácito, como mencionado acima. Os três modos restantes de conversão do conhecimento dão igual importância à aquisição de conhecimentos a partir da experiência pura ou direta. O indivíduo obtém *insights* subjetivos, intuições e palpites a partir da experiência corporal.

A experiência pessoal e física tem sido igualmente valiosa como a abstração indireta, intelectual na tradição intelectual japonesa. Na educação *samurai* medieval, ser um "homem de ação" era considerado uma contribuição maior para o caráter de alguém do que dominar a filosofia e a literatura. A síntese dos dois lados opostos do dualismo foi denominada "a unidade do corpo e da mente" por Eisai, um dos fundadores do Zen Budismo, no Japão medieval. Um nível mais alto de conhecimento é criado através da interação dinâmica, contínua e simultânea – ou síntese (C) – do corpo (A) e da mente (B).

Síntese do indivíduo/organização

O conhecimento é criado apenas pelos indivíduos. Em outras palavras, uma organização não pode criar conhecimento por si mesma, sem os indivíduos. É muito importante, portanto, que a organização apóie e estimule as atividades criadoras de conhecimento dos indivíduos ou que proporcione os contextos apropriados para elas. A criação do conhecimento organizacional deve ser entendida como um processo que "organizacionalmente" amplifica o conhecimento criado pelos indivíduos e o cristaliza no nível do grupo através do diálogo, discussão, compartilhar de experiência, fazer sentido ou comunidade de prática.

Ao desenvolver um carro mais leve, mais barato, mais confortável e sólido, Hiroo Watanabe, da Honda, insistiu em destinar o mínimo espaço para a mecânica e o máximo espaço para os passageiros (mais sobre isso nos próximos dois capítulos). A nova equipe de desenvolvimento de produto da Honda contestou e discutiu o que a idéia de Hiroo Watanabe poderia possivelmente significar e apresentou o conceito do "Menino Alto", um carro curto e alto. (A inovação de conceitos será discutida com mais detalhes no Capítulo 7.) Para fazer isso, eles usaram a analogia de uma esfera, que contém o máximo volume na mínima superfície de área, e desenvolveram o que veio a ser chamado de Honda City.

Esse exemplo ilustra o papel central que as equipes auto-organizadas desempenham no processo de criação do conhecimento. Elas proporcionam um contexto compartilhado no qual os indivíduos podem desenvolver um diálogo, que pode envolver considerável conflito e discordância. É precisamente essa contradição que leva os indivíduos a questionarem as premissas existentes e a buscarem novos sentidos em suas experiências. Esse tipo de interação dinâmica no nível do grupo facilita a transformação do conhecimento pessoal em conhecimento organizacional.

Deve ficar claro a partir do que foi mencionado acima que um indivíduo e uma organização não estão realmente nas extremidades opostas de um dualismo. O indivíduo é o "criador" do conhecimento e a organização é o "amplificador" do conhecimento. Entretanto, o contexto real no qual grande parte da conversão ocorre é no nível do grupo ou da equipe. O grupo funciona como o "sintetizador" do conhecimento. Quanto mais autônoma, diversa e auto-organizada for a equipe, mais eficazmente funcionará como sintetizador.

A interação dinâmica dos indivíduos (A) e da organização (B) cria a síntese na forma de uma equipe auto-organizada (C), que desempenha um papel central no processo de criação do conhecimento. Ela proporciona um contexto compartilhado no qual os indivíduos podem interagir uns com os outros. (Veremos mais sobre isso no Capítulo 4, quando discutirmos o conceito de *ba*.) Os membros da equipe criam novos pontos de vista e resolvem contradições através do diálogo. (Haverá mais discussão sobre o diálogo no Capítulo 9.)

SÍNTESE DE INFERIOR/SUPERIOR

Os modelos *"top-down"* e *"bottom-up"* de administração têm sido considerados, por muito tempo, as extremidades opostas do espectro do processo administrativo. A presunção implícita por trás do modelo *top-down* é a de que apenas os administradores do topo são capazes de criar conhecimento. Além disso, o conhecimento criado pelo topo administrativo existe para ser processado e implementado. Em contraste, o modelo *bottom-up* pressupõe que o conhecimento seja criado por empregados empreendedores da linha de frente, com muito poucas ordens e instruções provenientes do topo da administração.

Nenhum dos modelos é adequado como processo para a administração da criação do conhecimento. Citando apenas um fato, o modelo *top-down* é adequado principalmente para lidar com conhecimento explícito, mas não com conhecimento tácito, enquanto o inverso é verdadeiro para o modelo *bottom-up*. Devido a essa limitação, os dois modelos realizam apenas conversões parciais do conhecimento. O modelo *top-down* está concentrado na combinação e na internalização e o modelo *bottom-up* concentra-se na socialização e na externalização. Outra limitação dos dois modelos é a negligência dos administradores medianos. Na administração *top-down*, os administradores medianos processam muitas informações, mas raramente envolvem-se na criação do conhecimento. Na administração *bottom-up*, o criador do conhecimento é o indivíduo empreendedor na linha de frente da organização, com os administradores medianos desempenhando um papel mínimo.

Em *The Knowledge-Creating Company*, propusemos um modelo de administração *"middle-up-down"* como o meio mais eficaz de administrar o caos criativo na organização (ver Figura 1.3). Nesse modelo, a alta administração proporciona o sentido de direção em relação a aonde a empresa deveria dirigir-se e articula a visão ou o sonho ("O que deveria ser") para a organização, enquanto os empregados da linha de frente, nas trincheiras, olham para a realidade ("O que é"). O papel dos administradores medianos é resolver a contradição entre o que a alta administração espera criar e o que existe verdadeiramente no mundo real.

Os administradores medianos sintetizam o conhecimento tácito, tanto da alta administração quanto dos empregados da linha de frente, tornam-no explícito e o incorporam a novas tecnologias, produtos e serviços. No modelo *middle-up-down*, o conhecimento é criado pelos administradores medianos, que são freqüentemente líderes de uma equipe ou força-tarefa, em um processo que envolve uma interação espiralada entre os empregados do topo e da linha de frente. O modelo coloca os administradores medianos exatamente no centro da formação da síntese. O conhecimento não é criado nem pelo modelo *top-down* (A) nem pelo *bottom-up* (B), mas pela da síntese dos dois, especialmente através do modelo *middle-up-down* de administração (C).

SÍNTESE DA HIERARQUIA/FORÇA-TAREFA

A hierarquia e a força-tarefa são duas estruturas organizacionais opostas presentes há muito tempo. A hierarquia, que é uma estrutura altamente formalizada, especializada e centralizada, funciona bem na condução eficiente do trabalho de rotina em grande escala. A força-tarefa, por outro lado, é flexível, adaptável,

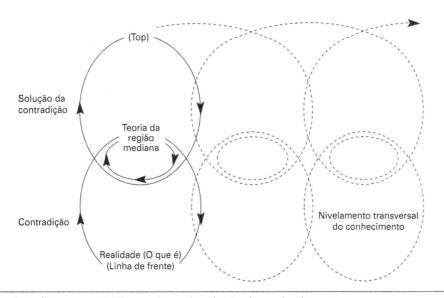

FIGURA 1.3 Processo *middle-up-down* de criação do conhecimento.

dinâmica e participativa, e é particularmente eficaz na realização da tarefa bem-definida, que necessita ser completada em um determinado período de tempo.

A partir da perspectiva de criação do conhecimento, a hierarquia é uma estrutura eficiente para adquirir, acumular e explorar novos conhecimentos através da combinação e da internalização. A hierarquia, entretanto, prejudica a iniciativa individual devido a sua forte propensão para o controle, podendo ser disfuncional nos períodos de incerteza e de mudanças rápidas. Não é adequada para adquirir, acumular e explorar o conhecimento tácito. A força-tarefa, por outro lado, é uma estrutura eficiente para criar novo conhecimento através da socialização e da externalização. Devido a sua natureza temporária, entretanto, a hierarquia não é tão eficaz na exploração e na transferência do conhecimento, ampla e continuamente, por toda a organização. Também não é particularmente adequada para explorar o conhecimento explícito.

Em *The Knowledge-Creating Company*, apresentamos um *design* organizacional (denominado de organização "hipertexto") que é mais adequado para servir como base estrutural para a criação do conhecimento organizacional (ver Figura 1.4). Uma organização hipertexto abrange o benefício das duas estruturas – isto é, a eficiência e a estabilidade da hierarquia e a eficácia e o dinamismo da força-tarefa. A esse respeito, a organização hipertexto (C) sintetiza o conhecimento gerado na hierarquia (A) e na força-tarefa (B).

Além disso, a organização hipertexto serve como um "arquivo" para o novo conhecimento gerado na hierarquia e na força-tarefa. O conhecimento gerado nessas duas estruturas é reclassificado e recontextualizado em uma "base

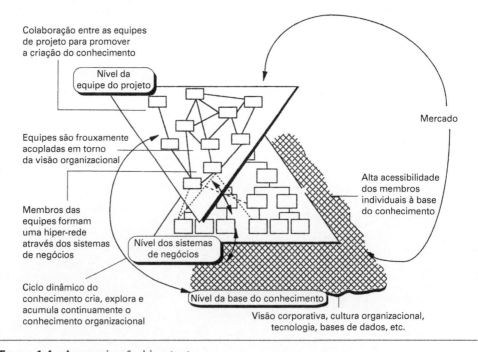

Figura 1.4 A organização hipertexto.

de conhecimentos" para toda a organização. A característica diferenciadora da organização hipertexto, que não existe como entidade organizacional, é a capacidade dos membros organizacionais de entrarem e saírem de múltiplos contextos ou estruturas. Em relação a isso, a organização hipertexto (C) recontextualiza o conhecimento gerado na hierarquia (A) e na força-tarefa (B).

Adicionalmente, a organização do hipertexto também serve como um "arquivo" para o novo conhecimento gerado fora da organização. É um sistema aberto que apresenta interação de conhecimento contínua e dinâmica com os clientes e com as empresas externas à organização. É equipado com a capacidade, por exemplo, de coletar novas tendências nas necessidades dos consumidores ou de gerar novos conceitos de produtos com outras empresas. Permite que ocorra também a criação do conhecimento interorganizacional (um tópico que discutiremos no Capítulo 8).

SÍNTESE DO ORIENTE/OCIDENTE

As empresas japonesas e ocidentais parecem estar adotando duas abordagens opostas na criação do conhecimento organizacional. Já aludimos ao fato de que a forma dominante de conhecimento no Ocidente é o conhecimento explícito, que pode ser rapidamente transmitido, formal e sistematicamente aos indivíduos. As práticas administrativas ocidentais enfatizam o conhecimento explícito, criado através de habilidades analíticas e de formas concretas de apresentação oral e visual, como documentos, manuais e bases de dados computacionais. Os japoneses, no entanto, encaram o conhecimento explícito apenas como a ponta do *iceberg*. Consideram o conhecimento como principalmente tácito – isto é, algo que não é facilmente visível e exprimível, que é altamente pessoal e difícil de formalizar, obtido através do uso de metáforas ou pinturas, algo profundamente enraizado na ação e na experiência do indivíduo.

Esta ênfase colocada sobre o conhecimento tácito, no Japão, propicia uma visão completamente diferente da empresa – não a de uma máquina para processar informações, como no Ocidente, mas a de um organismo vivo. Neste contexto, compartilhar o entendimento do que a empresa almeja, para onde dirige-se, em que tipo de mundo deseja viver e como tornar esse mundo uma realidade passa a ser muito mais crucial do que processar a informação objetiva.

Além disso, a ênfase colocada no conhecimento tácito proporciona uma visão completamente diferente de como é adquirido o aprendizado – não apenas através da mente, mas através do corpo e da mente. A organização do aprendizado, no Ocidente, utiliza o "raciocínio dos sistemas" para fazer com que a mente veja o todo e não as partes. Seu foco é nitidamente em aprender com a mente, não com o corpo. No Japão, inversamente, os administradores enfatizam a importância da experiência direta, assim como através da tentativa e do erro. Como uma criança aprendendo a comer, andar e falar, eles aprendem com a mente e o corpo. Como mencionado anteriormente, essa tradição de enfatizar a unicidade do corpo e da mente tem sido uma característica exclusiva do pensamento japonês.

A ênfase colocada no conhecimento tácito também faz surgir uma forma totalmente nova de pensar a inovação. Não é somente a junção de diversas porções de dados e de informação. Em vez disso, é um processo altamente pessoal no qual torna-se indispensável o compromisso dos empregados, sua identificação com a empresa e sua missão. Com relação a isso, a criação do novo conhecimento é tanto sobre ideais quanto sobre idéias. No Japão, a criação do conhecimento não é de responsabilidade de poucos selecionados – um especialista em pesquisa e desenvolvimento, planejamento estratégico ou *marketing* –, mas de todos na organização, com os administradores medianos desempenhando um papel essencial na mediação entre o topo da administração e os trabalhadores da linha de frente, visando a criar negócios de variação média e conceitos de produtos.

A ênfase isolada no conhecimento tácito, no entanto, pode ser perigosa. Por uma razão, existe o perigo da superadaptação aos sucessos passados. O dinossauro é um caso exemplar, entre os organismos vivos, que caiu nessa armadilha. Em um ponto, o animal estava adequado, tanto fisiológica quanto morfologicamente, a um ambiente determinado. Adaptou-se, porém, excessivamente ao ambiente e não conseguiu ajustar-se às mudanças eventuais no clima e no suprimento de alimentos. O Exército Imperial Japonês também é uma organização que caiu na mesma armadilha, durante a Segunda Guerra Mundial. Não foi capaz de distanciar-se do conceito de combate corpo-a-corpo, representado pela carga de baioneta. Adaptou-se excessivamente aos sucessos anteriores e fracassou em desaprender essas experiências no ambiente novo e mutável.

Existe também o perigo de as empresas japonesas caírem na armadilha do "raciocínio de grupo". A própria homogeneidade étnica e cultural, que facilitou o compartilhar do rico conhecimento tácito entre os japoneses, pode tornar-se um empecilho na economia global étnica e culturalmente diversificada. Tomando-se, por exemplo, o que é considerado a melhor forma de comunicação no Japão, algo conhecido como a "respiração do *Ah* e *Un* (*Ah-Un no Kokyu*)". Aqui, uma pessoa olha no olho de outra e diz *Ah*. A outra pessoa concorda, aceitando, e responde *Un*. Essa forma de comunicação funciona bem em um ambiente onde as crenças, os valores, os ideais e os modelos mentais são compartilhados. À medida que as forças das mudanças globais direcionam as empresas japonesas mais e mais para o ambiente étnica e culturalmente diversificado, elas necessitam distanciar-se de sua experiência de "raciocínio de grupo" e obter novos *insights* na administração da diversidade.

Além disso, as empresas japonesas enfrentam o perigo de ficar para trás no ritmo de mudança que está ocorrendo na Revolução da Informação. Nestes tempos de Internet, a quantidade e a qualidade do conhecimento explícito que pode ser acumulado têm se expandido exponencialmente, e a conversão do conhecimento explícito em conhecimento explícito (combinação) agora pode ser realizada, quase sem esforço, com alguns toques no teclado. A Internet também tornou o inglês o padrão global. Foram-se os tempos em que os japoneses mandavam memorandos manuscritos, uns para os outros, através das máquinas de fax. As empresas japonesas necessitam fazer um melhor uso da tecnologia avançada de comunicação, da capacidade dos *softwares* e dos sistemas de administração computadorizada, para acumular, estocar e disseminar o conhecimento explícito por toda a organização.

O futuro pertence às empresas que podem sintetizar o melhor do Oriente (A) e do Ocidente (B) e construir um modelo universal (C) de criação do conhecimento organizacional. Afirmamos que tal síntese já está ocorrendo, tanto no Oriente quanto no Ocidente. Na próxima seção, observaremos duas empresas – IBM e Canon – que obtiveram sucesso na incorporação da abordagem do "melhor dos dois mundos" à criação do conhecimento.

IBM COMO EMPRESA DIALÉTICA

A IBM foi submetida a uma reviravolta histórica com Louis V. Gerstner, Jr., conselheiro e CEO da empresa. Ele observou que "a IBM durante os últimos dez anos começou a desenvolver a capacidade de manipular um nível muito alto de complexidade interna e mesmo de aparente contradição. Em vez de nos escondermos do conflito ou de suprimi-lo, estamos aprendendo a administrá-lo e até mesmo a nos beneficiarmos dele".[12] Ele prossegue chamando a IBM recentemente transformada de corporação "contra-intuitiva", observando que ela possui as seguintes características aparentemente opostas:

> ... grande porém rápida, empreendedora e disciplinada; ao mesmo tempo científica e direcionada ao mercado; capaz de criar capital intelectual em escala mundial e de fornecê-lo a um único cliente.

Louis Gerstner fez amplo uso do conhecimento tácito acumulado a partir de experiências passadas ao tomar duas das mais importantes decisões, durante seu mandato de dez anos como principal executivo. Primeiramente, sua experiência anterior na American Express orientou a decisão de manter a IBM junta e não dividida em segmentos individuais. Como cliente da IBM, ele estava convencido de que havia um importante papel para uma empresa como aquela na integração de todas as partes da tecnologia de informação e no fornecimento de uma solução de funcionamento ao cliente. Em segundo lugar, sua decisão de construir a mais influente empresa de serviços na indústria nasceu de sua experiência como executivo da McKinsey e da American Express, duas das empresas líderes no campo de serviços. Ele admitiu que teve um palpite, que acumulou-se durante seus anos de experiência, que as empresas de serviços, não as de tecnologia, seriam o "rabo sacudindo o cachorro".

Louis Gerstner também usou o conhecimento tácito como alavanca para realizar a transformação da IBM. Por exemplo, tão logo tornou-se executivo, lançou a Operação Abraço de Urso, que determinava que todos os seus 50 administradores-sênior visitassem no mínimo cinco dos maiores clientes da IBM. Foi uma das primeiras tentativas de mudar a cultura corporativa da empresa. Percebendo uma preocupação extraordinária com os processos internos, ele desejava que seus principais administradores saíssem a campo e ouvissem o que os clientes tinham a dizer. "Foi uma maneira importante de enfatizar que íamos construir uma empresa de fora para dentro e que o cliente iria dirigir tudo que fizéssemos na organização", observou Gerstner.[13]

Ao escolher seu sucessor, Gerstner enfatizou qualidades como empolgação, ideais e emoções – a dimensão cognitiva do conhecimento tácito – como seu critério mais importante. Comentando sobre sua escolha de Samuel J. Palmisano como sucessor, Gerstner salientou a profunda "paixão" de Palmisano pela IBM – pelo que a IBM defende, pelo que ela pode ser e pelo que pode fazer. "Ele tem uma ligação emocional, de 24 horas por dia, com a vitória e com a aquisição de níveis sempre crescentes de sucesso", observou Gerstner.[14]

Ao mesmo tempo, Gerstner reconhecia o fato de que o acúmulo do conhecimento tácito poderia ter um impacto prejudicial na IBM. Tinha a consciência nítida de que uma crença essencial, profundamente enraizada em anos de experiência de auto-reforço, poderia um dia tornar-se disfuncional. Ele escolheu "respeito pelo indivíduo" – uma das três Crenças Básicas ditadas por Thomas J. Watson, Sr. – como uma crença que tinha degenerado para significar um conjunto de coisas que o fundador não tinha em mente. Com o tempo, "respeito pelo indivíduo" passou a significar que as pessoas na IBM não tinham que fazer nada para merecer os ricos benefícios e o emprego vitalício; e que elas poderiam fazer quase tudo que quisessem, com pouca ou nenhuma responsabilidade.

As instituições bem-sucedidas, como a IBM, desenvolvem culturas fortes que reforçam as crenças e os valores que tornam grande a instituição. Essas crenças e valores refletem o ambiente do qual emergiram. Quando esse ambiente muda, entretanto, é muito raro e difícil que a cultura também seja modificada. Na realidade, a cultura torna-se "um impedimento enorme para a capacidade de adaptação da instituição".[15] A IBM caiu na mesma armadilha da "excessiva adaptação aos sucessos passados" que destruiu os dinossauros e o Exército Imperial japonês.

A ação e o comportamento de Gerstner sugerem que ele é um forte defensor do raciocínio dialético. Ele enfatiza tanto o conhecimento tácito quanto o explícito. Freqüentemente ele chama a si mesmo de "estrangeiro" quando, de fato, é um consumado "representante da cultura" da IBM. Ele acredita que a liderança pessoal deve ser tanto estratégica quanto operacional. Propõe a doutrina de que a mudança ocorre através do conflito e da contradição.

Gerstner refletiu durante seu mandato na IBM e identificou a criação de uma empresa verdadeiramente "integrada" como seu legado mais significativo. Mesmo antes de ter embarcado no desafio de transformar a IBM, era quase uma conclusão antecipada, dentro e fora da empresa, que a solução estava em dividir a organização em segmentos individuais. No entanto, Gerstner via o maior valor potencial da empresa na sinergia, que poderia ser ordenada pela orquestração de suas múltiplas unidades, para o funcionamento coletivo visando à solução dos problemas dos clientes, assim como na utilização da IBM como a principal integradora de tecnologias. Ele acreditava que os clientes necessitavam de um parceiro como a IBM, que poderia tanto criar tecnologias como integrá-las. Gerstner defendia que a solução não residia em desintegrar a IBM, mas em mantê-la junta.

A decisão de Gerstner de manter a IBM como uma empresa unificada pode ter siso originada pelo conhecimento tácito que ele acumulou (a) como cliente da IBM durante seu reinado na American Express e (b) durante suas freqüentes interações com os clientes-chave como executivo da IBM. Essas experiências permitiram que ele utilizasse tanto a visão interna (tese) quanto a externa (antítese) para criar um integrador verdadeiramente centrado no cliente (síntese).

Canon como empresa dialética

A Canon transformou-se de um conglomerado incômodo, sobrecarregado com subsidiárias provocando perdas, em uma empresa de primeira linha e lucrativa na gestão de Fujio Mitarai, presidente e CEO. Depois de passar 23 anos na Divisão Norte-Americana da Canon, Mitarai voltou ao Japão, em 1989, e tornou-se presidente da Canon em 1995. Ao transformar a Canon, ele adotou tanto a busca racional americana do lucro quanto os valores tradicionais dos negócios japoneses, forjando um estilo de administração Oriento-Ocidental.

Mitarai forçou as práticas do estilo americano em toda a empresa para cortar custos e sanear as finanças. Três meses após tomar posse como presidente, ordenou o fechamento de quatro divisões pouco lucrativas – PC, monitores de cristal líquido, máquinas de escrever eletrônicas e cartões de memória óptica. Ele enviou uma mensagem curta e clara no interior da empresa: o lucro está em primeiro lugar. Sob a liderança de Mitarai, a Canon tornou-se uma das primeiras empresas importantes do Japão a relatar seus ganhos em base consolidada. Ele também enfatizava o valor dos acionistas, a transparência da contabilidade e a presença pessoal nos encontros de relacionamento com investidores. Ele também introduziu rapidamente a administração do fluxo de caixa, uma prática padronizada nos Estados Unidos que ainda não tinha sido adotada no Japão.

Mitarai, que fez movimentos rápidos e ousados para colocar os holofotes novamente sobre a Canon, acredita firmemente na abordagem *"top-down"* em relação à administração. "O trabalho do superior é gerar sabedoria, estabelecer metas, formular estratégias, correr à frente de todos e produzir resultados. Esta abordagem *"top-down"* é de estilo muito americano, mas eu gosto dela",[16] observou. Ele aprendeu a tomar decisões rápidas e a adotar uma abordagem *"top-down"* na administração durante seus 23 anos nos Estados Unidos. "Fui influenciado consideravelmente por minha experiência nos Estados Unidos",[17] admitiu Mitarai.

Seu foco no lucro, por exemplo, está enraizado em sua experiência americana de 1966, quando um auditor da Receita Federal procurou Mitarai, o contabilista que havia preparado a declaração, em seu escritório de Manhattan. O auditor percebeu que a renda da Canon era demasiado baixa para seu volume de vendas e suspeitou que ela estivesse tentando sonegar impostos. Na realidade, Mitarai acabou demonstrando um pequeno lucro emendando a contabilidade recebida. Quando o auditor descobriu que as operações da Canon dos Estados Unidos estavam verdadeiramente no vermelho, disse a Mitarai o seguinte: "O que você fez foi uma loucura. Você está forçando um lucro aparente quando a operação deveria mostrar uma perda. Em vez de fazer algo desse tipo, deve recolher todas as contas passíveis de recebimento, colocá-las em uma poupança e voltar ao Japão. Você certamente pode ganhar, no mínimo, um juro de 5% ao fechar o escritório e não fazer nada". Ele recorda: "Foi quando percebi que não vale a pena estar em um negócio, se não puder obter lucro".[18]

Para Mitarai, no entanto, manter um emprego por toda a vida é tão importante quanto obter lucro. Ele acredita que o emprego por toda a vida, combinado com a meritocracia, ainda é a forma de trabalho mais eficaz no Japão. Nos Estados Unidos, os empregados "têm mais mobilidade e oportunidades de trabalho do que os japoneses, assim como uma infra-estrutura social que permite que passem de um emprego para outro".[19] Este não é o caso no Japão, ele afirma, onde os empregados fazem parte da família. Fundada por seu tio Takeshi Mitarai, um médico, a Canon ainda não esqueceu a importância de proporcionar a segurança do emprego como uma forma de manter os empregados trabalhando muito e com lealdade. Mitarai defende uma política contrária às demissões, mesmo atualmente, quando o Japão está com dificuldades econômicas. Ele defende o emprego por toda a vida em três bases:

> Primeiramente, o emprego por toda a vida cria uma organização que compartilha de um destino comum. Não demitindo as pessoas durante os períodos de crise, formamos uma relação de confiança. Em segundo lugar, são necessários 10 a 15 anos para desenvolvermos uma patente, o que significa que necessitamos criar um ambiente em que as pessoas sintam-se seguras quanto ao seu trabalho e sua sobrevivência. É diferente da antiguidade. O fato de termos 73 mil patentes é a prova viva de que o emprego por toda a vida funciona positiva, não negativamente. Em terceiro lugar, existe o problema do sigilo. Temos múltiplas etapas de verificações de segurança inseridas, mas a melhor forma de evitar que os segredos vazem é inspirar a lealdade".[20]

Perseguir uma política contrária à demissão e, ao mesmo tempo, uma política de lucro em primeiro lugar parece contraditório. Mitarai reconheceu que o paradoxo é um estilo de vida na Canon. Por exemplo, para aderir ao bom governo corporativo, ele se concentra no valor das ações, mas rejeita a prática americana de apontar membros externos ao conselho, dando maior poder aos auditores internos. Ele acredita tanto na economia da velocidade (por exemplo, sua rápida decisão de fechar quatro divisões) quanto na economia da paciência (por exemplo, o emprego por toda a vida). "Encarando um paradoxo, nós o abraçamos e seguimos em frente enfrentando-o. Estamos constantemente em movimento", diz.

Para abraçar e enfrentar o paradoxo, Mitarai recorre aos encontros diários, informais, do conselho (chamados *asakai*, ou "sessões matinais", pois iniciam antes das 8h), assim como aos encontros para almoço com os administradores-sênior. Aqui está como Mitarai descreveu esses encontros:

> Nossa empresa inicia às 8h30min, mas a maioria dos executivos está em seus escritórios em torno de 7h30min e no meu escritório às 8h. Isso acontece todos os dias. Por uma hora aproximadamente, trocamos idéias, falamos sobre negócios e, algumas vezes, tomamos decisões. Às 9h eles saem para seus respectivos compromissos. Se surgirem contradições, debatemos os assuntos aqui e agora, desenvolvemos resoluções rapidamente e seguimos adiante.
>
> Todas as minhas reuniões são realizadas durante uma hora, no almoço. Como todos têm que almoçar, o índice de freqüência é de 100%. Almoçamos em 5 minutos e passamos os restantes 50 minutos em debates acalorados. Assim usamos nosso tempo "livre", pois seria destinado ao almoço de qualquer maneira.
>
> As reuniões para estratégias de administração, as reuniões dos chefes de divisão e as dos chefes de sessão são todas realizadas durante o almoço. A maior parte do tempo comemos *udon* (macarrão japonês), mas algumas vezes servem *sushi* (ambos exigem pouco tempo para comer).[21]

Mitarai utiliza esses encontros para identificar problemas e debater os temas a partir de múltiplas perspectivas. Não existe uma agenda estabelecida para as reuniões matutinas, assim os executivos são incentivados a trazer o que estiver em suas mentes e expressar pontos de vista opostos. Ao fazer isso, o jargão administrativo mais recente não é bem-vindo. Essas reuniões proporcionam um contexto compartilhado para a criação significativa (chamada de *ba*),[22] onde o idealismo e a realidade, as restrições e as possibilidades e as capacidades internas e as oportunidades de mercado são debatidos, a partir de perspectivas múltiplas e combinadas dinamicamente.

Não existem agendas estabelecidas, apenas um horário para o término dessas reuniões. Saber que a reunião termina em 50 minutos acelera o processo, mas saber que ela será realizada diariamente promove a paciência. Algumas vezes, uma decisão pode não ser tomada durante semanas. Este foi o caso quando Mitarai tentou converter cada fábrica da Canon em um novo sistema de produção, organizando os trabalhadores em pequenos aglomerados, ou "células", em lugar das longas linhas de montagem. Ele passou semanas convencendo executivos céticos, engajando-os em debates diários sobre os prós e os contras da organização, antes de ser capaz de chegar ao consenso.[23]

A Canon oferece um lampejo de como se comporta uma empresa dialética. Por uma razão, ela não enfrentou passivamente o paradoxo (por exemplo, não demitir e ter lucro está em primeiro lugar). Ao contrário, utilizou o paradoxo como alavanca para transcender a si mesma. Outra razão: lutou para atingir a síntese, tornando todos envolvidos no diálogo e no debate, formando uma rotina criativa como o *asakai*, que se torna o *ba* onde o novo conhecimento é criado.

Conclusão

A IBM e a Canon são as pioneiras de uma nova espécie de empresas, chamadas de empresas dialéticas. Mencionamos, anteriormente, que a empresa dialética apresenta duas características. A primeira é sua ênfase na mudança. Está constantemente em movimento, enfrentando proativa e dinamicamente a mudança. Tanto a IBM quanto a Canon têm-se submetido com sucesso à transformação e comprovaram-se capazes de mudar tão rapidamente quanto o ambiente em torno delas e de lidar com as complexidades envolvidas. A segunda característica de uma empresa dialética é sua ênfase nos opostos. Está sempre procurando as contradições como orientação para o que está acontecendo e o que provavelmente acontecerá. Tanto a IBM quanto a Canon tentaram atingir o estágio da "síntese" dentro da espiral "tese-antítese-síntese", visando a resolver e transcender às contradições impostas pelos opostos.

Como mencionado anteriormente, uma das principais razões pelas quais as empresas fracassam atualmente é sua tendência a eliminar os paradoxos, prendendo-se a rotinas velhas criadas por sucessos passados. Tanto a IBM quanto a Canon abraçaram ativamente os opostos. Elas cultivaram positivamente as contradições. Utilizaram os paradoxos passionalmente como um convite para encontrar o melhor caminho.

Também mencionamos anteriormente que as empresas bem-sucedidas reconciliam e transcendem aos opostos contínua e dinamicamente, usando o processo dialético que é uma espiral dos estágios "tese-antítese-síntese" em forma de ziguezague. Em outras palavras, o processo envolve usar uma tese (A) e uma antítese (B) e criar uma síntese (C). Mas C é separada e independente de A e B, não algo "intermediário" ou "no meio de" A e B. Por exemplo, a Canon adotou a busca persistente do lucro americana (A) e a prática japonesa tradicional do emprego por toda a vida (B) e criou a "forma da Canon" (C). O estágio C, no entanto, não é um estágio estático para as empresas bem-sucedidas. A IBM descobriu, de maneira dolorosa, que permanecer estática, não debater ou não ter oposição pode levar à armadilha do "excesso de adaptação aos sucessos passados". As empresas dialéticas têm de estar sempre em movimento.

Para estar constantemente em movimento, as empresas necessitam de um novo paradigma administrativo. Embora o paradigma do posicionamento (que enfoca a estrutura industrial e a análise do concorrente) e o paradigma baseado nos recursos (que enfoca as capacidades internas e as competências) sejam úteis para a administração, eles não são tão bem equipados para lidar com as turbulências, as incertezas, as inconsistências, as contradições e os paradoxos.

O que as empresas em movimento necessitam é de um novo paradigma de administração, baseado na criação do conhecimento. Ele é melhor equipado para lidar com as turbulências, as incertezas, as inconsistências, as contradições e os paradoxos. O conhecimento é criado pela síntese do que aparenta ser oposto – isto é, o conhecimento tácito e o explícito. Além disso, o ambiente turbulento, incerto e complexo está inserido em nosso conhecimento tácito. De acordo com o paradigma de administração-conhecimento, somos parte do ambiente e o ambiente é parte de nós.

Notas

1. Ver Charles Handy, *The Age of Paradox* (Boston: Harvard Business School Press, 1994), para obter um melhor entendimento dos paradoxos que nos confrontam.

2. Citado em James C. Collins e Jerry I. Porras, *Built to Last* (New York: HarperBusiness, 1994), p.45.

3. Charles Handy (1994), p.14.

4. Ver, por exemplo, Arie de Geus, *The Living Company* (Boston: Harvard Business School Press, 1997), e Michael L. Tushman e Charles A. O'Reilly III, *Winning through Innovation* (Boston: Harvard Business School Press, 1997).

5. Gary Hamel, *Leading the Revolution* (Boston, Harvard Business School Press, 2000).

6. Gary Hamel (2000).

7. Jim Collins, *Good to Great* (New York: HarperBusiness, 2001).

8. Para mais sobre este assunto, ver John Rowan, *Ordinary Ecstasy: The Dialetics of Humanistic Psychology* (New York: Brunner-Routledge, 2001).

9. O movimento para o terceiro estágio é denominado de *"aufheben"* em alemão.

10. Rowan (2001), p.2.

11. Chun Wei Choo e Nick Bontis, "Knowledge, Intellectual Capital, and Strategy", em Chun Wei Choo e Nick Bontis (eds.), *The Strategic Management of Intellectual Capital and Organizational Knowledge* (New York: Oxford University Press, 2002), p.12.

12. Louis V. Gerstner, Jr., *Who Says Elephants Can't Dance* (New York: Harper-Business, 2002), p.215.

13. Gerstner (2002), p.50.

14. Gerstner (2002), p. 238.

15. Gerstner (2002), p. 182.

16. Nippon Keizai Shinbun-sha (ed.), *Canon: The Secret of Its High Profitability Revival (Canon Koushuueiki Fukkatsu no Himitsu)* (Tokyo: Nippon Keizai Shinbun-sha, 2001), pp. 184-5.
17. William J. Holstein, "Canon Takes Aim at Xerox", *Fortune,* September 30, 2002, p.51.
18. Nippon Keizai Shinbun-sha (2001), p.34.
19. Holstein (2002), p.52.
20. Entrevista com Fujio Mitarai em 24 de janeiro de 2002, Palace Hotel, Tokyo.
21. Entrevista com Fujio Mitarai. Parênteses acrescentados pelos autores.
22. Para mais discussões de *ba*, ver o Capítulo 4.
23. Irene M. Kunii, "He Put the Flash Back in Canon", *Business Week*, September 16, 2002, p.21.

CAPÍTULO **2**

A EMPRESA CRIADORA DE CONHECIMENTO*

IKUJIRO NONAKA

Em uma economia onde a única certeza é a incerteza, a fonte certa de vantagem competitiva duradoura é o conhecimento. Quando os mercados transformam-se, as tecnologias proliferam, os competidores multiplicam-se e os produtos tornam-se obsoletos quase do dia para a noite, as empresas bem-sucedidas são as que criam consistentemente novos conhecimentos, disseminam-no amplamente pela organização e o incorporam rapidamente em novas tecnologias e produtos. Essas atividades definem a empresa "criadora de conhecimento", cujo negócio principal é a inovação constante.

E apesar disso, mesmo com toda a conversa sobre "poder da mente" e capital "intelectual", poucos administradores captam a verdadeira natureza da empresa criadora de conhecimento – menos ainda sabem como administrá-lo. O motivo: não compreendem o que é o conhecimento e o que as empresas devem fazer para explorá-lo.

A visão da organização como uma máquina para o "processamento de informações" está profundamente inserida na tradição administrativa ocidental, que vai de Frederick Taylor a Herbert Simon. De acordo com essa visão, o único conhecimento verdadeiramente útil é o formal e sistemático – dados difíceis (leia-se: quantificáveis), procedimentos codificados, princípios universais. E as métricas-chave para mensurar o valor do novo conhecimento são similarmente

---

* Reimpresso com permissão da Harvard Business Review. De "The Knowledge-Creating Company" escrito por Ikujiro Nonaka, Nov – Dec. 1991. Copyright © 1991 por Harvard Business School Corporation; todos os direitos reservados.

difíceis e quantificáveis – crescente eficiência, custos mais baixos, melhor retorno do investimento (ROI).

Mas existe uma outra forma de pensar o conhecimento e seu papel nas organizações empresariais. Costuma ser encontrada nos concorrentes japoneses mais bem-sucedidos, como Honda, Canon, Matsushita, NEC, Sharp e Kao. Essas empresas tornaram-se famosas por sua capacidade de responder rapidamente aos clientes, criar novos mercados, desenvolver agilmente novos produtos e dominar as tecnologias emergentes. O segredo de seu sucesso é sua abordagem exclusiva da gestão da criação do novo conhecimento.

Para os administradores ocidentais, a abordagem japonesa freqüentemente parece estranha ou mesmo incompreensível. Considere os seguintes exemplos:

- Como o *slogan* "Teoria da Evolução do Automóvel" seria um conceito de *design* significativo para um novo carro? E, assim mesmo, essa frase levou à criação do Honda City, o inovador carro urbano da Honda.

- Por que uma lata de cerveja pode ser uma analogia útil para uma copiadora pessoal? Essa mesma analogia causou um avanço fundamental no *design* da minicopiadora revolucionária da Canon, que criou o mercado de copiadoras pessoais e levou à migração bem-sucedida da empresa de seu estagnado negócio de câmeras para o campo mais lucrativo da automação de escritórios.

- Que sentido concreto de direção possível pode proporcionar uma palavra inventada como "optoeletrônica" aos engenheiros de desenvolvimento de produtos de uma empresa? Sob essa rubrica, no entanto, a Sharp conquistou a reputação de criar "produtos pioneiros" que definem novas tecnologias e mercados, tornando-se a principal representante no setor, que vai de televisões coloridas a monitores de cristal líquido e circuitos integrados customizados.

Em cada um dos casos, esses estranhos *slogans* que para o empresário ocidental soam apenas como estúpidos – apropriados, talvez, para uma campanha publicitária, mas certamente não para dirigir uma empresa – são, na realidade, instrumentos altamente eficazes para a criação de novos conhecimentos. Os administradores em todos os lugares reconhecem a qualidade de surpresa agradável e inesperada da inovação. Os executivos nessas empresas japonesas estão *administrando* essa surpresa para o benefício da empresa e de seus empregados e clientes.

O cerne da abordagem japonesa é o reconhecimento de que a criação do novo conhecimento não se refere simplesmente ao "processamento" da informação objetiva. Ao contrário, depende da exploração dos *insights* tácitos e, com freqüência, altamente subjetivos das intuições e dos palpites dos empregados individuais e de torná-los disponíveis para teste e uso pela empresa como um todo. A chave para esse processo é o compromisso pessoal, a sensação de identidade dos empregados com o empreendimento e com sua missão. A mobilização desse conhecimento e a incorporação do conhecimento tácito nas tecnologias e produtos reais exige administradores à vontade com imagens e símbolos – *slogans* como a "Teoria da Evolução do Automóvel", analogias como a da copiadora e a da lata de cerveja, metáforas como a "optoeletrônica" –, assim como com números brutos, medindo ações do mercado, produtividade ou retorno sobre o investimento.

A abordagem mais holística do conhecimento em muitas empresas japonesas também está baseada em outro *insight* fundamental. A empresa não é uma máquina, mas um organismo vivo. Da mesma forma que um indivíduo, ela pode ter um sentido coletivo de identidade e de finalidade fundamental. Este é o equivalente organizacional ao autoconhecimento – a compreensão compartilhada do que a empresa defende, para onde está indo, em que tipo de mundo deseja viver e, o mais importante, como fazer desse mundo uma realidade.

A esse respeito, a empresa criadora de conhecimento subsiste tanto sobre ideais quanto sobre idéias. E isso é o combustível para a inovação. A essência da inovação é recriar o mundo de acordo com uma visão ou um ideal determinado. Criar novos conhecimentos significa, bem literalmente, recriar a empresa e todos nela em um processo de auto-renovação pessoal e organizacional sem interrupções. Na empresa criadora de conhecimento, inventar o novo conhecimento não é uma atividade especializada – domínio dos departamentos de P&D, *marketing* ou planejamento estratégico. É uma forma de comportamento, na verdade, uma forma de ser, na qual todos são trabalhadores do conhecimento – isto é, empreendedores.

Os motivos pelos quais as empresas japonesas parecem especialmente boas nesse tipo de inovação contínua e auto-renovação são complicados. Mas a lição-chave para os administradores é bastante simples: assim como os fabricantes em todo o mundo aprenderam com as técnicas de fabricação japonesas, qualquer empresa que queira competir com o conhecimento deve também aprender com as técnicas japonesas de criação do conhecimento. As experiências das empresas japonesas que serão discutidas a seguir sugerem uma maneira nova de pensar os papéis e as responsabilidades empresariais, o *design* organizacional e as práticas de negócios na empresa criadora de conhecimento. É uma abordagem que coloca a criação do conhecimento em seu devido lugar: no centro da estratégia de recursos humanos da empresa.

A ESPIRAL DO CONHECIMENTO

O novo conhecimento começa sempre com o indivíduo. Um pesquisador brilhante tem um *insight* que leva a uma nova patente. O sentido de intuição de tendências do mercado de um administrador intermediário torna-se o catalisador para um importante novo conceito de produto. Um operário extrai de anos de experiência uma inovação em um processo novo. Em cada caso, o conhecimento pessoal de um indivíduo é transformado em conhecimento organizacional para a empresa como um todo.

Tornar o conhecimento pessoal disponível para os outros é a atividade central da empresa criadora de conhecimento. Isso se dá continuamente e em todos os níveis da organização. E, como o exemplo seguinte sugere, algumas vezes pode assumir formas inesperadas.

Em 1985, o departamento de desenvolvimento de produtos na Matsushita Electric Company, com base em Osaka, trabalhava arduamente em uma nova máquina doméstica para fazer pão. Mas tinham problemas em fazer com que a máquina sovasse a massa corretamente: a crosta do pão ficava excessivamente cozida enquanto o miolo não. Os empregados analisaram exaustivamente o problema. Chegaram até a comparar radiografias da massa sovada pela máquina com radiografias da massa sovada por padeiros profissionais. Não foram, porém, capazes de obter dados significativos.

Até que a responsável pelo *software*, Ikuko Tanaka, propôs uma solução criativa. O Osaka International Hotel tinha a reputação de fazer o melhor pão em Osaka. Por que não usá-lo como modelo? Tanaka treinou com o chefe dos padeiros do hotel para estudar sua técnica de sovar. Ela observou que o padeiro tinha uma maneira diferente de esticar a massa. Depois de um ano de tentativas e erros, trabalhando juntamente com os engenheiros do projeto, Tanaka apresentou as especificações do produto – incluindo a adição de partes especiais no interior da máquina – que reproduziram com sucesso a técnica de esticar do padeiro e a qualidade do pão que ela aprendera a fazer no hotel. Resultado: o método exclusivo da Matsushita de "torcer a massa" e um produto que em seu primeiro ano estabeleceu um recorde de vendas para um novo equipamento de cozinha.

A inovação de Ikuko Tanaka ilustra um movimento entre dois tipos diferentes de conhecimento. O ponto final desse movimento é o conhecimento "explícito": as especificações do produto para uma máquina de fazer pão. O conhecimento explícito é formal e sistemático. Por essa razão, pode ser facilmente comunicado e compartilhado, seja nas especificações do produto ou em uma fórmula científica ou programa de computador.

Mas o ponto inicial da inovação de Tanaka é outro tipo de conhecimento que não pode ser expresso tão facilmente: o conhecimento "tácito", como o possuído pelo chefe dos padeiros no Osaka International Hotel. O conhecimento tácito é altamente pessoal. É difícil de formalizar e, por isso, difícil de comunicar aos outros. Ou, nas palavras do filósofo Michael Polanyi, "Sabemos mais do que podemos dizer". O conhecimento tácito também está profundamente enraizado na ação e no comprometimento do indivíduo em um contexto específico – um artesanato ou profissão, uma determinada tecnologia ou mercado de produto ou as atividades de um grupo ou equipe de trabalho.

O conhecimento tácito consiste parcialmente em habilidades técnicas – o tipo de habilidade informal, difícil de determinar, captada no termo *"know-how"*. Um artesão-mestre, depois de anos de experiência, desenvolve um tesouro de especialização nas "pontas dos dedos". Mas ele, freqüentemente, é incapaz de articular os princípios científicos e técnicos por trás daquilo que sabe.

Ao mesmo tempo, o conhecimento tácito tem uma importante dimensão cognitiva. Consiste em modelos mentais, crenças e perspectivas tão inseridas em nós que as consideramos naturais, não podendo, portanto, articulá-las com facilidade. Por esse mesmo motivo, esses modelos implícitos moldam profundamente a percepção do mundo ao nosso redor.

A distinção entre conhecimento tácito e explícito sugere quatro padrões básicos para a criação do conhecimento em qualquer organização:

1. *De tácito para tácito*. Algumas vezes, um indivíduo compartilha o conhecimento tácito diretamente com outro. Por exemplo, quando Ikuko Tanaka tornou-se aprendiz do padeiro-chefe no Osaka International Hotel, aprendeu suas habilidades tácitas através da observação, imitação e prática. Elas tornaram-se parte de sua própria base de conhecimento tácito. Colocando de outra forma, ela foi "socializada" no artesanato.

    Mas, isoladamente, a socialização é uma forma bastante limitada de criação do conhecimento. É verdade que o aprendiz aprende as habilidades do mestre. Mas nem um nem outro ganham *insight* sistemático no conhecimento de seu artesanato. Como seu conhecimento nunca se torna explícito, não pode ser facilmente alavancado pela organização como um todo.

2. *De explícito para explícito*. O indivíduo também pode combinar partes distintas do conhecimento explícito em um novo todo. Por exemplo, quando um auditor de uma empresa coleta informação de toda a organização e a junta em um relatório financeiro, esse relatório é um novo conhecimento no sentido de que sintetiza informações de muitas fontes diferentes. Mas essa combinação não amplia a base de conhecimentos já existente da empresa.

    Quando, no entanto, o conhecimento tácito e o explícito interagem, como no exemplo da Matsushita, algo poderoso acontece. É precisamente esta troca *entre* o conhecimento tácito e o explícito que as empresas japonesas desenvolvem bem.

3. *De tácito para explícito*. Quando Ikuko Tanaka é capaz de articular os fundamentos de seu conhecimento tácito sobre fazer pão, ela o converte em conhecimento explícito, permitindo assim que ele seja compartilhado com sua equipe de desenvolvimento de projeto. Outro exemplo é o do auditor que, em vez de meramente compilar um plano financeiro convencional para sua empresa, desenvolve uma abordagem nova e inovadora para o controle orçamentário, baseada em seu próprio conhecimento tácito desenvolvido durante anos em sua função.

4. *De explícito para tácito*. Além do mais, à medida que o novo conhecimento explícito é compartilhado pela organização, outros empregados começam a internalizá-lo – isto é, usam-no para ampliar, estender e reformular seu próprio conhecimento tácito. A proposta do auditor

provocou uma revisão no sistema de controle financeiro da empresa. Outros empregados usam a inovação e, por fim, passam a encará-la como parte natural dos instrumentos e recursos antecedentes necessários para realizar seu trabalho.

Na empresa criadora de conhecimento, os quatro padrões existem em interação dinâmica, um tipo de espiral do conhecimento. Relembre Ikuko Tanaka, da Matsushita:

1. Primeiramente, ela aprende os segredos tácitos do padeiro do Osaka International Hotel (socialização).

2. A seguir, traduz esses segredos em conhecimento explícito que pode ser comunicado para os membros de sua equipe e para outros na Matsushita (articulação).

3. A equipe, então, padroniza esse conhecimento, agrupando-o em um manual ou livro de trabalho e incorporando-o em um produto (combinação).

4. Finalmente, através da experiência de criar um novo produto, Tanaka e sua equipe enriquecem sua própria base de conhecimentos tácitos (internalização). Particularmente, eles passam a entender de forma extremamente intuitiva que os produtos, como a máquina doméstica de fazer pão, podem proporcionar qualidade genuína. Isto é, a máquina deve fazer um pão tão bom quanto o do padeiro profissional.

Isso inicia a espiral de conhecimento novamente, mas desta vez em um nível mais alto. O novo *insight* tácito sobre a qualidade genuína, desenvolvido na elaboração da máquina doméstica de fazer pão, é informalmente transmitido aos outros empregados da Matsushita. Eles o utilizam para formular padrões de qualidade equivalentes para os novos produtos da empresa – equipamentos de cozinha, equipamentos audiovisuais ou eletrodomésticos. Dessa forma, a base de conhecimento da empresa cresce cada vez mais.

A articulação (conversão do conhecimento tácito em conhecimento explícito) e a internalização (uso do conhecimento explícito para estender a própria base de conhecimentos tácitos) são os passos críticos nessa espiral de conhecimento. O motivo é que ambas exigem o envolvimento ativo do eu – isto é, o comprometimento pessoal. A decisão de Ikuko Tanaka de tornar-se aprendiz de um mestre-padeiro é um exemplo de comprometimento. De maneira similar, quando o auditor articula seu conhecimento tácito e o incorpora em uma inovação, sua identidade pessoal está diretamente envolvida de uma maneira que não é a de meramente apresentar palpites sobre um plano financeiro convencional.

Na verdade, como o conhecimento tácito inclui os modelos mentais e as crenças além do *know-how*, passar do tácito para o explícito é realmente um processo de articulação da visão pessoal do mundo – o que é e o que deveria ser. Quando os empregados inventam um novo conhecimento, eles também estão reinventando a si próprios, a empresa e até mesmo o mundo.

Da metáfora ao modelo

Quando os administradores captam isso, percebem que os instrumentos apropriados para a gestão da empresa criadora de conhecimento têm uma aparência muito diferente dos encontrados na maioria das empresas ocidentais.

Da metáfora ao modelo

Converter o conhecimento tácito em conhecimento explícito significa encontrar uma forma de expressar o inexpressável. Infelizmente, um dos instrumentos mais poderosos da administração para fazer isso é também um dos mais freqüentemente desconsiderados: a reserva de linguagem figurativa e de simbolismo que os administradores podem extrair para articular suas intuições e seus *insights*. Nas empresas japonesas, esta linguagem evocativa e por vezes for extremamente poética consta predominantemente do desenvolvimento dos produtos.

Em 1978, a alta administração da Honda inaugurou o desenvolvimento de um novo conceito de carro com o *slogan* "Vamos apostar". A frase expressava a convicção dos executivos-sênior de que os modelos Civic e Accord da Honda estavam se tornando conhecidos demais. Os administradores também perceberam que, juntamente com uma nova geração pós-guerra entrando no mercado de carros, uma nova geração de jovens *designers* de produtos estava chegando, com idéias pouco convencionais sobre o que fazia um carro bom.

A decisão de negócios que acompanhou o slogan "Vamos apostar" era formar uma nova equipe de desenvolvimento de produto com jovens engenheiros e *designers* (a idade média era 27 anos). A alta administração transmitiu à equipe duas – e apenas duas – instruções: primeiramente, apresentar um conceito de produto fundamentalmente diferente de qualquer coisa que a empresa tivesse feito antes; em segundo lugar, fazer um carro que não custasse muito, mas que também não fosse barato.

Tal missão poderia parecer vaga, mas na verdade proporcionava à equipe um sentido de direção muito claro. Por exemplo, nos primeiros dias do projeto, alguns membros da equipe propuseram o *design* de uma versão menor e mais barata do Honda Civic – uma opção segura e tecnologicamente factível. Mas a equipe rapidamente decidiu que essa abordagem contradizia toda a justificativa de sua missão. A única alternativa era a de inventar algo completamente novo.

O líder do projeto, Hiroo Watanabe, forjou outro *slogan* para expressar sua sensação do desafio ambicioso da equipe: "Teoria da Evolução do Automóvel". A frase descrevia um ideal. Na realidade, ela impunha uma questão: Se o automóvel fosse um organismo, como deveria evoluir? Enquanto os membros da equipe debatiam e discutiam o que o *slogan* de Watanabe poderia possivelmente significar, surgiu a resposta na forma de outro *slogan*: "Máximo do homem, mínimo da máquina". Isso captava a crença da equipe de que o carro ideal deveria de alguma forma transcender a relação tradicional homem-máquina. Porém, também exigia desafiar o que Watanabe chamou de "raciocínio de Detroit", que tinha sacrificado o conforto pela aparência.

A tendência "evolutiva" que a equipe articulou foi traduzida na imagem de uma esfera – um carro simultaneamente "curto" e "alto". Tal carro, eles raciocinaram, seria mais leve e menos caro, mas também mais confortável e mais sólido do que os carros tradicionais. Uma esfera proporcionava mais espaço para o passageiro enquanto ocupava a menor quantidade de espaço na estrada. E, ainda mais, o formato minimizava o espaço ocupado pelo motor e pelos outros sistemas mecânicos. Isso fez surgir um conceito de produto que a equipe chamou de "Menino Alto", que acabou levando ao Honda City, o carro urbano diferenciado da empresa.

O conceito do "Menino Alto" contradizia totalmente a sabedoria tradicional sobre *design* automobilístico à época, que enfatizava os sedans longos e baixos. Mas o estilo revolucionário do City e sua engenharia eram proféticos. O carro inaugurou uma abordagem totalmente nova ao *design* na indústria automobilística japonesa, baseada no conceito de máximo de homem, mínimo de máquina, que levou à nova geração de carros "altos e curtos", atualmente predominantes no Japão.

A história do Honda City sugere como as empresas japonesas usam a linguagem figurativa em todos os níveis empresariais e em todas as fases do processo de desenvolvimento do produto. Também começa a sugerir os tipos diferentes de linguagem figurativa e o papel distinto que cada um desempenha.

Um tipo de linguagem figurativa que é especialmente importante é a metáfora. Por "metáfora", não estamos nos referindo apenas a uma estrutura gramatical ou expressão alegórica. Ao contrário, a metáfora é um método diferenciado de percepção. É uma maneira de fezer com que indivíduos habituados a diferentes contextos e com experiências distintas compreendam algo intuitivamente, através do uso da imaginação e dos símbolos, sem a necessidade de análise ou de generalizações. Por meio das metáforas, as pessoas juntam o que sabem em novas formas e começam a expressar o que sabem, mas que ainda não podem dizer. Como tal, a metáfora é altamente eficaz na promoção do comprometimento direto com o processo criativo nos estágios iniciais da criação do conhecimento.

A metáfora possibilita isso unindo duas áreas diferentes e distantes da experiência em uma única, incluindo a imagem ou símbolo – o que o filósofo lingüista Max Black descreveu apropriadamente como "duas idéias em uma frase". Estabelecendo uma conexão entre duas coisas que aparentam ser apenas ligeiramente relacionadas, as metáforas proporcionam uma discrepância ou conflito. Muitas vezes, as imagens metafóricas têm significados múltiplos, aparentam contradição lógica ou até mesmo irracional. Mas, longe de constituir uma fraqueza, isso é na realidade uma força enorme. Pois é o conflito que as metáforas incorporam que desencadeia o processo criativo. À medida que os empregados tentam definir mais claramente o *insight* que a metáfora expressa, trabalham para reconciliar os significados conflitantes. Este é o primeiro passo para tornar o tácito em explícito.

Consideremos o exemplo do *slogan* de Hiroo Watanabe, "Teoria da Evolução do Automóvel". Como qualquer boa metáfora, combina duas idéias que normalmente não pensaríamos juntas – o automóvel, que é uma máquina, e a teoria da evolução, que se refere aos organismos vivos. Ainda assim, tal discrepância é uma plataforma frutífera para a especulação sobre as características do carro ideal.

Porém, enquanto a metáfora dispara o processo de criação do conhecimento, ela isolada não é suficiente para completá-lo. O próximo passo é a analogia. Enquanto a metáfora é principalmente impulsionada pela intuição e vincula imagens que à primeira vista parecem remotas umas das outras, a analogia é um processo mais estruturado de reconciliação das contradições e de elaboração das distinções. Colocando de outra forma, esclarecendo como as duas idéias em uma frase são realmente semelhantes e diferentes, as contradições incorporadas nas metáforas são harmonizadas pela analogia. A esse respeito, a analogia é um passo intermediário entre a imaginação pura e o raciocínio lógico.

Provavelmente, o melhor exemplo de analogia vem do desenvolvimento da revolucionária minicopiadora da Canon. Os *designers* da Canon sabiam que para a primeira copiadora pessoal ter sucesso, ela tinha de ser confiável. Para garantir a confiabilidade, eles propuseram fazer o tambor fotossensível do produto – que é a fonte de 90% de todos os problemas de manutenção – descartável. Para ser descartável, no entanto, o tambor teria de ser de fabricação fácil e barata. Como fabricar tal produto?

O avanço surgiu no dia em que o líder da força-tarefa, Hiroshi Tanaka, encomendou cervejas. Enquanto a equipe discutia os problemas de *design*, Tanaka levantou uma das latas de cerveja e divagou em voz alta: "Quanto custa para fabricar esta lata?". A questão levou a equipe a especular se o mesmo processo de fabricação da lata de alumínio de cerveja poderia ser aplicado na fabricação de um tambor de alumínio para a copiadora. Explorando como o tambor realmente é, e ele não é como uma lata de cerveja, a equipe de desenvolvimento da minicopiadora conseguiu apresentar a tecnologia do processo que fabricaria um tambor de alumínio para a copiadora com o baixo custo apropriado.

Por fim, o último passo no processo de criação do conhecimento é criar um modelo real. Conceber um modelo é muito mais fácil do que conceber uma metáfora ou analogia. No modelo, as contradições ficam resolvidas e os conceitos tornam-se transferíveis através da lógica consistente e sistemática. Os padrões de qualidade para o pão no Osaka International Hotel levaram a Matsushita a desenvolver as especificações certas do produto para sua máquina doméstica de fazer pão. A imagem da esfera levou a Honda ao seu conceito do "Menino Alto".

Naturalmente, termos como "metáfora", "analogia" e "modelo" são tipos ideais. Na realidade, eles são, com freqüência, difíceis de distinguir uns dos outros; a mesma frase ou imagem pode incorporar mais de uma das três funções. Ainda assim, os três termos captam o processo pelo qual a organização converte o conhecimento tácito em conhecimento explícito: primeiramente, vinculando as coisas e as idéias contraditórias através de metáforas; depois, resolvendo essas contradições pela analogia; por fim, cristalizando os conceitos criados e os incorporando em um modelo, que torna o conhecimento disponível para o resto da empresa.

Do caos para o conceito: gestão da empresa criadora de conhecimento

Entender a criação do conhecimento como um processo de transformar o conhecimento tácito em explícito – matéria de metáforas, analogias e modelos – tem implicação direta em como a empresa delineia sua organização e define seus papéis e responsabilidades administrativas. Este é o "como" da empresa de criação de conhecimento, as estruturas e práticas que traduzem a visão da empresa quanto às tecnologias e aos produtos inovadores.

O princípio fundamental do *design* organizacional, nas empresas japonesas que estudei, é a redundância – a sobreposição consciente de informação empresarial, atividades de negócios e responsabilidades administrativas. Para os administradores ocidentais, o termo "redundância", com suas conotações de duplicação desnecessária e de desperdício, pode não ter apelo. Ainda assim, construir uma organização redundante é o primeiro passo na administração da empresa criadora de conhecimento.

A redundância é importante porque encoraja o diálogo freqüente e a comunicação. Isso ajuda a criar uma "base cognitiva comum" entre os empregados, facilitando desse modo, a transferência de conhecimento tácito. Como os membros da organização compartilham a informação sobreposta, podem perceber o que os outros lutam para articular. A redundância também dissemina o novo conhecimento explícito através da organização para que possa ser internalizado pelos empregados.

A lógica organizacional da redundância ajuda a explicar por que as empresas japonesas administram o desenvolvimento de produtos como um processo de sobreposição, onde diferentes divisões funcionais trabalham juntas em uma divisão laboral compartilhada. Na Canon, o desenvolvimento redundante de produto avança mais um passo. A empresa organiza as equipes de desenvolvimento de produtos de acordo com o "princípio de competição interna". A equipe é dividida em grupos concorrentes que desenvolvem abordagens diferentes ao mesmo projeto e depois debatem as vantagens e desvantagens de suas propostas. Isso incentiva a equipe a visualizar o projeto a partir de várias perspectivas. Sob a orientação de um líder, a equipe acaba desenvolvendo um entendimento comum da "melhor" abordagem.

Em um sentido, essa competição interna é um desperdício. Por que ter dois ou mais grupos de empregados dedicando-se ao mesmo projeto de desenvolvimento de um produto? Mas, quando as responsabilidades são compartilhadas, a informação prolifera e a capacidade da organização de criar e implementar conceitos é acelerada.

Na Canon, por exemplo, a invenção do tambor descartável de baixo custo da minicopiadora resultou em novas tecnologias que facilitaram a miniaturização, a redução de peso e a montagem automatizada. Essas tecnologias foram, então, rapidamente aplicadas a outros produtos de automação de escritórios, como leitoras de microfilme, impressoras *laser*, processadores de palavras e máquinas de escrever. Este foi um importante fator na diversificação da Canon, de câmeras para a automação de escritórios, garantindo a ela uma margem competitiva na indústria das impressoras *laser*. Em 1987 – apenas cinco anos após a introdução da minicopiadora –, um total de 74% do lucro da Canon veio de sua divisão de máquinas administrativas.

Outra forma de construir a redundância é através da rotação estratégica, especialmente entre diferentes áreas de tecnologia e entre funções como P&D e *marketing*. A rotação ajuda os empregados a entenderem os negócios a partir de perspectivas múltiplas. Isso torna o conhecimento organizacional mais "fluido" e mais fácil de colocar em prática. Na Kao Corporation, uma fabricante de bens de consumo líder no Japão, os pesquisadores freqüentemente "aposentam-se" do departamento de P&D, em torno dos 40 anos, para transferirem-se para outros departamentos, como os de *marketing*, vendas ou produção. E é esperado que todos os empregados façam parte de, pelo menos, três diferentes tarefas a cada período de dez anos.

O acesso livre às informações da empresa também ajuda a construir redundância. Quando existem diferenciais de informação, os membros de uma organização não podem mais interagir nos mesmos termos, o que prejudica a busca por interpretações diferentes do novo conhecimento. Assim, a alta administração da Kao não permite qualquer discriminação no acesso à informação entre os empregados. Toda informação da empresa (com exceção dos dados de pessoal) é mantida em uma única base de dados integrada, aberta a qualquer empregado, independente de sua posição.

Como sugerem esses exemplos, nenhum departamento ou grupo de especialistas tem a responsabilidade exclusiva pela criação do conhecimento na empresa criadora de conhecimento. Os administradores-sênior, os administradores intermediários e os empregados da linha de frente desempenham cada um a sua parte. Na verdade, o valor da contribuição de cada pessoa é determinado menos por sua localização na hierarquia da companhia do que pela importância da informação que ela proporciona para todo o sistema de criação de conhecimento.

Isso não quer dizer, porém, que não exista diferenciação entre os papéis e as responsabilidades na empresa criadora de conhecimento. De fato, a criação do novo conhecimento é o produto de uma interação dinâmica entre três papéis.

Os empregados de primeira linha estão imersos nos detalhes do dia-a-dia de determinadas tecnologias, produtos ou mercados. Ninguém é mais especialista do que eles nas realidades dos negócios de uma empresa. Mas, embora esses empregados tenham muitas informações altamente específicas, freqüentemente consideram difícil transformar essa informação em conhecimento útil. Por um motivo, os sinais do mercado podem ser vagos e ambíguos. Por outro, os empregados podem ficar tão envolvidos em sua própria perspectiva estreita que perdem de vista o contexto mais amplo.

Além disso, mesmo quando os empregados desenvolvem idéias e *insights* significativos, ainda pode ser difícil comunicar a importância dessa informação aos outros. As pessoas não recebem o novo conhecimento passivamente; elas o interpretam de maneira ativa para ajustá-lo a sua própria situação e perspectiva. Dessa forma, o que faz sentido em um contexto pode mudar ou mesmo perder seu significado quando comunicado a pessoas em outro contexto. Como conseqüência, há uma mudança constante no significado à medida que o novo conhecimento é difundido em uma organização.

A confusão criada pelas inevitáveis discrepâncias em um significado que ocorrem em qualquer organização pode parecer um problema. No entanto, também pode ser uma rica fonte de novo conhecimento – *se* a empresa souber como administrá-la. A chave para isso é desafiar continuamente os empregados a reexaminarem o que consideram pacífico. Essa reflexão é sempre necessária na empresa criadora de conhecimento, mas é especialmente essencial durante os períodos de crise ou de alvoroço, quando as categorias tradicionais de conhecimento não dão mais retorno. Nessas ocasiões, a ambigüidade pode comprovar-se extremamente útil como fonte de significados alternativos, uma nova forma de pensar as coisas, um novo sentido de direção. Assim, pode-se dizer que o novo conhecimento nasce no caos.

A principal tarefa dos administradores, na empresa criadora de conhecimento, é orientar esse caos em direção à criação proposital de conhecimento. Os administradores fazem isso fornecendo aos empregados uma estrutura que lhes permita dar sentido à sua própria experiência. Isso ocorre na alta administração e no nível administrativo intermediário nas equipes empresariais.

Os administradores-sênior dão voz ao futuro da empresa articulando as metáforas, os símbolos e os conceitos que orientam as atividades criadoras de conhecimento dos empregados. Eles fazem isso perguntando: O que estamos tentando aprender? O que necessitamos saber? Para onde deveríamos estar indo? Quem somos nós? Se o trabalho dos empregados da linha de frente é saber "o que é", o trabalho dos executivos-sênior é saber "o que deveria ser". Ou, nas palavras de Hiroshi Honma, pesquisadorsênior na Honda: "Os administradores-sênior são românticos que estão à busca de um ideal".

Em algumas empresas japonesas que estudei, os executivos falam sobre seu papel em termos de responsabilidade pela articulação do "guarda-chuva conceitual" da empresa: os grandes conceitos que, em termos altamente universais e abstratos, identificam os aspectos comuns vinculando atividades ou negócios aparentemente díspares em um todo coerente. A dedicação da Sharp à optoeletrônica é um bom exemplo.

Em 1973, a Sharp inventou a primeira calculadora eletrônica de baixo poder combinando duas tecnologias-chave – o visor de cristal líquido (LCDs) e os semicondutores complementares de óxido metálico (CMOSs). Os tecnólogos da empresa cunharam o termo "optoeletrônica" para descrever a fusão da microeletrônica com as tecnologias ópticas. Os administradores-sênior da empresa adotaram, então, a palavra e amplificaram seu impacto muito além dos departamentos de P&D e engenharia.

A optoeletrônica representa a imagem do mundo em que a Sharp quer viver. É um dos conceitos-chave articulando o que a empresa deveria ser. Como tal, tornou-se um guia dominador para o desenvolvimento estratégico da empresa. Sob esta rubrica, a Sharp ultrapassou seu sucesso original nas calculadoras para tornar-se uma líder no mercado em uma ampla gama de produtos baseados em LCD e na tecnologia de semicondutores, incluindo: o *notebook* de bolso Electronic Organizer, os sistemas de projeção LCD, assim como os circuitos integrados customizados como os ROMs, ASICs e CCDs (dispositivos acoplados por sinais ópticos).

Outras empresas japonesas têm conceitos similares de guarda-chuva. Na NEC, a administração superior categorizou a base de conhecimentos da empresa em termos de algumas poucas tecnologias-chave e depois desenvolveu a metáfora "C&C" ("computadores e comunicações"). Na Kao, o conceito de guarda-chuva é "ciência ativa de superfície", referindo-se às técnicas para revestir a área superficial dos materiais. Essa expressão orientou a diversificação da empresa em produtos que variam de detergentes a cosméticos ou discos flexíveis – todos derivados naturais da base essencial de conhecimentos da Kao.

Outra forma através da qual a alta gerência proporciona aos empregados um sentido de direção é estabelecendo padrões que justifiquem o valor do conhecimento que está sendo desenvolvido, constantemente, pelos membros da organização. Decidir que esforços apoiar e desenvolver é uma atividade altamente estratégica.

Na maioria das empresas, o teste final para mensurar o valor do novo conhecimento é econômico – maior eficiência, baixos custos, melhor retorno sobre o investimento. Entretanto, na empresa criadora de conhecimento, outros fatores mais qualitativos são igualmente importantes. A idéia incorpora a visão da empresa? Ela é uma expressão das aspirações e das metas estratégicas da administração superior? Possui potencial para construir a rede de conhecimento organizacional da empresa?

A decisão da Mazda de investir no desenvolvimento do motor rotativo é um exemplo clássico deste tipo mais qualitativo de justificação. Em 1974, a equipe de desenvolvimento de produto que trabalhava no motor estava sofrendo forte pressão, dentro da empresa, para abandonar o projeto. O motor rotativo era um "bebedor de gasolina", queixavam-se os críticos. Nunca teria sucesso no mercado.

Kenichi Yamamoto, líder da equipe de desenvolvimento (e atualmente conselheiro da Mazda), argumentava que interromper o projeto significaria desistir do sonho da empresa de revolucionar o motor à combustão. "Vamos pensar desta forma", propôs Yamamoto. "Estamos fazendo história, e o nosso destino é lidar com este desafio." A decisão de dar continuidade ao projeto levou a Mazda ao Savanna RX-7, o bem-sucedido carro esporte com motor rotativo.

Visto a partir da perspectiva da administração tradicional, o argumento de Yamamoto sobre o "destino" da empresa parece loucura. Mas, no contexto da empresa criadora de conhecimento, faz perfeito sentido. Yamamoto apelou para as aspirações fundamentais da empresa – o que ele denominou "dedicação ao valor não comprometido" – e para a estratégia da liderança tecnológica que os administradores-sênior tinham articulado. Ele mostrou como o projeto do motor rotativo representava o compromisso da empresa com sua visão. Da mesma forma, a continuação do projeto reforçou o compromisso individual dos membros da equipe com essa visão e com a empresa.

O conceito de guarda-chuva e os critérios qualitativos para a justificação são cruciais para dar um sentido de direção às atividades da empresa criadora de conhecimento. Além disso, é importante enfatizar que a visão da empresa necessita ter também um final aberto, suscetível a uma série de diferentes, e até mesmo conflitantes, interpretações. À primeira vista, isso pode parecer contraditório. Afinal, a visão da empresa não deveria ser não-ambígua, coerente e clara? Se a visão for *demasiado* não-ambígua, no entanto, torna-se mais análoga a uma ordem ou instrução. E ordens não favorecem o alto grau de compromisso pessoal do qual depende a criação efetiva do conhecimento.

Uma visão mais obscura dá aos empregados e aos grupos de trabalho a liberdade e a autonomia para estabelecerem suas próprias metas. Isso é importante porque, embora os ideais da administração-sênior sejam importantes, por si mesmos não são suficientes. O melhor que a alta gerência pode fazer é afastar qualquer obstáculo e preparar a base para os grupos ou equipes auto-organizados. Depois, cabe às equipes desvendar o que significam, na realidade, os ideais da administração. Assim, na Honda, um *slogan* tão vago quanto "Vamos apostar" e uma missão extremamente ampla deram à equipe de desenvolvimento do produto Honda City um forte sentido de sua própria identidade, que levou a um produto revolucionário.

As equipes desempenham um papel central na empresa criadora de conhecimento porque proporcionam um contexto compartilhado onde os indivíduos podem interagir uns com os outros e engajar-se no constante diálogo do qual depende a reflexão eficaz. Os membros da equipe criam novos pontos de vista através do diálogo e da discussão. Eles coletam sua informação e a examinam a partir de vários ângulos. Por fim, integram suas diversas perspectivas individuais em uma nova perspectiva coletiva.

Este diálogo pode – na realidade, deve – envolver considerável conflito e discordância. É precisamente esse conflito que força os empregados a questionarem as premissas existentes e a dar um novo sentido à sua experiência. "Quando os ritmos das pessoas não estão sincronizados, ocorrem lutas e é difícil reuni-las", reconhece um administrador de desenvolvimento de tecnologia avançada na Canon. "No entanto, se os ritmos do grupo estão completamente em uníssono desde o início, também é difícil atingir bons resultados."

Como líderes de equipe, os gerentes intermediários estão na interseção dos fluxos vertical e horizontal de informação da empresa. Eles servem como uma ponte entre os ideais visionários da alta gerência e a realidade, freqüentemente caótica, do mercado dos que estão na linha de frente dos negócios. Criando negócios de nível médio e conceitos de produtos, os administradores intermediários intermedeiam "o que é" e "o que deveria ser". Eles refazem a realidade de acordo com a visão da empresa.

Assim, na Honda, a decisão da administração superior de tentar algo completamente novo tomou a forma concreta no nível da equipe de desenvolvimento de produto de Hiroo Watanabe no conceito do "Menino Alto". Na Canon, a aspiração da empresa de "fazer uma empresa excelente, transcendendo o negócio de câmeras", tornou-se uma realidade quando a força-tarefa de Hiroshi Tanaka desenvolveu o conceito de produto de "Fácil Manutenção", que deu origem à copiadora pessoal. E, na Matsushita, o grande conceito da empresa, "Eletrônica Humana", tornou-se realidade através dos esforços de Ikuko Tanaka e outros que desenvolveram o conceito de médio alcance "Fácil Sabor" e o incorporaram à máquina automática de fazer pão.

Em cada um desses casos, os gerentes intermediários sintetizaram o conhecimento tácito, tanto dos empregados da linha de frente quanto dos executivos-sênior, tornaram-no explícito e o incorporaram em novas tecnologias e produtos. Quanto a isso, eles são os verdadeiros "engenheiros do conhecimento" da empresa criadora de conhecimento.

CAPÍTULO **3**

TEORIA DA CRIAÇÃO DO CONHECIMENTO ORGANIZACIONAL*

IKUJIRO NONAKA E HIROTAKA TAKEUCHI

A abordagem distinta da filosofia ocidental ao conhecimento moldou profundamente o modo como os teóricos organizacionais tratam o conhecimento. A divisão cartesiana entre sujeito e objeto, conhecedor e conhecido, deu origem a uma visão da organização como um mecanismo para o "processamento de informações". De acordo com essa visão, a organização processa a informação do ambiente externo para adaptar-se a novas circunstâncias. Embora essa visão tenha se comprovado efetiva na explicação do funcionamento das organizações, tem uma limitação fundamental. De nossa perspectiva, ela realmente não explica a inovação. Quando as organizações inovam, elas não processam simplesmente a informação, de fora para dentro, visando a solucionar problemas existentes e adaptar-se ao ambiente em mudança. Elas realmente criam novos conhecimentos e informações, de dentro para fora, visando a redefinir tanto os problemas quanto as soluções e, no processo, recriar seu ambiente.

Para explicar a inovação, necessitamos de uma nova teoria da criação do conhecimento organizacional. Como qualquer abordagem ao conhecimento, terá sua própria "epistemologia" (teoria do conhecimento), embora retirar uma substancialmente diferente da abordagem ocidental tradicional. A base de nossa epistemologia é a distinção entre o conhecimento tácito e o explícito. Como veremos neste capítulo, a chave para a criação do conhecimento reside na mobilização e na

---

*Reimpresso com permissão da Oxford University Press, Inc. De "The Knowledge-Creating Company: How Japanese Companies Create the Dynamics of Innovation" escrito por Ikujiro Nonaka e Hirotaka Takeuchi. Copyright © 1995 por Oxford University Press, Inc. Todos os direitos reservados.

conversão do conhecimento tácito. Como estamos preocupados com a criação do conhecimento organizacional, em oposição à criação do conhecimento individual, nossa teoria também terá sua própria "ontologia" distinta, que concerne aos níveis das entidades criadoras do conhecimento (indivíduo, grupo, organizacional e interorganizacional). Neste capítulo apresentaremos nossa teoria da criação do conhecimento, tendo em mente as duas dimensões – epistemológica e ontológica – da criação do conhecimento. A Figura 3.1 apresenta as dimensões epistemológica e ontológica em que ocorre a "espiral" de criação do conhecimento. A espiral emerge quando a interação entre o conhecimento tácito e o explícito é elevada dinamicamente de um nível ontológico mais baixo para níveis elevados.

Figura 3.1 Duas dimensões da criação do conhecimento.

A essência de nossa teoria reside na descrição de como emerge essa espiral. Apresentamos os quatro modos de conversão do conhecimento que são criados quando o conhecimento tácito e o explícito interagem um com o outro. Esses quatro modos – que denominamos como socialização, externalização, combinação e internalização – constituem o "motor" de todo o processo de criação do conhecimento. Esses modos são o que o indivíduo vivencia. São também os mecanismos pelos quais o conhecimento individual torna-se articulado e "amplificado" para e através da organização. Depois de delinear esses quatro modos e ilustrá-los com exemplos, descreveremos as cinco condições que permitem ou promovem esse modelo espiral de criação do conhecimento organizacional. Também apresentaremos um processo de cinco fases através do qual o conhecimento é criado ao longo do tempo na organização.

CONHECIMENTO E INFORMAÇÃO

Antes de mergulhar em nossa teoria, descreveremos primeiramente como o conhecimento é similar e diferente da informação. Três observações tornam-se aparentes nesta seção. Primeiramente, o conhecimento, ao contrário da informação, é sobre *crenças* e *compromisso*. O conhecimento é uma função de uma determinada instância, perspectiva ou intenção. Em segundo lugar, o conhecimento, ao contrário da informação, é sobre *ação*. É sempre conhecimento "para algum fim". E, em terceiro lugar, o conhecimento, como a informação, é sobre *significado*. É específico ao contexto e relacional.

Em nossa teoria de criação do conhecimento organizacional, adotamos a definição tradicional de conhecimento como "crença verdadeira justificada". Deve ser observado, no entanto, que embora a epistemologia ocidental tradicional tenha enfocado a "veracidade" como atributo essencial do conhecimento, nós salientamos a natureza do conhecimento como "crença justificada". Esta diferença de foco introduz outra distinção crítica entre a visão de conhecimento da epistemologia ocidental tradicional e a da nossa teoria de criação do conhecimento. Enquanto a epistemologia tradicional enfatiza a natureza absoluta, estática e não-humana do conhecimento, tipicamente expressa nas proposições e na lógica formal, consideramos o conhecimento como *um processo humano dinâmico de justificação da crença pessoal dirigida à "verdade"*.

Apesar de os termos "informação" e "conhecimento" serem, com freqüência, usados intercambiavelmente, existe uma nítida distinção entre a informação e o conhecimento. Como Bateson (1979) afirma, "a informação consiste em diferenças que fazem a diferença" (p. 5). A informação proporciona um novo ponto de vista para a interpretação de eventos ou objetos, que torna visíveis os significados previamente invisíveis ou ilumina conexões inesperadas. Assim, a informação é um meio necessário ou material para extrair e construir o conhecimento. Ela afeta o conhecimento, acrescentando algo a ele ou reestruturando-o (Machlup, 1983). Similarmente, Dretske (1981) argumentava como a seguir: "A informação é uma mercadoria capaz de produzir conhecimento, e a informação incluída em um sinal é o que podemos aprender dela... O conhecimento é identificado com a crença produzida (ou sustentada) pela informação" (p. 44, 86).

A informação pode ser encarada a partir de duas perspectivas: informação "sintática" (ou volume de) e informação "semântica" (ou significado de). Uma ilustração da informação sintática é encontrada no fluxo da análise da informação de Shannon e Weaver (1949), medido sem qualquer consideração com o significado inerente, embora o próprio Shannon tenha admitido que essa forma de ver a informação seja problemática.[1] O aspecto semântico da informação é mais importante para a criação do conhecimento, pois enfoca o significado transmitido. Se alguém limitar o âmbito da consideração apenas ao aspecto sintático, não consegue captar a importância real da informação no processo de criação do conhecimento. Qualquer preocupação com a definição formal de informação levará a uma ênfase desproporcional do papel do processamento da informação, que é insensível à criação do novo significado a partir do caótico, obscuro, mar de informações.

Assim, a informação é um fluxo de mensagens, enquanto o conhecimento é criado pelo mesmo fluxo de informação, ancorado nas crenças e no compromisso de seu portador. Este entendimento enfatiza que *o conhecimento é essencialmen-*

te relacionado com a ação humana.[2] A discussão de Searle (1969) do "ato de falar" também aponta para a relação próxima entre a linguagem e a ação humana em termos de intenção e do "compromisso" dos que falam. Como base fundamental para a teoria da criação do conhecimento organizacional, prestamos atenção à natureza ativa, subjetiva, do conhecimento representada por termos como "compromisso" e "crença", que estão profundamente enraizados nos sistemas de valores dos indivíduos.

Por fim, tanto a informação quanto o conhecimento são específicos ao contexto e relacionais por dependerem da situação, sendo criados dinamicamente na interação social entre as pessoas. Berger e Luckmann (1966) argumentam que as pessoas que interagem, em um determinado contexto histórico e social, compartilham informações a partir das quais constroem o conhecimento social como uma realidade que, por sua vez, influencia seu discernimento, comportamento e atitude. Similarmente, a visão corporativa, apresentada como uma estratégia obscura pelo líder, é construída organizacionalmente em conhecimento pela interação dos membros da corporação com o ambiente, o que por sua vez afeta seu comportamento de negócios.

DUAS DIMENSÕES DA CRIAÇÃO DO CONHECIMENTO

Embora muito tenha sido escrito sobre a importância do conhecimento na administração, pouca atenção tem sido dada a como o conhecimento é criado e como o processo de criação é administrado. Nesta seção, desenvolveremos uma estrutura na qual as visões tradicional e não-tradicional do conhecimento são integradas em uma teoria da criação do conhecimento organizacional. Como mencionado anteriormente, nossa estrutura básica contém duas dimensões – a epistemológica e a ontológica (ver Figura 3.1).

Vamos iniciar com a dimensão ontológica. Em sentido rígido, o conhecimento é criado apenas pelos indivíduos. Uma organização não pode criar conhecimento sem os indivíduos. A organização apóia os indivíduos criativos ou propicia contextos para que criem o conhecimento. A criação do conhecimento organizacional, dessa forma, deve ser compreendida como um processo que amplifica, "organizacionalmente", o conhecimento criado pelos indivíduos e o cristaliza como parte da rede de conhecimentos da organização. Esse processo tem lugar dentro da "comunidade de interação" em expansão, que cruza os níveis e os limites intra e interorganizacionais.[3]

Quanto à dimensão epistemológica, recorremos à distinção de Michael Polanyi (1966) entre *conhecimento tácito* e *conhecimento explícito*. O conhecimento tácito é pessoal, específico ao contexto e, por isso, difícil de formalizar e comunicar. O conhecimento explícito ou "codificado", por outro lado, refere-se ao conhecimento que é transmissível na linguagem formal, sistemática. O argumento de Polanyi sobre a importância do conhecimento tácito na cognição humana talvez corresponda ao argumento central da psicologia da Gestalt, que afirma que a percepção é determinada nos termos da forma em que é integrada ao padrão geral ou *Gestalt*. Entretanto, enquanto a psicologia da Gestalt destaca que todas as imagens estão intrinsecamente integradas, Polanyi afirma que os seres humanos adquirem conhecimento criando e organizando ativamente suas próprias experiências. Assim, o conhecimento que pode ser expresso em palavras e números representa apenas a ponta do *iceberg* do corpo total do conhecimento. Como Polanyi (1966) constata, "Podemos saber mais do que podemos dizer" (p. 4).[4]

Na epistemologia tradicional, o conhecimento deriva da separação do sujeito e do objeto de percepção; os seres humanos, como sujeitos da percepção, adquirem conhecimento pela análise dos objetos externos. Em contraste, Polanyi afirma que os seres humanos criam o conhecimento envolvendo-se com os objetos – isto é, através do auto-envolvimento e do compromisso, ou o que ele chamou de "espírito interior". Saber alguma coisa é criar a sua imagem ou padrão pela integração tácita das particularidades. Para entender o padrão como um todo significativo, é necessário integrar o corpo às particularidades. Assim, o espírito interno rompe as tradicionais dicotomias entre a mente e o corpo, a razão e a emoção, o sujeito e o objeto, o conhecedor e o conhecido. Dessa forma, a objetividade científica não é a única fonte do conhecimento. Muito do nosso conhecimento é fruto de nosso próprio esforço intencional de lidar com o mundo.[5]

Embora Polanyi defenda o conteúdo do conhecimento tácito principalmente no contexto filosófico, também é possível expandir sua idéia em uma direção mais prática. O conhecimento tácito inclui elementos cognitivos e técnicos. Os elementos cognitivos centralizam-se no que Johnson-Laird (1983) chama de "modelos mentais", nos quais os seres humanos criam modelos de trabalho do mundo, ao fazerem e manipularem analogias em suas mentes. Os modelos mentais, como os esquemas, os paradigmas, as perspectivas, as crenças e os pontos de vista, ajudam os indivíduos a perceberem e definirem seu mundo. Por outro lado, o elemento técnico do conhecimento tácito inclui o *know-how*, o artesanato e as habilidades concretas. É importante observar aqui que os elementos cognitivos do conhecimento tácito referem-se às imagens da realidade e às visões do futuro do indivíduo – isto é, "o que é" e "o que deveria ser". Como será discutido posteriormente, a articulação dos modelos mentais tácitos, em um tipo de processo de "mobilização", é um fator-chave na criação do novo conhecimento.

Algumas distinções entre conhecimento tácito e explícito são mostradas na Tabela 3.1. As características geralmente associadas aos aspectos mais tácitos do

Tabela 3.1 Dois tipos de conhecimento

Conhecimento tácito (subjetivo)	Conhecimento explícito (objetivo)
Conhecimento da experiência (corpo)	Conhecimento da racionalidade (mente)
Conhecimento simultâneo (aqui e agora)	Conhecimento seqüencial (lá e então)
Conhecimento análogo (prática)	Conhecimento digital (teoria)

conhecimento estão listadas à esquerda, enquanto as qualidades corresponden-tes relacionadas ao conhecimento explícito são mostradas à direita. Por exemplo, o conhecimento da experiência tende a ser tácito, físico e subjetivo, enquanto o conhecimento da racionalidade tende a ser explícito, metafísico e objetivo. O conhecimento tácito é criado "aqui e agora" em um contexto específico, prático e implica aquilo a que Bateson (1973) se refere como uma qualidade "análoga". Compartilhar o conhecimento tácito entre os indivíduos, através da comunica-ção, é um processo análogo que exige um tipo de "processamento simultâneo" das complexidades dos temas compartilhados pelos indivíduos. Por outro lado, o conhecimento explícito é sobre os eventos passados ou objetos "lá e então" e é orientado para uma teoria independente de conceito.[6] É seqüencialmente criado pelo que Bateson chama de atividade "digital".

CONVERSÃO DO CONHECIMENTO: INTERAÇÃO ENTRE OS CONHECIMENTOS TÁCITO E EXPLÍCITO

A história da epistemologia ocidental pode ser vista como uma controvérsia con-tínua sobre o tipo de conhecimento que é mais verdadeiro. Enquanto os ociden-tais tendem a enfatizar o conhecimento explícito, os japoneses tendem a salientar o conhecimento tácito. Na nossa visão, no entanto, o conhecimento tácito e o co-nhecimento explícito não são totalmente separados, mas entidades mutuamente complementares. Eles interagem e se intercambiam nas atividades criativas dos seres humanos. Nosso modelo dinâmico de criação do conhecimento está anco-rado no pressuposto crítico de que o conhecimento humano é criado e expan-dido através da interação social entre o conhecimento tácito e o conhecimento explícito. Chamamos essa interação de "conversão do conhecimento". Deve ser observado que essa conversão é um processo "social" *entre* indivíduos e não con-finado *em* um único indivíduo.[7] De acordo com a visão racionalista, a cognição humana é um processo dedutivo dos indivíduos, porém o indivíduo nunca está isolado da interação social quando percebe as coisas. Assim, através do processo de "conversão social", o conhecimento tácito e o explícito expandem-se em ter-mos de qualidade e quantidade (Nonaka, 1990b).

A idéia de "conversão do conhecimento" pode estar parcialmente de acordo com o modelo ACT (Anderson, 1983; Singley e Anderson, 1989) desenvolvido na psicologia cognitiva. Esse modelo levanta a hipótese de que, para que as habilida-des cognitivas se desenvolvam, todo conhecimento declarativo, que corresponde ao conhecimento explícito em nossa teoria, tem de ser transformado em conheci-mento de procedimentos, que corresponde ao conhecimento tácito, usado em ati-vidades como andar de bicicleta ou tocar piano.[8] Mas, como Singley e Anderson admitem, o modelo ACT tem uma limitação. Ele considera a transformação como um caso especial, porque o interesse da pesquisa desse modelo está concentrado na aquisição e na transferência do conhecimento de procedimento (tácito), e não na do conhecimento declarativo (explícito). Em outras palavras, os proponentes desse modelo consideram a transformação do conhecimento como principalmente unidirecional, do declarativo (explícito) para o de procedimento (tácito), enquanto nós defendemos que a transformação é interativa e espiralada.

QUATRO MODOS DE CONVERSÃO DO CONHECIMENTO

O pressuposto de que o conhecimento é criado através da interação entre o conhecimento tácito e o explícito permite que postulemos quatro modos diferentes de conversão do conhecimento. Eles são como a seguir: (1) de conhecimento tácito para conhecimento tácito, que chamamos de socialização; (2) de conhecimento tácito para conhecimento explícito, ou externalização; (3) de conhecimento explícito para conhecimento explícito, ou combinação; e (4) de conhecimento explícito para conhecimento tácito, ou internalização.[9] Três dos quatro tipos de conversão do conhecimento – socialização, combinação e internalização – foram discutidos a partir de várias perspectivas na teoria organizacional. Por exemplo, a socialização está conectada com as teorias dos processos de grupo e com a cultura organizacional; a combinação tem suas raízes no processamento da informação; e a internalização está intimamente relacionada com o aprendizado organizacional. No entanto, a externalização tem sido algo negligenciada.[10] A Figura 3.2 mostra os quatro modos de conversão do conhecimento. Cada um deles será discutido em detalhes a seguir, juntamente com exemplos reais.

FIGURA 3.2 Quatro modos de conversão do conhecimento.

SOCIALIZAÇÃO: DE TÁCITO PARA TÁCITO

A socialização é um processo de compartilhamento de experiências e, com isso, de criação de conhecimento tácito – tais como os modelos mentais e as habilidades técnicas compartilhadas.[11] O indivíduo pode adquirir conhecimento tácito diretamente dos outros sem usar a linguagem. Os aprendizes trabalham com seus mestres e aprendem sua arte não através da linguagem, mas da observação, da imitação e da prática. No cenário de negócios, o treinamento no trabalho usa basicamente o mesmo princípio. A chave para a aquisição do conhecimento tácito é a experiência. Sem alguma forma de experiência compartilhada, é extremamente difícil que uma pessoa projete-se no processo de raciocínio de outro indivíduo. A mera transferência de informação, freqüentemente, tem pouco sentido, se for abstraída das emoções associadas e dos contextos específicos nos quais as experiências estão inseridas. Os três exemplos seguintes ilustram como a socialização é empregada pelas empresas japonesas dentro do contexto de desenvolvimento de produtos.

O primeiro exemplo de socialização vem da Honda, que estabeleceu *"brainstorming camps" (tama dashi kai)* – reuniões informais para discussão detalhada visando à solução de problemas difíceis no desenvolvimento de projetos. As reuniões são realizadas fora do local de trabalho, freqüentemente em um hotel, onde os participantes discutem os problemas mais difíceis enquanto bebem saquê, compartilham refeições e tomam banho juntos em uma banheira quente. As reuniões não estão limitadas aos membros da equipe do projeto, mas abertas a qualquer empregado que esteja interessado no projeto em desenvolvimento. Nessas discussões, as qualificações ou o *status* dos debatedores nunca são questionados, mas existe um tabu: a crítica sem sugestão construtiva. As discussões são realizadas com o entendimento de que "criticar é dez vezes mais fácil do que apresentar uma alternativa construtiva". Este tipo de *brainstorming camp* não é exclusivo da Honda, sendo usado por muitas outras empresas japonesas. Também não é uma exclusividade do desenvolvimento de novos produtos e serviços, sendo usado para desenvolver sistemas administrativos ou estratégias corporativas também. Assim, esse *camp* não é apenas um fórum para o diálogo criativo, mas um meio para compartilhar experiências e fortalecer a confiança mútua entre os participantes.[12] É eficaz principalmente no compartilhamento de conhecimento tácito e na criação de uma nova perspectiva. Reorienta os modelos mentais de todos os indivíduos na mesma direção, mas não de maneira forçada. Ao contrário, os *brainstorming camps* representam um mecanismo através do qual os indivíduos buscam a harmonia engajando-se em experiências tanto corporais como mentais.

O segundo exemplo, que mostra como a habilidade técnica tácita foi socializada, vem da Matsushita Electric Industrial Company. Um problema importante durante o desenvolvimento de uma máquina doméstica de fazer pão concentrou-se em como mecanizar o processo de sovar a massa, que é essencialmente um conhecimento tácito possuído pelos mestres-padeiros. As massas sovadas por um mestre-padeiro e pela máquina foram radiografadas e comparadas, mas não foram obtidos *insights* significativos. Ikuko Tanaka, chefe do desenvolvimento de *software* da empresa, sabia que o melhor pão da região vinha do Osaka International Hotel. Para captar o conhecimento tácito da habilidade de sovar, ela e vários administradores voluntariaram-se como aprendizes do mestre-padeiro do hotel. Fazer o mesmo pão delicioso do mestre-padeiro não foi fácil. Ninguém conseguia explicar por quê. Um dia, no entanto, ela notou que o padeiro não estava apenas esticando, mas também "torcendo" a massa, o que acabou sendo o segredo para fazer um pão saboroso.

Assim, ela socializou o conhecimento tácito do mestre-padeiro através da observação, da imitação e da prática.

A socialização também ocorre entre aqueles que desenvolvem os produtos e os clientes. As interações com os clientes, antes do desenvolvimento dos produtos e depois da introdução destes no mercado, são na realidade um processo interminável de compartilhamento do conhecimento tácito e de criação de idéias para a melhoria. A maneira como a NEC desenvolveu seu primeiro computador pessoal é um caso exemplar. O processo de desenvolvimento do novo produto começou quando um grupo, da Divisão de Semicondutores e de Vendas IC, concebeu a idéia de vender o primeiro microcomputador do Japão, o TK-80, para promover as vendas dos dispositivos semicondutores. Vender o TK-80 para o grande público foi um rompimento radical na história da NEC de responder às ordens de rotina da Nippon Telegraph and Telephone (NTT). Inesperadamente, uma ampla diversidade de clientes, abrangendo de alunos do ensino médio a profissionais entusiastas dos computadores, veio ao BIT-INN da NEC, um centro de serviço de demonstração no distrito de Akihabara, em Tóquio, famoso por sua alta concentração de vendas de produtos eletrônicos. O compartilhar de experiências e o diálogo continuado com esses clientes no BIT-INN resultaram no desenvolvimento do computador pessoal, campeão de vendas da NEC, o PC-8000, alguns anos depois.

EXTERNALIZAÇÃO: DE TÁCITO PARA EXPLÍCITO

A externalização é um processo de articulação do conhecimento tácito em conceitos explícitos. É a quintessência do processo de criação do conhecimento, no qual o conhecimento tácito torna-se explícito, tomando a forma de metáforas, analogias, conceitos, hipóteses ou modelos. Quando tentamos conceituar uma imagem, expressamos a sua essência principalmente na linguagem – a redação é um ato de conversão do conhecimento tácito em conhecimento articulável (Emig, 1983). Ainda assim, as expressões são freqüentemente inadequadas, inconsistentes e insuficientes. Essas discrepâncias e falhas entre as imagens e as expressões, no entanto, ajudam a promover a "reflexão" e a interação entre os indivíduos.

O modo de externalização da conversão do conhecimento é visto, tipicamente, no processo da criação de conceitos e é desencadeado pelo diálogo ou pela reflexão coletiva.[13] Um método freqüentemente usado para criar um conceito é combinar a dedução e a indução. A Mazda, por exemplo, combinou esses dois métodos de raciocínio quando desenvolveu o conceito do RX-7, que é descrito como "um autêntico carro esportivo que permite dirigir com conforto e entusiasmo". O conceito foi *deduzido* do *slogan* corporativo do fabricante do carro: "Criar novos valores e apresentar o alegre prazer de dirigir", assim como do posicionamento do novo carro como "um carro estratégico para o mercado americano e uma imagem da inovação". Ao mesmo tempo, o novo conceito foi *induzido* das "viagens conceituais", que eram experiências de direção pelos membros da equipe de desenvolvimento, nos Estados Unidos, assim como das "clínicas conceituais", que coletavam opiniões dos clientes e dos especialistas em carros. Quando não podemos encontrar uma expressão adequada para uma imagem, através dos métodos analíticos de dedução ou indução, temos que usar um método não-analítico. O uso de uma metáfora atraente e/ou de uma analogia é altamente eficaz no favorecimento do compromisso direto com o processo criativo. Recorde o exemplo do Honda City. No desenvolvimento do carro, Hiroo Watanabe e sua equipe utilizaram a metáfora da "Evolução do Automóvel". Sua equipe considerou o automóvel como um organismo e buscou sua forma definitiva. Essencialmente, Watanabe estava perguntando: "No que o automóvel evoluirá?".

> Insisti em alocar o mínimo de espaço para a mecânica e o máximo de espaço para os passageiros. Este parecia ser o carro ideal, no que o automóvel deveria evoluir... O primeiro passo em direção a essa meta era desafiar o "raciocínio de Detroit", que tinha sacrificado o conforto pela aparência. Nossa escolha era um carro curto, porém alto... esférico, portanto, mais leve, menos caro, mais confortável e robusto.[14]

O conceito de um carro alto e curto – "Menino Alto" – surgiu através de uma analogia entre o conceito de "máximo homem, mínima máquina" e a imagem de uma esfera que contém o máximo volume dentro da mínima área de superfície, que finalmente resultou no Honda City.

O caso da minicopiadora da Canon é um bom exemplo de como uma analogia foi usada eficazmente para o desenvolvimento de um produto. Um dos problemas mais difíceis, enfrentados pela equipe de desenvolvimento, foi produzir um cartucho descartável com baixo custo, que eliminaria a necessidade de manutenção exigida pelas máquinas convencionais. Sem o cartucho descartável, a equipe de manutenção teria de ser distribuída em todo o país, pois a copiadora era dirigida ao uso familiar e pessoal. Se a freqüência do uso fosse alta, os custos de manutenção seriam negligenciáveis. Porém, esse não era o caso da copiadora pessoal. O fato de que um grande número de clientes usaria a máquina apenas ocasionalmente significava que o novo produto tinha de ter confiabilidade e nenhuma ou mínima manutenção. Um estudo de manutenção mostrou que mais de 90% dos problemas ocorriam no tambor ou nas partes circundantes. Visando a cortar os custo de manutenção e ainda manter a maior confiabilidade, a equipe desenvolveu o conceito de sistema de cartucho descartável, no qual o tambor da copiadora é substituído após um determinado tempo de uso.

O problema seguinte era se o tambor poderia ser produzido com custo baixo o suficiente para ser consistente com o baixo preço de venda visado para a copiadora. Uma força-tarefa destinada a solucionar o problema do custo teve muitas discussões acaloradas sobre a produção de cilindros de tambor, fotossensíveis, convencionais, de material com base de alumínio e com custo baixo. Um dia, Hiroshi Tanaka, líder da força-tarefa, solicitou algumas latas de cerveja. Depois de consumida a cerveja, ele perguntou: "Quanto custa fabricar esta lata?". A equipe investigou, então, a possibilidade de aplicar o processo de fabricação da lata de cerveja à fabricação do cilindro do tambor, usando o mesmo material. Esclarecendo as similaridades e as diferenças, eles descobriram uma tecnologia de processo para fabricar o tambor de alumínio com baixo custo, dando origem assim ao tambor descartável.

Esses exemplos nas empresas japonesas demonstram claramente a eficácia do uso da metáfora e da analogia na criação e na elaboração de um conceito (ver Tabela 3.2). Como comentou Watanabe, "Estamos além da metade do caminho, uma vez que tenha sido criado o conceito do produto". Nesse sentido, a riqueza da linguagem figurativa e da imaginação do líder é um fator essencial na extração do conhecimento tácito dos membros do projeto.

Entre os quatro modos de conversão de conhecimento, a externalização possui a chave para a criação do conhecimento, porque cria conceitos novos, explícitos, a partir do conhecimento tácito. Como podemos converter conhecimento tácito em conhecimento explícito efetiva e eficazmente? A resposta reside no uso seqüencial da metáfora, analogia e modelo. Como Nisbet (1969) observa, "muito do que Michael Polanyi chamou de 'conhecimento tácito' é expressável – até onde for absolutamente expressável – na metáfora" (p. 5). A metáfora é uma

Tabela 3.2   Metáfora e/ou analogia para a criação de conceitos no desenvolvimento de produtos

Produto (empresa)	Metáfora/analogia	Influência na criação conceitual
City (Honda)	"Evolução do Automóvel" (metáfora) Esfera (analogia)	Sugestão de maximizar o espaço do passageiro como desenvolvimento definitivo do automóvel
		Conceito criado de "máximo homem, mínima máquina"
		Sugestão de aquisição do máximo espaço para o passageiro através da minimização da área de superfície
		Conceito criado de "carro alto e curto ('Menino Alto')"
Minicopiadora (Canon)	Lata de alumínio de cerveja (analogia)	Sugestão de similaridade entre a lata de cerveja de alumínio barata e a fabricação do tambor fotossensível
		Conceito criado de "processo de fabricação de baixo custo"
Máquina doméstica de fazer pão (Matsushita)	Pão do hotel (metáfora) Mestre-padeiro do Osaka International Hotel (analogia)	Sugestão de um pão mais delicioso Conceito criado de "massa torcida"

forma de perceber ou entender intuitivamente uma coisa, imaginando outra coisa simbolicamente.

É mais freqüentemente usada no raciocínio abdutivo ou nos métodos não-analíticos para a criação de conceitos radicais (Bateson, 1979). Não são análise nem síntese dos atributos comuns das coisas associadas. Donnellon, Gray e Bougon (1986) defendem que "as metáforas criam uma nova interpretação da experiência, pedindo ao ouvinte para ver algo mais além do que foi dito" e "criam novas formas de vivenciar a realidade" (p. 48, 52). Assim, "as metáforas são um mecanismo de comunicação que pode funcionar para reconciliar as discrepâncias no significado" (p. 48).[15]

Além disso, a metáfora é um instrumento importante para a criação de uma *rede* de novos conceitos. Uma vez que ela pode ser definida como "dois pensamentos sobre coisas diferentes... apoiados por uma única palavra, ou frase, cujo significado é resultante de sua interação" (Richards, 1936, p.93), podemos relacionar continuamente conceitos que estão muito afastados em nossa mente, ainda que sejam conceitos abstratos com concretos. Esse processo criativo, cognitivo, continua à medida que pensamos sobre as similaridades entre os conceitos e percebemos um desequilíbrio, inconsistência ou contradição em suas associações. Isso leva, muitas vezes, à descoberta de um novo significado ou mesmo à formação de um novo paradigma.

As contradições inerentes em uma metáfora são, então, harmonizadas pela analogia, que reduz o desconhecido salientando o que há de comum entre duas coisas diferentes. A metáfora e a analogia são freqüentemente confundidas. A associação de duas coisas através da metáfora é impulsionada principalmente pela intuição e pela visualização holística e não visa a encontrar diferenças entre elas. Por outro lado, a associação através da analogia é realizada pelo pensamento racional e concentra-se nas similaridades estruturais e funcionais entre duas coisas, daí suas diferenças. Desse modo, a analogia ajuda a entender o desconhecido através do conhecido e elimina a distância entre a imagem e o modelo lógico.[16]

Uma vez que os conceitos explícitos tenham sido criados, eles podem ser modelados. Em um modelo lógico, não devem existir contradições e todos os conceitos e proposições devem ser expressos em linguagem sistemática e lógica coerente. Em termos de negócios, porém, os modelos são freqüentemente apenas descrições ou ilustrações grosseiras, longe de serem totalmente específicos. Os modelos costumam ser gerados a partir de metáforas quando novos conceitos são criados no contexto dos negócios.[17]

Combinação: De explícito para explícito

A combinação é um processo de sistematização de conceitos em um sistema de conhecimento. Este modo de conversão de conhecimento envolve a combinação de diferentes corpos de conhecimento explícito. Os indivíduos trocam e combinam o conhecimento através de meios como documentos, reuniões, conversas telefônicas ou redes de comunicação computadorizadas. A reconfiguração da informação existente, pela separação, adição, combinação e classificação do conhecimento explícito (como conduzida nas bases de dados computadorizados), pode levar ao novo conhecimento. A criação do conhecimento realizada na educação formal e no treinamento nas escolas geralmente assume essa forma. Uma educação MBA é um dos melhores exemplos disso.

No contexto dos negócios, o modo de combinação da conversão do conhecimento é visto mais freqüentemente quando os administradores intermediários decompõem e operacionalizam as visões corporativas, os conceitos de negócios ou os conceitos de produto. A administração intermediária desempenha um papel crítico na criação de novos conceitos através da rede de informações codificadas e de conhecimentos. O uso criativo das redes de comunicação computadorizadas e das bases de dados em grande escala facilita esse modo de conversão do conhecimento.[18]

Na Kraft General Foods, uma fabricante de laticínios e de alimentos processados, os dados do sistema de pontos de vendas dos varejistas são utilizados não apenas para descobrir o que vende e o que não vende bem, mas também para criar novas "maneiras de vender" – isto é, novos sistemas e métodos de venda. A empresa desenvolveu um programa de *marketing* de informação intensiva chamado de *"micromerchandizing"*, que proporciona aos supermercados recomendações oportunas e precisas sobre a mistura ideal de mercadorias e a promoção de vendas. Utilizando o método individual de análise de dados da Kraft, inclusive sua exclusiva classificação de lojas e de locais de venda em seis categorias, o sistema é capaz de determinar quem compra onde e como. A Kraft administra com sucesso suas vendas de produtos através dos supermercados controlando os quatro elementos da metodologia de "administração de categorias" – dinâmica do consumidor e da categoria, administração do espaço, administração do *merchandizing* e administração de preços. [19]

No nível mais alto de administração de uma organização, o modo de combinação é realizado quando os conceitos intermediários (como os de produtos) são combinados e integrados aos grandes conceitos (como a visão corporativa) para gerar um novo significado para estes últimos. Na introdução de uma nova imagem para a corporação, por exemplo, Asahi Breweries adotou um conceito amplo dizendo "Asahi viva para pessoas vivas". O conceito transmitia a mensagem de que a "Asahi proporcionará produtos e serviços naturais e autênticos aos que procuram mentes ativas e vidas ativas". Juntamente com esse grande conceito, a Asahi questionou a essência do que torna a cerveja atraente, e desenvolveu a cerveja Asahi Super Dry com base no novo conceito de "sabor e intensidade" do produto. O conceito do novo produto é um conceito intermediário que tornou o grande conceito da Asahi reconhecido mais explicitamente e que, por sua vez, alterou o sistema de desenvolvimento do produto da empresa. O sabor da cerveja foi decidido, desse modo, pelos engenheiros no departamento de produção, sem qualquer participação do departamento de vendas. O conceito de "sabor e intensidade" foi realizado através do desenvolvimento cooperativo do produto pelos dois departamentos.

Há muitos outros exemplos de interação entre grandes conceitos e conceitos intermediários. Por exemplo, o conceito de C&C (computadores e comunicações) da NEC induziu ao desenvolvimento do computador pessoal PC-8000, marco da época, que era baseado no conceito intermediário de "processamento distribuído". A política corporativa da Canon de "criação de uma empresa excelente transcendendo o negócio de câmeras" levou ao desenvolvimento da minicopiadora, concebida com o conceito intermediário de produto de "fácil manutenção". A visão grandiosa da Mazda de "criar novos valores e apresentar o alegre prazer de dirigir" foi realizada no novo RX-7, "um autêntico carro esportivo que proporciona prazer e entusiasmo ao dirigir".

INTERNALIZAÇÃO: DE EXPLÍCITO PARA TÁCITO

A internalização é um processo de incorporação do conhecimento explícito em conhecimento tácito. Está intimamente ligada ao "aprender fazendo". Quando as experiências através da socialização, externalização e combinação são internalizadas nas bases de conhecimento tácito do indivíduo, na forma de modelos mentais compartilhados ou *know-how* técnico, tornam-se um patrimônio valioso. Todos os membros da equipe do projeto do Honda City, por exemplo, internalizaram suas experiências e estão agora fazendo uso desse *know-how* e liderando projetos de P&D na empresa. Para que a criação de conhecimento organizacional ocorra, no entanto, o conhecimento tácito acumulado no nível individual necessita ser socializado com outros membros organizacionais, iniciando desse modo uma nova espiral de criação do conhecimento.

Para que o conhecimento explícito seja tácito, ajuda se ele for verbalizado ou diagramado em documentos, manuais ou relatos orais. A documentação ajuda os indivíduos a internalizarem o que vivenciaram, enriquecendo assim seu conhecimento tácito. Além disso, os documentos ou manuais facilitam a transferência do conhecimento explícito para outras pessoas, auxiliando-as assim a vivenciarem, indiretamente, as experiências dos outros (isto é, "revivenciarem-nas"). A GE, por exemplo, documenta todas as queixas e dúvidas dos clientes em uma base de dados de seu Centro de Respostas, em Louisville, Kentucky. Elas podem ser usadas, por exemplo, pelos membros da equipe de desenvolvimento de um novo produto para "revivenciarem" o que os operadores telefônicos vivenciaram. A GE estabeleceu o Centro de Respostas para processar as perguntas, solicitações de ajuda e queixas dos clientes sobre qualquer produto, 24 horas por dia, 365 dias por ano. Mais de 200 operadores telefônicos atendem até 14 mil ligações por dia. A GE programou 1,5 milhão de problemas potenciais e suas soluções em seu sistema de base de dados computadorizados. O sistema é equipado com uma função de diagnóstico *online*, utilizando a última tecnologia da inteligência artificial para fornecer respostas rápidas às indagações; qualquer resposta para a solução de problemas pode ser recuperada pelo operador telefônico em dois segundos. No caso de a solução não estar disponível, 12 especialistas, com no mínimo quatro anos de experiência em reparos, proporcionam soluções imediatas. Quatro programadores em tempo integral colocam as soluções na base de dados, de modo que a nova informação está geralmente instalada no sistema no dia seguinte. Essa informação é enviada mensalmente para a respectiva divisão de produto. Além disso, as divisões de produtos também encaminham, com freqüência, seu pessoal de desenvolvimento de produtos novos ao Centro de Respostas para conversar com os operadores telefônicos ou com os 12 especialistas, "revivenciando" desse modo suas experiências.

A internalização também pode ocorrer mesmo sem ter havido realmente o "revivenciamento" das experiências de outras pessoas. Por exemplo, se ler ou ouvir um relato de sucesso faz com que alguns membros da organização sintam seu realismo e essência, a experiência ocorrida no passado pode transformar-se em um modelo mental tácito. Quando esse modelo mental é compartilhado pela maioria dos membros da organização, o conhecimento tácito torna-se parte da cultura organizacional. Essa prática é comum no Japão, onde os livros e os artigos sobre as empresas ou seus líderes são abundantes. Escritores *freelancers* ou antigos empregados publicam-nos, algumas vezes por solicitação das próprias empresas. Pode-se encontrar, por exemplo, cerca de duas dúzias de livros sobre a Honda ou Soichiro Honda nas principais livrarias atualmente, todos eles ajudando a instilar uma forte cultura corporativa para a empresa.

Um exemplo de internalização através do "aprender fazendo" pode ser vista na Matsushita, quando do lançamento de uma política empresarial ampla, em 1993, para reduzir o tempo de trabalho anual para 1.800 horas. Chamada de MIT'93, significando "Mind and Management Innovation Toward 1993" (Inovação Mental e Administrativa Dirigida a 1993), o objetivo da política não era reduzir custos, mas inovar a tendência mental e a administração, reduzindo as horas de trabalho e aumentando a criatividade individual. Muitos departamentos ficaram confusos sobre a implementação da política, que foi claramente comunicada como conhecimento explícito. O escritório de promoção da MIT'93 recomendou que cada departamento experimentasse a política durante um mês, trabalhando 150 horas. Através dessa experiência física, os empregados ficaram sabendo o que seria trabalhar 1.800 horas por ano. Um conceito explícito, a redução do trabalho para 1.800 horas, foi internalizado através da experiência de um mês.

Expandir o âmbito da experiência física é crítico para a internalização. Por exemplo, o líder do projeto do Honda City, Hiroo Watanabe, sempre dizia "Vamos tentar" para incentivar o espírito experimental dos membros da equipe. O fato de a equipe de desenvolvimento ser multifuncional permitiu que seus membros aprendessem e internalizassem a amplitude das experiências de desenvolvimento além de sua especialização funcional. A rápida prototipagem também acelerou o acúmulo de experiências de desenvolvimento, o que pôde levar à internalização.

ESPIRAL DO CONHECIMENTO

Como já foi explicado, a socialização visa a compartilhar o conhecimento tácito. Isolada, no entanto, é uma forma limitada de criação do conhecimento. A não ser que o conhecimento compartilhado torne-se explícito, não pode ser facilmente alavancado pela organização como um todo. Além disso, uma mera combinação de partes diferentes de informação explícita em um novo todo – por exemplo, o auditor de uma empresa que coleta informações de toda a empresa e as reúne em um relatório financeiro – não amplia, realmente, a base de conhecimento existente na organização. Porém, quando o conhecimento tácito e o explícito interagem, como no exemplo da Matsushita, emerge uma inovação. A criação do conhecimento organizacional é uma interação contínua e dinâmica entre o conhecimento tácito e o explícito. Essa interação é formada pelas transferências entre os diferentes modos de conversão de conhecimento que, por sua vez, são induzidas por vários desencadeadores (ver Figura 3.3).

Em primeiro lugar, o modo de socialização geralmente inicia com a construção de um "campo" de interação. Esse campo facilita o compartilhar das experiências e dos modelos mentais dos membros. Em segundo lugar, o modo de externalização é desencadeado pelo "diálogo ou reflexão coletiva" significativos, nos quais o uso da metáfora apropriada ou da analogia ajuda os membros da equipe a articularem o conhecimento tácito oculto que, de outra forma, é difícil de comunicar. Em terceiro lugar, o modo de combinação é desencadeado pela "rede" do conhecimento recentemente criado e do conhecimento existente de outras seções da organização, cristalizando-os dessa maneira em um novo produto, serviço ou sistema administrativo. Por fim, o "aprender fazendo" desencadeia a internalização.

Até agora, concentramos nossa discussão na dimensão epistemológica da criação do conhecimento organizacional. Como foi observado anteriormente, entretan-

FIGURA 3.3 Espiral do conhecimento.

to, a organização não pode criar conhecimento por si mesma. O conhecimento tácito dos indivíduos é a base da criação do conhecimento organizacional. A organização tem de mobilizar o conhecimento tácito criado e acumulado no nível individual. O conhecimento tácito mobilizado é "organizacionalmente" amplificado através dos quatro modos de conversão de conhecimento e cristalizado em níveis ontológicos mais elevados. Chamamos isso de "espiral do conhecimento", na qual a interação entre o conhecimento tácito e o conhecimento explícito tornar-se-á maior na escala à medida que sobe nos níveis ontológicos. Assim, a criação do conhecimento organizacional é um processo em espiral, iniciando no nível individual e subindo através das comunidades expandidas de interação, que atravessa os limites seccionais, departamentais, divisionais e organizacionais (ver Figura 3.4).

Esse processo é exemplificado pelo desenvolvimento de produto. Criar um conceito de produto envolve a interação de uma comunidade de indivíduos com diferentes antecedentes e modelos mentais. Enquanto os membros do departamento de P&D concentram-se no potencial tecnológico, os do departamento de produção e de *marketing* estão interessados em outros aspectos. Apenas algumas dessas experiências diferentes, modelos mentais, motivações e intenções podem ser expressas em linguagem explícita. Assim, é exigido o processo de socialização no compartilhamento do conhecimento tácito. Além disso, tanto a socialização quanto a externalização são necessárias para vincular o conhecimento tácito e o explícito dos indivíduos. Muitas empresas japonesas adotaram os *brainstorming camps* como instrumento para tal finalidade.

O produto criado por esse processo coletivo e cooperativo será, então, revisto quanto a sua coerência com os conceitos intermediários e grandes. Mesmo que o produto recentemente criado tenha qualidade superior, pode conflitar com as metas divisionais ou organizacionais expressas pelos conceitos citados. O que é exigido é outro processo, em um nível mais elevado, para manter a integridade do todo que levará a outro ciclo de criação de conhecimento em um contexto maior.

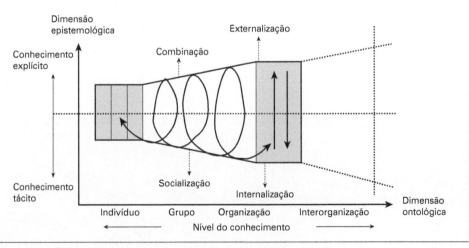

Figura 3.4 Espiral da criação do conhecimento organizacional.

PROMOÇÃO DE CONDIÇÕES PARA A CRIAÇÃO DO CONHECIMENTO ORGANIZACIONAL

O papel da organização no processo de criação do conhecimento organizacional é promover o contexto apropriado para facilitar as atividades de grupo, assim como a criação e o acúmulo de conhecimento em nível individual. Nesta seção, discutiremos as cinco condições exigidas no nível organizacional para promover a espiral de conhecimento.

INTENÇÃO

A espiral de conhecimento é impulsionada pela intenção organizacional, que é definida como a aspiração da organização às suas metas.[20] Os esforços para atingir a intenção geralmente tomam a forma de estratégia no ambiente de negócios. Do ponto de vista da criação do conhecimento organizacional, a essência da estratégia reside no desenvolvimento da capacidade organizacional para adquirir, criar, acumular e explorar o conhecimento. O elemento mais crítico da estratégia corporativa é conceituar uma visão sobre o tipo de conhecimento a ser desenvolvido e operacionalizá-lo em um sistema administrativo visando à implementação.

Por exemplo, a NEC encarou a tecnologia como sistema de conhecimento quando desenvolveu os programas de tecnologia essencial em seus Laboratórios Centrais de Pesquisa. Na ocasião, a empresa estava engajada em três atividades principais: comunicação, computadores e semicondutores. Como era difícil coordenar a P&D dessas diferentes áreas, foi necessário captar tecnologias em um nível mais alto e mais abstrato – isto é, conhecimento. De acordo com Michiyuki Uenohara, anterior vice-presidente executivo, "as tecnologias de base" foram identificadas com a antecipação de grupos de produtos para a década futura, incluindo a extração de tecnologias comuns e necessárias a eles. As tecnologias de base relacionadas sinergicamente foram, então, agrupadas em "tecnologias essenciais", como o reconhecimento do padrão, o processamento de imagens e VLSI. A NEC expandiu, desde então, seus programas de tecnologia essencial em ação.

Além disso, a empresa descreveu um conceito chamado de "domínio da tecnologia estratégica" (DTE) visando a combinar as tecnologias essenciais com as atividades de negócios. O DTE vincula várias tecnologias essenciais para criar um conceito para o desenvolvimento do produto. Assim, ele representa não apenas um domínio do produto, mas também um domínio do conhecimento. Atualmente, existem seis DTEs: (1) material/dispositivos funcionais; (2) semicondutores; (3) maquinaria funcional de material/dispositivos; (4) sistemas de comunicação; (5) sistemas de conhecimento-informação; e (6) *software*. Esses DTEs interagem com os programas de tecnologia essencial em uma matriz, como ilustrado na Figura 3.5.

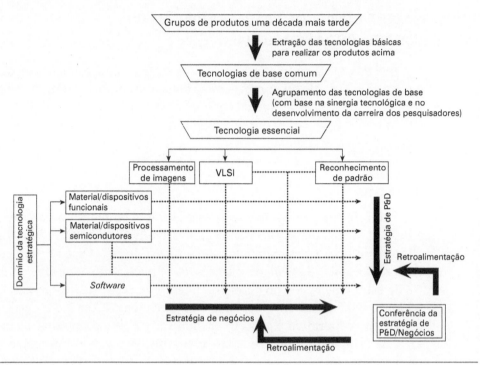

Figura 3.5 Domínio de conhecimento da NEC.
Fonte: NEC.

Combinando os programas de tecnologia essencial e os DTEs, as bases de conhecimento na NEC são vinculadas horizontal e verticalmente. Por meio dessa empreitada, a NEC tentou desenvolver uma intenção estratégica corporativa de criação de conhecimento em cada nível organizacional.

A intenção organizacional proporciona os critérios mais importantes para o julgamento da veracidade de uma determinada porção de conhecimento. Se não fosse a intenção, seria impossível julgar o valor da informação ou do conhecimento percebido ou criado. No nível organizacional, a intenção é freqüentemente expressa pelos padrões ou visões organizacionais, que podem ser usados para avaliar e justificar o conhecimento criado. Ela é necessariamente carregada de valor.

Para criar conhecimento, as organizações de negócios devem favorecer o comprometimento de seus empregados, formulando uma intenção organizacional e a propondo a eles. A alta gerência e os gerentes de nível intermediário podem chamar a atenção da organização para a importância do comprometimento com os valores fundamentais ao formularem perguntas importantes como *"O que é a verdade?"*, *"O que é um ser humano?"* ou *" O que é a vida?"*. Essa atividade é mais organizacional do que individual. Em lugar de confiar unicamente nos pensamentos e comportamentos próprios dos indivíduos, a organização pode reorientá-los e promovê-los através do comprometimento coletivo. Como observa Polanyi (1958), o comprometimento é subjacente à atividade de criação de conhecimento.

AUTONOMIA

A segunda condição para a promoção da espiral de conhecimento é a autonomia. No nível individual, todos os membros de uma organização deveriam ter permissão de agir autonomamente até onde permitem as circunstâncias. Permitindo que ajam de modo autônomo, a organização pode aumentar a chance de introduzir oportunidades inesperadas. A autonomia também aumenta a possibilidade de motivação dos indivíduos para a criação de novos conhecimentos. Além disso, as pessoas autônomas funcionam como parte de uma estrutura holográfica, na qual o todo e cada parte compartilham as mesmas informações. As idéias originais emanam dos indivíduos autônomos, difundem-se na equipe e tornam-se, então, idéias organizacionais. Com respeito a isso, o indivíduo auto-organizado assume uma posição que pode ser vista como análoga à parte interna de uma coleção de bonecas russas. Do ponto de vista da criação do conhecimento, essa organização tem mais probabilidade de manter uma maior flexibilidade na aquisição, interpretação e relacionamento da informação. É um sistema no qual o princípio da "mínima especificação crítica" (Morgan, 1986) é preenchido como pré-requisito para a auto-organização e, dessa forma, a autonomia é assegurada tanto quanto possível.[21]

Uma organização criadora de conhecimento, que assegura a autonomia, pode também ser descrita como um "sistema autopoiético" (Maturana e Varela, 1980), que pode ser explicado pela seguinte analogia. Os sistemas orgânicos vivos são compostos de vários órgãos que, por sua vez, são compostos de várias células. As relações entre o sistema e os órgãos, e entre os órgãos e as células, não são nem relações de superior-subordinado, nem de inteiro-fração. Cada unidade, como uma célula autônoma, controla todas as mudanças que ocorrem de maneira contínua dentro de si mesma. Além disso, cada unidade determina seus limites através da auto-reprodução. Esta natureza de auto-referência é essencial ao sistema autopoiético.

Similar a um sistema autopoiético, os indivíduos e os grupos autônomos, nas organizações de criação de conhecimento, estabelecem seus limites de tarefas por conta própria, em busca do objetivo final da organização. Nas organizações administrativas, uma poderosa ferramenta para criar as circunstâncias nas quais os indivíduos possam agir autonomamente é proporcionada pela equipe de auto-organização.[22] Essa equipe deveria ser multifuncional, envolvendo membros de uma seção transversal ampla das diferentes atividades organizacionais. As equipes de projeto com diversidade multifuncional são usadas freqüentemente pelas empresas japonesas em cada fase da inovação. Como ilustrado na Tabela 3.3, a maioria das equipes de projeto de inovação consistia em dez a trinta membros, com diversos antecedentes funcionais, como P&D, planejamento, produção, controle de qualidade, vendas e *marketing* e atendimento ao cliente. Na maioria das empresas existem de quatro a cinco membros essenciais, cada um apresentando uma carreira multifuncional. Por exemplo, os membros essenciais que desenvolveram o FX-3500 da Fuji Xerox tinham tido, ao menos,

74 Gestão do Conhecimento

Tabela 3.3 Antecedentes funcionais dos membros da equipe de desenvolvimento de produto

Empresa (produto)	Antecedente funcional							
	P&D	Produção	Venda	Planeja-mento	Serviço	Controle de qualidade	Outros	Total
Fuji Xerox (FX-3500)	5	4	1	4	1	1	1	17
Honda (City)	18	6	4	—	1	1	—	30
NEC (PC-8000)	5	—	2	2	2	—	—	11
Epson (EP101)	10	10	8	—	—	—	—	28
Canon (AE-1)	12	10	—	—	—	2	4	28
Canon (minico-piadora)	8	3	2	1	—	—	1	15
Mazda (Novo RX-7)	13	6	7	1	1	1	—	29
Matsushita Electric (Máquina de fazer pão automática)	8	8	1	1	1	1	—	20

Fonte: Nonaka, 1990a.

três transferências funcionais, mesmo tendo apenas trinta anos naquela ocasião (ver Tabela 3.4).

A equipe autônoma pode desempenhar muitas funções, amplificando e refinando, desse modo, as perspectivas individuais para níveis superiores. A Honda, por exemplo, organizou uma equipe de projeto multifuncional para desenvolver o modelo City. Ela era composta de pessoas dos departamentos de vendas, desenvolvimento e produção. Esse sistema foi chamado de "sistema VED", espelhando as funções de vendas, engenharia e desenvolvimento. Sua meta inicial era administrar as atividades de desenvolvimento mais sistematicamente, integrando o conhecimento e a sabedoria das "pessoas comuns" em vez de confiar em poucos heróis. Sua operação era muito flexível. As três áreas fun-

Tabela 3.4 Carreiras corporativas e antecedentes educacionais dos membros essenciais da equipe de desenvolvimento da FX-3500

Nome	Carreira na Fuji Xerox	Especialidade universitária
Hiroshi Yoshino	Equipe de serviço técnico → Pessoal→ Planejamento de Produtos → Administração de Produtos	Educação
Ken'ichiro Fujita	Equipe de *marketing* → Planejamento de Produtos → Administração de Produtos	Comércio
Masao Suzuki	*Design* → Pesquisa → *Design*	Engenharia Mecânica
Mitsutoshi Kitajima	Equipe de serviço técnico → Controle de Qualidade → Produção	Engenharia Elétrica

cionais eram nominalmente diferenciadas e havia um processo de aprendizado inserido que encorajava a penetração em outras áreas. Os membros desempenhavam em conjunto as seguintes funções:

- Busca de pessoal, instalações e orçamento para a planta de produção
- Análise do mercado de automóveis e da concorrência
- Estabelecimento do alvo de mercado
- Determinação do preço e do volume de produção

O fluxo de trabalho real exigia que os membros da equipe colaborassem com seus colegas. Hiroo Watanabe, o líder da equipe, comentou:

> Estou sempre dizendo aos membros da equipe que nosso trabalho não é uma corrida de revezamento, em que meu trabalho inicia aqui e o seu lá. Todos devem correr todo o trajeto do início ao fim. Como no rúgbi, todos devemos correr juntos, passar a bola para a esquerda e para a direita e chegar ao gol como um corpo unitário.[23]

O tipo C na Figura 3.6 ilustra a abordagem do rúgbi. O tipo A mostra a abordagem de revezamento, na qual cada fase do processo de desenvolvimento está claramente separada e o bastão é passado de um grupo para o outro. O tipo B é chamado de "sistema *sashimi*" na Fuji Xerox, porque tem a aparência de peixe cru fatiado (*sashimi*) servido em um prato, com um pedaço sobreposto ao outro (Imai, Nonaka e Takeuchi, 1985, p. 351).

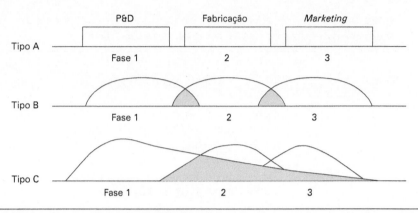

Figura 3.6 Fases do desenvolvimento seqüencial (A) *versus* (B e C) sobrepostos.
Fonte: Takeuchi e Nonaka, 1986.

FLUTUAÇÃO E CAOS CRIATIVO

A flutuação e o caos criativo são a terceira condição organizacional para a promoção da espiral de conhecimento. Eles estimulam a interação entre a organização e o ambiente externo.[24] A flutuação é diferente da desordem completa e caracteriza-se pela "ordem sem recursão". É uma ordem cujo padrão é difícil de prever inicialmente (Gleick, 1987). Se as organizações adotam uma atitude aberta dirigida aos sinais ambientais, podem explorar a ambigüidade, a redundância ou o ruído desses sinais para melhorar seu próprio sistema de conhecimento.

Quando a flutuação é introduzida em uma organização, seus membros enfrentam uma "decomposição" de rotinas, hábitos ou estruturas cognitivas. Winograd e Flores (1986) enfatizam a importância de tais decomposições periódicas no desenvolvimento da percepção humana. A decomposição refere-se a uma interrupção de nosso estado habitual, confortável, de ser. Quando enfrentamos essa decomposição, temos a oportunidade de reconsiderar nosso raciocínio fundamental e nossa perspectiva. Em outras palavras, começamos a questionar a validade de nossas atitudes básicas em relação ao mundo. Esse processo exige um profundo compromisso pessoal de parte do indivíduo. A decomposição demanda que seja dada atenção ao diálogo como meio de interação social, ajudando assim a criar novos conceitos.[25] Este processo "contínuo" de questionamento e de reconsideração das premissas existentes, pelos membros individuais da organização, favorece a criação de conhecimento organizacional. Uma flutuação ambiental freqüentemente desencadeia uma decomposição na organização, a partir da qual novo conhecimento pode ser criado. Alguns chamam esse fenômeno de criação da "ordem a partir do ruído" ou "ordem a partir do caos".[26]

O caos é gerado naturalmente quando a organização enfrenta uma verdadeira crise, como o rápido declínio do desempenho devido a mudanças nas necessidades do mercado ou o crescimento significativo dos concorrentes. Também pode ser gerada intencionalmente quando os líderes da organização tentam evocar um "sentido de crise" entre os demais membros da organização, propondo metas desafiadoras. Ryuzaburo Kaku, conselheiro da Canon, diz freqüentemente que "O papel de um alto gerente é dar aos empregados um sentido de crise, assim como um ideal elevado" (Nonaka, 1985, p. 142). Esse caos intencional, que é denominado de "caos criativo", aumenta a tensão dentro da organização e concentra a atenção dos membros organizacionais na definição do problema e na resolução da situação de crise. Essa abordagem está em contraste agudo com o paradigma do processamento de informação, no qual o problema é simplesmente apresentado e a solução encontrada através de um processo de combinação de informações relevantes, baseadas em algoritmo preestabelecido. Esse processo ignora a importância da definição do problema a ser solucionado. Para atingir tal definição, os problemas devem ser construídos a partir do conhecimento disponível em um determinado ponto no tempo e no contexto.

As empresas japonesas freqüentemente recorrem ao uso intencional da ambigüidade e do "caos criativo". A alta gerência emprega seguidamente visões ambíguas (ou a chamada equivocalidade estratégica) e cria propositalmente uma flutuação na organização. O CEO da Nissan, Yutaka Kume, por exemplo, cunhou o *slogan* "Vamos mudar o fluxo", com o qual tentou promover a criatividade através de uma investigação ativa de alternativas aos procedimentos estabelecidos. Quando a filosofia ou a visão da alta gerência é ambígua, a ambigüidade leva à "obscuridade interpretativa" no nível da equipe de implementação.

Deve ser observado que os benefícios do "caos criativo" podem ser realizados apenas quando os membros da organização têm a capacidade de refletir sobre suas ações. Sem reflexão, a flutuação tende a levar ao "caos destrutivo". Schön (1983) capta esse ponto-chave como a seguir: "Quando alguém reflete enquanto age, torna-se um pesquisador no contexto prático. Não é dependente das categorias da teoria e da técnica estabelecidas, mas constrói uma nova teoria de caso único" (p. 68). É exigido que a organização criadora de conhecimento institucionalize esta "reflexão em ação" em seu processo, para tornar o caos verdadeiramente "criativo".

A ambigüidade da alta gerência, com respeito à filosofia ou à visão, pode levar à reflexão ou ao questionamento das premissas de valor, assim como das premissas factuais, sobre as quais está ancorada a tomada de decisão. As premissas de valor são de natureza subjetiva e concernem às preferências; elas tornam possível uma maior variedade de escolhas. As premissas factuais, por outro lado, são de natureza objetiva e lidam com o modo de operação do mundo real; proporcionam uma variedade concreta, porém limitada, de escolha.

O caos é, às vezes, criado independentemente da filosofia da alta gerência. Um membro organizacional individual pode estabelecer uma grande meta para elevar-se ou elevar a equipe à qual pertence. A busca de Hiroo Watanabe do carro "ideal", desafiando o "raciocínio de Detroit", é um exemplo de estabelecimento de uma grande meta. As grandes metas, estabelecidas pela alta gerência ou por empregados individuais, favorecem o comprometimento. Como destacou Taiyu

Kobayashi, conselheiro anterior da Fujitsu, as grandes metas também podem intensificar a sabedoria individual:

> Relaxada em um lugar confortável, a pessoa dificilmente pensará com agudeza. A sabedoria é extraída de alguém que está na ponta de um despenhadeiro e luta para sobreviver... sem essas lutas, nunca teríamos sido capazes de alcançar a IBM. (Kobayashi, 1985, p. 171)

Resumindo, a flutuação na organização pode desencadear o caos criativo, que induz e fortalece o compromisso subjetivo dos indivíduos. Nas operações reais do dia-a-dia, os membros da organização não enfrentam regularmente essa situação. Mas o exemplo da Nissan demonstra que a alta gerência pode, intencionalmente, provocar a flutuação e permitir que a "obscuridade interpretativa" ocorra nos níveis mais baixos da organização. Essa obscuridade age como um gatilho para que os membros individuais mudem sua maneira fundamental de pensar. Ela também ajuda a externalizar seu conhecimento tácito.

REDUNDÂNCIA

A redundância é a quarta condição que permite que a espiral de conhecimento ocorra organizacionalmente. Para os administradores ocidentais, que estão preocupados com a idéia de processamento eficiente da informação ou com a redução de incertezas (Galbraith, 1973), o termo "redundância" pode soar pernicioso devido a suas conotações com duplicação desnecessária, desperdício ou sobrecarga de informação. O que queremos dizer aqui com redundância é a existência de informação que vai além das exigências operacionais imediatas dos membros da organização. Nas organizações de negócios, a redundância refere-se à sobreposição intencional de informação sobre as atividades de negócios, às responsabilidades administrativas e à empresa como um todo.

Para que a criação do conhecimento organizacional ocorra, um conceito criado por um indivíduo ou grupo necessita ser compartilhado com outros indivíduos que talvez não necessitem do conceito imediatamente. O compartilhar de informação redundante promove a partilha do conhecimento tácito, pois os indivíduos podem sentir o que os outros tentam articular. Nesse sentido, a redundância de informação acelera o processo de criação do conhecimento. A redundância é especialmente importante no estágio de desenvolvimento do conceito, quando é crítico articular imagens enraizadas no conhecimento tácito. Nesse estágio, a informação redundante permite que os indivíduos invadam os limites funcionais uns dos outros e aconselhem ou ofereçam novas informações a partir de diferentes perspectivas. Em resumo, a redundância de informações permite o "aprendizado por intrusão" na esfera de percepção de cada indivíduo.

A redundância de informação é também um pré-requisito para a realização do "princípio da redundância do comando em potencial" de McCulloch (1965)

CAPÍTULO 3 • TEORIA DA CRIAÇÃO DO CONHECIMENTO ORGANIZACIONAL **79**

– isto é, cada peça de um processo como um todo, desempenhando o mesmo grau de importância, e com potencial para se tornar seu líder. Mesmo em uma organização de hierarquia rígida, a informação redundante ajuda a criar novos canais de comunicação. Assim, a redundância de informação facilita o intercâmbio entre a hierarquia e a não-hierarquia.[27]

Compartilhar informações extras também auxilia os indivíduos a entenderem sua posição dentro da organização, o que, por sua vez, funciona para controlar a direção tanto do raciocínio quanto das ações individuais. Os indivíduos não são desconectados, mas frouxamente vinculados uns aos outros, e assumem posições significativas em todo o contexto organizacional. Assim, a redundância de informações oferece à organização um mecanismo de autocontrole permitindo que siga em determinada direção. Existem várias maneiras de criar a redundância dentro de uma organização. Uma delas é a adoção da abordagem da sobreposição, como ilustrado pelas companhias japonesas, o desenvolvimento de produtos ao estilo rúgbi, em que diferentes departamentos funcionais trabalham juntos em uma divisão indistinta de tarefas (Takeuchi e Nonaka, 1986). Algumas empresas dividem a equipe de desenvolvimento de produtos em grupos concorrentes, que desenvolvem diferentes abordagens para o mesmo projeto e depois discutem as vantagens e desvantagens de suas propostas. Essa concorrência interna encoraja a equipe a visualizar o projeto a partir de várias perspectivas. Guiados pelo líder da equipe, o grupo acaba por desenvolver um entendimento comum sobre a melhor abordagem.

Outro meio de criar a redundância dentro da organização é através de uma "rotação estratégica" de pessoal, especialmente entre a área de tecnologia e funções tão díspares como RH e *marketing*. Tal rotação ajuda os membros da organização a entenderem o negócio a partir de várias perspectivas, fazendo desse modo com que o conhecimento organizacional seja mais fluido e fácil de ser posto em prática. Essa rotação também permite que cada funcionário diversifique suas fontes de informação e habilidades. As informações extras mantidas pelos indivíduos através de diferentes funções ajudam a organização a expandir sua capacidade de criação de conhecimento.

Uma das características mais notáveis das organizações japonesas, em comparação com sua contrapartida ocidental, é o valor atribuído à informação redundante. As empresas de ponta japonesas institucionalizaram a redundância dentro delas mesmas com o objetivo de desenvolver novos produtos e serviços rapidamente, em resposta às mudanças igualmente rápidas dos mercados e da tecnologia. As empresas japonesas desenvolveram muitos outros instrumentos organizacionais que aumentam e mantêm a redundância. Dentre esses, reuniões freqüentes, tanto rotineiras como esporádicas, como o *brainstorming camp* da Honda ou o *trama dashi kai*, bem como uma rede de comunicação formal e informal (por exemplo: um drinque após o horário de trabalho). Esses instrumentos facilitam a troca de conhecimentos tácitos e explícitos.

A redundância aumenta a quantidade de informação a ser processada e pode levar a um problema de excesso de informação. Também aumenta o custo da criação do conhecimento pelo menos por um breve período (por exemplo: queda da eficiência operacional). Por isso, outro aspecto importante é o equilíbrio entre a criação e o processamento de informações. Uma maneira de lidar com as possíveis desvantagens da redundância é deixar claro onde a informação pode ser encontrada, e onde o conhecimento deve ficar armazenado dentro da organização.

Requisito variedade

A quinta condição que ajuda no avanço da espiral de conhecimento é o requisito variedade. De acordo com Ashby (1956), a diversidade interna de uma organização precisa combinar com a complexidade do ambiente a fim de lidar com os desafios apresentados pelo mesmo. Os membros de uma organização podem enfrentar muitas contingências se possuírem o requisito variedade, que pode ser realçado pela combinação de informações de maneira diferente, flexível e rápida, além de oferecer também igual acesso à informação em toda a organização. Com o objetivo de maximizar a variedade, todos na organização precisam ter assegurado o acesso mais rápido à mais ampla variedade de informações necessária, percorrendo o menor número de passos (Numagami, Ohta e Nonaka, 1989).

Quando existirem diferenciais de informação dentro da organização, os membros dessa organização não poderão interagir nos mesmos termos, o que atrapalha a busca de diferentes interpretações para as novas informações. A Kao Corporation, fabricante japonesa líder em produtos de uso doméstico, como detergentes, acredita que todos os membros da organização devem ter igual acesso às informações corporativas. Por esse motivo, a Kao desenvolveu uma rede computadorizada de informações. Ela se tornou a base para a troca de opiniões entre as várias unidades organizacionais com diferentes pontos de vista.

A Kao também construiu uma estrutura organizacional, ilustrada na Figura 3.7, que permite que as várias unidades organizacionais e a rede de informações computadorizada sejam entrelaçadas orgânica e flexivelmente. A Kao denominou essa estrutura de organização de "tipo-bio-função". Sob essa estrutura, cada unidade da organização funciona em uníssono com as outras para enfrentar os diversos fatores ambientais e eventos, exatamente como faria um organismo vivo. O corpo humano, por exemplo, reage instintivamente ao prurido coçando a parte do corpo afetada. A mensagem enviada pela pele é recebida pelo cérebro, que comanda o movimento da mão. As glândulas linfáticas também entram em ação se for necessário. A Kao considera esse tipo de reação em cadeia coordenada como a forma ideal de enfrentar o ambiente externo. Ela acredita que esse tipo de estrutura "tipo-bio-função" ajuda a eliminar a hierarquia e a favorecer a criação do conhecimento organizacional.

O desenvolvimento de uma estrutura plana e flexível na qual as diferentes unidades estão interligadas em uma rede de informações é uma maneira de lidar com a complexidade do ambiente. Outra forma de reagir rapidamente às flutuações inesperadas no ambiente e manter a diversidade interna é mudando

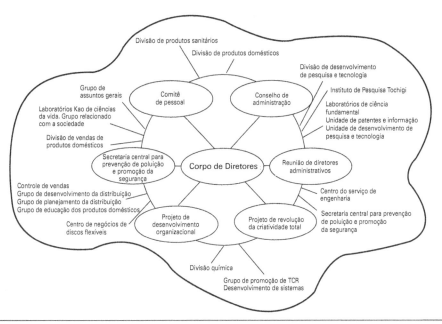

Figura 3.7 Estrutura organizacional "tipo-bio-função" da Kao.
Fonte: Kao Corporation.

a estrutura organizacional freqüentemente. A Matsushita, por exemplo, reestruturou seu sistema divisional três vezes na última década. Além disso, a rotação constante de pessoal permite que os empregados adquiram conhecimento multifuncional, o que os ajuda a enfrentar os problemas multifacetados e as inesperadas flutuações ambientais. Essa rotação de ciclo rápido do pessoal pode ser vista no Ministério de Comércio Internacional e Indústria (MITI), onde os burocratas passam de um trabalho para outro a cada dois anos.

MODELO DE CINCO FASES DO PROCESSO DE CRIAÇÃO DO CONHECIMENTO ORGANIZACIONAL

Até agora, observamos cada um dos quatro modos de conversão do conhecimento e as cinco condições de promoção da criação do conhecimento organizacional. Nesta seção, apresentaremos um modelo integrado de cinco fases do processo de criação do conhecimento organizacional, usando as fusões básicas desenvolvidas na estrutura teórica e incorporando a dimensão de tempo em nossa teoria. O modelo, que deve ser interpretado como um exemplo ideal do processo, consiste em cinco fases: (1) compartilhamento do conhecimento tácito; (2) criação dos conceitos; (3) justificação dos conceitos; (4) construção de um arquétipo; e (5) nivelação do conhecimento (ver Figura 3.8).

O processo de criação do conhecimento organizacional inicia com o compartilhamento do conhecimento tácito, que corresponde grosseiramente à socialização, pois o conhecimento rico e inexplorado que reside nos indivíduos deve primeira-

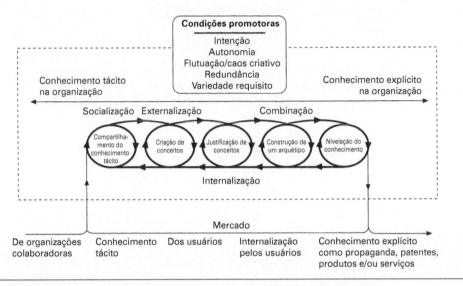

FIGURA 3.8 Modelo de cinco fases do processo de criação do conhecimento organizacional.
Fonte: Kao Corporation.

mente ser amplificado na organização. Na segunda fase, o conhecimento tácito compartilhado, por exemplo, por uma equipe auto-organizada é convertido para conhecimento explícito na forma de um novo conceito, um processo semelhante à externalização. O conceito criado tem de ser justificado na terceira fase, na qual a organização determina se o novo conceito vale a pena ser buscado. Recebendo a mensagem de continuidade, os conceitos são convertidos na quarta fase em um arquétipo, que pode tomar a forma de um protótipo no caso de desenvolvimento de produto "concreto", ou em um mecanismo operacional, no caso de inovações "abstratas", como um novo valor corporativo, um novo sistema administrativo ou uma estrutura organizacional inovadora. A última fase estende o conhecimento criado, por exemplo, em uma divisão para outros na divisão, através de outras divisões, ou mesmo para constituintes externos no que chamamos de nivelação do conhecimento. Esses constituintes externos incluem os clientes, as empresas afiliadas, as universidades e os distribuidores. Uma empresa criadora de conhecimento não opera em um sistema fechado, mas em um sistema aberto, no qual o conhecimento é constantemente trocado com o ambiente externo.

Resumo

Relembre que começamos a desenvolver nossa estrutura teórica neste capítulo destacando duas dimensões – a epistemológica e a ontológica – da criação do conhecimento organizacional (ver Figura 3.1). A dimensão epistemológica, que está graficamente representada no eixo vertical, é onde ocorre a conversão do conhecimento tácito em conhecimento explícito. Quatro modos dessa conversão – socialização, externalização, combinação e internalização – foram discutidos. Esses modos não são independentes uns dos outros, mas suas interações produzem uma espiral quando o tempo é introduzido como a terceira dimensão. Nós apresentamos cinco condições organizacionais – intenção, flutuação/caos, autonomia, redundância e requisito variedade – que promovem (daí o termo "condições promotoras") a transformação dos quatro modos em uma espiral de conhecimento.

A dimensão ontológica, representada no eixo horizontal, é onde o conhecimento criado pelos indivíduos é transformado em conhecimento nos níveis de grupo e organizacional. Esses níveis não são independentes um do outro, mas interagem entre si iterativa e continuamente. Mais uma vez, introduzimos o tempo como a terceira dimensão para desenvolver o processo de cinco fases da criação do conhecimento organizacional – compartilhamento do conhecimento tácito, criação dos conceitos, justificação dos conceitos, construção do arquétipo e nivelação do conhecimento. Outra espiral ocorre na dimensão ontológica, quando o conhecimento desenvolvido, por exemplo, no nível da equipe de projeto é transformado em conhecimento no nível divisional e, finalmente, no nível corporativo ou interorganizacional. As cinco condições promovem todo o processo e facilitam a espiral.

O processo de transformação nessas duas espirais de conhecimento é a chave para a compreensão da teoria. Se tivéssemos um gráfico em três dimensões, poderíamos mostrar que a espiral de conhecimento no nível epistemológico eleva-se na direção vertical, enquanto a espiral de conhecimento no nível ontológico move-se da esquerda para a direita e novamente para a esquerda, em um movimento cíclico. E, naturalmente, a natureza verdadeiramente dinâmica de nossa teoria pode ser descrita como a interação das duas espirais de conhecimento ao longo do tempo. A inovação emerge dessas espirais.

Notas

1. Shannon mais tarde comentou: "Acho que talvez a palavra 'informação' esteja causando mais confusão... do que devia, exceto por ser difícil encontrar outra palavra que seja um pouco mais adequada. Deve-se ter solidamente em mente que [a informação] é apenas uma medida da dificuldade na transmissão da seqüência produzida por alguma fonte de informação" (citado por Roszack, 1986, p. 12). Boulding (1983) observa que a investigação de Shannon foi análoga a uma conta telefônica, que é calculada com base no tempo e na distância, mas não proporciona *insight* quanto ao conteúdo da informação, e a chamou de informação Bell Telephone (BT). Dretske (1981) afirma que uma teoria da informação genuína seria a teoria sobre o conteúdo de nossas mensagens, não uma teoria sobre a forma em que o conteúdo está incorporado.

2. A importância da relação conhecimento-ação tem sido reconhecida na área da inteligência artificial. Por exemplo, Gruber (1989) examinou o "conhecimento estratégico" de especialistas que orienta suas ações e tentou desenvolver instrumentos para a aquisição desse conhecimento.

3. O trabalho de Brown e Duguid (1991) sobre "comunidades de prática em evolução" mostra como as maneiras reais de trabalho e de aprendizado dos indivíduos podem ser muito diferentes das práticas oficiais relativamente rígidas especificadas pela organização. Na realidade, os grupos informais evoluem entre os indivíduos que buscam solucionar um problema particular ou perseguem outros objetivos comuns. A participação nesses grupos é decidida pelas capacidades individuais para trocar informações valiosas. Orr (1990) argumenta que os membros trocam idéias e partilham narrativas ou "histórias de guerra", construindo dessa forma uma compreensão compartilhada de informações conflitantes e confusas. Assim, a criação do conhecimento inclui não apenas a inovação, mas também o aprendizado que pode dar forma e desenvolver abordagens ao trabalho diário.

4. Por exemplo, reconhecemos o rosto de um vizinho sem sermos capazes de explicar como fazemos isso em palavras. Além disso, percebemos os sentimentos dos outros a partir de suas expressões faciais, mas explicá-los em palavras é mais difícil. Colocando de outra forma, enquanto é virtualmente impossível articular os sentimentos que obtemos do rosto de nosso vizinho, ainda estamos conscientes da impressão geral. Para maior discussão sobre o conhecimento tácito, ver Polanyi (1958) e Gelwick (1977).

5. Polanyi ainda é considerado menor na filosofia ocidental devido a sua visão e seus antecedentes. Michael Polanyi nasceu na Hungria e era irmão de Karl Polanyi, um economista, que talvez seja melhor conhecido como o autor de *The Great Transformation*. O próprio Michael Polanyi era um químico renomado, havendo rumores de que quase teria ganho o prêmio Nobel, até dedicar-se à filosofia na idade de 50 anos. A filosofia de Polanyi tem acordos implícitos ou explícitos com a do Wittgenstein "tardio" e com a de Merleau-Ponty em termos de sua ênfase sobre a ação, o corpo e o conhecimento tácito. Para uma discussão sobre a afinidade entre Polanyi e o Wittgenstein "tardio", com relação ao conhecimento tácito, ver Gill (1974).

6. Brown (1992) argumenta que "As organizações do futuro serão 'refinarias do conhecimento' nas quais os empregados sintetizarão a compreensão e as interpretações de um mar de informações que ameaça inundá-los por todos os lados" (p. 3). Em uma refinaria do conhecimento, ele continua, os trabalhadores necessitam colaborar tanto com o passado quanto com o presente. Enquanto a colaboração com o presente é sobre o compartilhar do conhecimento tácito, a colaboração com o passado baseia-se nas experiências obtidas da maneira anterior de fazer as coisas.

7. De acordo com Maturana e Varela (1980), "O domínio lingüístico como domínio orientador de comportamento exige ao menos dois organismos interagindo com domínios comparáveis de interação, para que um sistema cooperativo de interações consensuais possa ser desenvolvido, no qual a conduta emergente dos dois organismos seja relevante para ambos... A principal característica da existência humana é sua ocorrência em um domínio lingüístico cognitivo. Este domínio é constitutivamente social" (p. xxiv, 41).

8. O modelo ACT é harmonioso com a categorização de conhecimento de Ryle (1949) em saber que algo "existe" e "como" opera. Além disso, Squire (1987) listou taxonomias conflitantes com mais de uma dúzia de rótulos, como "implícito" *versus* "explícito" e "memória de habilidade" *versus* "memória de fato". A maioria dessas distinções separa as propriedades a serem agrupadas como "procedimentais" daquelas classificadas como "declaratórias".

9. Um levantamento de 105 administradores intermediários japoneses foi conduzido para testar a hipótese de que a construção da criação do conhecimento compreende quatro processos de conversão do conhecimento – socialização, externalização, combinação

e internalização. A existência desses quatro processos de conversão de conhecimento foi validada empiricamente pela carga de fatores da análise de fator de primeira e de segunda ordem. Para detalhes, ver Nonaka, Byosiere, Borucki e Konno (1994).

10. Para uma análise limitada da externalização a partir do ponto de vista da criação da informação, ver Nonaka (1987).

11. Cannon-Bowers, Salas e Converse (1993) definem "modelos mentais compartilhados" como "estruturas de conhecimento mantidas pelos membros de uma equipe que os capacitam a formar explicações e expectativas precisas para a tarefa, e regularmente coordenar suas ações e adaptar seu comportamento às demandas da tarefa e aos outros membros da equipe" (p. 228), com base em sua extensa revisão da literatura sobre o modelo mental compartilhado e sua pesquisa sobre a tomada de decisão de equipe. Para entender como um modelo mental compartilhado é criado, o conceito do filósofo alemão Hans-Georg Gadamer de "fusão de horizontes" é útil. O conceito foi desenvolvido para a hermenêutica filosófica ou o estudo da metodologia para a interpretação dos textos históricos. Gadamer (1989) defende que a verdadeira compreensão do texto é uma "fusão" dos horizontes do intérprete e do autor. Ele define horizonte como "o alcance da visão que inclui tudo o que pode ser visto de um determinado ponto de vista" (p. 302). Aplicando-se tal conceito ao nosso contexto, podemos argumentar que a socialização é uma "fusão" do conhecimento tácito dos participantes em um modelo mental compartilhado.

12. Propondo o conceito de "epistemologia de campo", Scheflen (1982) enfatiza a importância dos "ritmos de interação" na formação de um campo para o entendimento comum e afirma que a comunicação é o compartilhar simultâneo da informação existente na situação. De modo similar, Condon (1976) alega que a comunicação é um fenômeno simultâneo e contextual no qual as pessoas sentem a mudança ocorrendo, compartilham a mesma sensação de mudança e movimentam-se para agir. Em outras palavras, ele diz, a comunicação é como uma onda que passa através dos corpos das pessoas e culmina quando todos se sincronizam com ela. De uma perspectiva da psicologia social, Hogg e Abrams (1993) observam que o "comportamento de grupo pode ser motivado pela busca de significado e de um autoconceito coerente" (p. 189).

13. Graumann (1990) considera o diálogo como cognição multiperspectiva. Como observado anteriormente, a linguagem está inerentemente relacionada com a ação, como sugerido pelo termo "ato de falar" (Austin, 1962; Searle, 1969). O diálogo, portanto, pode ser visto como uma ação coletiva. Além disso, de acordo com Kant, o mundo é criado pela linguagem e criar conceitos é criar o mundo.

14. Entrevista em 25 de janeiro de 1984.

15. Estes autores enfatizam a importância de criar significado compartilhado para a ação organizada, alegando que os "significados eqüifinais" para a experiência conjunta necessitam ser desenvolvidos para criar significado compartilhado na organização. A metáfora é um dos quatro mecanismos para desenvolver os significados eqüifinais que encontraram através da análise de seu discurso. Para mais discussões sobre a metáfora e os outros três mecanismos – argumento lógico, modulação do afeto e lingüística sem objetivo –, ver Donnellon, Gray e Bougon (1986). Além disso, a metáfora pode ser vista como um instrumento cognitivo econômico. De acordo com Rosch (1973), entendemos as coisas não através de seus atributos, mas de seus melhores exemplos, ou o que ela denominou "protótipos". Como protótipo para pássaro, a andorinha é melhor do que a cegonha, que é melhor do que o pingüim. O melhor protótipo proporciona a máxima informação com a mínima energia cognitiva.

16. O seguinte episódio famoso ilustra o processo. F. A. Kekule, um químico alemão, descobriu a estrutura química do benzeno – um anel hexagonal de átomos de carbono – a um sonho que teve de uma cobra engolindo sua própria cauda. Neste caso, o padrão da cobra era uma metáfora, e possíveis combinações do padrão tornaram-se analogias de outros compostos químicos orgânicos. Dessa foram, Kekule desenvolveu o modelo estrutural da química orgânica.

17. De acordo com Lakoff e Johnson (1980), "a metáfora difunde-se na vida diária, não apenas na linguagem, mas no pensamento e na ação" (p. 3).

18. As tecnologias de informação e comunicação usadas com esta finalidade incluem VAN (Value-Added Network), LAN (Local Area Network), E-mail (Electronic Mail), sistema POS (Point-of-Sales), "Groupwares" para CSCW (Computer Supported Cooperative Work) e CAD/CAM (Computer-Aided Design/Manufacturing).

19. No sistema de tríade de base de dados, os dados do sistema Market Metric's Supermarket Solutions, que integra os dados POS dos supermercados em todo o país, está preso a dados customizados sobre comportamentos de compras proporcionados pelo Information Resources, e a dados sobre o estilo de vida da base de dados Equifax Marketing Decision System's Microvision. Para mais informações, ver "Micro-Merchandizing with KGF", em *Food and Beverage Marketing*, 10(6), 1991; "Dawn of Brand Analysis", em *Food and Beverage Marketing*, 10(10), 1991; e "Partnering", em *Supermarket Business*, 46(5), 1991.

20. Neisser (1976) argumenta que a cognição como saber e entender ocorre apenas no contexto da atividade proposital. A partir da perspectiva da teoria organizacional, Weick (1979) afirma que a interpretação da informação ambiental pela organização tem um elemento de profecia de autopreenchimento, porque a organização tem um forte desejo de auto-atualizar o que deseja tornar-se. Ele chama esse fenômeno de "representação" do ambiente.

21. Analisada a partir do ponto de vista simoniano de "racionalidade limitada" e do ponto de vista de que a meta da organização é processar a informação eficientemente, a autonomia é apenas uma fonte de "ruído" e, portanto, indesejável. A noção de limite cognitivo é realmente de um bom-senso difícil de rebater. Se, no entanto, abordarmos o mesmo problema a partir do ponto de vista de que os seres humanos têm uma capacidade ilimitada de obter e criar conhecimento. Subjacente ao acúmulo de conhecimento tácito está o sentido de finalidade e de autonomia. Os seres humanos freqüentemente criam ruído de maneira intencional, ultrapassando, dessa forma, a eles mesmos.

22. A equipe deve ser estabelecida com a devida consideração dos princípios da auto-organização como o aprendizado a ser aprendido, o requisito variedade, a especificação crítica mínima e a redundância de funções (Morgan, 1986). O requisito variedade será discutido posteriormente.

23. Em nosso artigo "The New New Product Development Game" (Takeuchi e Nonaka, 1986), na *Harvard BusinessReview*, argumentávamos que no mundo atual de ritmo acelerado e concorrência feroz, esta abordagem de sobreposição, estilo rúgbi, tem grande mérito em termos de velocidade e flexibilidade.

24. Gibson (1979) levanta a hipótese de que o conhecimento resida no ambiente em si mesmo, contrário à tradicional visão epistemológica de que existe no interior do cérebro humano. De acordo com ele, percebemos o "proporcionamento", ou o que as coisas em nosso ambiente nos proporcionam, à medida que interagimos com elas. Algumas informações sobre uma cadeira, por exemplo, podem ser percebidas apenas quando sentamos nela. Norman (1988) alega que o conhecimento existe não apenas no interior do cérebro, mas também no mundo externo na forma de coisas, outros e situações.

25. Piaget (1974) observa a importância do papel da contradição na interação entre o sujeito e o ambiente. A raiz da contradição, ele argumenta, reside na coordenação entre os lados positivo e negativo da percepção ou comportamento específico, o que por sua vez é indispensável para a criação de novos conceitos.

26. De acordo com o princípio da "ordem a partir do ruído", proposto por von Foerster (1984), o sistema auto-organizado pode aumentar sua capacidade de sobreviver introduzindo, intencionalmente, esse ruído em si mesmo. A ordem no mundo natural inclui não apenas a ordem estática e cristalizada na qual a entropia é zero, mas também a ordem "instável" na qual as novas estruturas são formadas pelo funcionamento da matéria e da energia. O último é o que Prigogine e Stengers (1984) chamam de "ordem a partir do caos" em sua teoria da estrutura dissipadora. Em uma perspectiva de planejamento evolutivo, além disso, Jantsch (1980) argumenta: "Em contraste com a crença muito difundida, planejar em um espírito evolutivo, dessa forma, não resulta na redução da incerteza e da complexidade, mas em seu aumento. A incerteza aumenta porque o espectro de opções é deliberadamente ampliado; a imaginação entra em cena" (p. 267). Os pesquisadores que desenvolveram a teoria do caos descobriram a natureza criativa deste. Ver, por exemplo, Gleick (1987) e Waldrop (1992). Para a aplicação da teoria do caos à administração, ver Nonaka (1988a) e Zimmerman (1993).

27. Usando o termo "heterarquia", que significa "não-hierarquia", Hedlund (1986) explica o papel da informação redundante como um veículo para a formulação de problemas e criação de conhecimento com base em procedimentos diferentes dos oficialmente especificados pela organização.

REFERÊNCIAS

Anderson, J.R. 1983. *The Architecture of Cognition*. Cambridge, MA: Harvard University Press.

Ashby, W.R. 1956. *An Introduction to Cybernetics*. London: Chapman & Hall.

Austin, J.L. 1962. How *to Do Things with Words*. Oxford: Oxford University Press.

Bateson, G. 1973. *Steps to an Ecology of Mind*. London: Paladin.

—. 1979. *Mind and Nature: A Necessary Unity*. New York: Bantam Books.

Berger, P.L. and T. Luckmann. 1966. *The Social Construction of Reality*. Garden City, NY: Doubleday.

Boulding, K.E. 1983. System Theory, Mathematics, and Quantification. In *The Study of Information*, ed. F. Machlup and U. Mansfield, pp. 547-550. New York: John Wiley & Sons.

Brown, J.S. 1992. *Reflections on the Document*. Mimeograph, Xerox Palo Alto (CA) Research Center.

Brown, J.S. and P. Duguid. 1991. Organizational Learning and Communities-of-Practice: Toward a Unified View of Working, Learning, and Innovation. *Organization Science*, 2, no. 1:40-57.

Cannon-Bowers, J.A., E. Salas, and S. Converse. 1993. Shared Mental Models in Expert Team Decision Making. In *Individual and Group Decision Making*, ed. N.J. Castellan, Jr., pp. 221-246. Hillsdale, NJ: Lawrence Erlbaum Assoicates.

Condon, W.S. 1976. An Analysis of Behavioral Organization. *Sign Language Studies*, 13.

Donnellon, A., B. Gray, and M.G. Bougon. 1986. Communication, Meaning, and Organized Action. *Administrative Science Quarterly*, 31:43-55.

Dretske, F. 1981. *Knowledge and the Flow of Information*. Cambridge, MA: MIT Press.

Emig, J. 1983. *The Web of Meaning*. Upper Montclair, NJ: Boynton/Cook.

Gadamer, H. 1989. *Truth and Method*. 2nd ed., trans. J. Weinsheimer and D.G. Marshall. New York: Crossroad.

Galbraith, J. 1973. *Designing Complex Organizations*. Reading, MA: Addison-Wesley.

Gelwick, R. 1977. *The Way of Discovery: An Introduction to the Thought of Michael Polanyi*. Oxford: Oxford University Press.

Gibson, J.J. 1979. *The Ecological Approach to Visual Perception*. Boston, MA: Houghton Mifflin.

Gill, J.H. 1974. Saying and Showing: Radical Themes in Wittgenstein's *On Certainty*. *Religious Studies*, 10.

Gleick, J. 1987. *Chaos*. New York: Viking Press.

Graumann, C.F. 1990. Perspectival Structure and Dynamics in Dialogues. In *The Dynamics of Dialogue*, ed. I. Markova and K. Foppa, pp. 105-126. New York: Harvester Wheatsheaf

Gruber, T.R. 1989. *The Acquisition of Strategic Knowledge*. San Diego, CA: Academic Press.

Hedlund, G. 1986. The Hypermodern MNC – A Heterarchy? *Human Resource Management*, 25, no. 1:9-35.

Hogg, M.A. and D. Abrams, eds. 1993. *Group Motivation: Social Psychological Perspectives*. New York: Harvester Wheatsbeaf.

Imai, K., I. Nonaka and H. Takeuchi. 1985. Managing the New Product Development Process: How Japanese Companies Learn and Unlearn. In *The Uneasy Alliance: Managing the Productivity-Technology Dilemma*, ed. K.B. Clark, R.H. Hayes and C. Lorenz, pp. 337-381. Boston, MA: Harvard Business School Press.

Jantsch, E. 1980. *The Self-Organizing Universe*. Oxford: Pergamon Press.

Johnson-Laird, P.N. 1983. *Mental Models*. Cambridge: Cambridge University Press.

Kobayashi, T. 1985. *Tomokaku Yattemiro (In Any Case, Try It)*. Tokyo: Toyo Keizai Shimposha (em japonês).

Lakoff, G., and M. Johnson. 1980. *Metaphors We Live By*. Chicago, IL: University of Chicago Press.

Machlup, F. 1983. Semantic Quirks in Studies of Information. In *The Study of Information*. ed. F. Machlup and U. Mansfield, pp. 641-671. New York: John Wiley & Sons.

Maturana, H.R. and F.J. Varela. 1980. *Autopoiesis and Cognition: The Realization of the Living*. Dordreacht, Holland: Reidel.

McCulloch, W. 1965. *Embodiments of Mind*. Cambridge, MA: The MIT Press.

Morgan, G. 1986. *Images of Organization*. Beverly Hills, CA: Sage.

Neisser, U. 1976. *Cognition and Reality*. San Francisco, CA: W.H. Freeman.

Nisbet, R.A. 1969. *Social Change and History: Aspects of the Western Theory of Development*. London: Oxford University Press.

Nonaka, I. 1985. *Kigyo Shinka-ron (Corporate Evolution: Managing Organizational Information Creation)*. Tokyo: Nihon Keizai Shimbunsha (em japonês).

—. 1987. Managing the Firms as Information Creation Process. Working paper, Institute of Business Research, Hitotsubashi University. In *Advances in Information*

Processing in Organizations, ed. J. Meindl, R.L. Cardy, and S.M. Puffer, Vol. 4, pp. 239-275. Greenwich, CT. JAI Press, 1991.

—. 1988a. Creating Organizational Order Out of Chaos: Self-Renewal of Japanese Firms. *California Management Review,* 30, no. 3:57-73.

—. 1990a. Redundant, Overlapping Organizations: A Japanese Approach to Managing the Innovation Process. *California Management Review,* 32, no. 3:27-38.

—. 1990b. *Chishiki-souzou no Keiei* (A Theory of Organizational Knowledge Creation). Tokyo: Nihon-Keizai-Shimbunsha (em japonês).

Nonaka, I., P. Byosiere, C.C. Borucki, and N. Konno. 1994. Organizational Knowledge Creation Theory: A First Comprehensive Test. *International Business Review,* special issue.

Norman, D.A. 1988. *The Psychology of Everyday Things.* New York: Basic Books.

Numagami, T., T. Ohta and I. Nonaka. 1989. Self-renewal of Corporate Organizations: Equilibrium, Self-sustaining, and Self-renewing Models. Working Paper, University of California at Berkeley. No. OBIR-43.

Orr, J.E. 1990. Sharing Knowledge, Celebrating Identity: Community Memory in a Service Culture. In *Collective Remembering,* ed. D. Middleton and D. Edwards, pp. 169-189. Newbury Park, CA: Sage.

Piaget, J. 1974. *Recherches sur la Contradiction.* Paris: Presses Universitaires de France.

Polanyi, M. 1958. *Personal Knowledge.* Chicago: University of Chicago Press.

—. 1966. *The Tacit Dimension.* London: Routledge & Kegan Paul.

Prigogine, I. and I. Stengers. 1984. *Order out of Chaos: Man's New Dialogue with Nature.* New York: Bantam Books.

Richards, I.A. 1936. *The Philosophy of Rhetoric.* Oxford: Oxford University Press.

Rosch, E.H. 1973. Natural Categories. *Cognitive Psychology,* 4:328-350.

Roszak, T 1986. *The Cult of Information.* New York: Pantheon Books.

Ryle, G. 1949. *The Concept of Mind.* London: Hutchinson.

Scheflen, A.E. 1982. Comments on the Significance of Interaction Rhythm. In *Interaction Rhythms,* ed. M. Davis. New York: Human Sciences Press, pp. 13-21.

Schön, D.A. 1983. *The Reflective Practitioner.* New York: Basic Books.

Searle, J.R. 1969. *Speech Acts: An Essay in the Philosophy of Language.* Cambridge: Cambridge University Press.

Shannon, C.E. and W. Weaver. 1949. *The Mathematical Theory of Communication.* Urbana, IL: University of Illinois Press.

Singley, M.K. and J.R. Anderson. 1989. *The Transfer to Cognitive Skill.* Cambridge, MA: Harvard University Press.

Squire, L.R. 1987. *Memory and Brain.* New York: Oxford University Press.

Takeuchi, H. and I. Nonaka. 1986. The New New Product Development Game. *Harvard Business Review,* Jan.-Feb.: 137-146.

von Foerster, H. 1984. Principles of Self-Organization in a Socio-Managerial Context. In *Self-Organization and Management of Social Systems,* ed. H. Ulrich and G.J.B. Probst, pp. 2-24. Berlin: Springer-Verlag.

Waldrop, M.M. 1992. *Complexity: Life at the Edge of Chaos.* New York: Simon & Schuster.

Weick, K.E. 1979. *The Social Psychology of Organizing.* 2nd ed. Reading, MA: Addison-Wesley.

Winograd, T. and F. Flores. 1986. *Understanding Computers and Cognition: A New Foundation for Design.* Reading, MA: Addison-Wesley.

Zimmerman, B.J. 1993. The Inherent Drive to Chaos. In *Implementing Strategic Processes: Change, Learning and Cooperation,* Lorange P. et al. eds., pp. 373-93. Oxford: Basil Blackwell.

CAPÍTULO **4**

CRIAÇÃO DO CONHECIMENTO COMO PROCESSO SINTETIZADOR

IKUJIRO NONAKA E RYOKO TOYAMA

Atualmente, o conhecimento e a capacidade de criá-lo e utilizá-lo são considerados as mais importantes fontes de vantagem competitiva, sustentável de uma empresa (Nonaka, 1990, 1991, 1994; Drucker, 1993; Nonaka e Takeuchi, 1995; Grant, 1996). Parece, no entanto, que estamos longe de entender o processo pelo qual as organizações criam e utilizam o conhecimento. Necessitamos de uma teoria baseada no conhecimento que seja diferente das teorias econômicas e organizacionais já existentes.

Parte dessas dificuldades no estabelecimento de uma nova teoria é que os estudiosos da administração e os que a praticam costumam fracassar ao tentar entender a essência do processo de criação do conhecimento. Conceitualizamos a criação do conhecimento como um processo dialético no qual várias contradições são sintetizadas através das interações dinâmicas entre os indivíduos, a organização e o ambiente (Nonaka e Toyama, 2002). O conhecimento é criado em uma espiral que passa através de conceitos aparentemente opostos, como ordem e caos, micro e macro, parte e todo, mente e corpo, tácito e explícito, eu e outro, dedução e indução, criatividade e eficiência. Defendemos que a chave para o entendimento do processo de criação do conhecimento é o raciocínio e a ação dialética, que transcende e sintetiza tal paradoxo. A síntese não é uma conciliação. Ao contrário, é o cultivo dos traços opostos através do processo dinâmico do diálogo e da prática.

Atualmente, as empresas estão enfrentando várias contradições. Elas têm de competir no mercado global e ainda adaptar-se aos mercados locais. Oferecer produtos diferenciados para satisfazer as necessidades diversificadas dos clientes e também vencer a concorrência de preços. Mas construir o conhecimento tácito, que se torna a base da competitividade a longo prazo, leva tempo e recursos. As empresas, no entanto, estão competindo em um mundo onde a velocidade e a eficiência são as chaves para a vitória. Hagel e Singer (1999) defendiam que as empresas deveriam ser "dispersadas", pois não podem perseguir princípios contraditórios como a economia de escala, de âmbito e de velocidade ao mesmo tempo. Esse argumento é baseado no pressuposto de que as capacidades das empresas e dos indivíduos são imutáveis, e o papel da estratégia é encontrar o ponto ideal entre os traços contraditórios.

Entretanto, se considerarmos as empresas e os indivíduos como entidades criadoras do conhecimento, também os consideraremos entidades em crescimento que podem encontrar novas soluções para *sintetizar* os traços contraditórios. Por exemplo, acreditava-se tradicionalmente que a alta qualidade, a variedade de produtos e o baixo custo não podiam ser atingidos simultaneamente. A Toyota desenvolveu seu próprio sistema de produção, baseado em uma maneira totalmente diferente de pensar, e os atingiu. Acreditamos que uma empresa pode perseguir a economia da síntese através da criação do conhecimento para empurrar a fronteira para mais longe, não encontrando apenas um ponto ideal entre as restrições existentes (Figura 4.1).

Também devemos entender que a criação do conhecimento é um processo transcendental através do qual as entidades (indivíduos, grupos, organizações, etc.) ultrapassam o limite do velho para o novo eu, através da aquisição de novo conhecimento. No processo, são criados novos artifícios e estruturas conceituais para a interação que proporcionam possibilidades, assim como restrições, para as entidades, nos ciclos conseqüentes de criação do conhecimento. Assim, as en-

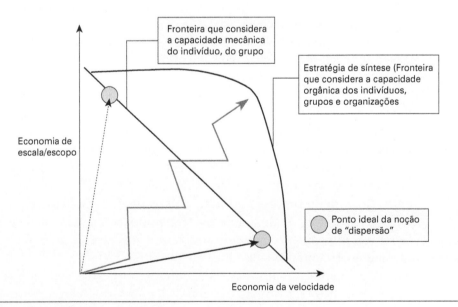

Figura 4.1 Sintetizar, não otimizar.

tidades coexistem com o ambiente porque estão sujeitas às influências ambientais assim como o ambiente é influenciado pelas entidades. Esta conceitualização da interdependência entre as entidades e a estrutura é similar à teoria da estruturação. As teorias existentes, que tratam do estado estático de uma organização, em um determinado momento, não podem lidar com tal processo dinâmico.

Este capítulo é nossa tentativa de construir uma nova teoria com base no conhecimento da empresa e da organização, e explicar o processo dinâmico de criação e utilização do conhecimento. Para isso, revisitamos a teoria de criação do conhecimento através do processo SECI (Nonaka, 1991; Nonaka e Takeuchi, 1995) e do *ba* (Nonaka, Toyama e Konno, 2000) e tentamos avançá-la ainda mais pela incorporação do raciocínio dialético, como o de Hegel, da filosofia oriental e da teoria da estruturação (Giddens, 1984). O argumento básico é que a criação do conhecimento é um processo sintetizador através do qual as organizações interagem com os indivíduos e o ambiente para transcender aos paradoxos emergentes.

ORGANIZAÇÃO COMO MÁQUINA DE PROCESSAMENTO DA INFORMAÇÃO *VERSUS* ENTIDADE CRIADORA DO CONHECIMENTO

A teoria organizacional tradicional é baseada na visão da organização como uma máquina de processamento da informação, que toma e processa a informação do ambiente para solucionar os problemas e se adapta ao ambiente com base em uma determinada meta. Devido à racionalidade limitada dos seres humanos, a organização é necessária para lidar com uma realidade complexa. A realidade é decomposta em partes de informação que são pequenas e simples o suficiente para que a pessoa as processe. A informação, então, é processada e reagrupada pelos membros da organização para que esta lide com a realidade complexa no final. Isso pode ser facilmente entendido com o exemplo da fabricação de automóveis. O processo de fabricação de automóveis é decomposto em várias tarefas simples, e a cada trabalhador é atribuída uma tarefa, de forma que até um operário não-qualificado possa realizá-la facilmente. O trabalhador não necessita compreender o que os outros estão fazendo, e o que a sua tarefa significa para todo o processo de fabricação do veículo. O tema para a organização, portanto, é como todo o processo pode ser dividido em pequenas tarefas ou módulos e como elas podem ser coordenadas para que o automóvel possa ser construído no final.

Essa é uma visão estática e passiva da organização e falha em captar o processo dinâmico através do qual as organizações interagem com seus membros e com o ambiente. Em vez de simplesmente resolver problemas, as organizações criam e definem problemas, desenvolvem e aplicam o conhecimento para solucionar os problemas e desenvolvem, então, outros novos conhecimentos através da ação de solucionar problemas. A organização e os indivíduos crescem com esse processo. A organização não é simplesmente uma máquina de processamento de informações, mas uma entidade que cria conhecimento através da ação e da interação (Nonaka, Toyama e Nagata, 2000). No processo, a criação do conhecimento dialético ocorre quando os atores abraçam o ambiente e sintetizam o conhecimento tácito e o explícito através das interações com os outros e com o ambiente.

Se virmos uma organização como uma entidade criadora de conhecimento, o ponto de vista de um indivíduo que lida apenas com uma parte da realidade não é suficiente. O conhecimento não é apenas parte da realidade. É a realidade, mas vista a partir de um determinado ângulo. A mesma realidade pode ser vista diferentemente, dependendo do ângulo (contexto) do qual se vê. Na criação do conhecimento, não se pode ser livre de seu próprio conceito. Os contextos social, cultural e histórico são importantes para os indivíduos (Vygotsky, 1986). Esses contextos permitem a interpretação da informação e a criação do significado. É por isso que a interação ambiental limitada e a externalização do conhecimento pessoal podem levar a falsidades ontológicas e falácias, pois a complexidade total de um determinado fenômeno pode permanecer oculta. Por isso, na criação do conhecimento tenta-se ver todo o quadro da realidade interagindo com outros que a vejam a partir de outros ângulos – isto é, compartilhando seus contextos. Por exemplo, a Toyota exige que seus empregados encarem e entendam sua tarefa como parte de todo o processo de fabricação de carros, e que partilhem seu conhecimento sobre sua tarefa visando à melhoria do processo. É importante entender aqui como as interações entre as partes (indivíduos, grupos de trabalho, etc.) estão vinculadas, dinamicamente, para formar um todo em evolução contínua que, por sua vez, impacta o ambiente onde ocorre a fabricação do carro.

Como os indivíduos têm diferentes metas e contextos, as contradições são inevitáveis entre eles e nas organizações às quais pertencem. As teorias organizacionais tradicionais tentam solucionar essas contradições através do *design* da estrutura organizacional, dos sistemas de incentivos, rotinas e/ou cultura organizacional. Entretanto, se virmos uma organização como uma entidade criadora de conhecimento, podemos considerar essas contradições como necessárias para criar o conhecimento, não como obstáculos. O conhecimento é criado através da síntese das contradições, e não pelo encontro de um equilíbrio ideal entre as contradições.

CRIAÇÃO DO CONHECIMENTO E PAPEL DA ESTRATÉGIA

Com esta visão da organização como uma entidade que cria conhecimento continuamente, também necessitamos reexaminar o papel da estratégia, que soluciona as contradições entre a organização e seu ambiente. Tipicamente representado pela estrutura SWOT por Andrews (1971), o papel da estratégia é adaptar a organização às ameaças e oportunidades no ambiente com os pontos fortes e fracos que possa ter. Essa estrutura é posteriormente refinada em duas principais correntes de pesquisa sobre estratégia – a escola de posicionamento e a visão baseada em recursos. A escola de posicionamento concentra-se principalmente no ambiente em que a organização opera (Porter, 1980). A organização necessita escolher o ambiente – isto é, a indústria ou grupo estratégico – no qual pode construir e sustentar sua vantagem competitiva. O ambiente pode ser visto como um alvo em movimento para o qual as empresas tentam, desesperadamente, modificar suas operações. Dessa forma, a escola de posicionamento tende a salientar a análise do ambiente e ignorar o processo interno da organização.

A visão de empresa baseada em recursos, por outro lado, olha para o interior da empresa em termos dos recursos que possui. De acordo com essa visão, a empresa é um conjunto de recursos e aquela com recursos superiores obterá lucros (Penrose, 1959; Wernerfelt, 1984; Barney, 1986). No entanto, a pesquisa empírica e teórica sobre a visão baseada em recursos da empresa até agora tem se concentrado, principalmente, no modo como as empresas mantêm seus recursos exclusivos e as vantagens competitivas resultantes, através de condições como a imitabilidade imperfeita, a substitutibilidade imperfeita e a mobilidade limitada de recursos. Embora lide com a capacidade dinâmica da empresa (Teece, Pisano e Shuen, 1990), a visão baseada em recursos da empresa não explica o dinamismo pelo qual a empresa constrói continuamente esses recursos, através das interações com o ambiente. Existe muito pouco entendimento teórico sobre como uma empresa acumula recursos superiores, exceto pela recente conceitualização de capacidades dinâmicas como um conjunto de processos específicos e identificáveis, como o desenvolvimento de produtos, a tomada de decisão estratégica e a formação de alianças.

Defendemos que o conhecimento é criado através da síntese das contradições entre os recursos internos da organização e o ambiente. Assim, a estratégia em uma empresa dialética pode ser conceitualizada como uma combinação de recursos internos e ajuste ambiental. Por essa razão, necessitamos de uma nova teoria que focalize o "ambos-e" e não o "ou-ou". A seção seguinte explicará como o conhecimento é criado através da interação entre o conhecimento tácito e o explícito, e entre a organização e o ambiente.

CRIAÇÃO DO CONHECIMENTO COMO PROCESSO SINTETIZADOR

Como podemos sintetizar o ambiente e os recursos internos? Para responder a essa questão, fazemos uso da teoria da estruturação de Giddens (1984). A estruturação significa o estudo das formas em que os sistemas sociais são produzidos e reproduzidos através da interação social. A teoria da estruturação considera os humanos como seres que desempenham papéis e preenchem normas que agem de acordo com sua imagem do que é a realidade, e trata todas as instituições e práticas sociais como estruturas.

Por um lado, o ambiente influencia os seres humanos e, por outro, os seres humanos estão recriando continuamente seu ambiente através da interação social. A estrutura social não é algo que exista de modo independente, externa aos seres humanos. Ao contrário, as estruturas e os seres humanos são duas formas de considerar a ação social. Os dois interagem na definição e na reprodução um do outro.

O conhecimento é criado através dessas interações entre os seres humanos e seu ambiente. Giddens alega que o ambiente influencia os pontos de vista e as ações das pessoas. Inversamente, os pontos de vista e as ações das pessoas dão forma ao ambiente. Em outras palavras, somos parte do ambiente e o ambiente faz parte de nós. Os recursos e as oportunidades circundantes formam nossas ações diárias, e nossas ações criam uma nova realidade social.

Giddens afirma que as pessoas realizam suas ações com "consciência prática" e "consciência discursiva" em sua vida diária. A consciência discursiva permite que racionalizem suas ações e pode ser pensada como um nível consciente de conhecimento. A consciência prática refere-se ao nível de conhecimento no qual as pessoas realmente não pensam, o que significa que elas sabem mais do que podem dizer. Nesse sentido, podemos dizer que o conhecimento tácito é similar à consciência prática e o conhecimento explícito, à consciência discursiva. Similar ao conhecimento tácito, a consciência prática desempenha um papel importante na integração do dualismo humanidade-ambiente.

Nossas ações e interações com o ambiente criam e ampliam o conhecimento, através do processo de conversão do conhecimento tácito e explícito, como mostrado na Figura 4.2 (Nonaka, 1990, 1991, 1994; Nonaka e Takeuchi, 1995).

A criação do conhecimento inicia com o processo de *socialização*, no qual o novo conhecimento tácito é convertido através das experiências compartilhadas na interação social do dia-a-dia. Como o conhecimento tácito é difícil de formalizar e,

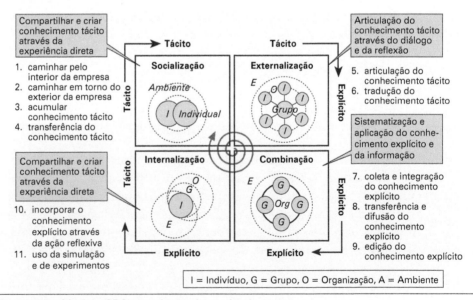

Figura 4.2 Modelo SECI de criação do conhecimento.

freqüentemente, específico ao tempo e ao espaço, pode ser adquirido apenas através da experiência compartilhada direta, como passar tempo junto ou viver no mesmo ambiente. Este é tipicamente um aprendizado tradicional, no qual o aprendiz aprende o conhecimento tácito necessário para sua tarefa através da experiência direta. Pode-se partilhar o conhecimento tácito dos clientes, dos fornecedores e até mesmo dos concorrentes, enfatizando-o através da experiência compartilhada.

Assim, as rotinas consistem em uma parte do conhecimento tácito porque são desenvolvidas em interação íntima ao longo do tempo.

No processo de socialização, o método fenomenológico de ver as coisas como elas são é eficaz. Ao "viver" ou "habitar"o mundo, os indivíduos acumulam e compartilham conhecimento tácito sobre o que os cerca. Por exemplo, pode-se sentir e acumular conhecimento tácito sobre os clientes através de nossa própria experiência como clientes. Aqui, os indivíduos abraçam as contradições em vez de confrontá-las, permitindo que os atores absorvam o conhecimento em seu ambiente social através da ação e da percepção. Desse modo, a dicotomia entre o ambiente e a organização pode ser sintetizada no processo de socialização, à medida que os membros da organização acumulam e partilham o conhecimento tácito do ambiente por meio da "consciência prática", que se refere ao nível de nossas vidas sobre o qual realmente não pensamos ou teorizamos.

O conhecimento tácito é articulado em conhecimento explícito pelo processo de *externalização*. O conhecimento tácito é tornado explícito para que possa ser compartilhado com outros e se torne a base de um novo conhecimento, como os conceitos, imagens e documentos escritos. Durante o estágio da externalização, os indivíduos usam sua "consciência discursiva" e tentam racionalizar e articular o mundo que os cerca. Aqui, o diálogo é um método eficaz de articular o conhecimento tácito e compartilhar o conhecimento articulado com outros. Através dos diálogos, as contradições entre o conhecimento tácito de alguém e a estrutura, ou as contradições entre os próprios conhecimentos tácitos, tornam-se explícitas e sintetizadas. Para tornar os conceitos ou mecanismos ocultos acumulados no conhecimento tácito mais explícitos, a abdução ou retrodução é mais eficaz do que a indução ou a dedução. O uso seqüencial de metáfora, analogia e modelo é um método básico na abdução (Lawson, 1998).

O conhecimento explícito é coletado do interior ou do exterior da organização e, então, combinado, editado ou processado para formar um conjunto mais complexo e sistemático do conhecimento explícito através do processo de *combinação*. O novo conhecimento explícito é, então, disseminado entre os membros da organização. O uso criativo das redes de comunicação computadorizadas e das bases de dados em larga escala pode facilitar esse modo de conversão do conhecimento. O modo de combinação pode também incluir a "decomposição" de conceitos. Decompor um conceito, como a visão corporativa em negócio operacionalizado ou conceitos de produtos, cria ainda mais conhecimento sistêmico explícito. Aqui, as contradições são solucionadas através da lógica, e não sintetizadas. O racionalismo é um método eficaz para combinar, editar e decompor o conhecimento explícito.

O conhecimento explícito é criado e partilhado através da organização e então é convertido em conhecimento tácito durante o processo de *internalização*. Este estágio pode ser entendido como práxis, onde o conhecimento é aplicado e usado em situações práticas e torna-se a base para novas rotinas. Assim, o conhecimento explícito, como os conceitos de produtos ou os procedimentos de fabricação, tem de ser atualizado através da ação, da prática e da reflexão para que possa realmente se tornar conhecimento de alguém. Por exemplo, os programas de treinamento podem ajudar os *trainees* a entenderem a si mesmos como parte da organização que os cerca. Lendo os documentos ou manuais sobre seu trabalho e a organização, e refletindo sobre eles, os *trainees* podem internalizar o conhecimento explícito redigido nesses documentos para enriquecer sua base de conhecimento tácito. O conhecimento explícito pode também ser incorporado através de simulações e experimentos. O pragmatismo de aprender fazendo é um método eficaz para testar, modificar e incorporar o conhecimento explícito como seu próprio conhecimento tácito. O conhecimento internalizado afeta a ação humana e a estrutura, pois modifica as ações da ação humana e como elas vêem a estrutura. A síntese dos indivíduos e do ambiente ocorre também nesse nível.

É importante observar que o movimento através dos quatro modos de conversão do conhecimento formam uma *espiral, e* não um círculo. Na espiral da criação do conhecimento, a interação entre o conhecimento tácito e o conhecimento explícito é amplificada por meio de quatro modos de conversão do conhecimento. A espiral torna-se maior em escala à medida que sobe para os níveis ontológicos. O conhecimento criado através do processo SECI pode desencadear uma nova espiral de criação de conhecimento, expandindo-se horizontal e verticalmente à medida que passa pelas comunidades de interação que transcendem os limites seccionais, departamentais, divisionais e mesmo organizacionais. O conhecimento pode ser transferido além dos limites organizacionais, e o conhecimento de diferentes organizações interage no processo de criação do conhecimento (Badaracco, 1991; Nonaka e Takeuchi, 1995; Inkpen, 1996). Através da interação dinâmica entre os indivíduos, o conhecimento criado pela organização pode desencadear a mobilização do conhecimento mantido pelos constituintes externos, como os clientes, as empresas afiliadas, as universidades ou os distribuidores. Por exemplo, um novo processo inovador de fabricação pode provocar mudanças no processo de fabricação de suprimentos que, por sua vez, desencadeia uma nova rodada de inovação do produto e do processo na organização. Outro exemplo é a articulação do conhecimento tácito possuído pelos clientes que os próprios não foram capazes de articular. Um produto funciona como um gatilho para extrair conhecimento tácito quando os clientes atribuem significado a ele comprando-o, adaptando-o, usando-o ou não o comprando. Também pode desencadear mudanças no comportamento do cliente em termos da sua visão de mundo, podendo até mesmo reconstruir o ambiente. Suas ações são refletidas, então, no processo inovador da organização, que começa uma nova espiral de criação do conhecimento. A criação do conhecimento organizacional é um processo interminável em permanente atualização.

Como observado anteriormente, a criação do conhecimento é um processo autotranscendente, no qual atinge-se além dos limites da própria existência (Jantsch, 1980). Durante a fase de socialização, a autotranscendência é fundamental porque o conhecimento tácito pode ser compartilhado apenas através de experiências diretas, o que exige que os indivíduos transcendam as próprias existências e empatizem com outros. Por exemplo, no processo de socialização, as pessoas empatizam com seus colegas e clientes, o que diminui as barreiras entre os indivíduos. Basicamente, a interação física freqüente e a percepção ajudam os agentes a criarem as apresentações mentais e as rotinas compartilhadas. Durante a fase de externalização, o indivíduo transcende os limites internos e externos de si mesmo comprometendo-se com o grupo e tornando-se um grupo dentro dele. Aqui, a soma das intenções e idéias dos indivíduos fundem-se e tornam-se integradas com o mundo mental do grupo. Este estágio é integral, porque a externalização do conhecimento freqüentemente ajuda as pessoas a verem que os mesmos fenômenos podem ser encarados de muitas maneiras diferentes e contrastantes. Durante a fase de combinação, o novo conhecimento gerado através da externalização transcende o grupo a ser combinado. Finalmente, durante a fase de internalização, os indivíduos refletem sobre eles mesmos colocando-se no contexto do conhecimento recentemente adquirido e do ambiente onde o conhecimento deverá ser utilizado, o que exige, mais uma vez, a autotranscendência.

BA: LOCAL DE CRIAÇÃO DO CONHECIMENTO

O conhecimento necessita de um contexto físico para que seja criado. Como declarado anteriormente, o conhecimento é específico ao contexto, pois depende de um determinado tempo e espaço (Hayek, 1945). O conhecimento não existe apenas na cognição de uma pessoa. Ao contrário, é criado em ações localizadas (Suchman, 1987). Por essa razão, o processo de criação de conhecimento é, necessariamente, específico ao contexto em termos de tempo, espaço e relacionamento com outros. O conhecimento não pode ser criado no vácuo, e necessita de um lugar onde a informação receba significado através da interpretação para tornar-se conhecimento.

Muitos filósofos discutiram a importância do lugar na cognição e na ação humana. Platão chamou um lugar para a gênese da existência de *Chora*. Aristóteles chamou o lugar para uma coisa existir fisicamente de *Topos*. Heidegger chamou o lugar para a existência humana de *Ort*. Para incluir os conceitos desses lugares, mas ser específico à criação do conhecimento, introduzimos o conceito de *"ba"* (que significa grosseiramente "lugar"). Partindo do conceito originalmente proposto pelo filósofo japonês Kitaro Nishida (1921, 1970), definimos ba como um contexto compartilhado em movimento, no qual o conhecimento é partilhado, criado e utilizado. *Ba* proporciona a energia, a qualidade e os locais para desempenhar as conversões individuais de conhecimento e percorrer a espiral de conhecimento. Em outras palavras, o *ba* é o tempo e o espaço fenomenológico onde o conhecimento emerge, como uma "corrente de significado" (Bohm, 1996). O novo conhecimento é criado a partir do conhecimento existente através da mudança dos significados e contextos. Neste capítulo, a conceitualização de *ba* é ampliada para cobrir a interação interdependente entre os agentes e as estruturas.

Embora seja mais fácil considerar o *ba* como um espaço físico como uma sala de reuniões, ele deve ser entendido como *interações* que ocorrem em um tempo e local específicos. O *ba* pode emergir em indivíduos, grupos de trabalho, equipes de projeto, círculos informais, encontros temporários, espaços virtuais como os grupos de e-mail e no contato da linha de frente com o cliente. O *ba* é um local existencial onde os participantes partilham seu contexto e criam novos significados através de interações. Os participantes do *ba* trazem seus próprios contextos e, por meio das interações com os outros e o ambiente, mudam os contextos de *ba*, dos participantes e do ambiente (ver Figura 4.3).

O *ba* é uma *forma* de organizar a criação de significados, não um modo de organização, como a hierarquia ou a rede. Uma empresa pode ser vista como uma configuração orgânica de vários *ba*, onde as pessoas interagem umas com as outras e com o ambiente, com base no conhecimento que possuem e no significado que criam. Quando as empresas são vistas como configurações orgânicas de *ba*, e não como estruturas organizacionais, é possível ver qual o tipo de conhecimento que deve e pode ser criado, quem são as "pessoas certas" com conhecimento inserido, e que tipo de interações são necessárias entre elas para criar conhecimento, sem estar restrito à estrutura organizacional existente.

Também necessitamos reconsiderar o que é exatamente um limite para uma empresa. O *ba* não se limita a uma única organização, mas pode ser criado através dos limites das organizações. Ele pode ser construído como uma *joint venture* com

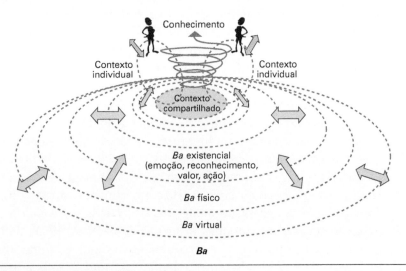

FIGURA 4.3 Representação conceitual do *ba*.
Fonte: Nonaka e Toyama, 2000.

um fornecedor, como uma aliança com um concorrente ou como uma relação interativa com clientes, universidades, comunidades locais ou mesmo com o governo (ver Figura 4.4). Os membros da organização transcendem o limite participando do *ba* e transcendem ainda mais o limite do *ba* quando ele está conectado a outro *ba*.

Vamos ilustrar como uma empresa cria conhecimento, através de vários *ba*, com o exemplo da Seven-Eleven – a mais lucrativa loja de conveniência franquiada do Japão. Como as lojas da Seven-Eleven têm espaço interno limitado, é importante vender apenas o que os clientes realmente desejam e não o que eles não querem. A administração do estoque de itens isolados é a chave para o sucesso da loja no Japão. Aproximadamente 3 mil itens são vendidos em uma loja típica da Seven-Eleven e 70% deles desaparecem das prateleiras em um ano. Para encontrar os "itens mortos" e substituí-los por itens de venda certa, a Seven-Eleven do Japão enfatiza a importância da construção e do teste da hipótese pelos empregados da loja. Esse processo de criação de conhecimento torna a Seven-Eleven o varejista mais bem-sucedido do país.

A Seven-Eleven do Japão usa os locais das 7 mil lojas no país como *ba* (lugar) para criar novo conhecimento, onde os empregados da loja acumulam o conhecimento tácito sobre as necessidades dos clientes através das interações pessoais. As experiências a longo prazo em lidar com os clientes proporcionam aos empregados conhecimento exclusivo e *insight* do mercado local e de seus clientes. Eles freqüentemente dizem que podem "ver" ou "sentir" o quanto determinados itens irão vender em suas lojas, embora não possam explicar por quê.

A Seven-Eleven do Japão enfatiza a importância de suas lojas como *ba* para continuar a criar novo conhecimento visando a adaptar-se às necessidades dos clientes em mudança permanente. Ela dá a seus empregados treinamento

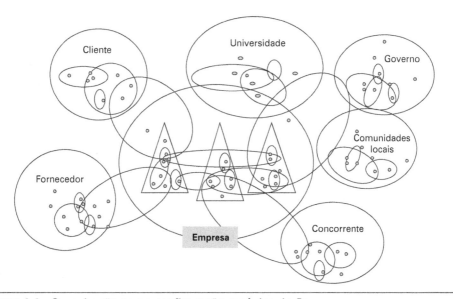

FIGURA 4.4 Organização como configuração orgânica do *Ba*.

no trabalho (TNT) no ambiente da loja. É exigido que todo novo empregado trabalhe nas lojas da Seven-Eleven em várias funções, por aproximadamente dois anos, para acumular experiência no trato direto com os clientes e com a administração das lojas. Outro instrumento para o acúmulo do conhecimento tácito no local da loja é a *"burabura shain"* (rotação dos empregados), cuja tarefa é andar pelas loja e socializar-se com os clientes, visando a adquirir novos conhecimentos em campo.

O conhecimento tácito sobre os clientes é, então, convertido em conhecimento explícito na forma de "hipóteses" sobre as necessidades do mercado. Como os empregados locais são os que possuem o conhecimento tácito sobre seus mercados, a Seven-Eleven deixa-os construir suas próprias hipóteses sobre as vendas de determinados itens, dando a eles a responsabilidade por solicitar esses itens para estoque em suas lojas. Por exemplo, um empregado local pode solicitar mais cerveja do que de hábito com base no conhecimento de que a comunidade local está sediando um festival.

Para facilitar a construção das hipóteses, a Seven-Eleven constrói e utiliza ativamente o *ba*, onde o conhecimento tácito dos empregados locais é externalizado em conhecimento explícito na forma de hipóteses através do diálogo com os outros. Vários empregados são responsáveis pela encomenda de mercadorias, não apenas o proprietário da loja. Cada empregado é responsável por determinadas categorias de mercadorias e, através do diálogo com outros responsáveis por outras categorias, eles podem construir hipóteses que se ajustam às necessidades mutáveis do mercado.

Outro instrumento para facilitar a construção das hipóteses é o uso dos conselheiros de campo, que visitam as lojas locais regularmente. Eles se engajam no diálogo com os proprietários e os empregados da loja e os aconselham a fazer os pedidos e administrar as lojas. A meta é articular o conhecimento tácito dos proprietários das lojas. Se um conselheiro de campo observar uma hipótese exclusiva, pode compartilhá-la com as outras lojas.

As hipóteses construídas no local da loja são partilhadas com a empresa usando-se vários *ba*. Os conselheiros de campo relatam o conhecimento construído nas lojas aos administradores de sua zona, que o disseminam então para os outros conselheiros de campo. Os administradores de zona no Japão encontram-se semanalmente na sede de Tóquio, onde as histórias de sucesso e os problemas nas lojas locais são compartilhados com a alta administração da Seven-Eleven e outros administradores regionais. Os conselheiros de campo também têm encontros semanais nos quais eles e os membros da equipe da sede principal, incluindo a alta adminstração, compartilham o conhecimento.

O custo de manutenção desse *ba* não é pequeno. Para realizar esses encontros semanais em Tóquio, a Seven-Eleven gasta aproximadamente 18 milhões de dólares por ano em transporte, hospedagem e custos relacionados. Apesar disso, Toshio Suzuki, o principal executivo e arquiteto do sistema, enfatiza a importância da interação face a face.

As hipóteses construídas são testadas pelos dados reais de vendas, que são coletados, analisados e utilizados através de um sistema de informação de vanguarda. O conhecimento explícito, na forma de dados das vendas, é compilado, partilhado e utilizado pela sede da empresa e pelas lojas locais, e imediatamente transmitido de volta para as lojas através do sistema de informação, para que elas possam construir novas hipóteses que se adaptem melhor à realidade do mercado. Utilizando os dados e a análise dos pontos de vendas, os empregados das lojas testam suas hipóteses sobre o mercado diariamente em suas lojas locais. O novo conhecimento criado e compilado dessa maneira é justificado pela comparação com a realidade. Se existir uma lacuna entre o conhecimento recentemente adquirido e a realidade, um novo ciclo de criação de conhecimento é desencadeado. O ciclo funciona todos os dias e é esse processo interminável de contrução e de testes de hipóteses que dá à Seven-Eleven do Japão a capacidade de manter a criação de mudanças, não se adaptando apenas às mudanças do mercado.

CASO: TOYOTA PRIUS

Como pode uma empresa sintetizar as contradições para criar conhecimento? Nesta seção, enfocaremos o papel da liderança na criação do conhecimento organizacional, examinando o estudo de caso do Toyota Prius. Examinaremos o caso da NTT DoCoMo na próxima seção. O conhecimento não pode ser "administrado" no sentido tradicional de administração nem a empresa pode realmente "administrar" sua criação. O que os administradores *podem* fazer é liderar a organização criando uma visão de conhecimento, construindo e energizando o *ba*, conectando-o e liderando o processo SECI.

O Prius é o primeiro veículo híbrido produzido em massa. Introduzido no mercado em dezembro de 1997, recebeu inúmeros prêmios, incluindo o Carro do Ano no Japão e o RJC Novo Carro do Ano, por seu conceito inovador de produto e sua tecnologia. A Toyota alega que o Prius, que é movido por um motor à gasolina e elétrico, aumentou a economia de combustível em 100% e a eficiência em 80%. O Prius emite aproximadamente a metade de dióxido de carbono e cerca de um décimo de monóxido de carbono, hidrocarbonos e óxido nitroso dos outros carros convencionais à gasolina.

O Prius foi revolucionário para a Toyota em três aspectos. O conhecimento foi criado em três níveis: produto, tecnologias e processo de desenvolvimento do produto. Primeiramente, é um produto inovador, que não se adapta a qualquer linha de produto existente. A Toyota tem várias linhas de produto, e cada produto destina-se a complementar os outros para que todas as linhas tenham uma imagem consistente. O Prius, no entanto, não cabe nesse quadro. Desde o início, foi um produto destinado a dar à Toyota uma nova perspectiva.

Em segundo lugar, o Prius usa muitas tecnologias inovadoras, como o motor, a bateria, os freios e a própria tecnologia, em um sistema híbrido combinado.

Essas tecnologias são importantes não apenas para o desenvolvimento da Toyota, mas também para o futuro da empresa. A Toyota enfatiza a importância de *"yokoten"*, que significa grosseiramente "emprego horizontal" de tecnologias.

Em terceiro lugar, o Prius foi desenvolvido em tempo recorde. Geralmente, são necessários quatro anos para a Toyota desenvolver um novo modelo de um produto existente, o que já é um dos mais curtos tempos de ciclo na indústria. No caso do Prius, que usou um *design* totalmente novo e novas tecnologias, foram necessários apenas 15 meses do *design* ao início da produção. Para atingir a rapidez e a inovação que o projeto exigia, os engenheiros da Toyota tiveram de usar muitas abordagens pouco convencionais. Como o sistema híbrido ainda se encontrava no estágio de pesquisa quando o Prius estava sendo desenvolvido, tanto a pesquisa quanto o desenvolvimento ocorreram ao mesmo tempo.

O uso eficiente do *ba* é especialmente importante para atingir essa inovação. Os líderes no nível superior e médio construíram, utilizaram e energizaram o *ba* ao longo do desenvolvimento do Prius. A seção seguinte explicará como a Toyota construiu e utilizou vários *ba* para realizar a sua inovação.

COMO A EQUIPE DO PROJETO PRIUS ADMINISTROU O *BA*

O *ba* pode ser construído intencionalmente ou criado espontaneamente. Os líderes podem "encontrar"e utilizar os *ba* formados espontaneamente, que mudam ou desaparecem de forma muito rápida. Assim, os líderes têm de improvisar em termos de como os membros da organização estão interagindo uns com os outros e com o ambiente externo para captar com rapidez o *ba* emergindo naturalmente, assim como para formar o *ba* eficazmente.

Os líderes podem construir o *ba* providenciando tempo, espaço e relacionamentos. Eles podem providenciar espaço físico, como salas de reunião, espaço cibernético, como a rede de computadores ou espaço mental, como as metas comuns para favorecer as interações. A criação do espaço mental pelo fortalecimento do amor, do cuidado, da confiança e do compromisso entre os membros da organização é importante, pois forma a base da criação do conhecimento (Krogh, 1998; Krogh, Ichijo e Nonaka, 2000).

Formar uma força-tarefa é um exemplo típico de construção intencional do *ba*. O projeto Prius iniciou em setembro de 1993, como um pequeno grupo de estudos chamado G21, significando Geração do Século 21, com forte apoio da administração superior. Inicialmente, o G21 era um grupo de trabalho para estudar "o carro para o Século 21". Os membros encontravam-se uma vez por semana, embora ainda atuassem em suas tarefas específicas, para discutir os vários aspectos a cerca do desenvolvimento do conceito do carro do século 21.

Para construir o *ba*, os líderes também tiveram que escolher a mistura certa de pessoas para participar e promover sua interação. É importante escolher participantes com vários antecedentes e pontos de vista, para que tragam seus próprios contextos baseados em sua experiência no *ba* para tornar rico o contexto partilhado. Por isso, é importante ter líderes que saibam onde encontrar o conhecimento necessário e pessoas que possuam esse conhecimento. Freqüentemente, é difícil para uma grande organização saber exatamente o que sabe. A alta administração tem de favorecer e utilizar os produtores de conhecimento que possam encontrar e usar o pessoal e o conhecimento necessários.

O segundo estágio do G21 iniciou em janeiro de 1994, e Takeshi Uchiyamada foi escolhido como líder do projeto. Uchiyamada, que era um especialista na exploração e no controle do ruído e da vibração, liderou um novo modelo de desenvolvimento pela primeira vez. No entanto, ele havia sido encarregado de reorganizar os laboratórios de pesquisa e desenvolvimento da Toyota, durante dois anos, antes de ser recrutado para liderar o projeto Prius. Sua tarefa tinha sido de repensar "como decompor o carro com a finalidade de pesquisa". O projeto lhe deu um amplo conhecimento das tecnologias em que a Toyota estava trabalhando e onde encontrar as pessoas e as habilidades de que necessitaria. Uchiyamada também visitou vários departamentos da Toyota, especialmente o Laboratório de Pesquisa Higashi Fuji, onde tecnologias avançadas são estudadas, para conhecer todos os tipos de tecnologia da empresa quando foi trazido ao projeto Prius. Uchiyamada decidiu construir uma equipe auto-suficiente que contivesse todas as capacidades necessárias para desenvolver um carro.

No caso do desenvolvimento habitual de um produto, a equipe de desenvolvimento já possui um conceito do produto desde o início. Por exemplo, já existe um conceito de Corolla; desse modo, para desenvolver um novo modelo do Corolla, a equipe de desenvolvimento precisa apenas fazer melhorias e escolher os componentes necessários. Então, ela dá uma "ordem" aos departamentos relacionados, como o departamento de motores, para desenvolver os componentes necessários. O departamento de motores, por sua vez, escolhe um motor que se ajuste ao plano da equipe de desenvolvimento. Mesmo que o departamento de motores coloque suas próprias idéias no novo motor, é muito provável que este será o que a equipe de desenvolvimento deseja, em vez do motor que melhor se adapta ao carro. Essa forma de desenvolvimento leva tempo para ser comunicada e coordenada com os outros departamentos.

O projeto G21 não possuía um conceito de produto quando a equipe de desenvolvimento foi formada. Para usar as melhores tecnologias ajustadas ao carro e desenvolvê-lo rapidamente, Uchiyamada decidiu trazer membros que representassem todas as tecnologias necessárias. Dez membros foram selecionados de oito áreas, incluindo tecnologia do corpo, chassis, motor, sistema de direção e produção, para que a equipe pudesse ser auto-suficiente no desenvolvimento do novo carro. Todos eles tinham em torno de 30 anos, com idade suficiente para ter a experiência necessária, mas jovens o bastante para serem flexíveis.

A primeira coisa que a equipe fez foi adquirir um espaço físico para si mesma. Eles "procuraram" uma sala para ser sua base, onde foram instalados dois sistemas CAD e computadores pessoais. Era a primeira vez que a Toyota tinha uma equipe de projeto trabalhando junta, em um local, para desenvolver um produto.

A equipe também utilizou um espaço virtual como *ba*. A lista de correspondência eletrônica foi especialmente eficiente para a disseminação rápida da informação. Os membros trocavam a informação necessária através da lista de correspondência, que aumentou para 300 pessoas.

No projeto G21, os membros da equipe foram solicitados a ultrapassar suas próprias fronteiras. Uchiyamada desenvolveu as diretrizes para o projeto, que redigiu na primeira página do caderno que sempre trazia às reuniões. Lá estavam listados itens como: "a tecnologia deve ser avaliada por todos, independentemente de sua especialidade", "deve-se pensar no que é melhor para o produto, em vez de buscar o interesse de seu departamento" e "ao discutir tecnologias, não se deve levar em conta a própria idade ou categoria". Trabalhando intimamente juntos, os membros da equipe aprendiam uns com os outros.

Caso: NTT DoCoMo

O uso efetivo do *ba* também era importante para o desenvolvimento do serviço i-mode pela NTT DoCoMo, uma empresa *spin-off* da NTT, a gigante PTT japonesa. Como a DoCoMo herdou a cultura burocrática da NTT, o desenvolvimento do i-mode foi uma experiência única, pois seu processo não se conformava com a maneira pela qual as coisas eram feitas na NTT e na DoCoMo.

O serviço i-mode, que permite que os assinantes se conectem à Internet via telefone celular, tornou a DoCoMo o maior provedor de Internet no Japão e a maior e mais valiosa empresa de telefonia celular de um único país em todo o mundo. Usando seus telefones, os assinantes podem usufruir de vários serviços, como verificar preços de estoques, realizar transações bancárias, ler notícias e horóscopos, e divertir-se com jogos.

No caso do i-mode da DoCoMo, o processo de construção do *ba* iniciou quando Keiichi Enoki, então gerente do ramo Tochigi, foi solicitado a trabalhar em um novo projeto de telefone celular por Koji Oboshi, então executivo da DoCoMo, em janeiro de 1997. Oboshi escolheu Enoki como líder do projeto porque ele tinha as qualidades de liderança necessárias. Enoki não hesitou em declarar sua própria opinião e tinha um sentido agudo das necessidades do mercado. Essas qualidades tornaram a destacá-lo na burocrática e conservadora NTT. Além disso, Enoki não tinha qualquer conhecimento especializado sobre tecnologia sem fio. Oboshi, no entanto, estava confiante de que tinha a pessoa certa para produzir uma idéia exclusiva e iniciar um novo negócio na NTT DoCoMo.

Enoki recebeu um relatório feito por uma empresa de consultoria, que sugeria a idéia de oferecer o serviço de Internet através do telefone celular. O relatório, no entanto, não continha qualquer proposta concreta para realizar a idéia. Além disso, Enoki não tinha ninguém para trabalhar com ele e precisava montar sua própria equipe.

Enoki fez um convite público aos empregados da DoCoMo para trabalharem no projeto. Foi a primeira vez que um recrutamento aberto ocorreu na Do-

CoMo. Aproximadamente 20 pessoas inscreveram-se e Enoki selecionou cinco jovens empregados, com base em seu desejo de enfrentar novos desafios e sua capacidade para resistir ao estresse.

Alguns membros da equipe foram contratados fora da empresa. Masaki Kawabata foi enviado da NEC para trabalhar no provedor do i-mode. Mari Matsunaga, editora-chefe da seção de classificados de uma revista para mulheres foi recrutada para trabalhar sobre o conteúdo que seria oferecido pelo serviço de i-mode. Tsuyoshi Natsuno, uma empreendedora de Internet, também foi recrutada devida ao seu conhecimento da Internet.

Esses membros trouxeram vários contextos ao projeto e trabalharam juntos para partilhá-los. "Como tínhamos vários tipos de pessoas, podíamos fazer coisas que não estavam na cultura da NTT, embora tivéssemos também vários conflitos", comentou Enoki.[1] Matsunaga trouxe seu conhecimento e percepção dos jovens clientes, com base em sua experiência como editora de revistas, assim como seu próprio ponto de vista como cliente leiga em tecnologia. Natsuno trouxe seu conhecimento técnico sobre a Internet e construiu um modelo de negócio que tirou vantagens das características da rede. Matsunaga comparou esse processo de recrutamento de pessoas externas ao filme *Os Sete Samurais*. Assim, Enoki recrutou um bando de "desajustados", cada um com diferentes talentos e habilidades que seriam necessários para atingir uma meta compartilhada.

A partir de sua experiência no negócio da Internet, Natsuno compreendia sua rede externamente muito bem e construiu o modelo de negócios do i-mode, que tratava como um Portal. Alguns dos *"sites* oficiais"que podem ser acessados diretamente a partir do menu do i-mode da DoCoMo cobram uma taxa por seus serviços. A DoCoMo coleta as taxas em benefício dos provedores de conteúdo como parte de suas contas mensais e fica com uma comissão de 9%. Os assinantes são atraídos para o i-mode por causa dos provedores de conteúdo, e estes são atraídos para o i-mode porque podem alcançar inúmeros assinantes através dele. No processo, tanto a DoCoMo quanto os provedores de conteúdo podem obter lucro. Natsuno chama isso de situação "vence-vence". Foi difícil atingir o "vence-vence" no início, pois as empresas hesitavam em investir nesse novo tipo de serviço. Natsuno imaginou que as empresas que tinham estado nos *e-business* estivéssem mais dispostas a investir no serviço do i-mode, pois entendiam bem a natureza dos negócios. Assim, utilizou sua experiência totalmente para cultivar os provedores de conteúdo que estivessem dispostos a ser os *sites* oficiais. Ele procurou os bancos japoneses, que recém tinham iniciado seus serviços bancários pela Internet. Depois que os bancos concordaram em ser os provedores de conteúdo, persuadir as outras empresas tornou-se mais fácil. A participação dos bancos enviou um sinal aos potenciais provedores de conteúdo de que os riscos do negócio do i-mode não eram tão altos, pois de outra forma os bancos não teriam aderido.

Além de selecionar seus participantes, Enoki estabeleceu as fronteiras do *ba*. Pois o *ba* necessita de fronteiras. Como existem infinitas possibilidades ao próprio contexto de uma pessoa, determinados limites são exigidos para que emerja um contexto compartilhado significativo. O *ba* deve ser protegido dos contextos externos, para que possa fazer crescer seu próprio contexto. O *cocooning* é uma maneira prática de construir um mundo de exclusividade. Os líderes devem estabelecer limites e proteger o *ba* quando necessário. Enoki funcionou como uma interface entre o projeto e os demais departamentos na DoCoMo, para evitar que os membros do projeto se envolvessem em conflitos com outros. Os "desajustados" que Enoki recrutou trouxeram contextos muito diferentes daquele da DoCoMo, que tinha uma forte cultura burocrática herdada da NTT, o que fatalmente acabaria levando a alguns conflitos. "Sem Enoki para proteger-nos, não seríamos capazes de fazer nada", disse Natsuno.

Ainda assim, o *ba* é um local aberto aonde os participantes com seus próprios contextos podem ir e vir e onde o contexto compartilhado (isto é, o próprio *ba*) pode evoluir continuamente. O *ba* deixa os participantes compartilharem o tempo e o espaço, e ainda assim transcende ao tempo e ao espaço. O *ba* também permite que os participantes transcendam a si mesmos. Participar de um *ba* significa envolver-se e transcender à própria perspectiva limitada ou fronteira. Os participantes podem ser tanto pessoas inseridas quanto não-inseridas no contexto, ao mesmo tempo. Proporcionando um contexto compartilhado em movimento, o *ba* estabelece condições vinculantes para os participantes, pois o contexto compartilhado limita a maneira pela qual estes vêem o mundo como inseridos nele. Além disso, proporciona aos participantes pontos de vista mais altos do que os seus próprios, para perceber as coisas a partir do exterior. Por isso, é importante que os líderes mantenham os limites do *ba* sempre permeáveis, para que essa abertura jamais se feche.

ENERGIZAÇÃO DO *BA*

Construir o *ba* não é suficiente para que a empresa administre o processo dinâmico de criação do conhecimento. O *ba* deve ser "energizado" para dar energia e qualidade ao processo de criação do conhecimento. Ele precisa ser um local auto-organizado com sua própria intenção, direção, interesse ou missão. Sem intenção (que pode surgir espontaneamente ou não), a energia no *ba* não pode ser dirigida efetivamente, e assim apenas o caos regulará o *ba*.

Desde o início, o projeto Prius tinha uma meta clara de criar um carro para o século 21 e de introduzi-lo no mercado. Outra missão para o projeto era buscar uma nova maneira de desenvolvimento de produto. A importância da missão foi divulgada em toda a empresa, pois o projeto era formado por Yoshio Kanahara, o então vice-presidente executivo, e tinha um forte apoio de Shoichiro Toyota, o então presidente. Eiji Toyota, o conselheiro da empresa, também endossou o projeto quando disse: "Este é um projeto que eu gostaria de fazer, se fosse um pouco mais jovem".

A alta administração da Toyota decidiu que tomaria o papel de liderança entre os fabricantes de automóveis ao lidar com os aspectos ambientais. O Prius, o primeiro carro híbrido produzido em massa no mundo, foi tratado como o projeto que determinaria o futuro da empresa. O desafio da Toyota para desenvolver um veículo híbrido iniciou em torno de 1991, quando o Departamento de Desenvolvimento de Veículos Elétricos da Toyota começou a estudar um sistema híbrido que usasse tanto conversor quanto motor. Mas, após vários protótipos, a Toyota percebeu que não tinha tecnologia para fazer os principais componentes do sistema híbrido, como a bateria, o motor, o conversor e o inversor. Com respeito ao sistema híbrido, a Toyota era uma simples montadora dos componentes fornecidos por empresas externas. A Toyota, que se orgulhava de ser uma *fabricante* de automóveis, tomou isso como uma ameaça séria. Percebendo que não possuía o patrimônio de conhecimento que poderia determinar o futuro da empresa, a alta administração tomou a iniciativa séria de pesquisar, desenvolver e produzir o sistema híbrido internamente.

No caso da DoCoMo, Oboshi proporcionou a visão de conhecimento – "Do volume para o valor" –, pois sentiu que a DoCoMo necessitava expandir-se da comunicação de voz para a comunicação de dados. A expectativa era de que o mercado para a comunicação de voz saturasse no futuro próximo, e a DoCoMo tinha que encontrar outro negócio para sustentar seu crescimento. Enoki constrói o *ba* para desenvolver o serviço do I-MODE baseado nessa visão.

A energia do *ba* é dada por sua natureza auto-organizada. Para fazer do *ba* um local auto-organizado, os líderes precisam suprir as condições necessárias, como autonomia, caos criativo, redundância, variedade de requisitos, amor, cuidado, confiança e compromisso. Proporcionando essas condições, os líderes podem construir um bom *ba*. Uchiyamada criou várias forças-tarefa para trabalhar nos aspectos particulares dentro do projeto Prius, e foi dada autonomia completa aos líderes.

O projeto Prius usou o caos criativo eficazmente. A alta administração da Toyota introduziu o caos criativo no projeto Prius estabelecendo metas muito desafiantes. Uma delas era encontrar uma nova maneira de desenvolver um carro, e para isso Uchiyamada exigiu que os membros da equipe questionassem cada norma concernente a como um novo carro era desenvolvido.

A meta de criar um carro para o século 21, para iniciar, era desafiadora o suficiente. Wada, o vice-presidente executivo, estabeleceu uma nova meta para melhorar a eficiência do combustível, quando a equipe apresentou um plano mais plausível de obter 50% de melhoramento. Isso, na realidade, provocou turbulência na equipe e eles acabaram descartando seu plano original de usar o motor de injeção direta e optaram pelo sistema híbrido.

Além disso, a alta administração colocou a equipe do projeto sob uma grande pressão de tempo. O Prius foi originalmente planejado para ser lançado em dezembro de 1998. Era um prazo curto para iniciar, considerando que um novo modelo para uma linha existente levaria normalmente quatro anos para ser desenvolvido. Entretanto, Hiroshi Okuda, o presidente, instruiu a equipe a antecipar o prazo em um ano, para dezembro de 1997. Okuda salientou a importância de lançar o Prius tão cedo quanto possível, dizendo que o carro poderia ser o futuro da indústria automobilística, e especialmente o futuro da Toyota. Assim, a equipe enfrentou uma maior pressão de tempo para cumprir o prazo, o que elevou o nível de turbulência. Muitas abordagens alternativas foram tomadas para diminuir o ciclo de tempo, como o uso extremo de engenharia simultânea.

"Igual acesso à informação" foi uma das diretrizes de ação que Uchiyamada fez para o projeto G21. Como declarado previamente, uma lista de correspondência eletrônica foi usada para a troca veloz de informações. Em um projeto ordinário de desenvolvimento de produto, na Toyota, quando se encontra um problema, isso é relatado ao superior imediato. Se a solução do problema não for encontrada, ele é então comunicado ao engenheiro-chefe. O engenheiro-chefe notifica então os outros engenheiros que podem ser afetados pelo problema. É um processo longo e meticuloso até que o problema seja solucionado. No projeto do Prius, os engenheiros enviavam um *e-mail* para a lista eletrônica imediatamente após a descoberta do problema. Qualquer um que estivesse na lista poderia lê-lo quando fosse conveniente, e então enviar soluções.

Em um bom *ba*, os participantes não podem ser meros observadores. Ao contrário, eles têm de estar ativamente envolvidos com a meta do *ba* e no que está acontecendo com ele. O comprometimento dos participantes dá energia à ação e à interação no *ba*, determinando assim a qualidade do conhecimento que é criado lá. O comprometimento é subjacente a qualquer atividade humana de criação do conhecimento (Polanyi, 1958).

Uma forma de atingir a síntese no *ba* é o diálogo dialético entre os participantes que trazem diversos pontos de vista. Como Buber (1923) diz, o diálogo é uma forma de ser. No *ba*, os participantes refletem sobre suas próprias visões e as compartilham para atingir a transubjetividade. Questões como "qual é a essência desta coisa/evento?" ou "por que fazemos isso?" são eficazes na promoção do diálogo dialético. Essas questões são freqüentemente feitas no processo de criação do conhecimento de algumas empresas. Embora as questões possam parecer um tanto irrelevantes para os problemas que têm em mãos, essas empresas dizem que fazê-las é absolutamente essencial para seu processo de criação do conhecimento. Essas questões permitem que os participantes do *ba* vejam as coisas e a si mesmos de pontos de vista que estão enraizados profundamente em suas próprias crenças e valores, e de pontos de vista de outros ao mesmo tempo.

CONEXÃO DO *BA*

No processo de criação do conhecimento, um *ba* isolado não é suficiente. A criação do conhecimento necessita de muitos *ba*, que existem em múltiplos níveis e estão conectados uns aos outros organicamente. Vários *ba* em vários níveis ontológicos interagem uns com os outros e são conectados para formar um *ba* maior. A organização é uma configuração orgânica do *ba*, onde vários *ba* formam uma "fractal". A maneira como os *ba* são conectados e interagem uns com os outros determina a qualidade do conhecimento criado.

Assim, os líderes têm de facilitar as interações entre os vários *ba* e sintetizar o conhecimento criado no *ba*. Conectar o *ba*, em outras palavras, exige a recategorização e a recontextualização do *ba*. Em muitos casos, as relações entre os *ba* não são predeterminadas. Qual *ba* deveria ser conectado, e de que modo, com freqüência não é claro. Portanto, os líderes têm de visualizar a situação para conectar os vários *ba* e improvisar à medida que as relações entre eles ocorrem.

Para conectar os *ba*, é importante ter líderes que saibam onde encontrar o conhecimento necessário e os indivíduos que possuem esse conhecimento. Freqüentemente é difícil para uma empresa grande saber exatamente o que sabe. A administração superior tem de fortalecer e utilizar os produtores de conhecimento que possam visualizar a situação em termos de onde encontrar o pessoal e o conhecimento necessários. No caso do Prius, Uchiyamada tinha esse conhecimento graças a sua experiência anterior na reorganização do departamento de P&D da Toyota. Ele foi capaz de trazer para o projeto aqueles que tinham o conhecimento necessário para solucionar os problemas que tinham em mão, criando e conectando os vários *ba* para o projeto Prius.

Durante seis meses, a equipe desenvolveu o conceito do carro para o século 21. Ela considerava crítica a alta eficiência do combustível devido à projetada crise do petróleo no futuro, e à conscientização crescente dos aspectos ambientais. Quando a equipe G21 apresentou um plano de desenvolvimento de um pequeno sedan que proporcionaria 50% de melhoria na eficiência de combustível sobre os modelos comparáveis, a alta administração rejeitou o plano. Cinqüenta por cento de melhoria na economia de combustível não era bom o suficiente. Visando a dobrar o número, outro *ba*, que lidava com a tecnologia híbrida, foi trazido para recategorizar e recontextualizar o projeto.

A nova meta de dobrar a eficiência de combustível deixou Uchiyamada sem escolha, a não ser o uso do sistema híbrido, que ainda estava em fase de pesquisa. Na ocasião em que o projeto G21 estava estudando o "carro para o século 21", o Departamento de Desenvolvimento de Veículos Elétricos lançou seu próprio grupo de estudo para o sistema híbrido. Ao mesmo tempo, a Toyota também criou um novo departamento, o Departamento de Tecnologia de Unidade de Produção, para desenvolver as tecnologias de produção para o novo sistema híbrido e seus componentes. Esses movimentos foram baseados na dolorosa constatação de que a Toyota não possuía base suficiente de conhecimentos para tomar a liderança na produção do veículo híbrido. Uchiyamada não tinha certeza se a tecnologia poderia ser desenvolvida com rapidez suficiente para o Tokyo Motor Show, em 1995, onde o veículo G21 seria apresentado como um carro conceitual. Uchiyamada chamou Takehisa Yaegashi, líder do projeto de desenvolvimeto do híbrido da Toyota, e explicou a situação. A partir desse ponto, Yaegashi e sua equipe de 15 engenheiros dividiram a pressão para fornecer resultados rapidamente.

Enquanto isso, Uchiyamada e três outros dedicaram-se à coordenação do projeto em geral. Um coordenador lidou com o sistema híbrido. Outro foi encarregado de áreas como o corpo, os aspectos de custo e o peso. O terceiro supervisionou os aspectos regulatórios, o planejamento da produção e o *marketing*. A intenção era estabelecer parâmetros cedo e tomar as decisões-chave tão rapidamente quanto possível. Uchiyamada explica: "Você tem de manter os números baixos se deseja desenvolver um veículo rapidamente".

Uma vez estabelecidos os critérios básicos, Uchiyamada foi a cada departamento – freios, sistemas elétricos, e assim por diante – para recrutar os engenheiros necessários. Novamente, o fato de a alta administração estar solidamente por trás do Prius permitiu que Uchiyamada obtivesse as pessoas de que necessitava sem procrastinação de administradores protegendo seus territórios. "Okuda estava muito preocupado de que o seccionalismo aparecesse", revelou Uchiyamada, "e ele encorajou todos no projeto a cooperarem totalmente." Cerca de mil funcionários da Toyota trabalharam no carro, a maior parte deles em tempo parcial.

Como o veículo (chamado "Prius"para o Tokyo Motor Show) tinha de ser desenvolvido sob tal pressão de tempo, todos tinham de entender o trabalho dos outros para realizar sua própria tarefa eficazmente. A Toyota é conhecida por sua "engenharia simultânea", mas o Prius a levou ao seu limite. Por exemplo, a Toyota normalmente utiliza "engenheiros residentes", que permanecem nas plantas de fabricação para resolver qualquer problema relacionado com a produção de um veículo recentemente desenvolvido. No caso do Prius, "engenheiros residentes reversos" juntaram-se ao desenvolvimento do veículo na planta para garantir que houvesse menos problemas quando ele entrasse no estágio de fabricação.

Como era necessário que os componentes do sistema híbrido, como o conversor, o motor e as baterias, funcionassem em sintonia, os engenheiros tinham de trabalhar de maneira unida. Por exemplo, os engenheiros que estavam encarregados do conversor também tinham de entender sobre as tecnologias do motor, do gerador e da bateria, em coordenação com os encarregados dessas tecnologias. Melhorar o conversor poderia piorar a economia de combustível, pois afetava os outros componentes negativamente. Além disso, como o sistema híbrido ainda estava na fase de pesquisa, os engenheiros tinham de partir do zero para descobrir qual componente estava causando o problema.Eles precisavam transcender suas próprias fronteiras e especialização para que o projeto do Prius tivesse sucesso.

Conectar os *ba* também era importante no caso da DoCoMo. Conectar vários *ba* através das fronteiras da organização era especialmente importante. Primeiramente, os consultores sugeriram que a DoCoMo comprasse seu conteúdo dos provedores externos. Repensando, Kiyoshi Tokuhiro, da NTT DoCoMo diz: "Conteúdos são conhecimento. Se comprar os conteúdos, será o fim da interação. Como construímos a situação vencer-vencer, na qual os provedores de conteúdo juntam-se ao processo e também podem ter lucro, as interações [entre a DoCoMo e os provedores] não terminarão".

O i-mode usa um subtexto de HTML chamado de HTML compacto. O uso do HTML compacto torna fácil para o provedor de conteúdo converter uma página existente da Web em uma para o i-mode. Já existia um padrão internacional chamado WAP (protocolo de aplicação sem fio, em inglês), mas Enoki decidiu não usá-lo. "No mundo sem fio, não usar o WAP significa que a DoCoMo está órfã", diz ele, enfatizando a importância dos provedores externos de conteúdos. "A parte sem fio pode ser administrada com o dinheiro e a tecnologia da DoCoMo. Mas quanto à parte de conteúdo, não podemos fazer nada. Os conteúdos existem na Internet. Assim, temos de absorver o mundo da Internet." Usando o HTML compacto, o i-mode era capaz de tirar vantagem de grandes quantidades de conteúdo da Internet. Além dos provedores oficiais de conteúdo, cerca de 4 mil *sites* são acessíveis pelo i-mode atualmente. Os provedores de conteúdo interagem continuamente com a DoCoMo para coletar taxas e melhorar seus serviços. O conhecimento é criado a partir dessas interações. A DoCoMo constrói e conecta *ba* com os provedores de conteúdo através dessas interações, em vez de conduzir toda a criação de conhecimento internamente. "Meu papel era obter o cronograma perfeito", diz Enoki. Quando o projeto necessitava de cooperação de outros grupos, tanto internos quanto externos, a DoCoMo, Enoki e Tokuhiro desempenhavam o papel de interface para coordenar e mediar a interação.

PROMOÇÃO DO PROCESSO DE CRIAÇÃO DO CONHECIMENTO

Para promover o processo de criação do conhecimento que tenha lugar no *ba*, "ver as coisas como elas são", ou o método fenomenológico de "deixar a realidade emergir", pode ser útil. No primeiro passo, os participantes do *ba* podem suspender o julgamento (*epoché*) do significado objetivo das coisas, que é chamado de método de redução fenomenológica. Vendo as coisas como elas são, pode-se compartilhar e articular o próprio conhecimento tácito de alta qualidade sem ser prejudicado por qualquer noção preconcebida. No segundo passo, os participantes do *ba* refletem sobre o que a coisa "significa" para sua própria vida e traduzem esse "significado" em palavras. No terceiro passo, os participantes refletem se esse "significado (essência)" pode ser aplicado universalmente aos outros (variação imaginativa).

No caso da DoCoMo, cada um dos participantes com vários contextos sentiu a realidade emergente do novo negócio de telefone celular de uma maneira diferente. Enoki sentiu-a como uma evolução do negócio de telecomunicações da DoCoMo. Natsuno, que trabalhava em uma *venture* da Internet, sentiu que os telefones celulares evoluiriam para dar aos usuários uma conexão à Internet, em vez dos computadores pessoais. Matsunaga sentiu-a como algo divertido. Embora o conceito que tinha sido originalmente proposto pelos consultores fosse de um serviço que oferecesse conteúdos específicos à elite das pessoas de negócios, Matsunaga insistiu em que o serviço deveria ser para as pessoas comuns e, portanto, deveria ser fácil de usar mesmo pelo cliente mais leigo em tecnologia, como ela própria. Os conteúdos deveriam ser algo que "você pode apreciar quando tiver um pouco de tempo", não somente conteúdos "úteis"como as notícias e os serviços bancários.

Os participantes do *ba* refletem sobre suas próprias visões e as partilham para atingir a transubjetividade. Para isso, os papéis da primeira, da segunda e da terceira pessoa são importantes. A primeira pessoa desempenha o papel de um inovador. Ela é a que sente a nova realidade em primeiro lugar. A segunda pessoa desempenha o papel de um instrutor. Ela atinge a intersubjetividade interagindo com a primeira pessoa e trazendo seu próprio ponto de vista. A terceira pessoa desempenha o papel de um ativista vendo a primeira e a segunda pessoa a partir de um ponto de vista mais alto. Ela atinge a transubjetividade e torna a nova realidade compreensível e palpável para as outras pessoas. Acima de tudo, o ativista desempenha o papel do ponto *tipping* para conectar vários *ba* e formar a organização como uma configuração orgânica do *ba* (como caracterizada na teoria da rede, por Watts, 2003). Outro papel importante da terceira pessoa é o *cocooning* para proteger a equipe da influência externa para que a primeira e a segunda pessoa possam manter seus próprios pontos de vista. No caso da DoCoMo, Natsuno e Matsunaga foram a primeira e a segunda pessoas, enquanto Enoki desempenhou o papel da terceira pessoa. E eles co-criaram uma nova realidade – isto é, o serviço de i-mode. Esse processo de co-sentir e co-criar teve lugar entre a DoCoMo e também entre seus provedores de conteúdo.

O exemplo da DoCoMo sugere que existem três papéis diferentes a serem desempenhados na fenomenologia coletiva, o que não significa que existam apenas três pessoas em uma equipe. No caso da Toyota, por exemplo, a equipe do motor à gasolina e a equipe do Veículo Elétrico (VE) desempenharam o papel da primeira e da segunda pessoa, e Uchiyamada desempenhou o papel da terceira pessoa para criar a nova realidade do sistema híbrido.

Os líderes necessitam ser capazes de criar seus próprios conceitos e expressá-los em suas próprias palavras, devendo saber usar a linguagem criativa e simbólica eficazmente para tanto. A linguagem aqui inclui figuras de linguagem (como metáfora, metonímia, sinédoque), a "gramática" e o "contexto" para o conhecimento e a linguagem visual não-verbal, mais ferramentas, como o *design* e o protótipo. As figuras de linguagem, como a metáfora, a metonímia e a sinédoque, são eficazes na criação do conceito a partir de vastos volumes de conhecimento tácito. Por isso, os líderes devem escolher e usar cuidadosamente a linguagem de acordo com o processo de criação do conhecimento.

No caso da DoCoMo, Matsunaga usou a linguagem simbólica eficazmente durante o projeto. Sua sensibilidade quanto à linguagem, baseada em sua experiência como editora de revista, era um bem muito valioso para o projeto. Matsunaga usou "minha *concierge*"como metáfora para explicar o conceito do serviço de i-mode como alguém que uma pessoa ajuda a encontrar o que deseja rapidamente. A metáfora da *"concierge"* descreveu melhor o serviço do i-mode para os clientes comuns do que as metáforas de "secretária" ou "agente".

Conclusão

Neste capítulo, revimos a teoria de criação do conhecimento, que é conceitualizada como um processo dialético, no qual várias contradições são sintetizadas através de interações dinâmicas entre os indivíduos, a organização e o ambiente. Como declaramos anteriormente, o conhecimento é criado através das interações entre os seres humanos e o ambiente. Em conseqüência, o processo dialético é impulsionado pela natureza dualista entre os seres humanos e o ambiente, assim como entre o conhecimento tácito e o explícito. O conhecimento tácito e o explícito coexistem no *continuum* em uma pessoa e, ao mesmo tempo, têm naturezas separadas e interagem um com o outro como as polaridades desse *continuum*. A separação dos dois tipos de conhecimento proporciona uma base para a interação contínua entre o conhecimento tácito e o explícito. A principal linha de pensamento neste capítulo é a de que a empresa é um ser dialético que sintetiza várias contradições através do SECI e do *ba.*

O processo SECI ajuda a entender que os conhecimentos tácito e explícito agem dialeticamente. Isso porque a externalização das experiências em um contexto diferente cria contrastes entre o conhecimento interno e o externo. À medida que novas fronteiras para a interação estão sujeitas a mais contradições, o processo de criação do conhecimento pode ser conceitualizado como uma espiral interminável. Encarar a empresa como um ser dialético significa que necessitamos olhar para o processo de suas atividades de criação de conhecimento, não somente para os resultados. No processo de criação do conhecimento, a dialética é um método de pensar e de agir. É um modo/processo para abordar a realidade, para encontrar nela a verdade. A verdade absoluta pode nunca ser encontrada. Ela pode nunca existir. No entanto, a dialética tenta abordar a fugidia "verdade absoluta" através do processo de examinar e negar uma série de "verdades relativas". Esse processo é que é importante, e não se é possível ou não atingir a verdade absoluta.

O contexto para a criação do conhecimento dialético é o *ba*, que pode ser conceitualizado como um contexto compartilhado em movimento. O espaço para a criação do conhecimento evolui à medida que os atores interagem uns com os outros e criam tendências para os padrões de interação através do tempo e do espaço. O *ba* também está sujeito à influência ambiental porque tem fronteiras não limitadas e permeáveis. Devido a essas propriedades, a empresa pode ser vista como uma configuração orgânica de vários *ba*, onde as pessoas interagem umas com as outras e com o ambiente com base no conhecimento que possuem e no significado que criam. Como o *ba* não está limitado às fronteiras organizacionais, pode existir com parceiros externos, tais como fornecedores, universidades e outros.

A conceitualização da criação do conhecimento como processo dialético é um afastamento das teorias estáticas, que tratam as empresas como máquinas de processamento de informações. A estrutura proposta ajuda ainda mais a reexaminar as duas principais correntes de estratégia – a escola de posicionamento e a visão baseada em recursos. A interação dinâmica entre os seres humanos, assim como entre as empresas e o ambiente, permite que a estratégia seja reexaminada a partir de um ponto de vista integrado. A estratégia em uma empresa dialética pode ser conceitualizada como uma contribuição dos recursos internos e do ajuste ambiental. Gostaríamos de encerrar este capítulo declarando que ele é uma das primeiras tentativas de incorporar as visões dialéticas na teoria da criação do conhecimento, e que ainda há muito a ser feito no desenvolvimento do modelo dialético da criação do conhecimento e seu impacto na estratégia da empresa.

NOTA

1. *Nikkei Trendy,* 1º de dezembro de 1999.

REFERÊNCIAS

Andrews, K.R. 1971. *The Concept of Corporate Strategy* (Homewood, Ill.: Dow Jones).

Badaracco, J.L., Jr. 1991. *The Knowledge Link: How Firms Compete Through Strategic Alliances* (Boston: Harvard Business School Press).

Barney, J.B. 1986. "Strategic Factor Markets: Expectations, Luck, and Business Strategy," *Management Science,* 42, pp. 1231-41.

Bohm, D. 1996. *On Dialogue* (London: Routledge).

Buber, M. 1923. *I and Thou* (New York: Charles Scribner's Sons).

Drucker, P. 1993. *Pos-Capitalist Society* (London: Butterworth Heinemann).

Giddens, A. 1984. *The Constitution of Society* (Berkeley, CA: University of California Press).

Grant, R.M. 1996. "Toward a Knowledge-based Theory of the Firm," *Strategic Management Journal,* 17, Winter Special, pp. 109-22.

Hagel III, J. and M. Singer. 1999. "Unbundling the Corporation," *Harvard Business Review,* March-April, pp. 133-41.

Hayek, F.A. 1945. "The Use of Knowledge in Society," *The American Economic Review,* 35, pp. 519-30.

Inkpen, A.C. 1996. "Creating Knowledge Through Collaboration," *California Management Review,* 39(1), pp. 123-40.

Jantsch, E. 1980. *The Self-Organizing Universe* (Oxford: Pergamon Press).

von Krogh, G. 1998. "Care in Knowledge Creation," *California Management Review,* 40(3), pp. 133-53.

von Krogh, G., K. Ichijo, and I. Nonaka. 2000. *Enabling Knowledge Creation: How to Unlock the Mystery of Tacit Knowledge and Release the Power of Innovation* (New York: Oxford University Press).

Lawson, T. 1998. "Clarifying and Developing the Economics and *Reality* Project: Closed and Open Systems, Deductivism, Prediction, and Teaching," *Review of Social Economy*, 51, pp. 356-75.

Nishida, K. 1921 [1990]. *An Inquiry into the Good*, translated by M. Abe and C. Ives (New Haven, CT: Yale University Press).

—. 1970. *Fundamental Problems of Philosophy: The World of Action and the Dialectical World* (Tokyo: Sophia University).

Nonaka, I. 1990. *Chishiki-Souzou no Keiei* (A Theory of Organizational Knowledge Creation) (Tokyo: Nihon Keizai Shimbun-sha (em japonês)).

Nonaka, I. 1991. "The Knowledge-Creating Company," *Harvard Business Review*, November-December, pp. 96-104.

Nonaka, I. 1994. "A Dynamic Theory of Organizational Knowledge Creation," *Organization Science*, 5(1), pp. 14-37.

Nonaka, I. and H. Takeuchi. 1995. *The Knowledge-Creating Company* (New York: Oxford University Press).

Nonaka, I. and R. Toyama. 2002. "A Firm as a Dialectic Being: Toward the Dynamic Theory of the Firm," *Industrial and Corporate Change*, 11, pp. 995-1109.

Nonaka, I., R. Toyama, and N. Konno. 2000. "SECI, *Ba* and Leadership: A Unified Model of Dynamic Knowledge Creation," *Long Range Planning*, 33, pp. 1-31.

Nonaka, I., R. Toyama and A. Nagata. 2000. "A Firm as a Knowledge Creating Entity: A New Perspective on the Theory of the Firm," *Industrial and Corporate Change*, 9(1), pp. 1-20.

Penrose, E.T. 1959. *The Theory of the Growth of the Firm* (New York: Wiley).

Polanyi, M. 1958. *Personal Knowledge* (Chicago: University of Chicago Press).

Porter, M.E. 1980. *Competitive Strategy: Techniques for Analyzing Industries and Competitors* (New York: The Free Press).

Suchman, L. 1987. *Plans and Situated Actions: The Problem of Human-Machine Communication* (New York: Cambridge University Press).

Teece, D.J., G. Pisano, and A. Shuen. 1990. *Firm Capabilities, Resources, and the Concept of Strategy: Four Paradigms of Strategic Management* (CCC Working Paper No. 90-8).

Vygotsky, L. 1986. *Thought and Language* (Cambridge, MA: MIT Press).

Watts, D.J. 2003. *Six Degrees: The Science of a Connected Age* (New York: W.W. Norton).

Wernerfelt, B. 1984. "A Resource-based View of the Firm," *Strategic Management Journal*, 5, pp. 171-80.

CAPÍTULO **5**

DA ADMINISTRAÇÃO À PROMOÇÃO DO CONHECIMENTO[1]

KAZUO ICHIJO

INTRODUÇÃO

Desde o início da década de 1990, a administração do conhecimento tornou-se o assunto do momento. Os pesquisadores da administração, os consultores e os especialistas da mídia de todo o mapa global exortavam as empresas atuais a considerar a criação do conhecimento uma fonte de vantagem competitiva, para enfocar as necessidades dos trabalhadores do conhecimento – o corpo crescente de profissionais engenheiros, os cientistas, os médicos, os escritores, os projetistas de *software* e outros pensadores criativos – visando a construir o ambiente de aprendizado que preencherá as demandas da economia de informação pós-industrial. É difícil argumentar com tais iniciativas. Empresas pioneiras como Skandia, GE, Unilever, Siemens e Nokia não apenas reforçaram o interesse pela administração do conhecimento através de seus sucessos, mas também mudaram significativamente as maneiras como operam. Apesar disso, enquanto é fácil dizer "criar uma cultura que valorize o aprendizado", ou discutir a economia baseada no conhecimento em termos gerais, os processos humanos envolvidos – criatividade, conversação, discernimento, ensino e aprendizado – são difíceis de quantificar. Com base no que sei sobre as empresas que lutaram com esses assuntos, creio que o conceito de administração do conhecimento em si mesmo é limitado. Em muitas organizações, o interesse legítimo na criação do conhecimento tem sido reduzido a uma ênfase excessiva sobre a tecnologia da informação ou outros instrumentos de medição. Na realidade, o termo "administração" implica controle de processos que podem ser inerentemente incontroláveis ou, ao menos, enrijecidos pela direção com pulso pesado.

Muitos administradores hoje admitiriam prontamente que a criação do conhecimento tem importância para suas empresas, especialmente se trabalharem para empresas de alta tecnologia que dependem da inovação. Eles talvez até admitam que suas empresas deram à criação do conhecimento prioridade, através de *workshops* especiais, novos procedimentos, escolha de um responsável pelo conhecimento, utilização extensiva de tecnologia da informação, e assim por diante. Porém, apoiar e sustentar a criação do conhecimento é muito mais difícil do que parece e pode, com freqüência, tornar-se uma fonte de tensão na organização. Se os executivos ficam frustrados ou cínicos a respeito dos esforços da administração do conhecimento, eles freqüentemente terminam com perdas. A criação do conhecimento é um processo frágil, que não é passível às técnicas da administração tradicional devido às características do conhecimento em si. O conhecimento é tácito e também explícito. É um produto social, gerado pela interação íntima entre as pessoas. O conhecimento deve ser gerado, portanto, em um ambiente verdadeiramente empático, onde as pessoas importam-se com as experiências individuais genuínas. Entretanto, como será descrito posteriormente, existem barreiras individuais e organizacionais para a criação do conhecimento organizacional. Os indivíduos podem relutar ou mesmo não aceitar novas lições, *insights*, idéias ou observações devido a suas barreiras individuais à criação do conhecimento. Além disso, as organizações podem ser arenas desafiadoras para a criação do novo conhecimento, devido a barreiras organizacionais. Seus membros talvez tenham que superar severas barreiras para compartilhar o conhecimento com outros, incluindo a reprovação de um superior ou de outros executivos ao expressarem uma opinião impopular. Estes dois tipos de barreiras à criação do conhecimento organizacional – isto é, as barreiras individuais e as organizacionais – são diferentes, porém inter-relacionados, e as empresas necessitam de mecanismos integrados para derrubá-las. Muitas barreiras à criação do conhecimento surgem independentemente do estilo administrativo, apenas porque o processo depende muito das extravagâncias das relações humanas e das capacidades intelectuais diferenciadas.

Neste capítulo, desejo afirmar que a criação do conhecimento deve ser acompanhada pela promoção do conhecimento, dadas a fragilidade característica do conhecimento e as várias barreiras à sua criação. Os administradores que têm consciência da necessidade da promoção do conhecimento reconhecem esses fatores humanos básicos que funcionam como barreiras à criação do conhecimento organizacional, em vez de ignorá-los, transformando os desafios da interação humana em novos pontos fortes. Com essa finalidade, descreverei as barreiras organizacionais e individuais à criação do conhecimento em profundidade, demonstrando assim a necessidade da promoção do conhecimento. Junto essa descrição, será fornecida uma definição detalhada e uma explicação do conceito de promoção do conhecimento.

Barreiras à criação do conhecimento

Barreiras individuais:
Resistência à mudança da auto-identidade

Podemos encontrar várias barreiras à criação do conhecimento, tanto individuais quanto organizacionais. Iniciaremos com as barreiras individuais. A criação do conhecimento no nível individual envolve a capacidade de lidar com novas situações, eventos, informação e contextos. Os executivos que desejam integrar a administração do conhecimento em seus planos gerais para a renovação dos negócios têm, freqüentemente, uma visão muito otimista de quão bem as pessoas lidam com novas experiências. Consideremos a seguinte declaração de um administrador, em relação ao programa que pretendia transformar a empresa para a qual trabalha em uma organização de aprendizado:

> [Nosso programa] é sobre levar toda a organização, através de um processo de renovação, das antigas maneiras de fazer as coisas para uma nova maneira. Seu sucesso reside em sua capacidade para galvanizar toda uma força de trabalho para criar um novo futuro, não apenas para eles mesmos, mas para toda a organização. É a liberação das capacidades inexploradas das pessoas para sustentar o crescimento importante sem custos adicionais.[2]

Descrições similares podem ser ouvidas em outras empresas; esses administradores otimistas presumem que as organizações sejam bastante proativas. E, sob tal cenário róseo, os trabalhadores individuais são totalmente capazes de lidar com novas situações – daí a alegação de que essas "capacidades inexploradas" não importarão em "custos adicionais". Com base em minhas observações, no entanto, muitas empresas acham difícil superar as barreiras individuais do conhecimento. Muitas vezes, seus programas de sucesso propostos levam somente a uma maior insegurança pessoal. Assim, por que é tão difícil para os indivíduos aceitar ou integrar novos conhecimentos? Acredito que pelo menos duas barreiras individuais – a acomodação limitada e a ameaça à auto-imagem – podem acabar com as boas intenções administrativas.

Primeiramente, o conhecimento é definido como uma crença verdadeira justificada (Nonaka e Takeuchi, 1995). Os seres humanos justificam constantemente suas crenças sobre o que é verdade contra suas próprias experiências (Varela, Thompson e Rosch, 1992). Durante o transcurso de uma vida, as crenças do indivíduo são obtidas através da criação e da integração em uma família; da educação e do treinamento; das expectativas sociais; dos estados emocionais e dos pontos de mudança; das tarefas relacionadas com o trabalho e dos gostos e preferências baseadas em muitos experimentos.[3] Toda vez que alguém é confrontado com uma nova alimentação sensorial – seja uma declaração de um colega, uma visita a uma fábrica, uma mensagem de *e-mail* ou uma canção musical –, ela é abordada juntamente com suas experiências e crenças sobre o mundo (Maturana e Varela, 1987).

Para usar a terminologia do conhecido psicólogo do desenvolvimento, Jean Piaget (1960), as pessoas lidam com a alimentação sensorial através dos processos gêmeos de assimilação e acomodação. O cérebro humano tem "fome" de alimentação a partir do ambiente e a assimilação é um processo pelo qual o indivíduo integra esses dados em suas experiências existentes.[4] Em outras palavras, os indivíduos "fazem sentido de" e "compreendem" o mundo através da assimilação. Por exemplo, em uma fábrica automatizada, quando um painel de controle indica o superaquecimento de uma máquina, o engenheiro experiente assimila esse sinal. Sua resposta será proveniente de anos de treinamento e de resultados em um desempenho de rotina.

Em outros casos, os indivíduos enfrentam novas situações para as quais não têm respostas ou rotinas claras. A acomodação é o processo pelo qual as pessoas dão significado aos novos sinais de entrada, distinguindo-os como algo que reside além do que realmente sabem. Se uma resposta for requerida, é preciso tentar novas ações nessas novas situações. Por exemplo, um estudante de estratégia de negócios pode utilizar estudos de casos anteriores para interpretar elementos de um novo caso. Mas, se o caso não se encaixa em sua experiência, será necessário levar em conta novos elementos como os fatores industriais, a tecnologia, ou a mudança da base de clientes para tomar uma decisão apropriada para a gestão – ou seja, será necessário acomodar esses novos elementos em sua experiência de aprendizado da estratégia de negócios.

Quando a acomodação torna-se desafiadora demais, ocorrem barreiras individuais aos novos conhecimentos. O trabalhador pode ser confrontado por uma nova situação na qual sua experiência não é suficiente, como uma tarefa muito complexa, um conjunto de termos técnicos ou uma explosão emocional de um colega de trabalho. O funcionário pode ser exposto a um novo conjunto de exigências de clientes muito além de seu pior pesadelo, ou a um desenvolvimento tecnológico imposto sobre ele sem aviso prévio ou treinamento. Nessas circunstâncias, o funcionário pode se sentir encurralado, uma resposta emocional que cria uma forte barreira mental aos novos conhecimentos. As crenças justificadas de um indivíduo são montadas normalmente através de uma cadeia de eventos, mas em uma situação radicalmente nova e diferente o processo de justificação pode sucumbir (Goldman, 1992). Quanto mais difícil parecer ao indivíduo a acomodação, mais ansioso e estressado ele se sentirá (Harvey e Brown, 1992). Em algumas instâncias, ele perderá completamente o interesse na nova situação, e seguirá rumo a impressões e tarefas mais aceitáveis.

O novo conhecimento pode também representar uma ameaça à auto-imagem. Visando a acomodar novos conhecimentos, as pessoas precisam fazer mudanças em si mesmas – mudanças existenciais (Polanyi, 1958).[5] Na idade do processamento de palavra controlado pela voz, um estenógrafo precisa considerar seriamente sua profissão. Ele possivelmente terá de acomodar exigências técnicas e novas rotinas associadas a uma nova linha de trabalho. Para a maioria de nós, uma mudança como essa no trabalho e na profissão envolve uma grande mudança no que somos. De fato, o que sabemos – e como isso afeta o que fazemos – está freqüência na raiz da identidade pessoal. Como o conhecimento está tão intimamente ligado à auto-imagem, as pessoas muitas vezes resistem a qualquer novidade. Afastar-se de hábitos conhecidos pode parecer muito arriscado. Quando um executivo espera que todos utilizem de forma eficaz o Lotus Notes, por exemplo, muitos reagem evocando sua auto-imagem: "Você sabe, não sou do tipo ligado em computadores", ou "Prefiro falar com alguém a usar todo esse equipamento de alta tecnologia". Essas podem ser desculpas, mas as crenças sobre o próprio eu que estão subjacentes a essas desculpas podem ser inibidores poderosos.

Quando os executivos apresentam uma nova visão de criação de conhecimento futuro, é provável que emerjam barreiras similares. Algumas pessoas verão a necessidade de acomodar novos conhecimentos, conduzindo a profundas mudanças existenciais; outras apenas a considerarão ameaçadora. Uma nova estrutura organizacional pode permitir que os indivíduos trabalhem diretamente em tarefas de criação de conhecimento, geralmente em equipe – a onda transformativa do futuro, de acordo com muitas autoridades em negócios, colocará ainda assim as pessoas em situações nas quais elas precisarão acomodar diferentes experiências e conhecimentos. O pessoal de *marketing*, por exemplo, talvez tenha de cooperar com os funcionários da produção; o setor de vendas talvez tenha de trabalhar com os cientistas. Embora exista uma boa razão para acreditar que este tipo de cruzamento de níveis é necessário para a criação de conhecimento, os administradores não devem presumir que irá acontecer sem empecilhos.

Em todos os tipos de encontros sociais, geralmente as pessoas se apresentam aos outros através de histórias ou narrativas pessoais. Elas contam histórias de suas vidas, carreiras, sonhos, desejos, esperanças e pontos decisivos. Ocasionalmente, tentam impressionar os ouvintes enfatizando alguns momentos e menosprezando outros.[6] Contam essas histórias para consolar-se, justificar seu comportamento, para comunicar seus valores e crenças, e parecer capazes e competentes – não incompetentes aos olhos de seus colegas.[7] Particularmente, as pessoas produzem histórias bem construídas sobre suas especialidades. O que os colaboradores sabem sobre sua especialidade irá ajudá-los a recorrerem ao seu conhecimento sempre que necessário; o que eles sabem sobre seu registro de desempenho permitirá que o administrador lhes atribua as tarefas corretas. Ainda assim, essas histórias também representam barreiras individuais a novos conhecimentos. As pessoas abominam adotar novos conhecimentos que minem ou contrariem suas histórias, principalmente se forem transmitidos por outros participantes do grupo com diferentes antecedentes. É difícil, para um engenheiro treinado, admitir que não conheça os novos desenvolvimentos tecnológicos sobre os quais um jovem representante comercial discute entusiasticamente com ele. Por isso, a variedade no conhecimento dos membros do grupo, a exata fonte de criatividade e conclusão de tarefas com sucesso, pode ser uma importante barreira para o trabalho em grupo efetivo.[8]

Manter uma auto-imagem séria, assim como o auto-respeito necessário, pode ser difícil quando a participação no trabalho de conhecimento organizacional modifica drasticamente a base para as narrativas pessoais. ("Antes de integrar essa equipe, eu era considerado uma pessoa competente.") Esses funcionários podem retirar ou reduzir ao mínimo a sua colaboração. Aqui estou eu falando sobre a retirada mental, não física, da participação em oficinas, equipes ou microcomunidades; apesar disso, a "retirada" mental dessa maneira é um sério obstáculo à criação do conhecimento no ambiente do grupo. Ao retirar-se gradualmente, o indivíduo interfere no processo comunitário de compartilhamento do conhecimento. Ele faz uma declararação velada de que algo está errado.

BARREIRAS ORGANIZACIONAIS:
O PROBLEMA COM PARADIGMAS DA EMPRESA

Cada membro de uma comunidade tem conhecimento pessoal único, pelo menos parte dele é tácito e de difícil explicação aos outros. Quando os administradores agrupam funcionários para um projeto, o desafio para todos é como utilizar esse potencial, alavancando-o em mais do que a soma dos conhecimentos de cada membro. Toda vez que os indivíduos compartilham seu conhecimento em um grupo, devem justificar publicamente suas convicções. Pudemos verificar que isso pode ser bastante difícil – insegurança com dúvidas internas, medo de ir contra as normas da comunidade ou de arruinar relações estabelecidas, e a necessidade geral de defender suas próprias idéias. De fato, a parte crucial que a justificação desempenha na criação do conhecimento é o que a torna um processo altamente frágil.

Em qualquer organização, existem quatro barreiras graves à justificação no ambiente do grupo: (1) a necessidade de uma linguagem legitimada, (2) histórias organizacionais, (3) procedimentos, e (4) paradigmas da empresa.[9] Assim como as barreiras individuais ao conhecimento, as barreiras organizacionais surgem, com freqüência, por causa das tendências humanas naturais. Mas, essas barreiras podem aumentar também por conta da atitude administrativa errada em relação ao conhecimento, particularmente quando se trata de procedimentos e da aceitação de paradigmas limitados da empresa.

Primeiramente, a língua é a chave para o aprendizado individual e a reflexão. No entanto, com o objetivo de compartilhar o que cada um sabe, o conhecimento tácito deve se tornar explícito através de uma linguagem comum que seja aceitável para os outros membros da comunidade e da empresa como um todo. O ponto de impasse é que alguns conhecimentos pessoais só podem ser expressos usando-se palavras que podem ser desconhecidas para os outros membros da organização. Na verdade, o reconhecimento de novas oportunidades de negócios exige um vocabulário inovador que inclua palavras como *"neutraceuticals"*, *"infotainment"*, *"edutainment"* ou "compras virtuais".

Uma vez que tais palavras inovadoras sejam reconhecidas, tornam-se rapidamente parte do vocabulário de trabalho da empresa. Porém, legitimar a linguagem correta é importante também por outras razões. O conhecimento e a diferenciação estão intimamente ligados, e a articulação de novos conhecimentos requer um processo em que cada pessoa passa de distinções amplas para distinções cada vez mais específicas (von Krogh e Roos, 1995). Se as distinções específicas forem perdidas, pode-se ser privado do novo conhecimento. Para a indústria farmacêutica, por exemplo, que depende de encontrar plantas para extrair substâncias que podem se tornar novos produtos, a rápida desintegração de muitas línguas nativas sul-americanas é problemática. Tais línguas, tradicionalmente faladas por grupos de habitantes da floresta amazônica ou de outros ricos ambientes botânicos, fazem distinções muito específicas ao nomear famílias de plantas com estruturas genéticas diferentes. Para o olhar não-treinado, essas plantas podem parecer apenas ligeiramente diferentes de outras plantas da mesma família. Os pesquisadores farmacêuticos podem não ter tempo ou paciência para realizar tais distinções específicas, e se seus informantes nativos não falarem mais a antiga língua, foi perdida uma valiosa fonte de conhecimento.

Por outro lado, se as distinções forem demasiado específicas, assuntos mais importantes podem ser ignorados – isto é, as pessoas envolvidas podem não "enxergar a floresta pelas árvores". O legítimo impulso para o pensamento racional em uma comunidade pode se tornar um grande obstáculo à criação de novos conhecimentos e à ampla diferenciação (Weick e Westley, 1996). Imagine uma comunidade de engenheiros, em uma empresa de máquinas de escrever. Na pauta estão as vantagens competitivas a serem encontradas nas soluções tecnológicas. Conhecendo a indústria e as tecnologias possíveis, o líder da equipe força a precisão e os argumentos racionais. O grupo faz distinções específicas, isolando os *ball-head* da empresa e o sistema *arm-hammer* do concorrente. Ainda assim, tamanha precisão pode acabar com antecedentes competitivos: literalmente, que toda a indústria de máquinas de escrever está por desaparecer. Quando as comunidades entram em discussões muito minuciosas sobre terminologia, pode se tornar difícil para os indivíduos justificarem suas crenças sobre o que está realmente acontecendo. Quem quer dizer a esses dedicados engenheiros que eles estarão sem trabalho em alguns anos?

Quanto à segunda barreira, todas as organizações têm histórias de vários tipos. Elas constituem a memória organizacional, ou um entendimento sensato de como as coisas funcionam, permitindo que os indivíduos regulem seu próprio comportamento. Tais histórias ajudam as pessoas a orientar-se, tanto em termos de ligação com os outros (a quem ligar-se e quando), como em termos de compreensão do sistema de valores organizacionais.[10] Apesar disso, as histórias são outra barreira à criação do novo conhecimento, já que dificultam às pessoas expressar idéias contraditórias. Algumas vezes, as histórias que circulam são altamente negativas; elas descrevem empreendedores fracassados, campanhas de *marketing* que falharam e tentativas infrutíferas de implementação de tecnologia. Consideremos um engenheiro que tenta convencer seu grupo a desenvolver um *software* para direcionar uma linha de produção. Pode ser dito a ele:"Você não lembra daquele Finch que tentou fazer isso? Bem, ele não está mais entre nós".

As histórias organizacionais e os mitos da empresa podem polarizar novos conhecimentos e desviar a atenção para outro lugar. As histórias podem salientar as diferenças entre os novos conhecimentos e os já existentes, fazendo, desse modo, o novo conhecimento parecer menos legítimo. Por exemplo, no início da década de 1970, em algumas empresas farmacêuticas européias, engenheiros químicos interessados em biotecnologia devem ter enfrentado dificuldades. As histórias que circulavam à época eram sobre outras empresas (como a Monsanto, nos Estados Unidos) que teriam gasto milhões de dólares em desenvolvimento de biotecnologia, sem chegar a quaisquer resultados tangíveis. Efetivamente, esse "bom-senso" organizacional isolou o conhecimento biotecnológico de outras pesquisas sobre a extração natural de hormônios, a síntese química, a purificação de substâncias naturais, e assim por diante, desencorajando os jovens engenheiros e redirecionando sua atenção para os processos farmacêuticos tradicionais.

A terceira barreira ao conhecimento envolve os procedimentos – a "faca de dois gumes" da gestão do conhecimento. Por um lado, um procedimento representa experiências encravadas e soluções de sucesso para tarefas complexas, assim como a coordenação de soluções entre várias tarefas na organização. Isso torna a organização mais efetiva e eficiente nas operações correntes. Por outro lado, direcionando a comunicação, definindo os passos do planejamento e estabelecendo as medidas de desempenho para o controle, pode funcionar contra a justificação pública das crenças.[11] A criação do conhecimento e os processos de inovação também exigem orçamentos que estão além do controle de cada microcomunidade (uma comunidade de pessoas que compartilham o conhecimento tácito assim como o conhecimento explícito para as iniciativas de criação de conhecimento) envolvida. Ainda assim, na maioria das empresas, os procedimentos que ocorrem não permitem que as linhas funcional ou disciplinar sejam cruzadas dessa maneira. Nem é permitido que os indivíduos despendam tempo ou recursos em novos projetos de criação de conhecimento. Os empregados raramente estão motivados a combater um procedimento ineficaz, porque sabem que quanto mais diligentemente eles o seguirem, menor será a chance de experimentarem as conseqüências negativas da oposição ao sistema – tais como uma má reputação, poucos incentivos financeiros e fracas perspectivas de carreira (Barnes, 1988).

Além disso, o conhecimento pessoal que questiona os procedimentos de uma organização é difícil de ser compartilhado, pois vai contra o exato mecanismo tido como responsável pela eficácia dos mesmos – os próprios procedimentos, que freqüentemente aparecem em uma "bíblia" técnica ou conjunto de diretrizes explícitas. Na Xerox, por exemplo, Brown e Duguid (1991) descobriram que os técnicos muitas vezes precisavam ir além dos manuais para consertar com sucesso as máquinas copiadoras. O compartilhamento do conhecimento entre eles mesmos – via uma microcomunidade não-oficial – se tornou o principal caminho para solucionar problemas altamente complexos. Legitimar tais abordagens e permitir que os funcionários coloquem de lado os manuais é parte do processo de tornar a justificação pública mais fácil.

A última barreira organizacional importante à criação do conhecimento é a mais fundamental e abrangente: os paradigmas da empresa. A intenção estratégica da empresa, as declarações de visão ou de missão e os valores essenciais constituem seu paradigma ou visão de mundo. Os paradigmas tornam-se inseridos em qualquer organização; eles definem os assuntos comentados nas reuniões administrativas, a linguagem usada, as principais histórias contadas e as rotinas que são seguidas. Os paradigmas influenciam até mesmo os dados e as informações que os empregados provavelmente procurem (como informações sobre a concorrência, levantamentos de clientes ou estudos de fornecedores), assim como de que modo os interpretarão (Schwandt, 1997; Prahalad e Bettis, 1986).

Em geral, os paradigmas socializam os novos membros organizacionais, fazendo com que se alinhem ao pensamento atual da empresa. Com o objetivo de permanecer coerente de fato, qualquer organização exige metas, valores e normas compartilhados; novamente, muito disso é parte natural da socialização e da maneira como os seres humanos operam em grupo. No entanto, como os executivos e os consultores cada vez mais enfatizam a flexibilização da visão da empresa, as estratégias de negócios vinculadas e a cultura corporativa, deve ficar claro que tais paradigmas têm o poder de produzir ou frear a criação do conhecimento. Minhas próprias discussões sobre a visão e a estratégia do conhecimento, que serão apresentadas posteriormente neste capítulo, indicam o papel positivo que elas podem desempenhar. Porém, os paradigmas também determinam a legitimidade do conhecimento pessoal dentro de uma organização. O conhecimento pessoal em conformidade com o paradigma será rapidamente abraçado pelos colegas; as tentativas não-conformistas de justificar as crenças pessoais são freqüentemente encaradas com ceticismo.

Quando existir uma ou todas as quatro barreiras organizacionais, os *insights* individuais podem não passar por todo o processo de criação do conhecimento. As grandes idéias, os grandes argumentos e os grandes conceitos são extintos e nunca transformados em serviços ou produtos de sucesso. É impossível compartilhar o conhecimento tácito, pois ninguém mais aceitará novas e inovadoras linguagens. Alternativamente, outros membros da organização podem ficar paralisados pelas histórias de fracassos anteriores. Depois de "muito baterem com a cabeça contra a proverbial parede", os indivíduos freqüentemente decidem parar de contribuir com novas idéias, juntando-se à grande classe de participantes passivos em muitas empresas. Ou, então, os melhores funcionários se cansam e partem – apenas para competir com a empresa pelo lado externo.

PERSPECTIVA DE PROMOÇÃO DE CONHECIMENTO

NOVO PARADIGMA: DA ADMINISTRAÇÃO À PROMOÇÃO DA CRIAÇÃO DO CONHECIMENTO

Tendo estudado várias barreiras à criação do conhecimento existentes nas organizações, devemos considerar como desenvolver a competência baseada no conhecimento de uma empresa, consistente e efetivamente. Com essa finalidade, afirmo que os administradores precisam apoiar a criação do conhecimento em vez de controlá-la. Isso se chama *promoção do conhecimento*, o conjunto geral de atividades organizacionais que afetam positivamente a criação do conhecimento em seus cinco subprocessos, descritos a seguir.

A criação do conhecimento organizacional envolve cinco subprocessos principais. Se um grande conceito como a criação do conhecimento não é decomposto em diferentes subprocessos, os administradores, assim como os funcionários, podem considerar toda a empreitada muito assustadora. Na pior das hipóteses, a discussão dos executivos sobre a criação do conhecimento ou do aprendizado organizacional parecerá insignificante. Os cinco subprocessos da criação do conhecimento que enfatizo aqui são: (1) compartilhamento do conhecimento tácito, (2) criação de conceitos, (3) justificação de conceitos, (4) construção de um protótipo, e (5) nivelamento transversal do conhecimento.[12] Geralmente, a promoção do conhecimento deve ser pensada de maneira circular; sempre visa a realçar o potencial de criação do conhecimento da empresa ao longo desses cinco processos. É claro que é útil decompor esses vários processos organizacionais, de modo deliberado ou outro, em categorias diferentes.

O processo inicia quando os membros da equipe reúnem-se para compartilhar seu conhecimento sobre uma determinada área de produto, grande parte do qual é tácito e pode incluir *insights* sobre as necessidades do cliente, informação sobre novas tecnologias e habilidades pessoais exigidas para executar tarefas complexas. Com base em sua habilidade de compartilhar tal conhecimento tácito, a equipe cria um novo conceito de produto. Nesse estágio, o conceito pode ser uma especificação de funcionalidade, um algoritmo, a descrição de um processo de fabricação, desenhos, e assim por diante. Na próxima fase, a equipe, freqüentemente envolvendo participantes externos, justifica o conceito. Os membros utilizam estudos de mercado, *benchmarking*, grupos focalizados no cliente, estudos de tendências, visão e estratégia expressas da empresa e o que mais for necessário para construir argumentos contra ou a favor do conceito. Depois de um escrutínio cuidadoso, o conceito escolhido para futuro desenvolvimento é transformado em protótipo. Neste exemplo, isso significa o protótipo de um produto, embora outros esforços de criação do conhecimento possam fornecer o esboço de uma nova campanha de *marketing*, a descrição de um novo serviço financeiro, ou algo mais que não seja uma representação física. A meta geral é criar uma manifestação tangível do conhecimento da equipe. Por fim, a equipe assume a responsabilidade de compartilhar seu conhecimento com a empresa em geral, incluindo grupos adicionais de produção e *marketing*/vendas que possam oferecer retroalimentação sobre o novo produto.

Ao longo desses cinco subprocessos, a criação do conhecimento é um processo tanto social como individual. O compartilhamento do conhecimento tácito depende de as pessoas compartilharem suas crenças pessoais sobre uma situação com outros membros da equipe. Nesse ponto, a justificação torna-se pública. Cada indivíduo enfrenta o grande desafio de justificar suas crenças diante dos outros – e é essa necessidade de justificação, explicação, persuasão e conexão humana que torna a criação do conhecimento um processo altamente frágil, como descrito anteriormente.[13]

Dada a fragilidade da criação do conhecimento, portanto, afirmo que *a criação eficaz do conhecimento depende de um contexto promotor*. O que quero dizer com contexto promotor é um espaço compartilhado que favorece as relações emergentes entre os membros da organização. Baseado na idéia do *ba* (ou "espaço"), tal contexto organizacional pode ser físico, virtual, mental, ou – com maior chance – os três juntos. O conhecimento é dinâmico, relacional e baseado na ação humana; ele depende da situação e das pessoas envolvidas, não da verdade absoluta ou dos fatos concretos. A questão a ser lembrada pelos administradores é que todo conhecimento, ao contrário de informações ou dados, depende de seu contexto. Você pode dizer que o conhecimento está encravado em *ba*, e que o apoio ao processo de criação do conhecimento como um todo exige o necessário contexto ou "espaço do conhecimento".

A promoção do conhecimento inclui facilitar as conversações e as relações, assim como compartilhar o conhecimento local através de uma organização ou além dos limites geográficos e culturais. No entanto, em um nível mais aprofundado, a promoção do conhecimento depende de um novo sentido de conhecimento emocional e cuidado na organização, um sentido que enfatize como as pessoas tratam-se entre si e que encoraje a criatividade – até mesmo a jocosidade. O sucesso definitivo na criação do conhecimento resume-se ao modo como os membros de uma organização relacionam-se entre si, através de diferentes subprocessos da criação do conhecimento. Apesar de parecer óbvio, até hoje poucas empresas fizeram das relações uma prioridade; elas até podem discutir seu comprometimento com o cuidado no ambiente de trabalho, na declaração da missão. Porém, a maioria não pratica o que prega, geralmente porque a linguagem de cuidado, relacionamento e promoção soa tão estranha em um contexto de negócios. Ninguém pode negar que a arena global contemporânea está mais competitiva do que nunca. Ironicamente, no entanto, uma empresa pode ter de modificar algumas atitudes radicais, com o objetivo de permanecer competitiva durante os períodos de turbulência. Os trabalhadores do conhecimento não podem ser forçados à criatividade e ao compartilhamento de informações. As formas tradicionais de compensação e de hierarquia organizacional não motivam suficientemente as pessoas a desenvolverem fortes relacionamentos, necessários para a criação do conhecimento em uma base contínua. Em outras palavras, está na hora de os administradores colocarem o cuidado em suas pautas. Depois de um pesado período de *"downsizing"* e reestruturação, a maioria das corporações necessita revitalizar seu lado humano. Elas precisam revitalizar os frágeis processos de criação do conhecimento. Um começo pode ser encorajando o cuidado nas relações organizacionais – a essência exata da promoção do conhecimento.

Cinco Promotores do Conhecimento

Com base em minha pesquisa e envolvimento anteriores em iniciativas reais de criação de conhecimento organizacional, acredito que estes cinco promotores são os mais importantes: (1) *incutir uma visão de conhecimento*, (2) a *gestão de conver-*

sações, (3) a *mobilização de ativistas do conhecimento*, (4) a *criação do contexto correto*, e (5) a *globalização do conhecimento local*. Ao postular o conceito de promoção do conhecimento, poderemos ir além das limitações atuais da teoria da gestão do conhecimento para discutir as abordagens práticas ao reino do conhecimento humano, amorfo e em constante evolução. Na seção seguinte, cada um dos cinco promotores do conhecimento será discutido mais detalhadamente.

(1) *Incutir uma visão de conhecimento*

Incutir uma visão de conhecimento enfatiza a necessidade de passar da mecânica da estratégia de negócios à importância de se criar uma visão geral do conhecimento em qualquer organização. Incutir a visão implica comunicar a visão organizacional até que os membros comecem a executá-la. Quando os administradores incutem uma visão de conhecimento eficaz, ajudam a encorajar a formação de microcomunidades, a justificação de conceitos e o nivelamento transversal do conhecimento em suas organizações. As visões do conhecimento podem também possibilitar a criação de conceitos e a construção de protótipos. Elas têm menor impacto no compartilhamento do conhecimento tácito dentro de uma microcomunidade, mas o processo de incutir uma visão de conhecimento depende, finalmente, da liberação do conhecimento tácito para que este impulsione a inovação. No mínimo, a visão deve levar em conta o fato de que nem todo conhecimento organizacional se manifesta de maneira explícita.

Em termos estratégicos, a visão do conhecimento de uma empresa proporciona aos seus planos de negócio um coração e uma alma; é a razão de ser de uma estratégia de avanço – isto é, uma estratégia para o crescimento de um negócio, pelo uso estratégico da competência do núcleo da organização. Observando-se esta formulação por outro ângulo, uma estratégia de avanço estabelece a necessidade de criação do conhecimento em termos competitivos. Essa estratégia apresenta a base para futuras vantagens e desempenho competitivos. No entanto, a estratégia de avanço precisa ser unida firmemente a uma visão do conhecimento, que lhe dará maior consistência. A visão expõe os tipos e os conteúdos do conhecimento a serem criados, e por isso fornece uma direção clara aos membros das microcomunidades dentro de uma organização. Uma boa visão do conhecimento inspirará a empresa a buscar conhecimento em determinadas áreas e armazená-lo para a utilização no preenchimento de futuros desafios empresariais. Ainda mais importante, ela irá enfatizar a criação do conhecimento como uma atividade, colocando-a nas pautas da alta administração superior. Na verdade, essa visão deve expressar o comprometimento da alta administração da empresa.

(2) *Gestão de conversações*

O segundo promotor, a *gestão de conversações*, facilita a comunicação entre os membros da organização. A essência das atividades organizacionais reside na comunicação: comunicação entre os membros da organização e comunicação com os não-integrantes da organização – por exemplo, fornecedores, intermediários e clientes. Por isso, descobrir como facilitar a comunicação em relação às atividades organizacionais é um promotor-chave para a criação do conhecimento – por exemplo, utilizando uma linguagem comum, esclarecendo e evitando qualquer mal- entendido e má-interpretação, encorajando a comunicação ativa entre os membros da organização e, finalmente, criando *ba* ou contexto para a comunicação.

Em um ambiente contemporâneo de negócios, as conversações ainda são palco (local nos tempos modernos) para a criação do conhecimento social. Por um lado, elas ajudam a coordenar *insights* e ações individuais. Resumir uma nova estratégia, elaborar uma visão do conhecimento e justificar as crenças sobre o sucesso do negócio de um novo produto, tudo isso exige que se converse com outras pessoas. Por outro lado, as conversações funcionam como um espelho para os participantes. Quando um grupo considera o comportamento individual inaceitável, ele espelhará sua reação através da linguagem corporal, de comentários corretivos, e assim por diante. Com a evolução das idéias discutidas, também evoluem as regras para a condução de conversações. Uma boa conversação exige ética e ritmo certo para alcançar os tipos de *insights* mútuos discutidos acima. Ainda assim, as habilidades de conversação são consideradas uma arte perdida nos atuais círculos administrativos. As conversações nos cenários de negócios são geralmente assombradas por pautas ocultas, venda de temas, defesas não-questionadas, atitudes dominadoras e intimidação. Apesar de sua importância para o sucesso dos negócios a longo prazo, as habilidades de conversação não fazem parte dos treinamentos gerenciais na educação administrativa. As metáforas militares e os pressupostos à moda antiga sobre competição ainda perduram: conversar é brigar – ponto final. Usando-se a força bruta, a sabedoria convencional desaparece e os administradores entram no campo de batalha para vencer, deixando os colegas em um estado de abatimento, transtorno e confusão, esperando que jamais tenham de confrontar o vencedor novamente.

No entanto, a mais natural e banal das atividades humanas – a conversa – muitas vezes termina no fundo das discussões administrativas sobre conhecimento. É um tanto irônico que enquanto os executivos e as autoridades do conhecimento persistem em concentrar-se nos caros sistemas de tecnologia de informação, bases de dados quantificáveis e ferramentas de mensuração, algumas das melhores maneiras de compartilhamento e de criação de conhecimento já existem dentro de suas empresas. Não podemos enfatizar suficientemente o importante papel que as conversações desempenham. Boas conversações são o berço do conhecimento social em qualquer organização. Por meio de discussões ampliadas, que podem englobar tanto vôos de fantasias pessoais quanto a exposição cuidadosa de idéias, o conhecimento individual é transformado em temas disponíveis para outros. Cada participante pode explorar novas idéias e refletir sobre o ponto de vista dos outros. O intercâmbio mútuo de idéias, pontos de vista e crenças que as conversações acarretam permite o primeiro e mais essencial passo para a criação do conhecimento: o compartilhamento do conhecimento tácito dentro de uma microcomunidade.

Considere-se, apenas por um momento, o poder das conversações. Você pode conectar suas idéias às de outros participantes, experimentando como algumas idéias tomam vida própria. Os comentários de uma pessoa sobre a dificuldade de uso da Internet, por exemplo, podem conduzir a uma extensa discussão em grupo que resulte em um novo conceito de interface amigável ao usuário. Esqueça quem originalmente "possuía" a idéia ou de onde ela veio; os membros da comunidade fornecem a energia para um processo evolutivo, em que as idéias "frouxamente" formuladas transformam-se em conceitos. Os conceitos são justificados e tranformados em protótipos, e estes podem, finalmente, ser transformados em serviços ou produtos inovadores. Em outras palavras, a *gestão de conversações*, o segundo promotor do conhecimento, afeta não apenas o compartilhamento do conhecimento tácito, mas também todos os demais subprocessos da criação do conhecimento. Por isso, este segundo promotor desempenha um papel crucial na transformação da criação do conhecimento em realidade.

(3) *Mobilização de ativistas do conhecimento*

Imagine que você faz parte de uma equipe que está desenvolvendo um novo serviço para um grupo local de clientes. Com o passar do tempo, você começa a sentir que o projeto está condenado. Seu chefe alerta-o de que ouviu falar que outra equipe tentou algo parecido, para um grupo diferente de clientes, e não teve sorte. Você chama alguém dessa equipe anterior, e essa pessoa lhe diz que a mesma coisa foi tentada há dois anos e não chegou a lugar nenhum. A pessoa acrescenta, com sarcasmo, que até poderia lhe dizer exatamente por que a tentativa falhou, mas por que se incomodar em lhe contar? Foi uma péssima idéia. Desanimado, você volta até sua equipe e conta as novidades. Seus colegas suspiram, franzem a testa e mostram irritação por desperdiçar tanto tempo. Um deles até resmunga: "Basta de criação de conhecimento neste século!". Não importa o que seja dito, eles perderam seu sentido de finalidade. Todos sentem que nenhuma direção foi estabelecida para a criação geral do conhecimento na empresa, muito menos em seu próprio projeto. Você fica desanimado pela coordenação de inovações acontecer de maneira tão esporádica e ineficiente.

O que essa equipe precisa desesperadamente é de um ativista do conhecimento. O terceiro promotor, a *mobilização de ativistas do conhecimento*, discute o que os agentes ativos de mudanças organizacionais podem fazer para desencadear a criação do conhecimento. O ativismo do conhecimento tem seis propósitos: (1) foco e inicialização da criação do conhecimento; (2) redução do tempo e do custo necessários para a criação do conhecimento; (3) alavancagem de iniciativas de criação do conhecimento por toda a corporação; (4) melhoramento das condições daqueles engajados na criação do conhecimento, relacionando suas atividades ao quadro geral da empresa; (5) preparação dos participantes da criação de conhecimento para novas tarefas nas quais seu conhecimento é necessário; e (6) inclusão da perspectiva da microcomunidade no debate mais amplo de transformação organizacional. Os ativistas do conhecimento são grandes participantes em pelo menos quatro subprocessos de criação do conhecimento. No início do processo, eles freqüentemente formam microcomunidades de conhecimento. Eles facilitam o caminho para a criação e a justificação dos conceitos, assim como para a construção de um protótipo. Acima de tudo, os ativistas são essenciais para o nivelamento transversal do conhecimento, já que são os responsáveis por energizar e conectar esforços de criação do conhecimento através de toda a empresa. Embora raramente estejam envolvidos de maneira direta no compartilhamento do conhecimento tácito dentro das microcomunidades e de grupos menores, os ativistas do conhecimento ajudam a estabelecer o contexto promotor correto – o espaço essencial e os relacionamentos que permitem a liberação do conhecimento tácito.

Em outras palavras, os ativistas do conhecimento são os divulgadores do conhecimento na empresa, espalhando a mensagem a todos. O ativismo do conhecimento pode residir em um determinado departamento ou pessoa; pode situar-se em funções ou departamentos já existentes, ou pode ser assumido por pessoas ou departamentos como uma tarefa especial. Não é, necessariamente, uma tarefa para um administrador-sênior, embora muitos executivos visionários tenham certamente desempenhado esse papel.

Os administradores intermediários também podem ser ativistas do conhecimento. De fato, eles podem ser instrumentos na formação das microcomunidades que compartilham o conhecimento tácito. Enquanto toda a noção de administração intermediária e da hierarquia organizacional que ela implica está mudando na atual economia do conhecimento, os administradores de todos os níveis em uma empresa ainda são muito melhores na motivação dos trabalhadores, fazendo com que as pessoas falem umas com as outras e coordenando os esforços, freqüentemente desesperados, de profissionais criativos, do que as redes virtuais ou outras formas de comunicação computadorizada. No lado oposto, a crescente importância da inovação para a competição indica que o ativismo do conhecimento não é apenas responsabilidade dos administradores. Nesse sentido, os membros da equipe no exemplo acima precisavam energizar-se, assim como esperar por uma visão maior de conhecimento.

(4) *Criação do contexto correto*

O quarto promotor, *a criação do contexto correto*, examina as conexões próximas entre a estrutura organizacional, a estratégia e a promoção do conhecimento. Assim como Alfred Chandler Jr. afirma, "a estrutura segue a estratégia". As empresas devem ter estruturas organizacionais que facilitem a criação do conhecimento. Aqui, ao postular o quarto promotor, discuto o contexto estrutural promotor da criação do conhecimento que suporta a todos os outros. A criação do contexto correto envolve estruturas organizacionais que favorecem sólidos relacionamentos e colaboração eficaz. Em função do caráter interdisciplinar do conhecimento na era pós-moderna, as estruturas organizacionais promotoras da criação do conhecimento devem ser aquelas que facilitem as atividades das unidades multifuncionais e de múltiplos negócios. Para apoiar tais atividades, é indispensável um grande comprometimento da alta gerência com as iniciativas de criação do conhecimento.

À medida que o conhecimento e a inovação tornam-se mais essenciais ao sucesso competitivo, não é surpresa que aumente a insatisfação de vários executivos com as tradicionais estruturas organizacionais. Desde a metade da década de 1980, as corporações vêm se transformando através de alternativas variadas. Apenas uma rápida amostra: projetos de desenvolvimento de produtos multifuncionais (Nonaka e Takeuchi, 1995); esforços de reengenharia que substituem os arranjos de organização funcional por arranjos baseados em processos (Hammer e Champy, 1993); corporações virtuais que buscam atividades interorganizacionais além dos limites corporativos tradicionais (Goldman, Nagel e Preiss, 1995); e a Equipe de Projeto Urgente da Sharp, uma organização "hipertexto" que atravessa as linhas das unidades dos pequenos negócios (Nonaka e Takeuchi, 1995). O comportamentalista organizacional Dan Denison (1997) resume o desenvolvimento recente desses arranjos como um esforço para inventar novas formas estruturais, que oferecem um nível de flexibilidade e de adaptabilidade sem precedentes. Em outras palavras, os gráficos organizacionais tradicionais, com suas hierarquias rígidas e integração vertical, não podem mais coordenar as atividades de negócios em um mundo onde as fronteiras são nebulosas, os relacionamentos são cada vez mais complexos e o ambiente competitivo está em fluxo constante.

Toda empresa deve "engalfinhar-se" em condições exclusivas de negócios, culturais e interpessoais; mesmo que uma unidade multifuncional, por exemplo, possa ajudar a empresa a arriscar recursos na criação do novo conhecimento, esse tipo de arranjo talvez não funcione para empresas em outras atividades ou com estratégias diferentes. A chave é estruturar uma organização de forma que a criação do conhecimento prossiga mais efetiva e eficientemente, desmontando tantas barreiras individuais e organizacionais quanto possível. Na realidade, todo o processo de criação do conhecimento depende de administradores sensíveis e conscientes, que encorajem um ambiente social no qual o conhecimento continue a crescer. Como o contexto promotor, que é um bom equipamento para a estratégia e os negócios da empresa, proporciona o fundamento para todos os esforços de criação do conhecimento, este quarto promotor influencia a maneira como o conhecimento tácito é compartilhado nas microcomunidades, a criação dos conceitos e os protótipos resultantes que são construídos. Porém, a criação do contexto correto tem o maior impacto sobre como os conceitos são justificados organizacionalmente – isto é, se uma ampla variação de perspectivas é usada para combinar novos conceitos com os objetivos estratégicos da empresa – e como o novo conhecimento é nivelado transversalmente. Além disso, o novo conhecimento pode ser criado interorganizacionalmente, como indica o crescimento cada vez maior das corporações virtuais e das alianças estratégicas. Por essa razão, no que concerne à criação do conhecimento, as estruturas organizacionais devem reforçar a interação do conhecimento tácito-explícito através de muitas fronteiras diferentes.

(5) *Globalização do conhecimento local*

Finalmente, o último promotor, a *globalização do conhecimento local*, considera o aspecto complicado da disseminação global do conhecimento. Nesta época de globalização, é crucial para a vantagem competitiva de uma corporação que o conhecimento criado em uma determinada unidade local seja disseminado às demais unidades rápida e eficientemente. Dada a necessidade de satisfação das necessidades locais exclusivas, o conhecimento disseminado não deve ser usado imediatamente sem qualquer preocupação com a acomodação e a exclusividade locais. No entanto, globalizando o conhecimento local, as corporações serão capazes de reduzir o tempo e o custo das iniciativas de criação do conhecimento.

É quase desnecessário dizer que muitas empresas médias e grandes não estão mais contidas nos limites nacionais. Elas continuam a globalizar suas operações por várias razões obrigatórias. Localizando as operações de fabricação cujos custos são baixos, as empresas podem obter uma vantagem de custo sobre os concorrentes. Trabalhando com clientes adiantados e exigentes em alguns países, as empresas podem adquirir informações valiosas para o futuro desenvolvimento de produtos, ganhando dessa forma uma vantagem diferenciada. Estabelecendo operações de negócios no exterior, as empresas podem concentrar-se nos mercados estrangeiros em crescimento. Localizando as instalações de P&D em um país com uma tradição educacional e científica bem desenvolvida, ganham acesso a novas especialidades, tecnologias e conceitos de produtos. Algumas vezes, os executivos escolhem também uma localização no exterior para explorar uma oportunidade de negócios com um parceiro local. Outras vezes, instalar uma operação de negócios no exterior pode ser motivado pela necessidade de atrair o melhor talento administrativo.[14]

Qualquer que seja o motivo, as empresas distribuem cada vez mais as tarefas sobre uma maior área geográfica, sociopolítica, demográfica e cultural. As tarefas tornam-se dispersas de duas maneiras. Primeiramente, elas se distribuem uniformemente sobre uma grande área geográfica, levando à formação paralela de conhecimento local em diferentes lugares. Essa formação paralela pode ser necessária, como é, para a aquisição de especialização em contabilidade e vendas; a inovação local e a melhor prática também podem oferecer a melhor abordagem para a transferência de conhecimento sob determinados arranjos em colaboração. Ainda assim, o desenvolvimento do conhecimento altamente especializado, dentro de uma disciplina específica, como a microbiologia ou a hidrodinâmica, é dispendioso. Algumas multinacionais constroem "centros de especialização", nos quais uma equipe de especialistas desenvolve conhecimento especializado para a solução de tarefas locais e o distribui, apropriadamente, através da organização mundial. Na prática, no entanto, essa nem sempre é a melhor solução, especialmente quando os administradores locais resistem às mudanças impostas sobre eles.

Em segundo lugar, as tarefas podem ser dispersas por todo o sistema de operações de negócios. A empresa pode construir uma vantagem competitiva criando o conhecimento e desenvolvendo os produtos, localmente, com um cliente de vanguarda. O produto resultante pode ser tão bem-sucedido que tem o potencial de sair-se bem em outros países; então, a empresa necessitará distribuir essas fontes de vantagem competitiva através de seu sistema de operações de negócios globais (Bartlett e Ghoshal, 1986, 1990). Os administradores-sênior de diversas multinacionais não devem prestar atenção apenas ao conhecimento local, mas também estabelecer os meios de torná-lo acessível e fácil de acumular. Outros autores reconheceram que as operações de negócios locais necessitam de acesso às áreas de conhecimento da empresa que possam proporcionar vantagens competitivas locais (Gupta e Govindarajan, 1994, 1991). Uma a uma, à medida que várias unidades usam tal conhecimento e o adaptam a suas próprias circunstâncias, as vantagens competitivas de toda a organização podem crescer.

Isto pode parecer uma boa idéia, mas estabelecer o dar-e-tomar, na transferência do conhecimento global, é muito mais fácil de falar do que pôr em prática. As multinacionais permanecem revisando suas estruturas organizacionais, transferindo o equilíbrio entre o controle corporativo e a flexibilidade local à medida que as condições mudam. A globalização do conhecimento local é, na realidade, um desafio importante; é uma das responsabilidades mais importantes do administrador da sede corporativa e dos administradores locais que devem cooperar para fazê-la acontecer. Desse modo, os executivos devem abordar inúmeros aspectos: Como o conhecimento deveria ser globalizado? O conhecimento pode ser transferido como qualquer outra mercadoria? O conhecimento pode ser embalado? Quem mantém o controle do conhecimento na nova localização? A *globalização do conhecimento local* é o promotor final que discuto neste capítulo, e está intimamente ligada ao nivelamento transversal, o último subprocesso do processo de criação do conhecimento. Este quinto promotor tem um impacto positivo na formação das microcomunidades, especialmente nos locais-alvo para o conhecimento criado. Entretanto, a globalização do conhecimento local não afeta, diretamente, o compartilhamento do conhecimento tácito dentro das microcomunidades, a criação de conceitos, a justificação de conceitos ou a construção de protótipo, pois esses são, geralmente, processos incorporados.

VÍNCULOS ENTRE A PROMOÇÃO E A CRIAÇÃO DO CONHECIMENTO

Realmente, a fragilidade da criação do conhecimento significa que ela deve ser cuidadosamente apoiada por inúmeras atividades, as quais promovem seu acontecimento apesar dos obstáculos. A promoção do conhecimento engloba este conjunto de atividades organizacionais, como já vimos; referia-me principalmente às atividades que ocorrem em um contexto organizacional, mas considerando também os clientes, os fornecedores ou outros parceiros como parte do processo. Por exemplo, quando uma empresa está desenvolvendo uma visão do futuro conhecimento de que necessita, pode ser imperativo que os administradores consultem especialistas externos, como fornecedores, universidades ou laboratórios de pesquisa. Também desejo enfatizar que a promoção do conhecimento envolve tanto as atividades deliberadas – que podem ser planejadas e dirigidas pela administração – quanto as emergentes – as conseqüências não-intencionais das ações intencionais, ou a descoberta após o fato de que uma atividade particular promove a criação do conhecimento. A Tabela 5.1 mostra quando e em que grau cada promotor afeta a criação do conhecimento, juntamente com os processos de criação do conhecimento descritos previamente.

Dois vínculos óbvios entre a criação e a promoção do conhecimento são revelados pelos números da grade dos 5 x 5. Primeiramente, todos os promotores têm forte influência sobre o nivelamento transversal do conhecimento: eles ajudam a aumentar a disseminação da informação através da organização e a desmontar as barreiras à comunicação. Em segundo lugar, o promotor mais intimamente conectado aos relacionamentos e ao cuidado na organização – *administração das conversações* – afeta fortemente os cinco passos da criação do conhecimento.

O último é um *insight* essencial em minha perspectiva. Para qualquer projeto, a criação do conhecimento tem de acontecer em uma atmosfera de cuidados, na qual os membros da organização tenham um interesse ativo na aplicação dos *insights* proporcionados pelos outros. Independentemente da fase da criação do conhecimento, as boas relações depuram o processo de desconfiança e medo e decompõem as barreiras pessoais e organizacionais. As conversações eficazes permitem maior criatividade, estimulam o compartilhar do conhecimento tácito, a criação do conceito e a justificação, são essenciais para o desenvolvimento de um protótipo poderoso e lubrificam o fluxo de conhecimento através dos vários níveis organizacionais. A empresa multinacional Unilever, por exemplo, reco-

Tabela 5.1   Promoção do conhecimento: A grade dos 5 x 5

	Passos para a criação do conhecimento				
Promotores do conhecimento	Compartilhar do conhecimento tácito	Criação do conceito	Justificação do conceito	Construção do protótipo	Nivelamento transversal do conhecimento
Incutir uma visão		✓	✓✓	✓	✓✓
Gestão de conversações	✓✓	✓✓	✓✓	✓✓	✓✓
Mobilização de ativistas		✓	✓	✓	✓✓
Criação do contexto correto	✓	✓	✓✓	✓	✓✓
Globalização do conhecimento local					✓✓

nheceu que a inovação exige equipes interdisciplinares com bom funcionamento. Quando os membros da equipe assumem uma atitude leniente e auxiliam uns aos outros, novas idéias fluem facilmente, e mesmo um conhecimento radicalmente diferente pode ser criado. Na Unilever, isso resultou em vários produtos culinários bem-sucedidos. A empresa apóia essas relações através de incentivos pelo desempenho excelente da equipe no desenvolvimento de produtos e por eventos sociais cuidadosamente providenciados.[15] Sua finalidade corporativa declara: "Nosso sucesso a longo prazo exige compromisso total... com o trabalho efetivo em conjunto e a boa vontade de abraçar novas idéias e aprender continuamente".[16]

Quanto aos outros promotores, *incutir uma visão do conhecimento* legitima as iniciativas de criação do conhecimento através da empresa. Esse promotor tem um impacto relativamente baixo no compartilhamento do conhecimento tácito, pois o convívio social entre os membros da comunidade importa mais neste contexto. Uma visão claramente formulada, no entanto, pode ajudar a comunidade a articular os conceitos que criam mais efetivamente; e é da maior importância na fase de justificação do conceito, porque devem ser selecionados conceitos que ajudem a empresa a atingir sua visão de conhecimento. Incutir uma visão também encorajará a melhor utilização do conhecimento e ajudará a legitimar o processo de transferência do conhecimento em si mesmo.

O terceiro promotor, *mobilização dos ativistas do conhecimento*, enfatiza as pessoas que desencadeiam e coordenam os processos de criação do conhecimento. Essa mobilização ajuda a atingir a mais ampla participação na justificação do conceito e na construção do protótipo, quando a microcomunidade do conhecimento é suplementada com vários tipos de especialização (fabricação, *marketing*, jurídico). Esse promotor também influencia a criação de conceitos, porque os ativistas do conhecimento podem inspirar as microcomunidades envolvidas, assim como coordenar os processos de criação do conhecimento de várias comunidades ou equipes. O ativista pode detectar as potenciais redundâncias e/ou sinergias no conhecimento explícito criado, ajudando dessa forma cada comunidade a alinhar melhor o seu trabalho com a visão geral.

O quarto promotor, *criação do contexto correto*, está intimamente ligado à estrutura da empresa, pois o modo como as equipes do projeto são formadas e as maneiras pelas quais elas interagem nos limites maiores de uma organização multinacional determinam a extensão na qual o conhecimento é valorizado. Um contexto promotor, ou *ba*, deve ser fundado sobre o cuidado na organização. Na verdade, o estabelecimento do contexto correto é sobre o que a promoção do conhecimento trata, especialmente quando é baseado em uma estrutura organizacional sustentadora e está alinhado com a estratégia. Sendo assim, criar o conceito correto afeta os cinco passos da criação do conhecimento, particularmente a justificação de conceitos e o nivelamento transversal do conhecimento.

Finalmente, a *globalização do conhecimento local* enfatiza a disseminação através dos muitos níveis da organização. Embora os membros de uma equipe ou microcomunidade devam compartilhar o conhecimento tácito e se engajar na criação do conceito, na justificação e na construção de protótipos, esses passos não são essenciais para levar o conhecimento existente às pessoas ou aos grupos certos. Esse promotor importa mais quando a criação e a utilização do conhecimento estão separadas no tempo e no espaço, e é instrumental na alavancagem do conhecimento organizacional.

Conclusão

A promoção do conhecimento envolve uma mistura de decisões deliberadas e de decisões de acordar com o "fluxo". Embora os administradores possam, certamente, influenciar no processo, eles talvez devam reinvestigar seu próprio estilo de trabalho e interações sociais. Porém, existe uma recompensa – o crescimento a longo prazo, a vantagem competitiva sustentável e o tipo de cultura de inovação que pode assegurar o futuro da empresa – e eu proponho abordagens específicas ao que pode parecer uma tarefa espinhosa e complicada. Reconhecendo a necessidade de explorar o potencial de conhecimento em suas organizações, empresas como a Siemens e a 3M permitem que trabalhadores individuais participem de seus projetos de criação do conhecimento e cuidem de seu próprio desenvolvimento pessoal. Na 3M, os engenheiros podem passar 15% de seu tempo trabalhando em idéias e projetos inovadores escolhidos por eles mesmos. Embora nem todos os empregados utilizem essa "folga", a administração da empresa demonstra que ela é permitida, e até mesmo desejável, para o trabalho em temas que vão além do convencional.[17]

O ponto principal é que, enquanto se podem administrar processos organizacionais relacionados, como a construção de comunidades e o intercâmbio de conhecimentos, não se pode administrar o conhecimento em si mesmo. Os que tentam controlar a criação do conhecimento assumem o risco, criando barreiras ou caindo em precipícios.

Notas

1. Este capítulo é baseado em *Enabling Knowledge Creation: How to Unlock the Mystery of Tacit Knowledge and Release the Power of Innovation*, de Georg von Krogh, Kazuo Ichijo e Ikujiro Nonaka (Nova York e Londres: Oxford University Press, 2000).
2. De Matthews (1997), p.130.
3. Para uma visão geral da ciência cognitiva e sua conceituação da experiência, ver o excelente trabalho de Flanagan (1991).
4. Piaget (1960) aqui fala mais especificamente sobre "esquemas" como estruturas que são formadas por meio da experiência. Cada entrada sensorial é organizada em esquemas cognitivos. Um esquema é um tipo de forma geral de uma atividade de conhecimento específica.
5. Ver também Camman (1988). Este ensaio discute a necessidade de um consultor externo, ou agente de mudança, para conhecê-lo visando a ser efetivo em uma transfor-

mação organizacional. A transformação de uma organização exige que o consultor sofra uma "autotransformação no conhecimento". Isso significa que o consultor tem de mudar sua perspectiva sobre a tarefa de mudança, assim como suas habilidades em ajudar a organização a conduzir o processo de mudança.

6. A idéia do eu como uma série de narrativas foi proposta por Daniel Dennet. Ver, por exemplo, Dennet (1988), assim como Dennet e Humphrey (1989).

7. Como observado por Cave (1995, p. 112), existe um forte relacionamento entre a forma como socialmente apresentamos nossas identidades como seres humanos e as histórias que contamos: "[Nós] não somos livres, nessas narrativas diárias, para construir qualquer identidade; mas é tanto possível quanto normal dar mais de um relato do mesmo segmento de vida e da identidade do personagem ou dos personagens que constam dela. Não apenas minhas pessoas diferentes dão diferentes relatos do meu comportamento e do tipo de pessoa que eu sou; também sou perfeitamente capaz de contar minha própria história de maneiras diferentes".

8. Este é um paradoxo da vida em grupo em geral. Ver Smith e Berg (1987). Para informação adicional sobre o conflito em grupos, ver também Deutsch (1973).

9. Vários autores resumiram as barreiras à criação do conhecimento. As barreiras listadas aqui têm suas raízes no trabalho de Berger e Luckmann (1967).

10. Uma idéia interessante a este respeito é que as histórias que pertencem ao estoque de conhecimentos de uma empresa influenciarão o modo como a argumentação organizacional será realizada. Em outras palavras, determinadas alegações podem ser favorecidas e legitimizadas se houver boas "histórias de guerra da empresa" para apoiá-las. Para saber mais sobre isso, ver Weick e Browning (1986), assim como von Krogh e Roos (1995).

11. Um procedimento formal capta o aprendizado, mas pode, com o tempo, tornar-se cheio de "rigidez essencial" que impede novas inovações na empresa. Para saber mais sobre isso, ver Leonard (1995).

12. As cinco "fases" foram originalmente definidas por Nonaka e Takeuchi (1995). Ver, em particular, p. 83-89.

13. De acordo com o cognitivismo, compartilhar o conhecimento tácito é uma questão de manter representações compartilhadas e completas, e não deve haver dúvida sobre a correspondência dessas representações com a realidade. Em uma equipe, se um membro é um tanto lento ao fazer a representação, o "modelo funil" pode ser usado – ou seja, outros membros da equipe proporcionam informação suficiente de forma que o membro lento venha a compartilhar a mesma realidade com os outros. O construcionista, naturalmente, tem um diferente ponto de vista. Cada membro da equipe tem um conhecimento exclusivo, pessoal, grande parte do qual é tácito. Para compartilhar o conhecimento em uma equipe, cada indivíduo deve justificar publicamente esse conhecimento pessoal.

14. Para mais informações sobre as tendências de globalização, ver Dunning (1993).

15. Ver von Krogh (1998).

16. Citado por D.H. Smith em um discurso intitulado "Competing with Knowledge" na Segunda Conferência sobre Estudos Comparativos de Criação do Conhecimento, St. Gallen, Suíça, junho de 1998.

17. Para saber mais sobre isso, ver Brand (1998).

REFERÊNCIAS

Barnes, B. 1988. *The Nature of Power* (Cambridge: Polity Press).

Bartlett, C.A. and S. Ghoshal. 1986. "Tap Your Subsidiaries for Global Reach," *Harvard Business Review,* 64(6), pp. 87-94.

Bartlett, C.A. and S. Ghoshal. 1990. "Managing Innovation in the Transnational Corporation," in C.A. Bartlett, Y. Doz, and G. Hedlund (eds.), *Managing the Global Firm* (London: Routledge), pp. 215-55.

Berger, P. and T. Luckmann. 1967. *The Social Construction of Reality* (New York: Penguin).

Brand, A. 1998. "Knowledge Management and Innovation at 3M," *Journal of Knowledge Management,* 2(1), pp. 17-22.

Brown, J.S. and P. Duguid. 1991. "Organizational Learning and Communities of Practice: Towards a Unified View of Working, Learning, and Innovating," *Organization Science,* February, pp. 40-57.

Camman, C. 1988. "Action Usable Knowledge," in D.N. Berg and K.K. Smith (eds.), *The Self in Social Inquiry* (London: Sage), pp. 109-22.

Cave, T. 1995. "Fictional Identities," in H. Harris (ed.), *Identity* (Oxford: Oxford University Press), pp. 99-128.

Denison, D.R. 1997. "Toward a Process-Based Theory of Organizational Design: Can Organizations Be Designed around Value Chains and Networks," *Advances in Strategic Management,* 14, pp. 1-44.

Dennet, D. 1988. "Why Everyone is a Novelist," *Times Literary Supplement,* 4, September, pp. 16-22.

Dennet, D. and N. Humphrey. 1989. "Speaking for Ourselves," *Raritan: A Quarterly Review,* 7(9), pp. 69-98.

Deutsch, M. 1973. *The Resolution of Conflict* (New Haven, CT: Yale University Press).

Dunning, J. 1993. *The Globalization of Business* (London: Routledge).

Flanagan, O. 1991. *The Science of the Mind* (Cambridge: MIT Press).

Goldman, A. 1992. *Liaisons: Philosophy Meets Cognitive Science* (Cambridge: MIT Press).

Goldman, S.L., R.N. Nagel, and K. Preiss. 1995. *Agile Competitors and Virtual Organization: Strategies for Enriching the Customer* (New York: Van Nostrand Reinhold).

Gupta, A. and V. Govindarajan. 1991. "Knowledge Flows and the Structure of Control within Multinational Corporations," *Academy of Management Review,* 16(4), pp. 768-92.

Gupta, A. and V. Govindarajan. 1994. "Organizing for Knowledge Flows within MNCs," *International Business Review,* 3(4), pp. 443-57.

Hammer, M. and J. Champy. 1993. *Reengineering the Corporation: A Manifesto for Business Revolution* (New York: HarperBusiness).

Harvey, D.F. and D.R. Brown. 1992. *An Experimental Approach to Organizational Development* (Englewood Cliffs, NJ: Prentice-Hall).

Leonard, D. 1995. *Wellsprings of Knowledge* (Boston: Harvard Business School Press).

Matthews. P. 1997. "Aqua Universitas," *Journal of Knowledge Management,* 1(2), pp. 105-13.

Maturana, H. and F. Varela. 1987. *The Tree of Knowledge* (Boston: New Science Library).

Nonaka, I. and H. Takeuchi. 1995. *The Knowledge-Creating Company: How Japanese Companies Create the Dynamics of Innovation* (New York: Oxford University Press).

Piaget, J. 1960. *The Psychology of Intelligence* (Totowa, NJ: Littlefield, Adams, & Co.).

Polanyi, M. 1958. *Personal Knowledge: Towards a Post-critical Philosophy* (Chicago: University of Chicago Press).

Prahalad, C.K. and R. Bettis. 1986. "The Dominant Logic: A New Linkage between Diversity and Performance," *Strategic Management Journal*, 7(6), pp. 485-501.

Schwandt, D. 1997. "Integrating Strategy and Organizational Learning," in A. Huff and J. Walsh (eds.), *Advances in Strategic Management*, 14 (Greenwich, Conn.: AI Press), pp. 337-60.

Smith, K. and D.N. Berg. 1987. *Paradoxes of Group Life* (San Francisco: Jossey-Bass).

Varela, F., E. Thompson, and E. Rosch. 1992. *The Embodied Mind: Cognitive Science and Human Experience* (Cambridge, MA: MIT Press).

von Krogh, G. 1998. "Care in Knowledge Creation," *California Management Review*, 40(3), pp. 133-54.

von Krogh, G. and J. Roos. 1995. *Organizational Epistemology* (London: Macmillan).

Weick, K. and L. Browning. 1986. "Arguments and Narration in Organizational Communication," *Journal of Management*, 12, pp. 243-59.

Weick, K. and F. Westley. 1996. "Organizational Learning: Affirming an Oxymoron," in S.R. Clegg, C. Hardy, and W.R. Nord (eds.), *Handbook of Organization Studies* (London: Sage), pp. 440-58.

CAPÍTULO **6**

DIFERENCIAÇÃO DE VALOR: ORGANIZAÇÃO DO *KNOW-WHAT* PARA A INOVAÇÃO DO CONCEITO DE PRODUTO

KEN KUSUNOKI

INOVAÇÕES NO CONCEITO DE PRODUTO

O Walkman da Sony é o exemplo clássico da inovação do conceito de produto. Até a sua introdução, o conceito de um equipamento de fita cassete era "um dispositivo que tocava música gravada em uma fita cassete" e o principal interesse dos usuários era na dimensão da qualidade do som. Certamente, o Walkman é "um dispositivo que dá ao usuário um ambiente totalmente novo para ele apreciar a música", tornando a portabilidade e a vida da bateria dimensões de avaliação mais importantes do que a qualidade do som.

O Honda City, com o conceito de "Menino Alto", também é uma grande inovação no conceito de produto.[1] Como os modelos Civic e Accord estavam se tornando conhecidos demais, a alta administração da Honda iniciou o desenvolvimento de um carro com um novo conceito. O City era simultaneamente pequeno no comprimento e grande na altura. Poderia ser um carro mais leve e mais barato, mas era também mais confortável e mais robusto do que os carros tradicionais. Essa idéia contradizia totalmente a sabedoria convencional sobre o *design* automobilístico da época, que enfatizava os sedans longos e baixos. O estilo e a engenharia revolucionária do City alteraram as dimensões de avaliação convencionais para os carros pequenos. O Honda City ampliou o conceito de "máximo homem, mínima máquina", que é agora bastante prevalente na indústria automobilística. Outro exemplo clássico é a minicopiadora da Canon, um produto que não apenas levou a empresa a migrar com sucesso do negócio de câmeras para o campo mais lucrativo dos produtos eletrônicos para escritório, como também criou o mercado de copiadoras pessoais.[2]

O conceito de produto capta o valor essencial do produto para o cliente. É a resposta para a pergunta "O que é o produto para o cliente, *realmente*?". A inovação do conceito de produto é um fenômeno diferente da inovação da funcionalidade, tanto incremental como radical, em uma determinada dimensão de avaliação. Da perspectiva da dimensão da qualidade do som, que era predominante até então, o Walkman era inferior aos equipamentos de fita cassete existentes. Apesar disso, a essência da inovação do conceito do produto envolve mudanças das dimensões pelas quais os usuários avaliam o produto. Da perspectiva do novo conceito criado pelo Walkman, sua qualidade de som relativamente baixa não era um aspecto tão importante. Da mesma forma, a minicopiadora da Canon não trouxe nenhum avanço nas dimensões de funcionalidade existentes, como a qualidade, a velocidade e outras. Ela mudou o contexto em que a máquina de copiar é usada. O Honda City não proporcionou nenhuma melhoria nas dimensões convencionais partilhadas em Detroit, mas mesmo assim abriu com sucesso novas idéias sobre como seria um carro bom.

Estes exemplos clássicos do Walkman, do Honda City e da minicopiadora captam um aspecto muito contemporâneo na administração estratégica: as inovações no conceito do produto estão se tornando cada vez mais importantes para a criação e a sustentação da vantagem competitiva. Um grande volume de pesquisa em inovação tem sido enfocado, implícita ou explicitamente, na "inovação da especificação do produto", que responde à pergunta: "Como a funcionalidade de um produto pode ser levada a uma determinada dimensão de avaliação?". A inovação baseada na especificação, no entanto, atingiu seus limites físicos em muitas áreas de produtos. Uma inovação baseada em especificação pode apresentar uma "falha" que pode ser claramente reconhecida pelos fornecedores. Para os clientes, entretanto, pode não proporcionar qualquer diferenciação real entre os produtos. Como a concorrência entre produtos em uma determinada dimensão é como uma corrida de 100 metros, todos os corredores atingirão um limite natural. Mesmo se um produto for desenvolvido com melhor funcionalidade, as diferenças podem não ser tão reconhecíveis para os clientes. Além disso, existe sempre o perigo de ser logo ultrapassado pelos concorrentes. A concorrência nos produtos eletrônicos, visando aos "menores e mais leves da indústria" para os clientes, é um exemplo típico da concorrência existente em determinadas dimensões de funcionalidade.

Existem muitas áreas de produtos nas quais as dimensões de avaliação existentes já atingiram níveis satisfatórios para os clientes. Exemplificando: ao longo de sua história, a indústria de computadores pessoais foi impulsionada por um ciclo de inovação entre a Intel e a Microsoft que ocorria nas dimensões convencionais. A maior velocidade de processamento de um PC equivalia a vendas mais rápidas. Mas, atualmente, os PCs são suficientemente rápidos. Para muitos usuários, um monitor com melhor aparência ou um disco rígido que contenha mais informação pode não ser necessário. Se os clientes não compravam PCs com base em sua velocidade ou em outra dimensão convencional, a indústria descobriu que poderia conquistá-los pelo preço. Quanto mais os concorrentes aumentam seus esforços para melhorar a funcionalidade do produto em uma determinada dimensão de avaliação, mais eles apertam o nó em torno de seus próprios pescoços. Esse tipo de concorrência na inovação tem o aspecto autodestruidor de levar à comoditização. O alvo da inovação do produto deve ser transferido das especificações de funcionalidade para o conceito do produto.

Como podemos organizar e administrar a inovação do conceito de produto? Este capítulo apresentará uma estrutura de organização para a inovação do conceito de produto. O núcleo da estrutura apresentada aqui é o conceito de *diferenciação de valor*. A diferenciação de valor é um dos princípios formadores de um sistema organizacional, contrastando com a diferenciação funcional que tem se tornado, explícita ou tacitamente, uma premissa para muitas organizações.[3] Este capítulo proporcionará uma comparação entre a diferenciação funcional e a diferenciação de valor visando a destacar o poder da diferenciação de valor para a criação de novos conceitos de produtos.

A mensagem principal deste capítulo pode ser resumida como a seguir. Grande parte da literatura sobre a administração da inovação tem seus fundamentos em uma organização diferenciada funcionalmente, que possui sérias limitações na obtenção de *insights* para administrar a inovação de conceitos. A razão para isso é, simplesmente, que o conceito de criar um novo produto não tem sido considerado um objeto da "administração". Na visão convencional da diferenciação funcional, a criação dos conceitos de produtos é o trabalho de alguns poucos "indivíduos" capazes de criar novos conceitos, não envolvendo as pessoas "comuns" na organização. Em outras palavras, o conceito é simplesmente uma determinada condição para as pessoas na organização. Contrastando, o modelo de diferenciação de valor incorpora, explicitamente, a criação e a evolução dos conceitos na organização e em sua administração. A diferenciação de valor descortina um novo horizonte para a organização do processo de inovação do conceito de produto.

Três dimensões da inovação e do conhecimento

Todos os produtos constituem um sistema formado de múltiplos componentes. Aqui, chamaremos esses elementos formadores do sistema de "funções". No exemplo do aparelho de fax, muitas funções são exigidas, incluindo o *scanning*, a compressão de dados, a gravação, a transmissão, o controle, a embalagem, o *software* de controle, a prototipagem e os testes. Adicionalmente, para atingir a inovação, não são exigidas apenas a pesquisa e o desenvolvimento, mas também a fabricação e o *marketing*.

As funções podem ser entendidas como uma coleta de conhecimento chamada de *"know-why"*. O know-why é um sistema de conhecimento sobre uma relação causal formulada usando-se um determinado número de variáveis, moldando a compreensão do princípio de como os componentes funcionam e que efeitos têm. Novamente, no caso do aparelho de fax, isso é conhecimento na medida em que a eficiência da compressão dos dados pode ser melhorada usando-se um determinado tipo de algoritmo. O *know-why* é formado através do aprendizado pelo estudo, com experimentos e simulações repetidos controlando as várias fontes de influência. Ele é, portanto, um conhecimento de domínio específico e é codificado universalmente com facilidade. O *know-why* é uma fonte de inovação. Sua evolução freqüentemente dá frutos como a inovação de um determinado elemento compreendendo um sistema de produto, que é chamado de inovação modular. Os exemplos da evolução do *know-why* proporcionando inovação modular são os novos microprocessadores que aumentam a velocidade dos computadores pessoais, e os motores com novos mecanismos de combustão, resultando em carros eficientes quanto ao combustível.

As inovações não ocorrem somente no nível dos componentes, podendo envolver mudanças nas combinações e nos vínculos entre eles. [4] No caso dos automóveis, algumas inovações têm melhorado o "conforto" do carro (digamos, menos ruído e vibração), sem mudanças substanciais no nível de componentes. Elas são chamadas de inovações arquitetônicas. Não é possível criar oportunidades para a inovação arquitetônica apenas com *know-why* no nível de componentes. A inovação arquitetônica exige conhecimento para integrar os componentes ao sistema.

O segundo conhecimento de integração mencionado aqui é chamado de *know-how*, que é o entendimento dos processos e dos procedimentos que criam combinações e vínculos entre os componentes, permitindo que o sistema funcione como um todo. O *know-how* é obtido através do "aprender fazendo". Em outras palavras, é o conhecimento que depende da experiência de tentativa e erro. Em contraste com o *know-why*, o *know-how* é o conhecimento que depende do contexto, sendo freqüentemente difícil de codificar. O *know-how* costuma ser inserido como rotina organizacional na estrutura da organização, nos canais de comunicação, nos métodos de solução de problemas e no planejamento e administração de sistemas. Ele é tão dependente do caminho e inatamente rotinizado que tende a ser difícil de transferir entre as organizações.

A terceira categoria de conhecimento é o *know-what*. O *know-what* é o entendimento sobre qual configuração um sistema de produto deve ter para satisfazer os valores do cliente. É o conhecimento sobre o valor do produto para o cliente e a direção na qual deve mover-se. O conceito do produto é a expressão condensada do *know-what* da empresa sobre um determinado produto. O conceito do produto inclui, tacitamente, um determinado número de variáveis e de dimensões de avaliação, assim como uma ordem de prioridade dessas dimensões.

A pesquisa sobre a administração da inovação enfoca duas dimensões na caracterização da inovação. A primeira é a magnitude da inovação: radical *versus* incremental. A segunda é a dimensão "modular *versus* arquitetônica" (ou integral), que está relacionada com a mudança em termos de estrutura interna do sistema de produto. Esta dimensão concentra-se em saber se a mudança está nos componentes do sistema ou nos vínculos entre os componentes. Deve-se enfatizar que a inovação no nível do conceito do produto é independente dessas duas dimensões. Naturalmente, existirão diferenças se a inovação do conceito for radical ou incremental, e se o conceito for mudado, a estrutura interna do sistema de produto provavelmente também mudará. No entanto, a pesquisa sobre a estrutura interna dos sistemas de produtos não discutiu, diretamente, as mudanças nos valores vistos do ponto de vista dos clientes externos.

Entre as três formas de conhecimento, o *know-what* está no núcleo da inovação do conceito do produto. O acúmulo de *know-why* e (especialmente) de *know-how*, sob uma determinada definição de valor atual do cliente, de um modo dependente do caminho, fortalece o conceito existente do produto, mas provavelmente perturba a inovação do conceito. Com base nesta lógica, a pesquisa existente explica por que a inovação do conceito é normalmente tão difícil. Por exemplo, a idéia de Christensen sobre o "dilema do inovador" ao enfrentar a mudança perturbadora de tecnologia,[5] as "armadilhas da competência" divulgadas por Levitt e March[6] e a "rigidez essencial" por Leonard-Barton[7] mostram que o acúmulo de conhecimento e de capacidades sob determinados valores dos clientes tem um efeito negativo.

O que a administração pode fazer para promover a inovação dos conceitos? Christensen argumenta que a organização é parte de uma rede de valores e é constantemente limitada pela definição dos conceitos de produtos. Por essa razão, para evitar o "dilema do inovador" e criar produtos para novos valores dos clientes, é necessário localizar uma organização nova, independente, autosuficiente em uma rede de valores diferentes. Interessante, portanto, que haja poucas teorias sobre como administrar a inovação de conceito, com a exceção da recomendação de Christensen de criar-se uma unidade independente. Por quê? A razão é que grande parte da pesquisa existente tem assumido, consciente ou inconscientemente, o conceito tradicional da diferenciação funcional. O modelo de uma organização funcionalmente diferente tem limitações na administração e na organização da inovação do conceito do produto.

DIFERENCIAÇÃO FUNCIONAL

A maior parte da pesquisa existente sobre a administração da inovação é baseada na premissa da idéia convencional de diferenciação organizacional, que forma um "sistema quase decomponível".[8] Nessa perspectiva, todo o sistema organizacional está dividido em subsistemas, de forma a reduzir a interdependência entre eles, enquanto cada um contém forte interdependência dentro de si mesmo. A organização funcionalmente diferenciada pressupõe esse tipo de diferenciação organizacional.

Do ponto de vista da diferenciação funcional, o aspecto de como o sistema é dividido em componentes funcionais é uma condição precedente à integração organizacional. O domínio de cada componente funcional é predeterminado e funciona como um mecanismo concentrador, acumulando *know-why* em cada função. Estruturadas dessa maneira, as unidades funcionais que formam o sistema são como peças de um quebra-cabeça. Neste caso, a aparência do produto final, que é similar à figura do quebra-cabeça, deve ser disposta antecipadamente com base em um determinado conceito de produto. O líder de uma organização funcionalmente diferenciada é responsável pela disposição de toda a figura no quebra-cabeça e pela junção das peças providenciadas pelas diversas áreas funcionais. Formulando-se de uma maneira diferente, nas organizações com diferenciação funcional, determinados indivíduos criam os conceitos dos produtos. Os subordinados não estão em posições para disporem esses conceitos. A organização funcionalmente diferenciada assume, assim, que as atividades para a criação de conceitos são altamente centralizadas em um pequeno número de indivíduos especialmente talentosos.

Um bom exemplo dessa criação de conceito centralizado seria a produção de um filme em Hollywood. Não existem apenas as principais funções de diretor, roteirista, câmera, editor, atores, efeitos especiais, figurinista. Há também uma grande variedade de outras funções, como os diretores de arte, especializados em decidir as cores usadas no guarda-roupa e nos cenários, os dublês que participam em determinados tipos de ação (isso também é dividido ainda mais em tipos especializados de ação), os extras que não falam (as pessoas que falam, mesmo que seja uma única palavra, em um filme estão em uma classe totalmente diferente; são chamadas de "atores" e seu pagamento também está em uma classe própria), e assim por diante. Mesmo na filmagem, um operador de câmera é especializado em "filmar o filme" mesmo não sabendo como este será. O toque final é o trabalho de "edição". Para permitir que a edição utilize sua especialização em toda a sua potencialidade, a equipe de filmagem deve filmar muitas tomadas de uma única cena em todos os ângulos concebíveis. A edição escolhe, então, aquelas que considera melhores e as utiliza para criar o produto final.

A diferenciação funcional, como descrita acima, pressupõe a presença de um poderoso criador de conceito, como Steven Spielberg, que primeiramente surge com o conceito total. Depois, através da diferenciação funcional, o quadro conceitual é dividido em unidades, cada qual com responsáveis por realizar seu trabalho especializado nelas. Spielberg, então, recombina essas partes para criar todo o filme.

Se uma organização funcionalmente diferenciada aborda a inovação de conceitos, é exigido que um novo líder assuma a criação do conceito. Esse novo líder pode conceber um novo conceito, que abra um novo padrão de diferenciação funcional, podendo resultar em um novo produto com um conceito inovador. A "criação de unidades independentes auto-sustentadas", de Christensen, mencionada anteriormente, também sugere esse tipo de abordagem para a comercialização de inovações de conceito que incluam mudanças nas dimensões de avaliação. Aqui, a criação de conceito é mais um aspecto de capacidade individual do que de capacidade organizacional.

Diferenciação de valor

A partir da perspectiva da diferenciação funcional, o sistema é formado por "caixas" e "linhas". Em relação ao conhecimento, as caixas aqui correspondem ao *know-why* e as linhas ao *know-how*. No entanto, um sistema de produto também tem a dimensão das "perspectivas". Essa dimensão corresponde ao *know-what*. Todos os sistemas de produtos têm alguma variedade em termos de perspectivas do sistema. Isso é chamado de *variedade de perspectiva do sistema*. A variedade de perspectiva de um sistema de produto enfatiza o fato de que existe uma variedade na perspectiva do sistema do "que o produto realmente é".

A diferenciação funcional, que interpreta o sistema como caixas (unidades diferenciadas por função) e linhas (a interdependência entre essas unidades), assume, tacitamente, a singularidade da perspectiva dos sistemas de produtos. No entanto, a situação em que o conceito do produto está fixado rigidamente é na verdade quase uma exceção. Enquanto para uma determinada pessoa um carro pode ser um "meio conveniente de transporte", para outra pode ser um "local para momentos alegres com a família". Para alguém que dirige uma Ferrari, pode ser uma "forma de auto-expressão". Mesmo um sistema de produto tecnicamente maduro como um carro possui, portanto, variedade de perspectiva do sistema.

Se o produto por natureza tiver uma determinada variedade de perspectiva do sistema, as várias "faces" do sistema poderiam ser uma dimensão-chave para a diferenciação, o que significa que as organizações e as atividades são diferenciadas de acordo com as diferentes perspectivas do sistema. Cada uma das unidades diferenciadas tem sua própria visão de conceito de produto, utilizando seu próprio *know-what* para realizar um produto melhor. Esse tipo de diferenciação é chamado de diferenciação de valor – dividindo um determinado sistema de produto (serviço) ou as atividades para realizá-lo, com base nos valores do cliente que o sistema pode potencialmente proporcionar.

A Figura 6.1 ilustra uma comparação entre a diferenciação de valor e a diferenciação funcional. Se os sistemas contêm uma variedade de perspectivas dos valores dos clientes, o padrão para a diferenciação não pode ser exclusivo. Visto desta perspectiva de diferenciação funcional, por essa razão, a divisão do trabalho sob a diferenciação de valor parece estar em um estado de fluxo. O sistema como um todo é estratificado em um número limitado de perspectivas de sistema, através da diferenciação de valor, e um conceito uniforme que visa a um determinado valor do cliente pode ser encontrado no interior de cada uma das unidades diferenciadas. Enquanto a diferenciação funcional é um mecanismo concentrado no *know-why*, a diferenciação de valor é um mecanismo que enfoca o *know-what* para promover o aprendizado dos conceitos de novos produtos.

Não apenas a diferenciação de valor é diferente do conceito de diferenciação funcional, que pressupõe a divisibilidade estável nas unidades funcionais, mas também não é ela um "sistema holístico" em que cada parte tem todas as informações sobre o todo. Poderia ser considerada intermediária entre essas duas

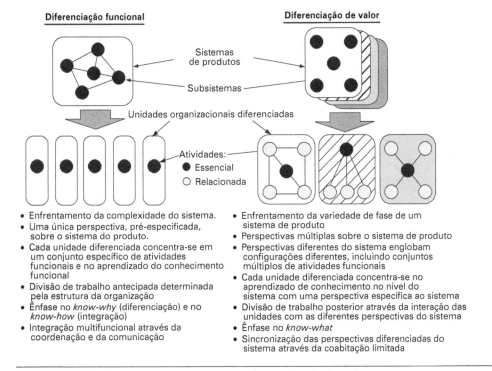

FIGURA 6.1 Diferenciação funcional *versus* diferenciação de valor.

como um "sistema holístico especializado". Dentro das unidades diferenciadas de valor, concentrar-se em um único aspecto de vários valores do cliente reduz a complexidade. Ao mesmo tempo, embora seja unifacetada, cada unidade contém conhecimento no nível do sistema, correspondendo a essa perspectiva do sistema, que é diferente da diferenciação funcional. As unidades organizacionais aqui podem ser consideradas as pessoas conduzindo um conjunto de atividades para um determinado valor para o cliente do produto.

COABITAÇÃO LIMITADA

Se o conceito do produto for conhecido, a diferenciação funcional pode ser uma maneira eficaz de criar sistematicamente *know-why* e *know-how*. No entanto, se ele for desconhecido ou fluido, a diferenciação funcional enfrentará limitações na criação do *know-what* para o conceito de um novo produto.

Isso pode ser facilmente compreendido pelo exemplo de uma investigação de assassinato. Se as condições na cena ou as declarações das testemunhas sugerem, claramente, no estágio inicial, que o crime foi cometido com a intenção de roubo, a organização da investigação pode ser feita com diferenciação funcional. Ela seria dividida em diferentes tarefas funcionais, como a investigação da cena do crime, a realização de inquéritos em torno da cena, a investigação científica dos testes sangüíneos e a investigação de delitos anteriores.

Entretanto, vamos observar um caso no qual o "conceito" de crime não está claro e não existe *know-what* fixo do caso de assassinato. O crime ocorreu em um escritório trancado e, embora não existam sinais de luta, a sala foi revirada e não há bilhete de suicida. Neste caso, uma organização com diferenciação funcional pode enfrentar algumas dificuldades. Uma organização dividida de acordo com os vários "conceitos" do caso trabalharia mais eficazmente, com uma equipe investigativa presumindo que tenha sido um suicídio; outra que tenha ocorrido um homicídio por pessoa do mesmo edifício, que conhecia a vítima; e outra que um intruso tivesse entrado com a intenção de roubo. Nesse tipo de situação, é difícil conduzir repentinamente a diferenciação funcional. A organização funcionalmente diferenciada pressupõe que o conceito deva ser determinado desde o início. Isso pode ser possível se houver um grande perito trabalhando no caso, com a capacidade de conceber precisa e imediatamente o conceito da investigação. Como mencionado acima, a diferenciação funcional pressupõe a presença de um grande *expert* como criador do conceito.

A diferenciação de valor pode acabar se sobrepondo à diferenciação funcional. Para usar nosso exemplo, a equipe que investiga a hipótese de suicídio centralizaria suas investigações no estilo de vida passado e presente da vítima, com base em seu conceito; já a equipe que investiga a hipótese de alguém do edifício ter cometido o crime enfocaria os inquéritos sobre as relações na empresa e as pessoas próximas da vítima. A equipe que investiga a hipótese de um intruso consultaria uma lista de delitos passados e consideraria importante procurar testemunhas oculares em uma área ampla. No entanto, embora isso possa parecer uma diferenciação funcional, as tarefas não foram atribuídas com base em uma diferenciação funcional formulada previamente. Na organização com diferenciação de valor, o "conteúdo de atividades" que cada unidade executa não pode ser decidido previamente. Cada seção decide, semi-independentemente, sobre as atividades consideradas importantes à luz do conceito concebido. Mesmo que o trabalho feito sob a diferenciação de valor possa se sobrepor à diferenciação funcional, é logicamente um princípio totalmente diferente.

A diferenciação de valor é eficaz quando existe espaço suficiente para um novo conceito, porque ela pode ser um mecanismo que organizacionalmente encoraja as inovações de conceitos. Usando o exemplo anterior, as equipes cujas investigações são dirigidas por diferentes conceitos podem descobrir qual deles estava mais próximo da verdade realizando uma investigação paralela. Em alguns casos, todos os conceitos e processos investigativos voltarão à estaca zero e, gradualmente, ficará óbvio que "nenhum dos conceitos estava certo". No entanto, mesmo assim, o fato de nenhum conceito estar correto torna-se claro e, em conseqüência, um novo conceito pode ser desenvolvido, porque cada unidade organizacional comprometeu-se com um determinado conceito.

A criação de um novo conceito de produto, por sua natureza, inicia com o *know-what* muito tácito dos indivíduos. Se assumirmos que os componentes críticos no processo de criação do conhecimento incluem (1) o compartilhar de conhecimento tácito e (2) a conversão do conhecimento tácito em conhecimento explícito para permitir que seja compartilhado com as pessoas internas e externas, a organização com diferenciação de valor pode ser um veículo de criação de *know-what*. Primeiramente, dentro de cada unidade com diferenciação de valor, as pessoas poderiam compartilhar intuitivamente suas crenças sobre o que o produto deveria ser, porque elas concebem conceitos mais ou menos similares, ainda que sejam primitivos e tácitos. Em segundo lugar, explorando como é o seu *know-what*, e ele não é como os das outras unidades com diferenciação de valor, as pessoas na unidade serão capazes de propor e esclarecer o que estão realmente buscando como conceito, o que facilita a conversão de seu conhecimento tácito em conhecimento mais explícito.

Três importantes condições são exigidas para que a organização com diferenciação de valor facilite, efetivamente, a criação e a evolução do conceito através do processo de fazer diferentes *know-what* relativos um ao outro. Em primeiro lugar, todos na organização devem compartilhar um único "objetivo maior", como "solucionar o caso", no exemplo do crime. Em outras palavras, um "conceito maior" deve ser garantido. A diferenciação de valor é acarretada quando as pessoas em cada grupo extraem conceitos diferentes a partir do conceito maior, hiperordenado. Em segundo lugar, a existência do *ba*, um campo interativo que permite a interação contínua e íntima através das diferentes unidades. As pessoas que buscam conceitos diferentes devem entender as diferenças entre seus conceitos e as diferentes abordagens e processos resultantes. A interação possibilita que vários conceitos diferentes sejam relativos. Uma vez que vários conceitos tenham sido relativizados uns com os outros em um determinado nível, seus pontos fortes comparativos tornar-se-ão mais claros, o que pode, algumas vezes, levar a uma nova perspectiva. Em terceiro lugar, o *ba* para essas restrições deve ter restrições visíveis.

No exemplo do crime, deve existir um tipo de "competição" entre as equipes de investigação que seja uma "comparação" sobre qual é o conceito superior (aqui, qual captou melhor a verdade sobre o caso). Ainda mais importante, no entanto: nenhuma das equipes disputa o ponto final da solução do caso. Por exemplo, se ficar claro que o conceito de determinada equipe está correto e o caso está solucionado, sob a liderança dessa equipe, isso representa um "sucesso" também para os membros das outras equipes, não algo que deveria ser evitado. É devido a esse relacionamento sutilmente tenso que a confrontação construtiva é acarretada e os conceitos são relativizados, levando à criação de conceitos melhores. No entanto, existem apenas um caso e uma verdade. A organização dividida em três equipes não significa que existam três casos diferentes, ou três assassinos. Deve ser observado que essa diferenciação de valor difere da criação de unidades organizacionais autocontidas, como a estrutura multidivisional, na qual cada divisão é responsável pelo mercado de um produto específico.

Os vários conceitos de produtos que emergem a partir da diferenciação de valor devem ter limites temporais, físicos e espaciais para que o conceito seja explorado de modo mais eficaz. Observando novamente o exemplo do caso de assassinato, o número de investigadores e o orçamento são limitados, além do tempo até o indiciamento. No exemplo do desenvolvimento do produto, o orçamento do desenvolvimento, o número de membros da equipe de P&D e o prazo para o seu lançamento no mercado são condições restritivas. É devido a essas fortes restrições que um relacionamento tenso, competitivo, tem origem em relação à unidade de diferenciação de valor que capta o melhor conceito. A presença de restrições gera um compromisso com o próprio conceito. Sem que cada conceito seja respaldado por um forte compromisso, não haverá tensão entre os mesmos e a evolução dos mesmos não será possível. Embora a existência de um "conceito maior" seja o fator que provoca o compromisso com o conceito, os limites restritivos são os fatores provocadores desse compromisso. A condição em que várias unidades com diferenciação de valor são empurradas para determinadas restrições físicas simultaneamente, em um relacionamento competitivo, enquanto mantêm uma meta final comum, é chamada de coabitação limitada.

Emergência e evolução dos conceitos de produtos

As discrepâncias e as diferenças entre os conceitos diferenciados de produtos são esclarecidas pela coabitação limitada, e isso, por sua vez, acarreta a criação e a evolução de novos conceitos. Tem-se presumido que os processos de criação de significado, relativização, avaliação e separação sejam conduzidos pelos usuários no mercado (aprender usando). No entanto, a diferenciação de valor e a coabitação limitada confrontam uma série de diferentes perspectivas de usuários, dentro da organização, antes de o produto ser realmente liberado para o mercado. A unidade de diferenciação de valor também inclui os usuários virtuais. Eles são um grupo de pessoas que se colocam na posição de um determinado tipo de usuário e pensam como pode ser maximizado o valor do produto para aquele usuário. Em oposição à diferenciação funcional, na qual a criação do conceito é centralizada em um indivíduo dotado de grande capacidade, na diferenciação de valor a criação do conceito é mais descentralizada e realizada de um modo mais organizacional, através das interações das pessoas envolvidas.

Voltando ao exemplo de um filme, o diretor Martin Scorsese, o ator Robert De Niro e o escritor Paul Schrader combinaram-se para fazer seus primeiros filmes (como *Taxi Driver* e *Raging Bull*) usando uma abordagem diferente da de Hollywood. Embora suas "funções" fossem diferentes, cada um deles desenvolveu um conceito do filme que desejava fazer e depois o apresentou aos demais.[9] Os projetos dos filmes de Scorsese foram organizados de uma forma que chamamos de diferenciação de valor. As unidades organizacionais da diferenciação de valor não são responsáveis por uma parte predeterminada do quebra-cabeça. Cada uma delas dá um determinado significado ao sistema do produto com base em seu próprio *know-what*, e a partir daí todas representam um conceito de produto particular. Por essa razão, a organização de diferenciação de valor não é um processo em dois passos de diferenciação e integração; na verdade, ambas estão incluídas inseparavelmente nas atividades de cada unidade. Em outras palavras, a integração do conceito do produto está "inserida" até um determinado ponto em cada unidade diferenciada.

Em vez de apresentar ativamente o conceito de produto, o líder da organização com diferenciação de valor desempenha um papel mais "passivo". O papel do líder é administrar cuidadosamente as condições para um *ba* efetivo e manter as partes de valor diferenciado em um relacionamento de coabitação limitada. No exemplo de desenvolvimento de produto, o papel do líder não é tanto o de "integrador" de várias atividades funcionais, mas mais o de "restritor" e de "estabelecedor" de condições, que proporciona um contexto e regras para a competição interna e que julga o vencedor dessa competição. Aqui, o papel do líder não é o de tomar decisões, nem o de dar ordens, mas sim o de prover cuidadosamente o campo interativo para as pessoas vestidas com os "trajes do todo". Segundo a diferenciação de valor, todos os membros da organização usam trajes de vários *designs* e cores. Não é como se um conjunto padronizado de "trajes", como um uniforme, fosse distribuído para cada membro. Os indivíduos recorrem aos seus próprios conceitos e *know-what* para desenhar e colorir os seus "trajes do todo." No entanto, neste ponto, o indivíduo não tem consciência dos verdadeiros méritos e deméritos dos "trajes do todo" que foram desenhados. Apenas quando alguém, usando "trajes" de cor ou desenho diferentes, aproxima-se dele, pode entender o que o seu próprio "traje" é e qual a sua verdadeira essência. O melhor tipo de "traje" pode ser descoberto através da coabitação limitada de indivíduos com diversos "trajes"; além disso, esses "trajes" estarão continuamente evoluindo.

DESENVOLVIMENTO DO GRAVADOR DE DISCO MAV-555 DA SONY

O GRAVADOR DE DISCO

Esta seção descreverá um caso de inovação de conceito realizada pelo gravador de disco MAV-555, da Sony, para ilustrar a estrutura da diferenciação de valor e da coabitação limitada em um contexto empírico. O MAV-555 foi lançado no mercado em junho de 1999, como dispositivo profissional para gravar e editar vídeos. Seus principais usuários eram as estações de televisão e as empresas produtoras de programas. O MAV-555 tinha uma interface LAN e podia receber vídeos digitais *online*, enquanto os salvava em um disco rígido, não em fita. Com quatro canais de entrada e de saída, podia receber novo material de vídeo durante o processo de edição e, simultaneamente, enviar o material editado para o provedor da estação de televisão. Todas essas ações ocorriam enquanto no ar e utilizando apenas um dispositivo. Olhando para o exemplo de uma transmissão de *baseball*, uma chamada controvertida ou uma boa jogada necessitam, automaticamente, de um *replay*. Se estivesse sendo utilizado um VTR (gravador de vídeo em fita), a gravação deveria ser interrompida para que o *replay* fosse apresentado. Se ocorresse outra boa jogada nesse meio tempo, ela seria perdida. Originalmente, as estações de televisão usavam múltiplos VTRs para evitar esse problema. Como o MAV-555 podia transmitir outra parte durante a gravação, o trabalho de três ou quatro VTRs podia ser realizado com apenas um equipamento.

Ao mesmo tempo, o MAV-555 também podia funcionar como um "equipamento de edição não-linear". A edição não-linear substituiu a edição linear convencional que usava a fita magnética. A edição linear geralmente envolve o uso de dois VTRs (um transmissor e um gravador) e um equipamento de edição. A edição não-linear é conduzida enviando-se o vídeo diretamente para o disco rígido. Enviar o vídeo para o disco rígido permite o acesso aleatório, a edição complexa do vídeo (como assistir a uma determinada cena) e a troca eficaz da ordem das cenas sem as funções de rebobinar ou antecipar.

Da perspectiva do "equipamento de edição não-linear", no entanto, o MAV-555 foi considerado um produto algo incomum. Os editores não-lineares eram considerados produtos para serem usados no processo final da edição de vídeo, ou na "pós-produção". Criadores e editores de filmes, de programas de televisão e de filmes comerciais eram seus principais usuários. O usuário coletaria os dados em vídeo em um provedor e usaria um *software* especial de processamento de vídeo para editá-lo, servindo-se apenas de um teclado e de um *mouse* enquanto monitorasse esse processo na tela do computador. Observando-se apenas a ação do usuário, parecia que a maior parte do trabalho era feita no computador. O editor não-linear era essencialmente um sistema de computador para dados em vídeo.

Uma importante fabricante de equipamento de edição não-linear era a Avid Technologies, criada em 1987. Ela lançou o primeiro sistema de edição não-linear, o Avid/1, em 1989. Quando o MAV-555 da Sony foi lançado, em 1999, a Avid tinha o MC9000 como seu principal modelo, sendo usado amplamente no campo da pós-produção. Além do Avid, a empresa americana Techtronics e a européia EVS também tinham lançado seus próprios sistemas de edição não-linear. A Techtronics era originalmente uma empresa que fabricava instrumentos de medição e entrou no mercado de equipamentos de edição não-linear com base em sua tecnologia em computadores e discos rígidos. Em 1999, o mercado para equipamentos de edição não-linear tinha uma escala estimada em cerca de US$ 1,5 bilhão.

Apesar disso, os equipamentos de edição não-linear mais semelhantes a computadores eram diferentes dos equipamentos de edição linear baseados no VTR, por serem operados clicando-se e arrastando-se o *mouse*. Por esse motivo, eles não eram amplamente usados na produção de notícias e na transmissão de esportes ao vivo. Os equipamentos de edição linear existentes eram operados com um painel de controle profissional. Os editores de produção veteranos operavam esse painel de controle muito eficazmente com determinadas habilidades. Em comparação, os equipamentos de edição não-linear, que exigiam o uso do *mouse* e do monitoramento da tela, não eram adequados para os locais agitados de produção de notícias e esportes ao vivo, pois demoravam muito para operar.

Na produção de notícias, em particular, clicar o mouse na posição certa enquanto se olha para as próprias mãos parecia muito estranho para os usuários veteranos que estavam acostumados com o painel de controle. Além disso, após a edição estar completa, os equipamentos de edição não-linear exigiam que o vídeo fosse mandado para o equipamento usado, para colocá-lo no ar, antes da transmissão real. Isso resultava em um atraso de sete minutos antes de o material editado ser transmitido. Os equipamentos de edição não-linear eram, simplesmente, "sistemas de computador" para o processamento de vídeo, usados pelo editor de pós-produção que olhava para o monitor do computador. Muitas partes do sistema do produto compreendiam o mesmo *software* com finalidade geral (como o sistema operacional) e *hardware* (MPU e disco rígido) como computadores, diminuindo a barreira para entrar nesse mercado e também dificultando que o produto se distinguisse.

Embora o MAV-555 fosse estruturalmente não-linear, tinha uma interface de usuário muito similar à do VTR do tipo linear. Tinha herdado um painel de controle similar ao do VTR, incluindo um dial *JOG* e um dial *shuttle*, tornando a operação fácil como a de um VTR. O MAV-555 não tinha somente a face de um VTR, mas também funcionava de maneira análoga, pois podia gravar diretamente e exibir vídeos importados, podendo assim substituir o VTR. Por exemplo, como era do mesmo tamanho de um VTR profissional, podia ser instalado nas vans de transmissão ao vivo. Em termos de interface com os vários equipamentos de edição usados nas estações de televisão, o MAV-555 podia usar o mesmo *hardware* e os recursos que outros VTRs tinham usado até então. Diferentemente de um equipamento de edição similar ao computador, o vídeo editado podia ser executado diretamente e os resultados da edição postos no ar em aproximadamente 10 segundos com o MAV-555.

Resumindo, o MAV-555 era um produto com um novo conceito. Exteriormente, parecia um VTR, mas tinha a função da edição digital não-linear. No entanto, era também substancialmente diferente dos sistemas de edição não-linear baseados em computador mencionados acima. Podia gravar e estocar vídeo no disco rígido, mas também era um produto muito diferente para o provedor de edição não-linear de vídeo. Aos olhos dos clientes, o MAV-555 não era nem um equipamento de edição, nem um VTR ou um provedor de vídeo. Conseqüentemente, foi chamado de gravador de disco, criando uma nova categoria sem outros produtos concorrendo diretamente. Esse novo conceito de gravador de disco atraiu a atenção dos usuários que produziam esportes ao vivo e programas de notícias. Devido ao seu preço, o MAV-555 foi posicionado como um produto de ponta, mas no campo de cobertura de esportes ao vivo conquistou uma impressionante porção do mercado.

ANTECEDENTES

Vamos observar o processo organizacional envolvido no desenvolvimento do MAV-555. Seus protagonistas são: Yuichi Kojima, chefe da Divisão de Sistemas de Disco que lidava com os negócios de equipamentos de transmissão profissional da Sony; Tokuichi Ito, que há muito trabalhava em pesquisas relacionadas com o processamento de imagens paralelas e tinha sido escolhido um dos 18 "arquitetos do sistema", naquela ocasião, na Sony; e Kazuo Kamiyama, que estava envolvido no desenvolvimento e no desenho de um VTR digital profissional desde que entrara na divisão. A idéia de desenvolver um novo tipo de equipamento de gravação tinha circulado pela Sony por algum tempo. No entanto, como era uma categoria de produtos inteiramente nova, o projeto foi encerrado, ainda no primeiro estágio, por volta de 1994.

O fato de não haver equipamento similar no mercado, na ocasião, lembrava a situação do Walkman. O Walkman é como um gravador de fita cassete, mas não possui a função de gravar e é embalado com fones de ouvido. O MAV-555 tem aparência semelhante ao VTR, mas não possui fenda para a fita e tem uma interface LAN. Alegava-se que um produto tão estranho não venderia e o projeto foi encerrado antes de chegar ao estágio de comercialização. (Kojima).[10]

Antes de o projeto do MAV-555 entrar em andamento, a organização do desenvolvimento da Divisão dos Sistemas de Disco foi dividida em um grupo de desenvolvimento e em um grupo de *design*. O grupo de desenvolvimento era um "laboratório da divisão" que trabalhava com a tecnologia-chave, como os dispositivos de processamento de vídeo e a compressão de dados. Geralmente, era construído um protótipo, com base na tecnologia desenvolvida no grupo de desenvolvimento, e este era enviado ao grupo de *design* para melhorias e comercialização. Colocando-se de maneira diferente, nessa ocasião, a Divisão dos Sistemas de Disco tinha um tom de diferenciação funcional convencional.

Ito, no grupo de desenvolvimento, estava considerando o desenvolvimento de um provedor de vídeo *mainframe* chamado de MAV-2000. Esta foi a primeira oportunidade para que o grupo de desenvolvimento criasse até o produto final. No desenvolvimento do MAV-2000, a única coisa a que Ito e seu grupo visavam era um provedor de vídeo *mainframe,* no qual a expansão da capacidade de dados fosse um dos principais desafios. Eles também colocaram esforços no desenvolvimento de uma nova tecnologia RAID (tecnologia que permite o acesso paralelo a múltiplos discos rígidos em uma série) para aumentar a confiabilidade do provedor *mainframe*. O desenvolvimento de um produto como o MAV-555 era a última coisa em suas mentes. Eles não tinham a intenção de fazer um produto com funções de edição, ou um que substituísse, funcional e fisicamente, os VTRs existentes.

Por outro lado, Kamiyama, no grupo de *design*, estava considerando a substituição do VTR com funções de edição desde o final de 1997. Eles pensavam sobre a criação de um dispositivo que fosse miniaturizado até o ponto de poder substituir fisicamente o VTR e também ser usado pelas pessoas que trabalham no local da produção da transmissão sem o controle de um grande sistema de computador.

O PROJETO GCD

Em março de 1998, Kojima consolidou os dois grupos que estavam trabalhando independentemente em um projeto chamado GCD (*greatest common divisor*, ou maior divisor comum). Consolidando essas equipes que estavam pensando em produtos completamente diferentes, Kojima pretendia desenvolver um produto com um novo conceito. Na consolidação do projeto GCD, Kojima sugeriu que Ito e Kamiyama trouxessem seus conceitos ao projeto sem modificações. O desenvolvimento continuou, com o grupo de Kamiyama trabalhando na direção de "um gravador com funções de edição que poderia permitir entrada e saída multicanais usando um disco em vez de uma fita VTR" e a equipe de Ito trabalhando em um "computador especializado que permitiria entrada e saída em tempo real de vídeo e de áudio, com função de armazenamento". No total, o Projeto GCD empregou a diferenciação de valor, mais do que a divisão de trabalho funcional tradicional.

> Não apenas não existia nenhum produto como o MAV-555 na ocasião, mas também não estava claro, nem para os fabricantes nem para os usuários em perspectiva, o que o produto era ou como deveria ser usado. Por causa disso, surgiram muitas opiniões diferentes sobre o tipo de produto que o MAV-555 deveria ser. Tudo que eu pude fazer foi deixar Ito e Kamiyama utilizarem suas visões sobre o produto, fazendo com que os dois entrassem em contato no processo de desenvolvimento e realizassem algo bom. Kamiyama tinha experiência com interfaces de usuários usadas na edição, tanto dos VTRs quanto dos discos, e sugeri que ele tivesse consciência da importância disso. Eu o instruí a não comprometer-se em relação à facilidade de usar o MAV-555. Por outro lado, recomendei que Ito exercitasse completamente seu nível superior de experiência e conhecimento neste campo com a Sony. Em relação à arquitetura central, eu o aconselhei a afastar-se do MAV-2000 enquanto tomava precauções. Particularmente, como o MAV-555 seria equipado com uma interface Ethernet, eu enfatizei que a consideração de como o 555 aparentaria, a partir da perspectiva dos usuários conectados à rede, era um papel importante da equipe de Ito. (Kojima)

Um sério conflito ocorreu no interior do projeto quase imediatamente. O grupo de Kamiyama estava buscando uma interface de usuário idêntica à do VTR. No entanto, para Ito, que estava trabalhando a partir da perspectiva de fazer um provedor, existiam demasiadas funções a serem incluídas. A equipe de Ito pretendia um sistema que funcionasse estavelmente, sem colocar uma alta carga no provedor, mesmo que isso significasse reduzir o número de funções. Enquanto Kamiyama considerava a velocidade da resposta uma característica crítica, Ito pensava que aumentar a velocidade da resposta resultaria em um aumento de carga sobre o disco rígido, comprometendo, assim, a estabilidade do sistema.

Contrastando, Kamiyama insistia em maximizar o número de estruturas. Ao fazer um sistema baseado em um esquema de funcionamento semelhante ao do computador, o número de estruturas tinha de ser reduzido para garantir a estabilidade do sistema. Quando Kamiyama visitou o local de edição de um programa de *hockey* no gelo, nos Estados Unidos, notou que havia um ligeiro atraso entre o som do disco saltando e o movimento no vídeo. Isso era um problema que se originava do baixo número de estruturas usadas na edição não-linear. Como o padrão de qualidade da fotografia, na reprodução em câmera lenta, tinha sido determinado pelos VTRs profissionais anteriores da Sony, Kamiyama acreditava que era necessário alcançar o mesmo nível:

> Não importa quanta tecnologia digital um produto utiliza, são as pessoas que usam o produto, e são elas que vêem a figura. Podemos fazer o melhor possível na conversão da percepção analógica das pessoas para a digital. Também havia o aspecto da conversão do áudio analógico para o digital. Por exemplo, quando o VTR está em *fast forward*, ele faz um som de guincho. O trabalho dos editores é facilitado se esse som estiver presente. Quando se procura uma cena usando o *fast forward*, um equipamento similar ao computador lê apenas algumas estruturas, e não é possível parar em um determinado ponto. Em um programa de notícias, é difícil captar o momento exato em que alguém é iluminado pelo *flash*. Considerando-se a facilidade de uso, o MAV-555 não teria valor genuíno a não ser que considerássemos a fundo como os usuários realmente usam o equipamento em sua situação de trabalho. As pessoas orientadas para o computador diriam que "isto não é o que um computador faz", mas não estamos trabalhando com um computador em mente. (Kamiyama)

Os dois grupos tentaram resolver o conflito – com o grupo de Kamiyama insistindo na interface do usuário e o de Ito na estabilidade do sistema – de maneira dialética. Eles tentaram encontrar a síntese entre os dois conceitos em conflito (isto é, a tese e a antítese) procurando uma solução de nível mais alto do que a tese ou a antítese. Perseguiram uma abordagem "ambos-e", em vez de "ou-ou", não uma conciliação, algo "intermediário" ou "no meio de", dos dois conceitos em conflito.

O número de estruturas que Kamiyama sugeriu pareceu um grande risco para a estabilidade do sistema. O desenvolvimento do MAV-2000, no qual estávamos trabalhando, atrasou-se e foi difícil manter a motivação no grupo. No entanto, Kamiyama conhecia as condições da cena de transmissão e fez uma ameaça, afirmando que os usuários nem mesmo olhariam para o produto. Ele estava convencido sobre o aumento do número de estruturas por segundo para a função de *JOG*, mas havia um limite para até onde se poderia ir. A partir daí, a tecnologia de *shuttle* G (um método de aumento da freqüência da estrutura sem colocar carga sobre o disco rígido) foi desenvolvida. Obtivemos resultados da simulação do que seria, também, melhor para os usuários, e isso o convenceu. Mudamos muitas partes para atender às alegações de Kamiyama, mas não consideramos isso uma conciliação. Começamos a entender que se respondêssemos às sugestões dele, poderíamos também contribuir para a futura expansibilidade a partir do ponto de vista do provedor. Por outro lado, mantivemos nossa idéia básica relativa à arquitetura. Kamiyama pode ter considerado que uma arquitetura avançada foi forçada sobre ele, mas continuamos a convencê-lo a aceitar essa parte dizendo que estávamos também fazendo o nosso trabalho. (Ito)

O MAV-555 que foi lançado em junho de 1999 era bem diferente do produto que Ito e Kamiyama tinham cada um originalmente visualizado. No processo de combinar os vários conceitos, o conceito de "gravador de disco" veio gradualmente à luz. Como mencionado anteriormente, o MAV-555 teve sucesso ao criar uma posição no mercado com um conceito de produto que não era conhecido até então.

Os sistemas de edição baseados em computador e os provedores de vídeo estavam se tornando estruturalmente mais próximos dos computadores pessoais. O uso de *software* e *hardware* com finalidade geral poderia facilitar o desenvolvimento do que eles chamavam de equipamentos não-lineares. No entanto, novos conceitos não podem nascer como uma extensão dessa abordagem. O MAV-555 não é um VTR linear ou o que a indústria chama de não-linear. Sua força está no fato de que os usuários começaram a chamar o equipamento apenas de "MAV-555" ou "gravador de disco", assim como as pessoas chamavam de "Walkman" o novo tipo de tocador de fita cassete. (Kojima)

LIDERANÇA PARA A COABITAÇÃO LIMITADA

O papel de Kojima, o líder do projeto, sugeriu alguns elementos importantes de liderança na criação da coabitação limitada. Em vez de definir o conceito do produto sozinho, atribuindo especificações-alvo e integrando os resultados obtidos pelas várias funções, seu interesse estava concentrado em colocar os dois grupos, com diferentes perspectivas de sistemas, em um *ba* eficaz para a coabitação limitada. Resumindo, Kojima desempenhou o papel de administrador do *ba*, que tomou a forma de liderança indireta sobre o projeto.

Em primeiro lugar, Kojima estabeleceu claramente as condições limitadoras, dando ao projeto uma forte restrição temporal, ao antecipar a data em que o MAV-555 seria apresentado ao mercado. Ele fez esforços para erradicar o sentimento, no local de trabalho, de que "não é raro que um lançamento seja adiado, se for um produto absolutamente novo". O protótipo do *design*, que sempre era feito duas vezes, foi reduzido para uma vez. Além de aderir firmemente ao cronograma, os departamentos de fabricação e de garantia de qualidade também foram encorajados a entender como as coisas estavam sendo realizadas. Kojima propôs, insistentemente, que arquitetura e *software* comuns deveriam ser usados no MAV-555 e no MAV-2000, pois assim moldariam as condições fisicamente restritivas.

> Coloquei a ênfase no prazo. No entanto, também pretendia explicar apropriadamente as razões a partir do aspecto da estratégia de negócios. Sempre que tive a oportunidade, usei números reais para explicar que, com o uso de arquitetura e *software* comuns, o lançamento rápido e o sucesso do 555 melhorariam muito os lucros da divisão. (Kojima)

O segundo ponto é o fato de que os grupos de Ito e Kamiyama abraçaram uma contradição, cultivaram-na e conseguiram desenvolver uma síntese entre dois conceitos opostos de maneira dialética. O grupo de Kamiyama buscava fazer um produto como um gravador de disco desde o início e tinha um forte desejo de fazer tudo ele mesmo. Tinham um sentimento intuitivo de insatisfação de que a arquitetura de Ito não seria a que estavam esperando. Enquanto isso, o grupo de Ito estava insatisfeito porque, se aceitassem a abordagem de Kamiyama, sua carga de trabalho seria aumentada, mesmo que o *software* fosse compartilhado com o MAV-2000, e a funcionalidade do MAV-2000, como computador, seria prejudicada. Na trama deste conflito, Kojima virtualmente não fez intervenções relacionadas com os assuntos técnicos. No entanto, em relação à "responsividade" e à "capacidade de *shuttle*", ele instruiu Ito a encontrar uma solução. Kojima juntou-se ativamente a essa discussão e ajudou a convencer Kamiyama a aceitar a solução do grupo de Ito. Para facilitar, Kojima algumas vezes desempenhou um papel ativo no tratamento dos conflitos visando a facilitar o confronto construtivo entre eles.

Em terceiro lugar, Kojima trabalhou para promover a interação entre os dois grupos, visando a encorajar a relativização das diferentes abordagens. Por exemplo, ele mesmo fez a organização dos assentos e algumas pessoas surpreenderam-se que ele fosse um chefe de divisão tão meticuloso. Ele também colocou os dois grupos, que estavam em andares diferentes, no mesmo andar, mantendo-os afastados o suficiente para que não brigassem, mesmo que se queixassem um pouco um do outro. O próprio assento de Kojima foi colocado mais afastado do grupo para reduzir qualquer interferência ou influência nos detalhes do projeto.

Tanto Ito quanto Kamiyama tinham confiança em sua própria direção, de forma que no início havia uma atmosfera de "Eu não quero trabalhar com eles". Eles não são o tipo de pessoas que ouviriam se eu apenas irrompesse na sala. Eles tinham diferentes visões sobre qual deveria ser a aparência do MAV-555; portanto, o problema era mais do que apenas coordenação. Tentei conscientizá-los sobre suas próprias idéias originais e sobre eles mesmos. Preferi não dizer "sejam amigos", mas "convivam bem". Era importante manter uma atmosfera em que os grupos entrassem em confronto um com o outro sem haver comprometimento desnecessário. Nessa confrontação, eles deveriam vir a entender os pontos fracos e fortes de cada uma de suas abordagens. Quando isso ocorre, as coisas acabam indo para os seus devidos lugares. Meu papel era o de juiz, apenas estabelecendo as condições, como a duração e a padronização de arquiteturas, assim como intervindo somente quando as coisas se tornassem muito tumultuadas devido a um determinado conflito. (Kojima)

PROMOÇÃO DE CONDIÇÕES PARA A DIFERENCIAÇÃO DE VALOR

A diferenciação de valor e a diferenciação funcional são "princípios" dos sistemas organizacionais. Isso não significa que uma seja superior à outra. Enfatizamos que a diferenciação de valor promoveria a criação e a evolução dos conceitos de produtos. No entanto, os dois princípios exigem condições externas e internas para funcionarem eficazmente.

Vamos olhar primeiro para as condições externas. Para que uma organização com diferenciação de valor funcione efetivamente, deve haver possibilidades substanciais para a evolução do conceito de produto, como a vista no caso do gravador de disco, que criem continuamente novos valores para o cliente. Resumindo, a variedade de perspectiva do sistema é uma variável importante. Como as organizações baseadas na diferenciação de valor contêm, inevitavelmente, redundâncias, a alocação e a utilização eficientes de recursos possivelmente serão sacrificadas. Quanto menor a variedade potencial nas perspectivas de um sistema de produto, mais fácil é para a empresa concentrar-se em um único conceito claramente definido. Nessa situação, a diferenciação de valor não apenas é incapaz de demonstrar sua utilidade, como também levará à ineficiência. Inversamente, a diferenciação funcional é superior nas áreas com baixa variedade de perspectivas do sistema. O sistema de um produto farmacêutico pode ser considerado um exemplo de produto com relativamente baixa variedade de perspectiva do sistema. Cada produto farmacêutico, como um agente anticâncer ou um medicamento para a pressão sangüínea alta, corresponde a um determinado objetivo. O valor envolvido no "agente anticâncer" é controlar a disseminação do câncer e nada mais. O conceito é predefinido e claro, reduzindo a variedade do sistema do produto. Os produtos financeiros são outros exemplos de produtos com baixa variedade de perspectivas do sistema. Os valores dos clientes dos serviços financeiros são facilmente entendidos por meio de um único número, como o retorno sobre o investimento.

A maturidade de um conceito não é necessariamente paralela à maturidade do produto. Por exemplo, embora um automóvel seja tecnicamente maduro, existe uma grande possibilidade de inovação no conceito do produto. Os recentes terminais de informação aos clientes, como os telefones móveis, têm uma série potencialmente ampla de valores dos clientes, o que torna o seu conceito de produto muito fluido. Mesmo na indústria, o negócio de bancos privados de varejo persegue vários aspectos de valor do cliente e poderia ser caracterizado por um nível relativamente alto de variedade de perspectivas do sistema. Nessas áreas, a evolução contínua de conceitos de produtos torna-se uma dimensão competitiva crítica. A variedade potencial das perspectivas do sistema deve ser incorporada na organização através do princípio da diferenciação de valor. Em comparação, a diferenciação funcional enfrentaria limites ao pressupor conceitos fixos definidos antecipadamente.

Deve-se ter cuidado quanto ao aspecto dinâmico da variedade de perspectivas do sistema de um determinado produto. O nível de variedade de perspectiva do sistema pode mudar com o passar do tempo. Podemos ver um exemplo clássico na indústria de computadores pessoais. Inicialmente, os computadores pessoais eram produtos com um alto nível de variedade de perspectiva do sistema, como muitos produtos eletrônicos para os clientes. No entanto, o padrão de fato, estabelecido pela Microsoft e pela Intel, levou a uma rápida redução da variedade de perspectiva do sistema. A padronização não apenas reduz a complexidade do sistema, mas também torna um sistema de produto singular. A presença de um padrão forte tende a congelar as inovações de conceito. Aqui, a necessidade de enfrentar a variedade da perspectiva do sistema desaparece, e a diferenciação de valor torna-se menos eficaz. No entanto, desde o final da década de 1990, o mercado de computadores pessoais começou a retomar sua variedade de perspectivas do sistema. Os computadores pessoais começaram a apresentar uma variedade de faces, como os computadores de mesa, os computadores móveis, os terminais de redes pessoais e mesmo os componentes internos, cada um englobando um valor diferente para o cliente.

Olhando as condições internas, vemos que a diferenciação de valor perderá sua eficácia se não for acompanhada pelo processo de coabitação limitada. A diferenciação de valor sem a coabitação limitada resulta em confusão e comprometimento. No exemplo de desenvolvimento de produto, os três cenários seguintes podem ser considerados como fracassos da coabitação limitada. Primeiro, pode resultar em um produto mal-acabado, médio, com muitos comprometimentos entre os múltiplos conceitos diferenciados. Segundo, pode envolver todos os conceitos diferenciados sendo forçados ao produto, resultando em um produto que confunde os clientes, sem um conceito nítido. Terceiro, os conceitos múltiplos podem percorrer sua própria direção no final e, em conseqüência, múltiplos produtos são liberados ao mercado, levando à proliferação de produtos ineficientes. Todos esses cenários foram uma realidade para muitas empresas japonesas, durante a *economy bubble*, quando havia uma abundância excessiva de recursos. O caso do MAV-555 ilustra o poder do raciocínio dialético, que tenta atingir uma ordem mais elevada abraçando e cultivando o conflito.

Outra condição simples, porém importante, para a coabitação limitada é o tamanho da organização. À medida que o tamanho aumenta, torna-se mais difícil relativizar as unidades de valor diferenciado e fazer um contexto saudável para a concorrência interna. Para a coabitação limitada, elas devem estar em uma relação "face a face" que permita a interação íntima. Quanto maior a organização, mais difícil a satisfação da condição. Para possibilitar o funcionamento efetivo do *ba* para a coabitação limitada, a empresa deve administrar cuidadosamente o tamanho da equipe do projeto ou da divisão que for criar um novo conceito de produto.

Outro fator de promoção importante é a liderança da coabitação limitada. O papel do líder na diferenciação de valor parece tão passivo que a "liderança forte" não é necessariamente exigida. No entanto, isso não implica uma situação de não-liderança. Se não houver liderança para a coabitação limitada, a diferenciação de valor perde seu significado. O líder deve fazer um esboço de um conceito maior que seja atraente o suficiente para que todos os membros da organização comprometam-se com ele . Todos, inclusive as unidades de valor diferenciado, devem reconhecer que esse conceito coesivo é supremo. Se não for compartilhado por toda a organização, a relativização do conceito e a conseqüente competição interna não poderão ocorrer dentro da coabitação limitada. À medida que a diferenciação de valor avança, é necessário controlar, rigidamente, o tempo e os recursos disponíveis. Particularmente, um elemento essencial da liderança da coabitação limitada é a avaliação rígida e constante da concorrência interna entre as diferentes perspectivas do sistema. Sem essa liderança a diferenciação de valor torna-se ineficiente, o que seria muito mais grave do que a ineficiência da diferenciação funcional.

Este capítulo apresentou uma estrutura de organização da inovação dos conceitos de produtos através da diferenciação de valor e da coabitação limitada. A inovação do conceito de produto não exige sempre uma organização com diferenciação de valor. Dada a idéia convencional da diferenciação funcional, no entanto, a inovação do conceito pode ocorrer apenas quando um novo inovador de conceito aparecer como líder. A diferenciação funcional pode ser mais indicada na criação da inovação radical desde o início em uma indústria muito nova. No entanto, essa criação de conceito é, por definição, muito rara.

Como as inovações do conceito de produto tornar-se-ão crescentemente importantes como fontes de vantagem competitiva sustentável, construir a capacidade organizacional para a inovação de conceito seria um aspecto estratégico mais importante do que simplesmente a obtenção de indivíduos "inteligentes". Proporcionadas as três formas de conhecimento, o modelo convencional da organização poderia facilitar a criação das duas primeiras formas de conhecimento, o *know-why* e o *know-what*. A especialização funcional dentro de uma organização poderia facilitar a criação do *know-why*, e as equipes multifuncionais poderiam ser boas para a exploração do *know-how*. Quando falamos sobre a criação de um novo conceito e a evolução subjacente do *know-what*, o modelo convencional de organização parece perder seu poder explanatório e seus *insights* administrativos. A diferenciação de valor é uma perspectiva que abre um novo horizonte de inovação administrativa.

Notas

1. Ver Ikujiro Nonaka, Capítulo 2.
2. Ver Ikujiro Nonaka, Capítulo 2.
3. Ver Ikujiro Kusunoki, "The Phase Variety of Product Systems and System-based Differentiation: An Alternative View on Organizational Capabilities of the Japanese Firm for Product Innovation" em D. Dirks et al. (eds.), *Japanese Management in the Low Growth Era: Between External Shocks and Internal Evolution* (Berlin: Spinger, 1999).
4. Ver Rebecca M. Henderson e Kim B. Clark, "Architectural Innovation: The Reconfiguration of Existing Product Technologies and the Failure of Established Firms", *Administrative Science Quarterly*, 35(1), 1990).
5. Ver Clayton Christensen, *The Innovator's Dilemma* (Boston: Harvard Business School Press, 1997).
6. Ver Barbara Levitt e James March, "Organizational Learning", *Annual Review of Sociology*, 14, 1988, p. 319-40.
7. Ver Dorothy Leonard-Barton, "Core Capabilities and Core Rigidities: A Paradox in Managing New Product Development", *Strategic Management Journal*, 13, 1992, p.111-25.
8. Ver Herbert Simon, *The Sciences of the Artificial* (Boston: MIT Press, 1969).
9. Ver Mary P. Kelly, *Martin Scorsese: A Journey* (Publishing Group West, 1991).
10. As citações são baseadas nas entrevistas pessoais do autor com Yuichi Kojima, Kazuo Kamiyama e Tokuichi Ito, da Broadcast and Professional System Company, Sony Corporation. As entrevistas foram conduzidas em junho de 1999.

CAPÍTULO **7**

GESTÃO DO CONHECIMENTO E CONCORRÊNCIA GLOBAL: A ABORDAGEM DA OLYMPUS À GESTÃO DO CONHECIMENTO GLOBAL NA INDÚSTRIA DE CÂMERAS FOTOGRÁFICAS DIGITAIS

YOKO ISHIKURA

INTRODUÇÃO

A concorrência global entre empresas poderosas é uma realidade em muitas indústrias no mundo "sem fronteiras" atual. Os "limites" tradicionais, tais como as fronteiras nacionais, e aqueles entre "indústrias" e mesmo entre "empresas", têm diminuído de significância quando se trata de concorrência e de vantagem competitiva. As fronteiras nacionais significam menos atualmente do que antes, pois os clientes podem acessar informações e comprar produtos de todo o mundo. Os concorrentes emergem das regiões ou países mais imprevisíveis e muitas empresas competem em indústrias convergentes, como telecomunicações, computadores e eletrônicos, enfrentando concorrentes de uma variedade de "indústrias". Em todos os lugares, alianças estratégicas são estabelecidas e atividades da cadeia de valores são terceirizadas, com mudanças feitas quase em base semanal. Onde traçar a linha em torno da "empresa" torna-se um tema de debate constante sob essas circunstâncias.

Neste mundo de concorrência global "sem fronteiras", as empresas não concentram mais suas atividades com cadeia de valor em um único lugar, mas em múltiplos locais ao redor do mundo. Muitas terceirizações partem de suas atividades na cadeia de valor e/ou colaboram com outras empresas. Como coordenar essas atividades geograficamente dispersas para obter e manter a vantagem competitiva no nível global é um tema importante para muitas empresas que competem globalmente.

Ao mesmo tempo, a economia baseada no conhecimento e o conhecimento como arma de competitividade ganharam importância, pois o valor é encontrado mais no intangível do que no *hardware* tangível. O patrimônio indispensável para as empresas de hoje não é a fábrica e o equipamento, mas o conhecimento acumulado e as pessoas que o possuem.

Como administrar o conhecimento para adquirir e manter a vantagem competitiva tornou-se um foco central da estratégia de concorrência em muitas indústrias. Os aspectos de definição do conhecimento, categorização por tipo e desenvolvimento da estrutura para a gestão do conhecimento têm sido cada vez mais buscados e vêm avançando nos últimos anos. Apesar disso, poucos vínculos têm sido estabelecidos entre a competição global e a gestão do conhecimento. Por exemplo, as questões de como gerir o conhecimento em escala global ou como pensar e implementar o aprendizado global como uma arma competitiva efetiva ainda não têm sido abordadas totalmente, apesar de sua importância.

Este capítulo tentará abordar o aspecto da gestão do conhecimento na indústria global, usando o caso do desenvolvimento da câmera fotográfica digital na Olympus Co. Ltd. Especificamente, explorará como a gestão do conhecimento tomou forma e evoluiu em escala global com a emergência da indústria das câmeras fotográficas digitais.

Primeiramente, revisarei as teorias relacionadas com a competição global e a localização das atividades da cadeia de valor e da gestão do conhecimento. A seguir, descreverei o nascimento e o desenvolvimento da indústria das câmeras fotográficas digitais, como um exemplo de indústria em rápida globalização. Também descreverei a abordagem da Olympus da gestão do conhecimento nessa indústria. Delineando seu sucesso e suas dificuldades e examinando sua nova abordagem resultante da gestão do conhecimento global, identificarei algumas lições práticas para os administradores.

Teorias relacionadas com a concorrência, a localização e o conhecimento global

Nesta seção, revisarei a literatura relevante sobre o tema da gestão do conhecimento global. Em primeiro lugar, revisarei o conceito de *"cluster"* de Michael E. Porter e seu Modelo Diamante e depois discutirei a conversão de conhecimento e o *ba* (contexto, campo de interação). Com respeito à gestão de atividades da cadeia de valor em empresas multinacionais, discutirei os conceitos de configuração e de coordenação de Porter e abordarei brevemente o modelo de corporação transnacional de Bartlett e Ghoshal. Por fim, tentarei estabelecer um vínculo entre os três e discutir as questões sobre gestão de conhecimento e competição global que serão abordadas neste capítulo.

CLUSTER

Os avanços atuais na tecnologia da informação digital e nos transportes tornaram possível acumular, comprimir e analisar um grande volume de dados ou informações e transmiti-los rapidamente para quase todo o mundo. Tanto a distância física quanto as fronteiras nacionais perdem virtualmente seu significado à medida que a economia sem fronteiras percorre o globo. Sob essas circunstâncias, as corporações multinacionais devem ser capazes de capitalizar sobre seu alcance global para acessar recursos e conhecimento de qualquer parte do mundo.

Entretanto, o *cluster* de empresas de sucesso e de novos negócios está limitado a determinadas regiões do mundo. Porter (1998) destaca que as empresas com desempenho superior em uma indústria específica não se encontram espalhadas em vários pontos do mundo, mas tendem a congregar-se em um único local. Ele chama esse local – uma massa crítica de sucessos incomuns em um determinado campo – de *cluster*. O *cluster* de Porter consiste em indústrias e empresas competitivas que formam relacionamentos verticais (fornecedores, canais e compradores) e/ou horizontais (habilidades comuns, tecnologia e/ou *inputs*) e grupos concentrados geograficamente. O Vale do Silício e Hollywood são freqüentemente citados como exemplos de *clusters* em uma região, e a indústria de moda e artigos de couro, na Itália, como *clusters* em um país.

Embora a localização tenha sido amplamente ignorada nos negócios internacionais e na literatura de estratégia, Porter argumenta que a vantagem da localização existe, mesmo nos dias de hoje. Ele declara que quatro fatores de localização são importantes, apesar da tendência em direção à globalização. São eles:

1. *Condições de fator:* custo e qualidade dos *inputs*, incluindo os recursos dos *inputs* humano, material, de conhecimento e capital.

2. *Condições de demanda:* grau de sofisticação da demanda doméstica para os produtos ou serviços da indústria.

3. *Indústrias relacionadas/de apoio:* existência no país de fornecedores internacionalmente competitivos e de outras indústrias relacionadas.

4. *Contexto para estratégia da empresa e rivalidade:* condições domésticas controlando o estabelecimento, as estruturas e os sistemas de administração das corporações em questão e as características da competição entre os rivais domésticos. (A Figura 7.1 mostra os quatro fatores em detalhes.)

Porter argumenta que os quatro fatores de localização interagem como um "sistema de diamante" para a produtividade e a inovação, tornando possível, dessa forma, manter uma vantagem competitiva sustentável.

Figura 7.1 *Cluster*.
Fonte: Michael E. Porter, *On Competition* (Boston: Harvard Business School Press, 1998), p. 211.

Embora a estratégia global seja caracterizada como a liberdade e a flexibilidade de localizar as atividades da cadeia de valor em muitos países no mundo, Porter enfatiza que "as atividades essenciais, como o planejamento estratégico, deveriam ser localizadas tão próximas quanto possível". Ele usa o termo "base doméstica" para descrever o lugar onde ocorrem as atividades essenciais na cadeia de valor. Nesta visão, a empresa tem a liberdade de escolher o contexto em que deseja competir. Isso reflete a sua idéia da importância da localização na estratégia e na competição global.

Conversão do conhecimento

Nonaka *et al.* (2000) definem dois tipos de conhecimento – tácito e explícito. O conhecimento tácito é altamente pessoal, subjetivo, informal e experimental. É difícil de formalizar. Os exemplos de conhecimento tácito incluem a intuição, o palpite ou uma "percepção" do cliente emergente e das necessidades do mercado, assim como *insights* subjetivos acumulados em relação a eles. Por outro lado, o conhecimento explícito pode ser documentado em linguagem formal e sistemática. Os exemplos de conhecimento explícito incluem a base de dados de um cliente em um sistema CRM ou os dados de um fornecedor em um sistema SCM, geralmente processados, transmitidos, estocados e mantidos pelo sistema IT.

Nonaka e seus colaboradores defendem que as empresas podem criar conhecimento através da interação entre o conhecimento explícito e o tácito – um processo chamado de conversão do conhecimento. Os quatro modos de conversão do conhecimento são: (1) socialização, (2) externalização, (3) combinação e (4) internalização (ver Figura 7.2).

A socialização é a conversão do conhecimento tácito em conhecimento tácito. Ela freqüentemente ocorre nas reuniões sociais informais e pode ir além das fronteiras organizacionais, como no caso da interação com clientes e fornecedores. A empatia é importante na socialização.

A externalização é a conversão do conhecimento tácito em conhecimento explícito através da articulação para que outros possam compartilhar o conhecimento. A criação do conceito no desenvolvimento do novo produto é um exemplo de externalização, na qual a metáfora e a analogia são freqüentemente usadas.

A combinação tem lugar quando as peças individuais de conhecimento explícito são conectados para criar conjuntos sistemáticos de conhecimento explícito, que são então disseminados entre os membros de uma organização. As bases de dados podem ajudar nesse processo.

A internalização é o processo de incorporação do conhecimento explícito ao tácito e está intimamente relacionada com o "aprender fazendo". Os conceitos de produtos e os procedimentos de fabricação (conhecimento explícito) são atualizados através da ação e da prática. O conhecimento desses procedimentos torna-se *know-how* técnico quando é internalizado como conhecimento tácito individual.

Figura 7.2 SECI: Processo de conversão do conhecimento.
Fonte: I. Nonaka e H. Takeuchi, *The Knowledge-Creating Company* (New York: Oxford University Press, 1995).

Os dois tipos de conhecimento expandem-se em qualidade e quantidade (espiral para o alto) através do processo de conversão.

Nonaka e seus colaboradores também enfatizaram a importância de proporcionar um *ba* (campo de interação, contexto) – espaço físico, virtual e mental – para encorajar a conversão do conhecimento (ver Figura 7.3).

O processo de criação do conhecimento é específico ao contexto em termos de quem participa e como participam. A criação do conhecimento exige um contexto físico. O *ba* é definido como um contexto em que o conhecimento é criado, compartilhado e utilizado. Na criação do conhecimento, a geração e a regeneração do *ba* é a chave, pois o *ba* proporciona energia, qualidade e local para desempenhar as conversões individuais e percorrer a espiral do conhecimento. O *ba* é onde a informação é interpretada para tornar-se conhecimento.

ADMINISTRAÇÃO DAS ATIVIDADES DA CADEIA DE VALOR NAS INDÚSTRIAS GLOBAIS

À medida que a indústria desenvolve-se e se torna mais globalizada, as atividades *downstream*, como as vendas e os serviços, são conduzidas em inúmeros mercados de vários países em vez de se concentrarem fisicamente em um único local. As empresas na indústria começam a conduzir suas atividades da cadeia de valor em locais dispersos pelo mundo, em vez de no "cluster", uma vez que as condições para os quatro fatores de localização sejam preenchidas.

Porter (1998) propõe que, para administrar essas atividades dispersas geograficamente e para atingir e manter a concorrência sustentável na competição global, as empresas precisam decidir tanto a configuração – onde localizar as atividades – quanto a coordenação das atividades da cadeia de valor. Enfatizando a importância da "base doméstica" na integração da informação, da tecnologia e do conhecimento obtidos de diferentes locais e refletindo-os em produtos, processos e outras atividades, ele propõe/sugere que o aprendizado ocorre em um único local.

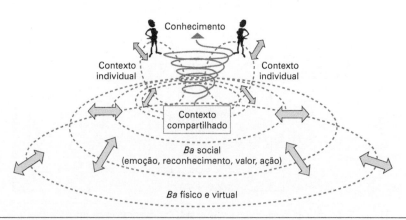

Figura 7.3 Representação conceitual do *Ba*.
Fonte: Nonaka e Toyama, 2000.

Bartlett e Ghoshal (1998) propõem o modelo de corporação "transnacional". Eles argumentam que a empresa deve pensar sobre o nível de atividade da cadeia de valor e decidir se centraliza ou dispersa cada atividade de acordo com isso.

As duas abordagens sugerem que o aprendizado, ou a gestão do conhecimento, é algo altamente centralizado. O conhecimento técnico e estratégico e as idéias avançadas acumulam-se no centro de excelência e são espalhados para as unidades periféricas. Ambas as abordagens também enfatizam a importância da comunicação e de outros mecanismos para favorecer a difusão e o compartilhar das melhores práticas.

GESTÃO DO CONHECIMENTO NAS INDÚSTRIAS GLOBAIS

Quando uma indústria globaliza-se, a tarefa enfrentada pelas empresas participantes torna-se mais complexa a partir do ponto de vista da gestão do conhecimento.

Por um lado, as corporações multinacionais com operações mundiais podem compartilhar e transmitir informações e conhecimentos globalmente através das pessoas, independente da organização. Isso geralmente tem sido considerado a vantagem das operações globais e denominado de "alcance global" em ação. Por outro lado, a distância física pode ferir a conversão do conhecimento.

Aplicando o conceito dos dois tipos de conhecimento, vemos que, por sua própria natureza, o conhecimento tácito necessita ser "gerado" e transmitido a partir de locais geográficos específicos. A importância da proximidade física ou da vantagem "local" de um *cluster* é enfatizada quando pensamos sobre a necessidade que as pessoas e as organizações têm de proximidade física íntima para gerar conhecimento tácito. O que desencadeia a criação do conhecimento – particularmente a do conhecimento tácito – é a interação informal e aberta entre os indivíduos que estão fisicamente próximos. O conhecimento tácito que existe no mundo geralmente não está sujeito à documentação e à comunicação mundial usando a tecnologia da informação. Não é possível padronizar e documentar palpites e sintomas menores do mercado para transferência para arquivos. Ao contrário, os fragmentos de informação e a "percepção" do mercado são trocados quase inconscientemente pelas pessoas em grande proximidade e resultam na imagem clara do que está por vir. De certa forma, o conhecimento tácito que é conhecido apenas pelos mestres da arte no mundo exige um *ba* físico para ser utilizado.

Observe, por exemplo, os sinais emergentes de mudanças no mercado. Como a empresa pode detectar esses sinais quando os pequenos fenômenos e mudanças nos mercados locais, não os do mercado "líder" ou do *cluster*, varrem o mundo quase instantaneamente? Uma pequena onda pode tornar-se uma maré gigante que engolfa rapidamente o mundo. Como essas ondas tendem a ser "sentidas" e o sentimento do mercado "percebido" pelos indivíduos fisicamente próximos a ele, é difícil estocar sistematicamente e transmitir o conhecimento sobre o mercado. As empresas necessitam ser capazes de identificar incontáveis sinais que indicam as mudanças nas necessidades de vários mercados e compartilhar esse conhecimento tácito na atividade de *marketing* de sua cadeia de valor (que está, por definição, dispersa pelo mundo).

A conversão do conhecimento através das atividades da cadeia de valor, como o desenvolvimento e o *marketing*, torna-se ainda mais desafiadora. A proximidade física enfatizada pela teoria do *cluster* é particularmente importante na parte inicial do desenvolvimento do mercado. Tanto quanto a experimentação e a exploração são indispensáveis em relação às necessidades do mercado e às especificações dos produtos que respondam a elas, a informação deve ser coletada continuamente do mercado e compartilhada através das atividades da cadeia de valor. Não apenas o conhecimento das condições da demanda, mas também o conhecimento acumulado nas empresas da indústria e das indústrias relacionadas ou de apoio, necessita ser usado extensivamente. O constante trabalho e retrabalho do conhecimento – tentativa e erro – é tanto importante quanto necessário. O conhecimento deve ser acumulado e convertido para servir como condição de fator significativa na manutenção da competitividade do *cluster*. Se todas as atividades se encontrarem fisicamente juntas, isso é relativamente fácil.

À medida que a indústria desenvolve-se e se globaliza, no entanto, como ela deveria acomodar a necessidade de conversão do conhecimento entre as atividades da cadeia de valor que estão dispersas pelo mundo? Quando a disseminação global da informação é quase instantânea, como a empresa deveria garantir a conversão rápida de conhecimento para tomar as decisões oportunas visando à competição no mercado global? Por exemplo, o conhecimento relativo às novas soluções de tecnologia e engenharia necessita ser convertido e compartilhado com as atividades de produção e de *marketing*, para dar a elas uma vantagem competitiva. Sob tais circunstâncias, o contexto ou *ba* da conversão do conhecimento é provavelmente virtual e não limitado à localização física. Dada a rapidez da mudança atual, o que as empresas deveriam fazer para administrar o conhecimento através das atividades e mercados geograficamente dispersos na velocidade exigida pelo mercado global?

Na gestão do conhecimento para a competição global, devem ser considerados o tipo de conhecimento exigido, os mecanismos e os contextos da partilha de conhecimentos e da conversão de conhecimentos, juntamente com a fase do desenvolvimento do mercado da indústria e a localização das atividades da cadeia de valor da empresa.

Abordarei a seguir a questão da gestão do conhecimento e do contexto do *ba* para a indústria global, usando o caso do desenvolvimento da câmera fotográfica digital da Olympus Co., Ltd.

INDÚSTRIA DAS CÂMERAS FOTOGRÁFICAS DIGITAIS (CFDs)

O QUE É UMA CFD?

O mercado das CFDs consiste em duas categorias: o mercado amador e o mercado profissional. A categoria do mercado amador ainda está dividida em VGA (*video graphics array*) simples, também chamada de VGA de entrada de nível e câmeras compactas. Aqui, o mercado de CFDs referir-se-á somente ao segmento de "mirar e bater". As câmeras compactas existem com vários conjuntos de características e níveis de resolução. A resolução varia de VGA (Mavica da Sony) até 5 milhões de *pixels* (MP). Todos esses modelos vêm com visor de cristal líquido (LCD) e memória removível.

As CFDs usam um sensor de imagem, como um CCD (dispositivo de carga acoplada), para converter os sinais luminosos da lente em sinais elétricos. Um conversor digital-analógico digitaliza esses sinais, que são então processados eletronicamente em uma foto. Os componentes críticos de uma CFD são suas unidades ópticas (lentes), CCD e ASIC (circuito integrado de aplicação específica).

As unidades ópticas da CFD são as mesmas de uma câmera de halóide de prata. Atingir a precisão exigida com menos componentes é um desafio de engenharia. O desafio tem sido como equilibrar a qualidade da fotografia com o tamanho da lente. O progresso admirável recente na tecnologia do dispositivo de carga acoplada possibilitou CFDs com resolução mais alta.

DESENVOLVIMENTO HISTÓRICO DA INDÚSTRIA DE CFDs

Primeira fase de expansão (1995 ao início de 1997)

Em março de 1995, a Casio apresentou ao mundo a primeira câmera digital com LCD. Seu modelo QV10 usava um CCD de 250 mil *pixels*, tinha pouco peso e uma resolução de 1/4 de VGA, então o padrão para os computadores pessoais. Custava 65 mil ienes. As vendas do modelo no Japão atingiram dez vezes o nível de produção mensal projetado originalmente de 3 mil unidades por mês, e o produto tornou-se um megassucesso. Isso foi explicado por três fatores.

1. O posicionamento do modelo como um dispositivo de entrada – um periférico do computador pessoal.

2. O preço abaixo de 100 mil ienes.

3. A tela LCD, que permitia que os usuários verificassem suas fotos instantaneamente.

Em conseqüência, o mercado de CFDs no Japão explodiu, passando de 200 mil unidades em 1995 para mais de 1 milhão em 1997.

No final de 1995, existiam apenas oito empresas competindo na indústria de CFDs. O ano de 1996, no entanto, viu muitas entradas de diferentes indústrias. Por exemplo, a Sony, a Matsushita, a Sanyo e a Sharp (empresas de eletrônicos para clientes), mais a Olympus, a Canon e a Fuji Film (empresas de produtos ópticos), entraram na indústria de CFDs. Em 1997, o número de concorrentes aumentou para 27 (12 relacionados com câmeras e 15 com eletrônicos para clientes).

Durante o período de 1996 a 1997, a maioria dos modelos de CFDs introduzidos em rápida sucessão foi posicionada como periféricos de PC e vinha com CCDs variando de 300 mil a 350 mil *pixels* com nível de resolução VGA. Os clientes tinham entre 30 e 40 anos, eram do sexo masculino e usuários de PCs e câmeras. O mercado das CFDs no Japão continuou a crescer rapidamente com o incremento da penetração dos PCs e a rápida difusão da Internet, assim que os clientes começaram a usar as fotos digitais em seus *websites* e correspondências.

Crescimento do mercado desencadeado pelo posicionamento da "câmera"

Desde o final de 1997, o mercado de CFDs submeteu-se a uma segunda rodada de expansão rápida. O fornecimento de CFDs em todo o mundo passou de 2.934.000 unidades em 1998 para 5.290.000 unidades em 1999, com o mercado japonês liderando a porção de média a alta (acima de 1 MP). (A Tabela 7.1 mostra os embarques no Japão, nos Estados Unidos e na Europa Ocidental.) O número de modelos no mercado saltou de 5 em 1994 para 49 em 1997.

Essa segunda fase de expansão rápida foi desencadeada pelo posicionamento diferente da CFD – como câmera – e pela entrada de um grupo diferente de concorrentes com estratégias distintas. Liderando o trajeto estava a Olympus Optical Co., Ltd.

Tabela 7.1 Embarques de câmeras fotográficas compactas

(Milhares)	1998	1999	2000	2001	2002
Estados Unidos					
VGA P&S	330,5	224,0	512,3	470,0	415,0
Participação EUA MM (%)	31,9	7,1	6,5	5,5	4,2
Participação mundial (%)	34,0	58,6	70,1	66,2	61,7
XGA P&S	NA	336,0	245,6	79,1	54,0
Participação EUA MM (%)	NA	10,7	3,1	0,9	0,5
Participação mundial (%)	NA	59,3	65,0	63,7	74,0
1MP P&S	NA	1.075,2	1.904,8	2.190,0	2.732,0
Participação EUA MM (%)	NA	34,3	24,3	25,4	27,4
Participação mundial (%)	NA	37,7	44,1	42,6	1,8
2MP P&S	NA	604,8	1.502,6	1.789,0	2.208,0
Participação EUA MM (%)	NA	19,3	19,2	20,8	22,1
Participação mundial (%)	NA	40,6	42,0	42,9	41,9
3MP P&S	NA	NA	750,8	760,0	789,3
Participação EUA MM (%)	NA	NA	9,6	8,8	7,9
Participação mundial (%)	NA	NA	33,5	32,0	30,8
4MP P&S	NA	NA	NA	25,1	93,0
Participação EUA MM (%)	NA	NA	NA	0,3	0,9
Participação mundial (%)	NA	NA	NA	25,7	43,1
Total de câmeras	330,5	2.240,0	4.916,1	5.313,2	6.291,3

(Milhares)	1998	1999	2000	2001	2002
Japão					
VGA P&S	437,4	57,0	65,0	78,0	87,0
Participação Japão MM (%)	33,1	2,8	1,8	2,0	2,0
Participação mundial (%)	45,0	14,9	8,9	11,0	12,9
XGA P&S	NA	114,0	32,0	0,0	0,0
Participação Japão MM (%)	NA	5,6	0,9	0,0	0,0
Participação mundial (%)	NA	20,1	8,5	0,0	NA
1MP P&S	NA	1.064,0	1.102,5	1.199,9	1.310,0
Participação Japão MM (%)	NA	51,9	31,3	31,0	30,7
Participação mundial (%)	NA	37,3	25,5	23,3	20,0
2MP P&S	NA	665,0	1 122,0	1 209,0	1 360,0
Participação Japão MM (%)	NA	32,4	31,8	31,3	31,9
Participação mundial (%)	NA	44,6	31,4	29,0	25,8
3MP P&S	NA	NA	1 007,1	1 097,7	1 201,0
Participação Japão MM (%)	NA	NA	28,6	28,4	28,1
Participação mundial (%)	NA	NA	44,9	46,2	46,9
4MP P&S	NA	NA	NA	30,5	61,0
Participação Japão MM (%)	NA	NA	NA	0,8	1,4
Participação mundial (%)	NA	NA	NA	31,3	28,2
Total de câmeras	437,4	1 900,0	3 328,6	3 615,1	4 019,0
Europa Ocidental					
VGA P&S	126,4	56,0	96,1	86,7	80,0
Participação EO MM (%)	34,9	7,0	4,3	3,4	3,0
Participação mundial (%)	13,0	14,7	13,2	12,2	11,9
XGA P&S	NA	63,0	60,0	25,0	10,0
Participação EO MM (%)	NA	7,9	2,7	1,0	0,4
Participação mundial (%)	NA	11,1	15,9	29,1	13,7
1MP P&S	NA	427,0	800,6	980,0	1 104,0
Participação EO MM (%)	NA	53,4	35,5	38,9	40,9
Participação mundial (%)	NA	15,0	18,5	19,1	16,9
2MP P&S	NA	154,0	694,6	731,0	784,0
Participação EO MM (%)	NA	19,3	30,8	29,0	29,0
Participação mundial (%)	NA	10,3	19,4	17,5	14,9
3MP P&S	NA	NA	345,8	356,0	361,0
Participação EO MM (%)	NA	NA	15,4	14,1	13,4
Participação mundial (%)	NA	NA	15,4	15,0	14,1
4MP P&S	NA	NA	NA	20,0	32,0
Participação EO MM (%)	NA	NA	NA	0,8	1,2
Participação mundial (%)	NA	NA	NA	20,5	14,8
Total de câmeras	126,4	700,0	1 997,1	2 198,7	2 371,0

Fonte: "Worldwide Digital Camera Market Forecast and Analysis, 2000-2005".
Analista: Chris Chute.

Desenvolvimento da série Camedia das CFDs na Olympus nos primeiros anos

Descrição

A Olympus tinha começado o desenvolvimento de um sistema de imagens eletrônicas na década de 1970. No entanto, a lucratividade do sistema de imagens eletrônicas foi tão baixa que a empresa deixou o negócio de vídeo no final da década seguinte.

Surpreendida pelo anúncio da Sony de sua câmera eletrônica Mavica, em 1981, a Olympus acelerou a P&D para as câmeras eletrônicas no início dos anos 1980. Ela comercializou a VC100, sua primeira câmera fotográfica eletrônica (tipo analógico), em março de 1992, seguindo-a, um ano depois, com a VC-1000 (tipo digital), que custava 520 mil ienes.

No início da década de 1990, o crescimento do mercado de produtos da Olympus, incluindo endoscópios, microscópios e câmeras de halóide de prata, declinou. As vendas de endoscópios, responsáveis por quase a metade das vendas corporativas e portanto altamente lucrativas, começaram a declinar no ano fiscal de 1993. Isso resultou em uma diminuição acentuada nos lucros da empresa nesse mesmo ano fiscal.

O novo presidente, Kishimoto, estabeleceu uma nova seção de desenvolvimento de negócios em 1993, para explorar o potencial para novos negócios. A câmera digital, que estava no estágio inicial de desenvolvimento no Japão, era uma candidata para esta nova linha de negócios. Quando ficou decidido que a Olympus entraria no mercado das CFDs, Kishimoto, cuja meta era construir um negócio de CFDs de 10 bilhões de ienes, designou Kikukawa para liderar o projeto de ID (Imagem Digital). Isso tornou-se realidade em junho de 1995. A equipe do projeto ID foi formada oficialmente em abril de 1996, como um projeto independente diretamente vinculado à presidência.

Quando o mercado consumidor decolou com o lançamento da QV10 da Casio, o debate interno se a Olympus deveria ou não entrar nesse mercado emergente era acalorado, assim como havia muitas incertezas em torno do potencial do mercado. Outro assunto de destaque era se a empresa deveria focar o mercado profissional ou amador, pois os outros fabricantes de câmeras tendiam a concentrar-se no uso profissional visando a capitalizar sobre sua competência tecnológica e potencial de alta lucratividade. Kikukawa (agora presidente da Olympus) propôs o enfoque no mercado amador, apesar de algumas objeções internas. Em suas palavras: "O segmento profissional já estava tomado por nossa concorrência, e o potencial de mercado para os (produtos) amadores era muito maior".[1] Seu alvo era atingir 10 bilhões em vendas em três anos, o mesmo nível de vendas da menor divisão de negócios na ocasião.

Kikukawa recrutou Yusuke Kojima, que tinha grande experiência em vendas de câmeras no mercado doméstico. Kojima era conhecido por ser "uma figura", mas a equipe do projeto necessitava de um membro forte, cheio de energia.

Kojima realizou uma pesquisa de mercado extensa sobre as expectativas do consumidor e o progresso tecnológico dos dispositivos-chave e periféricos, telecomunicações e infra-estrutura dos computadores pessoais.

Convencidos do alto potencial das CFDs no mercado amador (1 milhão de unidades em 1996, 2 milhões em 1997 e 10 milhões em 2000) e para as necessidades dos clientes de imagens de alta qualidade, Kikukawa e Kojima decidiram desenvolver um modelo com maior contagem de *pixels*, enfocando a "boa qualidade das fotos". Esse posicionamento era muito diferente do produto da Casio, que era posicionado como um dispositivo de entrada do computador pessoal.

Eles escolheram esse posicionamento porque desejavam capitalizar sobre a competência/habilidades da empresa como fabricante de câmeras, e estavam convencidos de que maiores resoluções seriam necessárias, pois acreditavam que as fotos impressas tornar-se-iam uma maneira importante de visualização (não o monitor, onde 300 mil ou 400 mil *pixels* eram adequados). Naquela ocasião, a Casio tinha um modelo com 300 mil *pixels* e a Canon um modelo de 600 mil *pixels* no mercado.

Kikukawa decidiu sair do negócio de CFDs para uso institucional e profissional. No estágio inicial de desenvolvimento, os membros da equipe do projeto que vieram da divisão de desenvolvimento de tecnologia estavam céticos sobre a qualidade das fotos das CFDs, e a divisão de manufatura não estava muito entusiasmada com a viabilidade. Em um ano, no entanto, a equipe do projeto lançou com sucesso o primeiro modelo da série Camedia, em outubro de 1996. O modelo C800L tinha 800 mil *pixels* no nível de resolução XGA.

Várias outras decisões-chave foram tomadas sobre o desenvolvimento da série Camedia, incluindo a de enfatizar a velocidade do desenvolvimento e estabelecer uma presença precoce no mercado consumidor. Como a Olympus estava atrasada no mercado consumidor de CFDs, eles estabeleceram o prazo para o lançamento e, realmente, lançaram o primeiro produto um ano após a aprovação da alta administração. Os recursos externos e a colaboração com outros fabricantes foram encorajados para reduzir o tempo de comercialização. Esta foi uma despedida da prática tradicional da Olympus.

Especificamente, a equipe do projeto decidiu usar um CCD com finalidade geral desenvolvido, originalmente, para uma câmera de vídeo de 8 mm da Sanyo. A Olympus desenvolveu o conceito do produto, as especificações, o desenho exterior, a lente e o *strobe*. Eles fabricaram a lente e o corpo da câmera, mas contrataram o CCD e as unidades de memória da Sanyo. O desenho ASIC foi feito juntamente com a empresa F. A produção verdadeira foi feita pela Sanyo Electric, para reduzir o tempo de comercialização.

A Olympus tentou segmentar o mercado da mesma maneira que o da câmera de halóide de prata, tentando introduzir modelos para cada segmento visando a encorajar a atualização. Eles ofereceram um modelo de final de linha da C400 e outro da C400L com nível de resolução VGA de forma a terem uma ampla linha de produtos.

Quando perceberam que não seriam capazes de incorporar alguns aspectos e especificações no primeiro modelo dentro do cronograma original, decidiram incorporá-los no próximo modelo em vez de adiar o lançamento original. Por exemplo, sacrificaram o desenvolvimento interno e o uso de um CCD *megapixel* para lançar o primeiro modelo, C800L, antes que os concorrentes pudessem se estabelecer no mercado.

Um ano mais tarde, em outubro de 1997, o segundo modelo, C1400L, foi apresentado. O C1400L foi desenvolvido internamente, envolvendo todos os engenheiros do projeto 50 ID. Foi decidido que o modelo seria do tipo SLR 3x *zoom*, não do tipo compacto. Essa decisão foi tomada para acomodar o maior preço (enquanto o preço das câmeras digitais compactas estava declinando rapidamente), um maior tamanho do CCD (tipo 2/3 de polegada) e uma função de *zoom*. O IC foi desenvolvido internamente e a produção também foi interna.

O componente-chave da C1400L era o seu CCD *megapixel*, que era muito caro, pois era usado principalmente pelas TVs de alta definição. Os engenheiros da Olympus então decidiram desenvolver o CCD *megapixel* com a NEC. O preço inicial solicitado pela NEC era de 100 mil ienes, contra o custo-alvo da Olympus de 45 mil ienes. As negociações para chegar a um acordo sobre o preço continuaram em paralelo com o trabalho de desenvolvimento.

Para reduzir o custo do CCD, a Olympus prometeu comprar um mínimo de 100 mil unidades e participar dos custos de desenvolvimento. A recepção favorável do mercado do primeiro modelo C800L ajudou a tornar o compromisso da Olympus crível, promovendo ainda mais o esforço conjunto com a NEC. A NEC prometeu à Olympus que não venderia o CCD de 1,41 milhão de *pixels* para outras empresas por um determinado período. Maiores esforços foram feitos para reduzir o custo do CCD, melhorando seu rendimento depois de reexaminar o nível de qualidade.

Finalmente, a C1400L foi lançada em outubro de 1997 ao custo de 128 mil ienes. O mercado recebeu entusiasticamente a CFD tipo SLR, com CCD *megapixel* a esse preço, e a C1400L tornou-se um sucesso ainda maior do que a C800L. O modelo com mais baixo *megapixel* disponível no mercado até então tinha sido a DS300 da Fuji Film, vendida por 280 mil ienes. A C1400L foi, assim, um produto revolucionário.

A Olympus lançou oito modelos no primeiro ano, incluindo a C800L e a C1400L. As vendas atingiram 23 bilhões de ienes em 1998, o segundo ano, contra uma meta de vendas de 10 bilhões nos primeiros três anos. O negócio das CFDs tornou-se lucrativo em 1998, quando a meta era para três anos, sem perdas acumuladas em cinco anos.

Várias razões para o enorme sucesso da série Camedia foram identificadas:

1. O claro posicionamento da CFD como uma câmera da "próxima geração".

2. A promoção do valor da combinação de uma lente de alta qualidade com um dispositivo de imagem com a finalidade de produzir fotos de qualidade.

3. O uso de não somente canais tradicionais da câmera, mas também de equipamentos domésticos (usados para gravadores de voz) e canais dos PCs.

O projeto ID caracterizou uma nova maneira de fazer negócios na Olympus e construiu uma cultura diferente da do resto da empresa. O número de reuniões exigidas para chegar ao consenso foi cortado em dois terços, e os líderes do projeto tomaram decisões rapidamente para reduzir o tempo para a comercialização. Era muito similar à denominada "cultura do Vale do Silício". O presidente, Kishimoto, foi instrumental na proteção da equipe do projeto, embora não participasse diretamente no desenvolvimento das CFDs.

A C1400L transformou o mercado de CFDs de um de dispositivo de entrada de PCs para um de "câmeras", reforçando ainda mais e rapidamente seu desenvolvimento. Com a introdução deste modelo, as características do mercado passaram para maiores resoluções, medidas em *pixels* de CCD. Depois da segunda metade de 1997, o jogo da mais alta resolução acelerou-se e as empresas tentaram arduamente aumentar o número de *pixels*. Um modelo com 2 MP foi introduzido na primavera de 1999, e um de 3 MP na primavera de 2000.

ANÁLISE DA ABORDAGEM DA OLYMPUS À GESTÃO DO CONHECIMENTO GLOBAL NOS PRIMEIROS TEMPOS

A abordagem da Olympus à gestão do conhecimento global quando estava desenvolvendo a série Camedia, em 1997 e 1998, pode ser caracterizada como a seguir:

1. Capitalizou sobre a vantagem de estar no Japão a partir do ponto de vista de demanda, fator, indústrias relacionadas e de apoio, e rivalidade.

2. Dependeu grandemente do conhecimento tácito das necessidades do mercado japonês de "fotos nítidas".

3. Fez uso intensivo de coordenação entre os engenheiros dentro da empresa e com os fornecedores/indústrias relacionadas no *ba* físico (capitalizando sobre as redes próximas que existiam na indústria antes da câmera digital).

No entanto, houve pouca gestão do conhecimento "global". Cada item será explicado em detalhes a seguir.

(1) *Vantagem da localização*

A Olympus capitalizou sobre a vantagem da localização do *cluster* do Japão, representada pelos quatro fatores do diamante de Porter nos estágios primordiais do desenvolvimento do mercado.

Condições de demanda. As condições de demanda do mercado japonês promoveram o crescimento muito rápido do mercado de CFDs como um mercado de "câmeras". Primeiramente, o mercado japonês, particularmente a extremidade de média a alta que percebeu as CFDs como a próxima geração da SLR e da câmera compacta, era grande se comparado com outros mercados, como os Estados Unidos e a Europa.

Os consumidores altamente sofisticados do Japão eram conhecidos por sua exigência e por terem incentivado a inovação as câmera de halóide de prata no passado. Na linha dessa tradição, eles desempenharam um papel significativo na promoção das inovação no mercado das câmeras digitais. Os pioneiros no Japão gostavam de equipamentos eletrônicos e de inovações como a CFD. Os consumidores japoneses em geral eram também conhecidos por sua tendência de aderir a cada "moda" que surgisse. Essas condições de demanda criaram o estouro das CFDs como câmeras.

Os consumidores japoneses tinham uma forte preferência e necessidade de fotos "boas e nítidas", o que levou aos modelos de resolução mais alta, tornados possíveis pelo CCD com uma contagem maior de número de *pixels*. Essas características do mercado japonês eram mais significativas para o desenvolvimento das CFDs como "câmeras" do que nos outros mercados principais. Por exemplo, o mercado dos Estados Unidos, cujos consumidores eram originalmente caracterizados como conscientes dos preços, estava mais interessado nas CFDs como dispositivos de entrada de PCs e não exigia resoluções mais altas.

Condições de fator e indústrias relacionadas e de apoio. A Olympus beneficiou-se de condições de fator e da concorrência e colaboração com as indústrias relacionadas e de apoio no Japão.

O Japão tinha muitos grupos informais e fóruns de engenheiros elétricos, eletrônicos, ópticos e químicos de empresas diferentes. Existia uma tradição de relacionamentos íntimos entre os engenheiros nas fábricas de eletrônicos e nas fábricas de câmeras/ópticas, cujo esforço em rede foi bastante significativo pois trabalhavam no desenvolvimento das câmeras eletrônicas desde os dias da Mavica da Sony, na década de 1980. Tendo sofrido muitos fracassos no desenvolvimento de câmeras eletrônicas nos primeiros tempos – batidos ferozmente no mercado pela câmera de vídeo de 8 mm –, compartilhavam de uma forte camaradagem. Seu profundo sentido de unidade no esforço para desenvolver uma câmera eletrônica comercialmente viável era, algumas vezes, tão íntimo que o *know-how* era considerado em risco de vazamento. Esses engenheiros, portanto, deram boas-vindas à QV10 da Casio, que iniciou a primeira fase de expansão, marcando o lançamento de uma câmera fotográfica digital de sucesso.

A Olympus beneficiou-se deste ambiente no qual colaboravam engenheiros de diferentes empresas. Não apenas a camaradagem entre os engenheiros e o *ba* informal para que trocassem idéias e conduzissem experiências, mas também o entendimento compartilhado do que "faz uma foto boa, nítida", desempenharam um papel muito importante nessa fase do desenvolvimento do mercado.

A administração da cor é extremamente difícil de quantificar. As cores podem ser quantificadas com o uso de um gráfico de Macbeth, porém a reprodução precisa não produz uma foto que apela para o olho humano da mesma maneira que a original. Por exemplo, uma rosa vermelha em uma foto que usa métodos quantitativos para reproduzir a cor não tem a mesma aparência de uma rosa vermelha real. A adição de alguma cor rosa, no entanto, faz com que pareça um vermelho vivo. Assim, os engenheiros que poderiam julgar uma "boa foto" eram indispensáveis para o desenvolvimento da CFD. A sensibilidade à cor em uma "boa foto" é o tipo de conhecimento que pode ser acumulado apenas através de muita exposição a boas fotos. Esse conhecimento estava profundamente enraizado nos engenheiros como conhecimento tácito.

Para projetar uma CFD que pudesse tirar uma boa foto com boa cor, era necessário passar por muita tentativa e erro. O processo de desenvolvimento exigia o ajuste e a integração dos componentes-chave – a lente, o sensor CCD e o algoritmo. Compartilhando a informação sobre a qualidade da cor com *designers* de outros componentes-chave e ajustando esses componentes de acordo, os responsáveis poderiam elaborar uma boa câmera digital. Por isso, os envolvidos na elaboração dos produtos não necessitavam apenas entender o que constitui uma "boa foto", mas também compartilhar esse conhecimento de forma que pudessem ajustar o CCD, a lente e o algoritmo. As equipes precisavam trabalhar juntas e compartilhar suas experiências na identificação física das boas fotos.

A decisão da Olympus de buscar recursos externos e colaboração de outras empresas funcionou muito bem em termos de capitalização sobre a concorrência das indústrias relacionadas ou de apoio para a CFD. Os fabricantes japoneses, como a Sony e a Matsushita Panasonic, dominavam o mercado dos sensores CCD, um componente-chave da CFD. Além disso, muitos outros concorrentes, como a Sharp e a NEC, também estavam interessados nesse componente, dando à Olympus fontes alternativas de fornecimento.

Muitos fornecedores concorrentes estavam disponíveis no Japão para o monitor de cristal líquido e ASIC. Embora a ASIC necessitasse ser elaborada especificamente para as câmeras digitais, o *know-how* que os fabricantes tinham desenvolvido na elaboração da ASIC para as câmeras de halóide de prata foi um grande patrimônio. O desafio tecnológico não era tanto o *design* da própria CI, mas atingir uma imagem que combinasse com a sensibilidade do fotógrafo. Quanto à unidade óptica, como a Olympus era uma fabricante de câmera de halóide de prata, tinha o *know-how* tecnológico necessário.

Rivalidade e ambiente para competição. Na indústria de CFDs, o ambiente para a concorrência e o mecanismo de mercado tinham estado bem estabelecidos desde a origem da indústria. Como no caso da câmera de halóide de prata e de outros produtos eletrônicos para o consumidor, existiam poucos regulamentos governamentais controlando das mesmas. Assim, empresas de diferentes indústrias entravam e saíam livremente das mesmas. Os jogadores estavam expostos à concorrência global e sabiam que as regras da competição estavam inteiramente a seu cargo. A associação de indústrias de câmeras do Japão funcionava como um fórum para que os engenheiros compartilhassem idéias, e não como uma associação cuja finalidade fosse bloquear novas entradas e "administrar" a concorrência. No entanto, a competição entre os que entravam era muito intensa e as flutuações no mercado de ações foram drásticas de um ano para o outro.

A líder da primeira fase foi a Casio, com seu modelo QV10, em 1995 e 1996. A Casio era exclusiva em seu papel de iniciadora do mercado, pois não tinha experiência prévia com câmeras e estava em desvantagem diante dos fabricantes de equipamento doméstico para a fabricação de câmera de vídeo e diante dos fabricantes de semicondutores para a tecnologia do CCD e da LSI. A Casio então evoluiu o seu conceito de produto para tentar satisfazer as "exigências conflitantes". O conceito de produto não estava bem desenvolvido desde o início.

Por outro lado, a Olympus desafiou a Casio com um conceito de produto claramente definido da câmera da "próxima geração". Os fabricantes de eletrônicos, como a Sony, e os de câmeras, como a Fuji Film, a Canon e a Nikon, tentaram entrar no mercado em rápido crescimento com diferentes estratégias. Por exemplo, a Fuji Film concentrou-se em sua rede de laboratórios existente e na alta integração vertical no grupo. A Sony tentou competir com o poder de sua marca e com a tecnologia CCD.

O mercado livre, sem regulamentos e com concorrentes com diferentes perfis que tinham estratégias variadas, empurrou os participantes para maiores inovações.

(2) *Dependência forte do conhecimento tácito*

O conhecimento do mercado e o conhecimento já acumulado entre os engenheiros nos setores de câmera/vídeo desempenharam um importante papel no desenvolvimento das câmeras digitais.

O conhecimento do mercado e o conhecimento do lado do fornecedor (desenvolvimento) foram quase igualmente importantes neste caso. Os dois eram tácitos nesse estágio. A "percepção" das necessidades do mercado era mais intuição do que conhecimento específico. Era um sentimento interior sobre as necessidades emergentes do mercado, profundamente sentido pelo líder do projeto e por seus membros da equipe. A alavancagem de seu conhecimento tácito foi uma maneira estrategicamente efetiva e lógica para que os fabricantes de câmeras diferenciassem seus produtos daqueles dos fabricantes de eletrônicos. Depois de tudo, nos primeiros tempos, a CFD estava posicionada mais como um dispositivo de entrada de PCs do que como uma câmera fotográfica. Por essa razão, seu posicionamento como uma câmera da próxima geração foi uma partida de um conceito de produto tradicional, não uma extensão natural dele.

Além disso, a sensibilidade e o *insight* subjetivo ao que constitui uma "foto boa e nítida com boas cores" era conhecimento tácito, não facilmente quantificável, mas acumulado e profundamente enraizado nos engenheiros como capacidade de "administração da boa cor".

(3) *Uso forte da coordenação no* ba *físico*

O efeito de sinergia entre os quatro fatores do diamante – condições de demanda (o desejo de boas fotos), condições de fator (muitos engenheiros com entendimento de boas fotos), rivalidade (ambiente para promover intensa competição e busca por uma posição de liderança pela capitalização de recursos) e apoio das indústrias relacionadas (óptica, eletrônica, etc.) – funcionou muito bem.

Para ambos o mercado e o conhecimento acumulado, a proximidade ou *ba* físico era muito importante. Como o conhecimento era principalmente tácito, os membros da equipe necessitavam manter diálogo com os clientes, entre eles mesmos e com os engenheiros nas empresas fornecedoras. Para garantir que o posicionamento da CFD como a "câmera da próxima geração" fosse bem recebido no mercado, a Olympus precisava explorar e sentir "as necessidades iniciais do cliente". De acordo com Kojima: "Éramos capazes de obter uma imagem nítida dos clientes da nossa câmera – de como os produtos deveriam ser apresentados até como os clientes compram uma CFD, até mesmo suas expressões faciais".[2]

Este é um exemplo típico do conhecimento tácito convertido em conhecimento explícito através da interação face a face com os clientes. Estando no mercado maior e mais exigente para CFDs, a Olympus foi capaz de manter uma interface física constante com os clientes – um pré-requisito para mudar com o mercado no estágio inicial de seu desenvolvimento. Nesse sentido, as empresas japonesas estavam em melhor posição do que os concorrentes internacionais, pois tinham proximidade física com o mercado exigente.

A Olympus tinha a vantagem particular de contar com Yusuke Kojima, que tinha o talento da empatia com os clientes (socialização) e da articulação do conhecimento tácito em conhecimento explícito, proporcionando uma imagem nítida das expressões faciais do cliente quando usavam uma CFD (externalização). Nesse estágio, o conceito da CFD como uma câmera da nova geração estava criado.

Compartilhar o *ba* físico para a conversão do conhecimento na elaboração da CFD também era importante, devido à necessidade de compartilhar o conhecimento tácito da "boa administração da cor" das fotos e de incorporar o entendimento compartilhado e a sensibilidade ao verdadeiro *design* da câmera. Como a Olympus localizava as atividades da cadeia de valor, especialmente P&D, planejamento e outras atividades, em sua base doméstica, o Japão, o compartilhamento de conhecimento e de experimentação era fácil nos estágios iniciais do desenvolvimento do mercado. Nesse estágio, a externalização – conversão do conhecimento tácito do que constitui uma boa foto nítida em conhecimento explícito relativo às especificações do *design* do produto – ocorreu.

Ainda mais importante foi o compartilhar do *ba* com outras empresas, pois a Olympus decidiu buscar fontes externas para muitas atividades com o propósito da "rapidez". O *design* da câmera digital foi um esforço de colaboração e experimental entre os engenheiros que elaboraram os CCDs, a lente e os algoritmos e, dessa forma, a comunicação facea a face, o diálogo e a proximidade física íntima foram muito importantes para esse tipo de troca de conhecimento.

A coordenação entre as equipes de *design*, produção e vendas/*marketing* foi indispensável.

A forte coordenação entre os engenheiros dentro da empresa e com os das indústrias fornecedoras e relacionadas foi uma característica dessa fase. Nesse processo, a experiência de elaborar uma "câmera" fotográfica digital deve ter estado profundamente inserida nos engenheiros envolvidos no projeto e estocada na forma de *know-how* técnico (internalização).

Por outro lado, poucas tentativas foram feitas na gestão do conhecimento global em termos de identificação da informação sobre as necessidades do mercado e a concorrência nos diferentes mercados regionais.

ANOS DIFÍCEIS PARA A OLYMPUS

A Olympus, pioneira na segunda fase de expansão das CFDs com sua série Camedia, teve dificuldades para sustentar a posição de liderança e a lucratividade nos anos seguintes (ver Tabela 7.2). Isso deveu-se à intensificação da concorrência e à própria gestão do conhecimento global insuficiente da Olympus.

Tabela 7.2 Relatório financeiro da Olympus Optical

Olympus Optical (milhões de ienes)	2002	2001	2000	1999	1998	1997
Grupo de produtos de imagem*	208.447	183.644	164.727	139.624	111.138	82.798
Grupo de produtos médicos*	254.943	195.567	186.663	199.630	84.098	166.972
Sistema industrial e grupo de produto de informação*	55.833	87.473	77.256	74.490	69.746	60.707
Outros*	9.192	NA	NA	NA	NA	NA
Total	528.415	466.704	428.646	413.744	364.982	310.477
Vendas domésticas	150.761	149.351	144.993	136.012	128.025	114.162
(%)	28,5	32,0	33,8	32,9	35,1	36,8
Vendas internacionais	377.654	317.353	283.653	277.732	236.957	196.315
(%)	71,5	68,0	66,2	67,1	64,9	63,2
Grupo de produtos de imagem						
Despesa operacional	215.325	184.044	161.609	139.113	109.871	77.080
Lucro operacional	(6,788)	(279)	3,235	630	1,371	(2,467)
Patrimônio	118.171	144.433	108.406	105.750	109.846	84.271
Depreciação	7.696	5.265	3.933	5.458	4.940	4.789
Despesa de capital	8.532	6.674	5.177	6.686	4.872	4.634

* A segmentação para 2002 é "Imagem", "Médica", "Industrial" e "Outros".
Fonte: 2001 Annual Report, 2002 Yuka Shoken Hokokusho.

Competição na indústria mundial de CFDs nos anos 2000

Em 2000, a indústria global de CFDs tinha crescido muito rapidamente. As vendas de CFDs em todo o mundo, em 2000, foram de 11.252.000 unidades. Os Estados Unidos lideraram o mercado mundial, com 43,7%, seguidos pelo Japão.

As CFDs não eram mais uma novidade no estágio de crescimento do ciclo de vida da indústria, e os consumidores estavam se tornando mais conscientes de seus atributos e benefícios. O mercado americano começou a apresentar declínio no valor médio do sistema, de US$ 588 em 1999 para US$ 533 em 2000, enquanto no mercado japonês o valor médio do sistema de mercado continuava a crescer, de US$ 587 em 1999 para US$ 622 em 2000. (A Tabela 7.3 mostra o valor médio do sistema por região.)

Tabela 7.3 Valor médio do sistema das CFDs compactas em três mercados importantes

VMS ($)	1998	1999	2000	2001	2002
Estados Unidos					
VGA P&S	440	560	464	385	315
XGA P&S	NA	570	488	249	199
1MP P&S	NA	550	396	290	220
2MP P&S	NA	675	579	485	430
3MP P&S	NA	NA	850	780	700
4MP P&S	NA	NA	NA	900	860
Total de câmeras	549	588	533	436	369
Japão					
VGA P&S	425	340	301	295	288
XGA P&S	NA	300	299	0	0
1MP P&S	NA	570	450	340	270
2MP P&S	NA	685	595	500	445
3MP P&S	NA	NA	870	790	705
4MP P&S	NA	NA	NA	950	910
Total de câmeras	546	587	622	534	469
Europa Ocidental					
VGA P&S	390	350	348	320	315
XGA P&S	NA	350	348	250	198
1MP P&S	NA	563	402	291	225
2MP P&S	NA	683	609	500	445
3MP P&S	NA	NA	869	800	730
4MP P&S	NA	NA	NA	950	900
Total de câmeras	517	553	551	450	387

Fonte: "Worldwide Digital Camera Market Forecast and Analysis, 2000-2005".
Analista: Chris Chute.

A concorrência tornou-se mais globalizada, pois as fabricantes americanas, como a Kodak e a Hewlett-Packard (HP), emergiram com diferentes estratégias. No final de 2000, a HP lançou repentinamente modelos que custavam cem dólares abaixo do preço tradicional. Foram capazes de atingir esse preço porque produziram suas CFDs na China, capitalizando sobre os baixos custos locais. A estratégia da HP foi bastante efetiva, particularmente no mercado americano mais consciente de "valor". A Kodak, com fornecimento OEM pela Chinon, também mirou na extremidade baixa do mercado com um posicionamento de produto que se concentrava no "valor". As empresas americanas que iniciaram essa mudança de foco captaram as necessidades do mercado nos Estados Unidos. Esse movimento estremeceu a indústria, e o preço das CFDs começou a cair ainda mais rapidamente.

O ciclo de vida do produto tinha se tornado muito curto, causando a maior globalização da indústria pelo fator de custo. As empresas japonesas apressaram-se a transferir a atividade de produção da cadeia de valor para os países com baixos custos na Ásia. A Sanyo fabricava na Indonésia e na Coréia; a Minolta, na Malásia e em Taiwan; a Fuji Film e a Sony, na China; e a Konica e a Canon, na Malásia. As regras da concorrência nessa indústria mudaram para tornar a eficiência de custo a exigência mínima, e a diferenciação em escala global uma arma competitiva efetiva.

Lições para a Olympus

Tornou-se claro para a Olympus, líder anterior do mercado, que a dependência demasiada da vantagem de localização no Japão não era mais eficaz. A Olympus continuava a produção de lentes e de CFDs no Japão, enquanto os concorrentes tinham transferido sua produção para países com custos mais baixos. A localização da maioria das atividades da cadeia de valor, no Japão, não era mais eficaz.

A Olympus aprendeu várias lições da maneira mais difícil. Primeiramente, a ausência de uma nova visão para competir, eficaz e efetivamente, com os concorrentes fortes no mercado consumidor de eletrônicos atingiu sua posição muito rapidamente. A estratégia "reativa", baseada na mentalidade e na velocidade da câmera de halóide de prata, não funcionou. Uma vez que o projeto ID tinha lançado com sucesso a primeira série dos modelos Camedia, a mentalidade tradicional, associada com a câmera de halóide de prata, e o sentido profundamente estabelecido de velocidade da Olympus assumiram o controle.

Em segundo lugar, faltava-lhes a infra-estrutura para sustentar um negócio que tinha crescido rapidamente, tornando-se um empreendimento de 100 bilhões de ienes em apenas cinco anos. A Olympus passou de dois modelos, em 1997, para mais de dez modelos, em 1999, tornando o negócio extremamente complexo para administrar, com um ciclo de vida de seis meses. Administrar esse grande número de modelos exigia combinação, o processo de converter conhecimento explícito em conjuntos mais complexos e sistemáticos de conhecimento também explícito. No entanto, as idéias dos diferentes mercados e divisões eram aceitas quase aleatoriamente, desde que os recursos de desenvolvimento estivessem disponíveis. Esse rápido crescimento não permitiu que completassem o estágio de combinação.

Em terceiro lugar, a ausência de um conceito de gestão do conhecimento global prejudicou-a gravemente. A Olympus não identificou os movimentos da concorrência e as mudanças nas regras da competição no mercado americano. Ela não identificou os concorrentes emergentes, HP e Kodak, nem reconheceu a transferência em direção à eficiência de custo no mercado global. Os movimentos dos concorrentes foram tão repentinos que a Olympus não foi capaz de reagir com rapidez suficiente.

Apesar das mudanças no mercado dirigidas ao "valor", a Olympus estabeleceu o preço de seus modelos acima do patamar tradicional de preços. O fornecimento excessivo de partes de eletrônicos do mercado desacelerado de telefones celulares forçou para baixo o preço dos modelos de 2MP, para um patamar similar ao do modelo da Olympus. Quanto aos modelos nos Estados Unidos, por exemplo, o modelo Polaroid Digital foi um grande fracasso. As necessidades do mercado nos Estados Unidos ainda não estavam bem integradas.

A dependência excessiva do conhecimento tácito do que constituía uma "foto nítida, com boa cor" levou a empresa a não mudar com o mercado. Afinal, o mercado era incapaz de perceber a diferença na administração da cor, uma vez que o nível de *megapixels* fosse atingido. O conhecimento tácito dos líderes do projeto, que imprimiu a este novo negócio o ritmo acelerado, trabalhava em oposição à tentativa da Olympus de tornar-se um concorrente globalmente viável.

A informação do mercado e da concorrência dos grandes mercados regionais, como os Estados Unidos, não estava integrada. A falta de pessoal para sentir as mudanças do mercado tornou difícil que a Olympus obtivesse o conhecimento tácito de mercados geograficamente distintos. Em segundo lugar, a Olympus agiu pouco para converter qualquer conhecimento tácito obtido em conhecimento explícito e para combiná-los em conhecimento sistemático, permitindo que a organização global o integrasse em suas decisões. Assim, houve poucas tentativas de promover a conversão do conhecimento tácito em explícito.

A "velocidade" da indústria, o impacto avassalador das mudanças na indústria de alta tecnologia, incluindo os telefones celulares e os semicondutores, e o avanço da globalização ultrapassaram o entendimento da Olympus da "velocidade" tradicional de sua principal linha de negócios da câmera de halóide de prata. Em conseqüência, suas ações foram atrasadas, como é demonstrado pela sua obtenção de semicondutores, entre outras coisas.

Em resumo, houve um descompasso entre as práticas da gestão de conhecimento da Olympus e as exigências de uma indústria submetida a uma transição muito rápida.

Desafio da gestão do conhecimento em 2002

A indústria de CFDs em 2001-02

O ano de 2001 marcou claramente a transferência da câmera de halóide de prata para a CFD na indústria de câmeras global. Enquanto as vendas de câmeras de halóide de prata começaram a declinar, as vendas de CFD continuaram a crescer, e elas acabaram ultrapassando o valor de vendas das câmeras de halóide prata. A mudança para as CFDs foi aparente nos três mercados principais: Estados Unidos, Europa Ocidental e Japão, enquanto a câmera de halóide de prata continuou a vender bem nos países em desenvolvimento.

As vendas mundiais de CFDs atingiram 12.615.000 unidades em 2001. Os Estados Unidos permaneceram o maior mercado, respondendo por 42,1% das vendas mundiais, seguidos pelo Japão (28,7%) e pela Europa Ocidental (17,4%).

Em termos de características, os três mercados regionais começaram a convergir como o mercado americano, anteriormente caracterizado pela forte presença do segmento muito baixo (VGA e XGA), registrando uma mudança para o segmento médio a alto. Algumas mudanças também começaram a ocorrer no mercado japonês, que era conhecido por sua sofisticação e enfoque tradicional no segmento médio a alto. A tendência dirigida à resolução mais alta, medida em mais *pixels* (mais do que 2 MP), atingiu um platô. Uma vez que os consumidores tivessem alguma experiência com o produto, convenciam-se de que 2MP eram suficientes para o papel do tamanho A-4 e não aderiam à promoção de mais alta resolução da empresa. Em 2001, a participação dos modelos 2MP aumentou, de 39% para 53%, enquanto a dos modelos 3MP diminuiu, de 27% para 22%. Os preços também começaram a diminuir. A participação no mercado de modelos com preços acima de 60 mil ienes caiu de 38%, em 2000, para 20%, em 2001, com o preço médio (valor de venda dividido pelas unidades vendidas), no Japão, declinando 15,3%, de 44,455 ienes para 37 665 ienes, durante os primeiros nove meses de 2001.

A preferência do usuário realmente mudou, como relatado na citação: "A principal categoria consiste em câmeras digitais 2MP, leves e pequenas, com preços variando entre 40 mil e 60 mil ienes. Precisamos garantir que a CFD seja fácil de usar, de forma a atrair as donas de casa e os idosos".[3] Na verdade, um novo segmento começou a emergir, iniciando em 2000. Esse segmento não é conhecedor de PCs, mas "aprecia" as CFDs como meio de enviar as fotos por *e-mail*. Suas razões para comprar CFDs são: "Porque os amigos as têm" ou "Porque as vemos seguidamente em propagandas ou revistas" ou "Compramos as câmeras quando compramos computadores pessoais". Além disso, as câmeras do segmento muito baixo foram criadas para estudantes e para mulheres entre 20 e 30 anos.

A rivalidade entre os concorrentes foi intensa em 2001. No grupo líder estavam a Sony, a Olympus e a Fuji Film, seguidas de perto pela Canon, Kodak e Casio no segundo grupo. A Matsushita Panasonic reentrou na indústria em 2001. A Hewlett-Packard, que sacudiu a indústria em 2000, permaneceu um concorrente viável. (A Tabela 7.4 mostra a participação das várias indústrias no mercado mundial.)

Tabela 7.4 Carregamentos de CFDs por empresas em 2000

	Embarques	Participação (%)
Estados Unidos		
Sony	1.285.000	26,1
Olympus	900.100	18,3
Kodak	830.000	16,9
HP	430.000	8,7
Fuji Film	389.550	7,9
Polaroid	300.000	6,1
Nikon	246.100	5,0
Canon	130.000	2,6
Toshiba	77.000	1,6
Epson	65.000	1,3
Outras	263.300	5,4
Total	4.916.050	100,0
Japão		
Fuji Film	965.300	29,0
Olympus	832.100	25,0
Sony	565.900	17,0
Nikon	399.400	12,0
Kodak	199.700	6,0
Outras	366.200	11,0
Total	3.328.600	100,0
Europa Ocidental		
Olympus	419.400	21,0
Fuji Film	339.500	17,0
Sony	319.600	16,0
Kodak	299.600	15,0
Canon	159.800	8,0
Nikon	139.800	7,0
HP	80.000	4,0
Outras	240.00	12,0
Total	1.997.700	100,0

Fonte: "Worldwide Digital Camera Market Forecast and Analysis, 2000-2005,"
Analista: Chris Chute.

As vantagens competitivas da Fuji Film residem em:

1. Seu sistema de produção integrado, onde a fabricação ou a montagem dos principais componentes, incluindo CCD, lente e sistemas de processamento de imagem, são feitas no grupo.
2. Sua rede de minilaboratórios como infra-estrutura.

Essa rede, que a Fuji Film levou um longo tempo para estabelecer, pretende servir como base para a interface com o cliente, identificando as necessidades em mutação do consumidor e para a administração do relacionamento com o futuro cliente.

Foi relatado que os preços em declínio dificultaram a obtenção de retorno pela Fuji Film com essa atividade.

A Sony, que entrou no mercado de CFDs de alta classificação em 1996, com sua série Cyber-shot, continuou a lançar produtos de alto valor agregado com muitas características e preços competitivos. Ela posicionou suas CFDs como parte de uma rede, incluindo seu Vaio PC, produtos de áudio e de vídeo. Muitos consumidores escolhem automaticamente a série Cyber-shot quando compram PCs Vaio. O poder da marca Sony é formidável nos mercados consumidores globais e a empresa tem conseguido evitar a guerra de preços. A Sony não declara a lucratividade da unidade de negócios, mas planeja reduzir seu catálogo através de SCM para atingir a eficiência de custo. Ela começou a produção dos modelos avançados na China, em 2001.

Por outro lado, as companhias que se especializaram no mercado da extremidade mais baixa (VGA simples) do mercado americano, como a Polaroid, virtualmente saíram do mercado.

O ciclo de vida do produto diminuiu significativamente, pois a CFD é agora quase um item da moda. Por exemplo, não apenas o peso baixo e o tamanho pequeno, mas também a aparência e a cor, tornaram-se atributos importantes. O ciclo de vida curto do produto pressionou tanto a indústria que os concorrentes são forçados a fazer novos lançamentos cada vez mais rapidamente.

DESAFIOS PARA A GESTÃO DO CONHECIMENTO

Com a globalização do mercado, tanto a eficiência de custos quanto a diferenciação tornaram-se indispensáveis para a vantagem competitiva sustentável na escala global. Em outras palavras, tanto os aspectos de diferenciação quanto o custo mínimo tornaram-se um "dever". Para preencher essas demandas em conflito, as empresas transferiram suas atividades de produção para os países asiáticos, principalmente a China, onde podiam obter vantagem com os menores custos. O Japão não podia mais sustentar seu *status* de *cluster*.

Devido a esses desafios, a coordenação das atividades da cadeia de valor tornou-se muito complexa e crítica. Por exemplo, as funções de desenvolvimento, produção e *marketing* necessitavam de atualização constante e de compartilhamento do conhecimento. O aprendizado era necessário em locais geograficamente dispersos e, não apenas na matriz ou no *cluster*. Não somente as necessidades "instantâneas" do mercado "líder" e do *cluster*, mas as necessidades e as mudanças nos diferentes mercados regionais necessitavam ser identificadas e integradas. A experimentação com o *design* de novos modelos tinha que ocorrer em locais geograficamente dispersos.

As empresas japonesas tiveram de revisitar seus pontos fortes tradicionais na identificação e no compartilhamento do conhecimento tácito. A ênfase no conhecimento tácito e a conversão do conhecimento no *ba* físico, através de interações face a face, precisavam ser reexaminadas à medida que a disseminação geográfica continuava. O compartilhamento do conhecimento tácito e a colaboração próxima com os fornecedores e as indústrias relacionadas tinha de tomar uma forma diferente e exigia um outro tipo de *ba*.

De acordo com Yusuke Kojima, da Olympus, "A competição global com empresas nos mercados importantes é uma realidade na indústria de CFDs. Os fabricantes japoneses precisam estender o período durante o qual o conhecimento tácito desempenha um papel importante, porque uma vez que ele se torna explícito, a guerra de preços tem início". [4]

Algum tipo de síntese do conhecimento tácito e explícito é exigida. A síntese do conhecimento tácito e explícito sobre as necessidades emergentes que podem conflitar umas com as outras é uma tarefa avassaladora por si só. Quando exige interface direta com mercados regionais, a tarefa torna-se mais desafiadora, pois o conhecimento tácito é difícil de transmitir na ausência do contexto físico. Maior esforço é exigido para integrar as necessidades de outros mercados regionais e para promover a conversão do conhecimento tácito em conhecimento explícito. A conversão de conhecimento, através da externalização e da combinação, tem de desempenhar um papel de liderança, em vez do diálogo e da experiência compartilhada.

Para coordenar as atividades da cadeira de valor geograficamente dispersas, como o desenvolvimento e a produção, eram necessárias mais externalização (conversão do conhecimento tácito em explícito) e combinação (conhecimento explícito conectado ao sistema complexo de conhecimento), pois o compartilhar do contexto "físico" (*ba*) era restrito.

O uso da metáfora, da analogia e do modelo, geralmente exigido para a externalização, torna-se mais complicado ao atravessar as fronteiras nacionais e culturais. A combinação, na forma de manuais e documentos, torna-se mais importante na gestão do conhecimento global.

Por último, porém não menos importante, a gestão do conhecimento, principalmente a conversão dele, necessita ocorrer rapidamente. A velocidade da conversão e da síntese torna-se crítica. Como as necessidades do mercado mudam tão velozmente e o ciclo de vida do produto é muito curto, a síntese torna-se mais difícil e a criação do *ba* constitui um desafio ainda maior.

Abordagem da Olympus à gestão do conhecimento global em 2002

Depois de dois anos consecutivos de perdas, a Olympus começou a emergir como uma concorrente forte, retornando ao grupo superior em 2002. Sua abordagem em 2002 reconhece a nova realidade da vantagem competitiva global e a gestão do conhecimento global.

Em outubro de 2001, Hiroshi Komiya tornou-se presidente do Imaging Systems Group, responsável pelas câmeras de halóide de prata, câmeras fotográficas digitais e gravadores de voz. Este é o único grupo dentro da Olympus que produz e comercializa produtos para os mercados consumidores. Essa atribuição e a reorganização resultante marcaram uma mudança significativa na estratégia global da Olympus e na abordagem à gestão do conhecimento global.

Meta

A Olympus estabeleceu o objetivo claro de tornar-se a "marca global mais importante" e o "maior fornecedor/participante global". Isso foi baseado em sua conscientização de que a marca é crítica nos mercados consumidores, e que sua marca, apesar de forte nos mercados profissionais e institucionais, como o de equipamentos médicos, era fraca nos mercados consumidores. Seu alvo era tornar-se a número um ou uma forte número dois nos principais mercados regionais e, assim, uma "importante participante global". Para tornar-se uma "importante marca global", ela estabeleceu a meta de atingir uma participação de mais de 20% no mercado global nas categorias de CFDs e câmeras de halóide de prata. Estabeleceu uma meta de lucros de 5 bilhões de ienes no grupo para o final de março de 2003 – 4 a 4,5 bilhões de ienes para as câmeras de halóide de prata e 0,5 a 1 bilhão de ienes para as câmeras digitais. Isso marcaria uma recuperação drástica da lucratividade, depois da perda de algo em torno de 11 bilhões de ienes em base consolidada, em 2002, no negócio de câmeras digitais. Uma redução de 10% do custo também foi estabelecida, principalmente para a produção, pois Komiya acreditava fortemente que a eficiência de custo seria a base para a vantagem competitiva global.

Reorganização

Em 1º de abril de 2002, a Olympus anunciou vários planos importantes de reorganização. Especificamente, sua subsidiária de vendas domésticas, a Optical Pro Marketing (cerca de 200 pessoas da equipe especializadas em *marketing*), foi integrada ao Grupo de Sistemas de Informação. A finalidade dessa integração era responder às mudanças do mercado mais rapidamente, eliminando uma camada organizacional. Antes da reorganização, a informação sobre as necessidades do mercado era analisada pela função da Optical Pro Marketing e, depois, comunicada para o Grupo de Sistemas de Informação. Essa integração, dessa forma, tornou possível compartilhar o conhecimento de mercado diretamente com as funções de desenvolvimento e produção. Integrando a função de *marketing* ao Grupo de Sistemas de Informação, a Olympus tentava promover a conversão ágil do conhecimento entre o tácito e o explícito (externalização).

Ao mesmo tempo, para realizar o *slogan* "estar perto do consumidor, em base mundial", são dadas atribuições às pessoas com conhecimento tácito dos mercados regionais.

Handa, que tinha grande experiência de *marketing* na América do Norte, na Olympus America, foi escolhido diretor-executivo da divisão de *marketing* no Grupo de Sistemas de Informação. Para auxiliá-lo, um antigo administrador da Olympus America. Essa atribuição é uma tentativa de identificar as necessidades dos Estados Unidos, um mercado regional de importância crescente, e de integrar os mercados geograficamente distantes. A Olympus tentou proporcionar um contexto para a externalização em escala global, capitalizando sobre o conhecimento tácito inserido nas pessoas com *feeling* para o mercado, e deixando-as compartilhá-lo com outros.

Mesmo antes do anúncio em abril, Komiya tinha começado a reorganizar e fazer mudanças pessoais com grande velocidade. Em suas próprias palavras:

> Este negócio muda muito rápido, atualmente. Sobretudo, o negócio de câmeras digitais, que tem um ciclo de vida de seis meses, comparado com os 2,5 anos das câmeras de halóide de prata, os 10 anos dos endoscópios e os 20 anos dos microscópios. Eu disse ao meu pessoal para completar a reorganização em seis meses. No atual mundo dos negócios, não podemos manter pessoas medíocres e tentar atingir a meta trabalhando mais, pois isso leva tempo. A produtividade varia de acordo com as pessoas; é muito melhor identificar uma pessoa competente e deixá-la realizar a tarefa.

Ele também garantiu que todos na empresa estivessem comprometidos em atingir a meta, não importando o que houvesse:

> Tínhamos um catálogo de partes de componentes e de produtos acabados avaliado em 2 bilhões de ienes. Solicitei ao meu pessoal que pensasse sobre maneiras de vendê-lo em duas semanas. Quando não foi feita nenhuma sugestão específica, decidi dispensá-los. Isso transmitiu a mensagem de que estávamos rompendo claramente com o passado e serviu como um lembrete de que havíamos desenvolvido e produzido produtos não-competitivos. Também interrompi o trabalho de desenvolvimento de alguns produtos que não possuíam claro posicionamento ou perspectiva de mercado. Chamei isso de "funeral".

Também em abril de 2002, quatro centros de produção domésticos foram integrados em uma nova empresa, a Olympus Opto-Technology Co., Ltd. Em conseqüência, a fabricação de lentes e de CFDs foi consolidada em uma organização. As atividades de engenharia para a óptica e para a produção também foram integradas nessa empresa.

Essa ação indica a tentativa da Olympus de proporcionar um *ba* físico para a coordenação das atividades de valor. Dessa forma, a empresa tentou acelerar a espiral SECI – principalmente, a externalização e a combinação – não apenas em cada atividade da cadeia de valor, como o *marketing* nas regiões, mas também através das funções. Também foi uma tentativa de melhorar a estrutura de custo de produção da empresa, com a integração dos centros de produção doméstica, antes do início da produção completa na China.

Nesse ponto, a expansão da capacidade de produção das câmeras digitais na China já tinha sido anunciada. A capacidade de produção das partes de alto valor agregado, como as lentes, as molduras para lentes e os protótipos, já tinha sido expandida na planta de Shenzhen e uma nova planta de montagem estava sendo construída em terrenos adjacentes à fábrica Pan Yu, em Guangzhou, Guangdong.

ATRIBUIÇÃO/OBRIGAÇÃO CLARA PARA "CRIAÇÃO" E "PRODUÇÃO"

A nova abordagem da Olympus à coordenação das atividades de valor para a vantagem competitiva global foi caracterizada como uma "atribuição/obrigação, visando à criação e à produção" em cada uma das atividades na cadeia de valor em escala global. "Criação" significava criação de valor e "produção" realização de valor, como destacado acima.

A criação e a produção eram mais visíveis nas atividades de produção. Os aspectos criativos do processo de produção em geral, como o desenvolvimento de tecnologias de produção visando a um rápido início de novas linhas de produção, permaneceriam no Japão, na Olympus Opto-Technology Co., Ltd. Enquanto isso, os aspectos produtivos – alta qualidade, centros de fabricação de baixo custo – seriam transferidos para a China. Komiya acreditava fortemente que as instalações de produção na China tinham potencial de alta produtividade de produtos de qualidade superior com a vantagem do baixo custo.

Essa abordagem já tinha se comprovado bem-sucedida quando Komiya a havia aplicado à infra-estrutura do negócio de fabricação global de câmeras de halóide de prata, quando era administrador dessa divisão.

A Olympus começou a produção de câmeras de halóide de prata em Hong Kong, em 1989. Nos dez anos seguintes, as plantas em Pan Yu e Shenzhen foram ativadas, enquanto a de Hong Kong perdia a competitividade. Quando Komiya transferiu-se para Hong Kong, em 1999, para restaurar a lucratividade do negócio de câmeras de halóide de prata, fechou a planta de Hong Kong seis meses após sua chegada, e começou a fazer reformas na produção, em outubro de 1999, na planta de Pan Yu, onde as câmeras de halóide de prata eram montadas.

O enfoque dessas reformas na produção era a melhor produtividade através da redução do índice de defeitos para 0,1%. Depois de muito esforço, a planta de Pan Yu atingiu um índice de defeitos de 0,068%. Em 2002, as plantas da Olympus em Shenzhen e Pan Yu produziram quase todas as câmeras de halóide de prata da empresa. A produtividade era de classe mundial. Em Shenzhen, a produção de partes da câmera e dos protótipos, assim como o polimento das lentes, começou com 80% das partes exigidas fornecidas localmente. A Olympus planejava aplicar o mesmo modelo às CFDs.

A atribuição/obrigação de criação e produção deveria ser aplicada não apenas à produção, mas também ao *marketing* e ao desenvolvimento. Nas palavras de Komiya:

> A criação no *marketing* inclui a invenção de conceitos novos, de vanguarda. A criação no desenvolvimento significa tecnologia avançada/diferenciada e competitividade tecnológica. Se pudermos combinar "criação" e "produção" em cada função, poderemos atingir um "ciclo ou circulação". O sucesso dos negócios depende de quão rapidamente podemos completar esse ciclo na era da integração digital.
>
> Enfocando o conceito de "criação e produção", o Grupo de Sistemas de Informação tenta promover a gestão do conhecimento em cada função.

COMPARTILHAMENTO DO CONHECIMENTO COM OS FORNECEDORES

A Olympus estabeleceu uma nova divisão de compras no grupo, com a finalidade de identificar os fornecedores com quem colaborar e negociar bons preços. Como a Olympus obtém externamente os componentes-chave, diferentemente da Fuji Film, da Sony e dos outros concorrentes, a coordenação com os fornecedores é importante, tanto para o custo quanto para a diferenciação.

Para o CCD do novo modelo, C1zoom, a Olympus colaborou com a Company S (Sharp), que desenvolveu esse tipo de CCD pela primeira vez. Para o modelo C2zoom, a Olympus obteve um CCD da MP (Matsushita Panasonic). A Olympus selecionou a Matsushita Panasonic porque eles tinham colaborado com a NEC anteriormente (para o modelo C1400L) e possuíam vínculos íntimos com os engenheiros que se juntaram à Matsushita Panasonic depois de deixarem a NEC quando ela saiu dessa atividade.

GESTÃO DO CONHECIMENTO GLOBAL EM AÇÃO

A reorganização e as ações da Olympus, em 2002, apresentaram um novo modelo de negócios que integrava todo o processo de desenvolvimento, fabricação e vendas em escala global, e não apenas em cada função. O objetivo foi diminuir o tempo de tomada de decisão, aumentar a precisão na captação das exigências do mercado, atingir lançamentos oportunos de produtos e realizar reduções de custo mais significativas. Foi uma clara tentativa de coordenar as atividades da cadeia de valor dispersas em múltiplos locais atribuindo papéis específicos a cada localização. A mudança foi muito rápida.

O processo de desenvolvimento dos novos modelos para a temporada 2002/03, na Olympus, representa a abordagem mais recente à coordenação global e à gestão do conhecimento.

A tentativa da Olympus de acelerar a conversão do conhecimento SECI em escala global é refletida na redução do tempo entre o conceito do produto e o lançamento. Ela reduziu o tempo exigido entre a decisão do conceito do produto e o lançamento para a metade daquele da abordagem convencional.

O conceito do produto para os modelos lançados no final de 2002 foi decidido em março de 2002. A decisão foi bastante tardia, mas as necessidades do mercado regional foram identificadas, compartilhadas e integradas, alinhadas com o *slogan* de "estar mais perto dos consumidores em todo o mundo". O conceito do produto foi trocado várias vezes antes de ser tomada a decisão final. Cinco a seis reuniões foram realizadas, com 20 a 30 membros representando os Estados Unidos, a Europa, Cingapura e outros, além do Japão.

Para coordenar o desenvolvimento, a produção e o *marketing* do produto e aplicar o conceito de "criação e produção", foram realizadas várias conferências de dois dias. Nelas, a Olympus Opto-Technology preparou o plano principal, que foi debatido pelos membros da empresa produtora da China e pelo desenvolvimento. Esse tipo de conferência, envolvendo o pessoal do *design*, da produção (tanto no Japão como na China) e do *marketing* dos mercados regionais, é uma tentativa clara de gestão do conhecimento global. Através da realização de muitas conferências de dois dias com os membros fisicamente em um local, além das teleconferências e das visitas verdadeiras, eles tentam sintetizar os dois tipos de conhecimento nos locais físicos.

Pela primeira vez, as plantas na China fariam a produção inicial dos novos modelos, tornando assim o conceito de produção uma realidade. No passado, um produto era primeiramente lançado no Japão, depois de um mês nos Estados Unidos, e então na Europa Ocidental, um mês depois. Este ano, os lançamentos simultâneos nos três mercados regionais foram planejados pela primeira vez. Além disso, em vez de apenas um modelo, três foram planejados. Todas essas ações eram parte de um plano drástico para retornar à lucratividade. Tornando a especificação do produto uma parte crítica do seu plano de retorno à lucratividade em um ano, e limitando o tempo disponível antes do lançamento, a Olympus forçou-se até o limite.

COMUNICAÇÃO E GESTÃO DO CONHECIMENTO

Komiya acreditava que as políticas poderiam ser implementadas apenas quando as pessoas as entendessem facilmente e estivessem convencidas de sua validade. Por exemplo, a meta de tornar-se a número um no mundo era clara e visível. Komiya dizia: "Necessitamos nos comunicar com as 'massas', usando palavras e conceitos simples. Palavras simples que todos podem lembrar funcionam muito bem".

Por trás desse conceito reside a noção de que o negócio de CFDs tornou-se demasiado grande e sua operação demasiado global para que uma pessoa só tome todas as decisões-chave. A colaboração é indispensável em escala global. Komiya estava promovendo o conceito de "compartilhar" (*kyoyu*), "simpatizar com" (*kyokan*) e "responder à" (*kyomei*) informação. Ele dizia:

> Simplesmente "compartilhar" a informação não cria valor. Identificar os problemas e pensar juntos sobre como resolvê-los – isto é, "simpatizar" – e colocar as idéias em ação – isto é, "responder" – cria valor. Costumávamos enfocar e ouvir apenas um determinado grupo de clientes (o Japão), mas hoje todos no mundo são nossos clientes.

O uso do termo "funeral" por Komiya para marcar a disposição do estoque morto, do *design* mal-concebido de produto e das idéias mortas é um exemplo de uma metáfora usada para converter o conhecimento tácito em conhecimento explícito, para que a organização não apenas compartilhe o conhecimento, mas também simpatize e responda.

EXTERNALIZAÇÃO E COMBINAÇÃO

O conceito essencial para assegurar uma coordenação tranqüila, rápida e minuciosa entre as atividades da cadeia de valor era "cooperação e coordenação", mais do que "vínculo" ou "transferência simples". Isso envolvia a conversão do conhecimento tácito em conhecimento explícito (externalização).

Um exemplo foi o aviso de "três cores" para os defeitos na planta de Shenzhen. Na planta, eles usavam avisos de "três cores" para indicar o índice de defeitos corrente de cada linha de produção. Um índice de defeito de mais de 1% usava o sinal vermelho, o índice de defeito de 0,1 a 0,99% era simbolizado pelo sinal amarelo, e o índice de defeito de menos de 0,1% era indicado pelo sinal verde. Qualquer um era capaz de dizer qual a linha e qual o processo que apresentava um alto índice de defeito. Komiya dizia: "Tornando o *status* de cada processo 'visível' e 'explícito', todos os envolvidos tinham um entendimento compartilhado... Necessitávamos de uma técnica para tornar o problema explícito para que qualquer um pudesse vê-lo".

Para reduzir o tempo de comercialização no último esforço de desenvolvimento de um produto global mencionado acima, a externalização e a combinação da conversão do conhecimento foram promovidas. O processo de desenvolvimento, no qual o conhecimento costumava permanecer "tácito", foi tornado explícito. Por exemplo, uma lista de verificação de itens a serem examinados em eventos marcantes do processo de desenvolvimento foi preparada e usada apropriadamente. No passado, embora essa lista de verificação também existisse, não era usada com uma rígida disciplina. Além disso, a coordenação e a cooperação "como negócios" foram buscadas entre as atividades da cadeia de valor. Essa foi uma tentativa de combinação.

Essa mudança da Olympus parece responder à necessidade mutante de gestão do conhecimento. Além disso, a empresa parece compreender a necessidade de síntese global do conhecimento para manter-se competitiva.

Conclusão

A prática de gestão do conhecimento da Olympus e a evolução de sua estratégia da câmera digital indicam:

- a importância da identificação do tipo de conhecimento que forma a chave da vantagem competitiva nos diferentes estágios da globalização (tácito para explícito);
- a importância da conversão do conhecimento – particularmente, da externalização e da combinação – na coordenação das atividades diferentes da cadeia de valor quando as atividades estão geograficamente dispersas. Levando esse passo ainda mais longe, as empresas podem usar a atividade de configuração e coordenação da cadeia de valor global como desencadeante da conversão do conhecimento, através de processos como a externalização e a combinação;
- a necessidade de equilíbrio (síntese) do tipo de conhecimento e das atividades de conversão do conhecimento nas diferentes fases da globalização;
- a necessidade de externalização (e combinação) na aquisição tanto da competitividade de custo quanto da proposição do valor diferenciado (tanto OE quanto SP) em escala global quando os concorrentes são empresas fortes, viáveis; e
- a importância da "velocidade" na conversão do conhecimento para competir efetivamente, em escala global, quando o ciclo de vida do produto é muito curto. A velocidade é mais importante em relação à conversão do conhecimento tácito, pois geralmente se leva um tempo considerável para converter o conhecimento tácito.

Lições para as empresas globais incluem:

- É importante atingir tanto a competitividade de custo quanto o posicionamento estratégico na competição global.
- Então, é indispensável disseminar as atividades da cadeia de valor entre os diferentes locais geográficos.
- A velocidade é outro item indispensável no número crescente de indústrias globais.

- O conhecimento necessita ser totalmente utilizado em escala global. Se você depender demasiadamente do conhecimento tácito e da conversão do conhecimento em torno do conhecimento tácito, perderá tempo e também o valor da coordenação.

- A externalização rápida e a combinação da conversão do conhecimento são a chave para serem atingidas tanto a eficiência de custo quanto a diferenciação em escala global.

NOTAS

1. "Lessons of Experience – Tsuyoshi Kikukawa, CEO, Olympus Optical" (em japonês), Works, June/July 2002.
2. Y. Kojima, "Success of Camedia at Olympus; Compete in Camera Manufacturing with Focus on Picture Quality" (em japonês), *Business Research*, October 2001.
3. "Digital Camera Industry Report", *Investment Economy – Toshi Keizai* (em japonês), March 2002.
4. I. Nonaka, H. Kitagawa e Y. Kojima, "Organizational Capability and Manufacturing Innovation: Panel Discussion" (em japonês), *Business Research*, October 2001.

REFERÊNCIAS

Aoshima, Y. and E. Fukushima. 1999. "Case — Casio QV-10."

Aoshima, Y. and G. Oyama. 1999. "Olympus: DI Project" (Japanese) (Hitotsubashi Innovation Center).

Bartlett, C. and S. Goshal. 1998. *Managing across Borders: The Transnational Solution*, 2nd edition (Boston: Harvard Business School Press).

Fukushima, E. 1999. "Multiplicity and Evolutionary Dynamism of Technology Systems," (Japanese), unpublished doctoral dissertation.

Ghemawat, P. 2001. "Distance Still Matters," *Harvard Business Review*, September.

Kojima, Y. 2001. "Success of Camedia at Olympus; Compete in Camera Manufacturing with Focus on Picture Quality" (Japanese), *Business Research*, October.

Mine, N. 2002. "Challenge for Chinese Market? Lessons from Successful Business in China" (Japanese), (Tokyo: Japan Institute of Invention and Innovation).

Nonaka, I., H. Kitagawa, and Y. Kojima. 2001. "Organizational Capability and Manufacturing Innovation: Panel Discussion" (Japanese), *Business Research*, October.

Nonaka, I., K. Sasaki, and M. Ahmed. 2001. "Knowledge Creation: The Power of Tacit Knowledge," *Knowledge Management*, 1, July/August.

Nonaka, I. and H. Takeuchi. 1995. *The Knowledge Creating Company* (New York: Oxford University Press).

Nonaka, I. and R. Toyama. 2002. "A Firm as a Dialectical Being: Toward the Dynamic Theory of the Firm," *Industrial and Corporate Change*.

Nonaka, I., R. Toyama, and N. Konno. 2000. "SECI, *Ba* and Leadership: Unified Model of Dynamic Knowledge Creation," *Long Range Planning*, 33.

Porter, M. 1998. *On Competition* (Boston: Harvard Business School Press).

Chute, C. 2001. "Worldwide Digital Camera Market Forecast and Analysis 2000-2005" (IDC).

Chute, C. 2002. "Worldwide Digital Camera Market Forecast and Analysis 2002-2006" (IDC).

Gartner Inc. 2001. "Digital Camera Market Trends, 2001."

Morgan Stanley Equity Research. "Imaging Technology," various reports.

Morgan Stanley Equity Research. "Precision Instruments," various reports.

"Turnaround at Olympus Opticals," *Nikkei Business*, July 22, 2002.

"Shift to Production in China — Major Competitors for Digital Still Camera, Cell Phone" (Japanese), *Nihon Keizai Shimbun*, December 9, 2001.

"Intense Competition in SLR Digital Still Camera — Canon, Nikon, Kyocera and Olympus" (Japanese), *Nikkei Sangyo Shimbun*, March 14, 2002. *Nikkei Sangyo Shimbun*, December 27, 2001.

"New Type of Competition — Not in Pixel Counts, but New Features in Digital Still Camera" (Japanese), *Nikkei Sangyo Shimbun*, August 15, 2001.

"Fuji Film Expanding Business Domain, Exploring Alternative Technology" (Japanese), *Nikkei Sangyo Shimbun*, July 4, 2001.

"Strategy Re-examined: Interview with Managing Director, Mr. M. Kurosawa of Nikon" (Japanese), *Nikkei Kinyu Shimbun*, December 7, 2001.

"Multiple Standards in the Age of IT" (Japanese), *Nihon Keizai Shimbun*, August 26, 2001.

"International Competitiveness Report" (Japanese), Research Institute of Economy and Industry, *Nihon Keizai Shimbun*, January 22, 2002.

"Lessons of Experience — Tsuyoshi Kikukawa, CEO, Olympus Optical" (Japanese), *Works*, June/July 2002.

"Digital Camera Industry Report," *Investment Economy — Toshi Keizai* (Japanese), March 2002.

"Precision Instruments Industry," *EL NEOS*, 7(4), April 1, 2001.

Itoh, H. 2001. "Digital Camera" (Japanese), *The Economist*, January 16.

"Digital Camera Industry Report — Market Analysis," *Weekly Toyo Keizai*, January 12, 2002.

"Prices Going Down by 20% — Digital Camera," *Nikkei Sangyo Shimbun*, February 6, 2002.

"Price Going Down for Digital Camera," *Nikkei Sangyo Shimbun*, February 5, 2002.

"Market for Digital Camera Growing Even More," *Nikkei Ryutsu Shimbun*, January 31, 2002.

"Competitiveness Examined: Digital Camera," *Nihon Keizai Shimbun*, January 22, 2002.

"Digital Camera Prospect: Interview with Mr. Kishimoto, Chairman of Japan Camera Industry Association," *Nikkei Sangyo Shimbun*, June 28, 2001.

CAPÍTULO **8**

CRIAÇÃO DO CONHECIMENTO INTERORGANIZACIONAL: CONHECIMENTO E REDES

CHRISTINA L. AHMADJIAN

INTRODUÇÃO

A criação do conhecimento ocorre não apenas dentro das empresas, mas também a partir dos relacionamentos entre empresas diferentes. Por exemplo, o viés competitivo da Toyota vem em parte da sua capacidade de funcionar com um conjunto de fornecedores independentes para criar conhecimento (Fujimoto, 1999). Similarmente, a reputação do Vale do Silício como gerador de inovações origina-se do conhecimento criado através de redes múltiplas e sobrepostas de indivíduos, empresas e instituições educacionais (Saxenian, 1994). Em inúmeras outras indústrias, como a biotecnologia (Powell, Koput *et al.*, 1996), o local da criação do conhecimento tem passado do interior das empresas para as redes de empresas interconectadas.

Este capítulo examinará o processo de criação do conhecimento interorganizacional e abordará diversas questões. Em que extensão as premissas básicas da criação do conhecimento – especificamente, o modelo SECI e o conceito de *ba* – podem ser aplicadas à criação do conhecimento entre as organizações? De que maneira o conhecimento interorganizacional difere da criação do conhecimento dentro de uma única organização? Quais são as vantagens e os desafios da criação do conhecimento através das fronteiras das empresas?

Neste capítulo, combinarei *insights* do paradigma da criação do conhecimento de Nonaka (ver Capítulo 3) com *insights* da pesquisa sobre redes interorganizacionais, para melhor entender o processo de criação do conhecimento interorganizacional. Defendo que o grupo Toyota e o Vale do Silício representam dois modelos muito diferentes de criação do conhecimento interorganizacional, com padrões distintos de relações interorganizacionais e resultados muito díspares. Apesar dessas diferenças, esses dois modelos sugerem alguns aspectos comuns dos sistemas efetivos de conhecimento interorganizacional. Particularmente, tanto o Vale do Silício quanto o grupo Toyota desenvolveram um forte *ba*, ou ambiente físico e social, para a criação do conhecimento. Enquanto Nonaka salientou a importância do *ba* para a criação do conhecimento no interior das empresas, os modelos do Vale do Silício e da Toyota proporcionam algumas pistas sobre como o *ba* pode ser criado entre as empresas.

Defendo ainda que, enquanto muitas empresas japonesas têm sido exemplos de criação do conhecimento, como as linhas do modelo Toyota, outras tantas tiveram menos sucesso na reprodução do modelo do Vale do Silício. Além do mais, durante a década passada, as empresas japonesas relaxaram a participação de seus acionistas, transferiram as operações para o exterior e afrouxaram os laços com os fornecedores tradicionais; desse modo, desperdiçaram alguns dos apoios fundamentais do modelo Toyota de criação do conhecimento interorganizacional. Finalizarei este capítulo investigando uma questão perturbadora: Estas mudanças farão com que as empresas japonesas percam sua destreza na criação do conhecimento interorganizacional?

ESTRUTURA PARA A CRIAÇÃO DO CONHECIMENTO INTERORGANIZACIONAL

O paradigma de Nonaka sobre a criação do conhecimento destaca tanto o processo de criação do conhecimento quanto as condições sob as quais o conhecimento é criado. Essencial para esse paradigma é a interação entre o conhecimento tácito e o explícito. A criação do conhecimento é uma espiral, descrita pelo modelo SECI. Esse modelo descreve como o conhecimento tácito é criado através da socialização, convertido de tácito para explícito através da externalização, recombinado com outras formas de conhecimento explícito através da combinação e convertido, novamente, em conhecimento tácito através da internalização.

O modelo SECI de criação do conhecimento ainda estabelece as condições sob as quais pode ocorrer a conversão espiralada entre o conhecimento tácito e o conhecimento explícito. Um dos conceitos-chave é o *ba*, ou "uma plataforma onde o conhecimento é criado, compartilhado e explorado" (Nonaka *et al.*, 2001, p. 19). O *ba* é o contexto em que as interações ocorrem e pode ser físico, virtual, mental ou uma combinação de todos esses. A criação do conhecimento, como Ichijo observa no Capítulo 5, é um processo frágil, que está enraizado no inesperado, em *flashes* de *insights* e no acúmulo de idéias formadas pela metade. A criação do conhecimento, com suas conversões entre o conhecimento tácito e o explícito, também é um processo de conversação ou diálogo. Um *ba* para a criação do conhecimento deve proporcionar aos participantes uma linguagem compartilhada, metáforas comuns e rotinas bem entendidas para a comunicação, assim como prover os indivíduos com a liberdade e a segurança e, como é colocado por von Krogh e colaboradores (2001), o "cuidado" para facilitar esse delicado processo.

Em seu livro sobre criação do conhecimento, Nonaka e Takeuchi (1995) fornecem uma estrutura para a compreensão do processo de criação do conhecimento. Eles observam (p. 59): "A criação do conhecimento organizacional, portanto, deve ser entendida como um processo que amplifica 'organizacionalmente' o conhecimento criado por indivíduos e cristaliza-o como parte da rede de conhecimentos da organização. Esse processo ocorre dentro de uma 'comunidade de interação' em expansão, que atravessa os níveis e as fronteiras intra e interorganizacionais". De acordo com Nonaka e Takeuchi, a criação do conhecimento interorganizacional é um nível ontológico importante de criação do conhecimento, depois do indivíduo, do grupo e da organização (p. 57). Eles observam que a última fase do processo de criação do conhecimento é o compartilhar do conhecimento criado na organização com o mundo exterior, através da criação das "redes de conhecimento" com os clientes, as universidades e outras organizações (p. 84). Embora Nonaka e Takeuchi salientem a importância da criação do conhecimento interorganizacional, seu livro concentra-se principalmente na criação do conhecimento no interior das organizações, e eles deixam para pesquisas futuras a tarefa de explicar como criar as condições para a criação do conhecimento fora das fronteiras das empresas.

Como ambos sugerem, a criação do conhecimento interorganizacional divide inúmeras características com a criação do conhecimento dentro da organização. Mais importante, a criação do conhecimento interorganizacional exige um *ba*, ou espaço para a interação que encoraje a comunidade interorganizacional a engajar-se no processo espiralado da criação do conhecimento. No processo de criação do conhecimento interorganizacional, as organizações devem encontrar maneiras para criar o mesmo tipo de *ba* entre as empresas. Devem ser encontradas maneiras de nutrir uma cultura, uma linguagem para facilitar a troca de idéias e uma atmosfera de confiança e de cuidado.

O processo de criação do *ba* para a troca de conhecimento entre as organizações também envolve inúmeros fatores adicionais; eles incluem o número de empresas que colaboram no processo de criação do conhecimento, os vínculos pelos quais as empresas estão ligadas e a duração temporal desses relacionamentos. A criação do conhecimento pode ocorrer entre duas empresas, ou dentro de grupos de empresas. A organização pode manter relações de colaboração com um número limitado de empresas próximas ou por meio de vários vínculos fracos de grande alcance com uma ampla gama de outras empresas e organizações. Pode administrar esses relacionamentos através de participação acionária, relacionamentos de dependência recíproca, confiança interpessoal ou mesmo uma combinação de todos esses (Williamson, 1985). As relações colaborativas entre as organizações podem ser de curta ou longa duração.

Assim, o processo de criação do conhecimento interorganizacional começa com os mesmos fundamentos de criação do conhecimento dentro da organização – ainda mais importante, criando o *ba* adequado para a criação do conhecimento. Acrescenta-se a isso uma camada adicional de complicação – a questão de que empresas participam, como elas são unidas, e quanto tempo as relações irão durar. Na próxima seção, examinarei esses aspectos da criação do conhecimento interorganizacional. Compararei e contraporei dois modelos representados pelo grupo Toyota e pelo Vale do Silício. Além desses dois casos, apresentarei inúmeros exemplos relacionados dos Estados Unidos e do Japão.

Criação do conhecimento através de redes próximas, estáveis: O caso do grupo Toyota

A Toyota e seu grupo de fornecedores afiliados são um exemplo de criação do conhecimento em uma rede estável de empresas vinculadas intimamente. Uma grande proporção dos insumos da Toyota é fabricada por um conjunto relativamente pequeno e intimamente vinculado de fornecedores. Esse padrão, de um grau relativamente alto de obtenção externa, combinado com um conjunto relativamente pequeno de fornecedores altamente dedicados, tem caracterizado também outras empresas japonesas da indústria automobilística. Uso a Toyota como exemplo aqui, pois muitas das inovações na gestão dos fornecedores adotadas pelas linhas de montagem japonesas, e depois difundidas para os fabricantes de carros nos Estados Unidos e em outros locais (Helper e Sako, 1995), originaram-se nela. A capacidade da Toyota, e de outros fabricantes de carros japoneses, de criar o conhecimento através das fronteiras da organização – trabalhar com os fornecedores para melhorar constantemente a qualidade, a eficiência e o custo – foi identificada como uma das principais fontes de vantagem competitiva na indústria automobilística japonesa (Womack, Jones *et al.*, 1990).

No processo da Toyota, a criação do conhecimento interorganizacional é particularmente intensa no caso das partes da "caixa-preta". Para essas partes, a Toyota fornece especificações gerais, mas seu desenvolvimento real permanece nas mãos do fornecedor. Esse desenvolvimento ocorre, no entanto, através de um processo de colaboração próxima com a Toyota (Fujimoto, 1999). A criação do conhecimento ocorre não apenas no processo de desenvolvimento de partes dos novos modelos, mas também através das melhorias no processo e no produto durante a vida do modelo, visando a responder às demandas constantes da Toyota para a redução de custos. A Toyota exige que seus fornecedores mostrem que o custo regular das partes diminui durante a vida de um modelo, e trabalha junto com eles para atingir essa diminuição de custo (Asanuma, 1989). A Toyota também exige que seus fornecedores compartilhem o conhecimento que adquiriram com outros fornecedores e, embora possam fazer uso dos benefícios de suas próprias inovações redutoras de custos por um determinado período de tempo, devem compartilhá-los com os outros também (Asanuma, 1989; Dyer e Nobeoka, 2000).

O processo da Toyota de criação do conhecimento interorganizacional reflete muitas características do modelo SECI. O conhecimento tácito, criado pela Toyota ou por seus fornecedores, é tornado explícito, combinado com o conhecimento através da rede de fornecedores da Toyota e reinternalizado no grupo através de um conjunto de rotinas bem-desenvolvidas para a colaboração e o aprendizado (Fujimoto, 1999). Isso ocorre através de um *ba* cuidadosamente construído – um campo multidimensional de interação entre a Toyota e seus fornecedores. Um dos aspectos notáveis desse *ba* é o sentimento de identidade compartilhado entre a Toyota e seus fornecedores. A Toyota fez esforços consideráveis para criar um sentimento forte de identidade entre seus fornecedores e garantir um compromisso constante entre eles e a "maneira da Toyota" (Dyer e Nobeoka, 2000).

No caso da Toyota e seus fornecedores no Japão, esse sentimento de história compartilhada é apoiado por uma identidade regional e uma história também compartilhadas. Inúmeros fornecedores-chave da Toyota, como a Denso e a Toyota Automatic Loom Works, eram anteriormente parte da mesma empresa – a Denso, uma divisão emancipada, e a Toyota Automatic Loom Works, a empresa-mãe da Toyota. A Toyota e muitos de seus fornecedores estão localizados na cidade de Toyota e arredores, na Prefeitura de Aichi, uma área separada dos centros urbanos japoneses de Kanto e Kansai, e essa localização compartilhada fortalece ainda mais a identidade do grupo.

O *ba* para a criação do conhecimento entre a Toyota e seus fornecedores, entretanto, não é somente um estado mental, e inúmeras rotinas e instituições específicas também apóiam a criação do conhecimento. Os sistemas de análise e de engenharia de valores rotinizam o processo de redução regular de custo no produto e as melhorias no processo (Fujimoto, 1999). A associação de fornecedores da Toyota institucionaliza ainda mais os vínculos entre a Toyota e seus fornecedores e entre os próprios fornecedores. Ela organiza diversos tipos de atividades de criação de conhecimento – grupos para a solução de problemas e visitas pelas plantas que promovem o desenvolvimento do conhecimento tácito, assim como seminários, palestras e manuais – que tornam explícito esse conhecimento (Sako, 1996). O conhecimento tácito é ainda mais desenvolvido através do sistema de engenheiros-convidados, no qual engenheiros dos fornecedores permanecem um período nas plantas da Toyota adquirindo experiência direta de como as partes que desenvolveram são manuseadas na linha de produção e integradas ao veículo (Fujimoto, 1999).

As trocas de pessoal ocorrem também em outros níveis. A Toyota envia seus executivos-sênior para muitos de seus fornecedores, onde eles atuam como executivos operacionais-sênior, membros do conselho ou auditores corporativos. Os executivos aposentados da Toyota aceitam normalmente papéis administrativos nas afiliadas da empresa. O sindicato da Toyota e os sindicatos de muitos dos seus fornecedores próximos pertencem à mesma federação das empresas da Toyota, e através dessa federação os sindicalistas (geralmente empregados promissores que circulam no sindicato durante vários anos e depois voltam para suas empresas) desenvolvem contatos pessoais próximos.

Como observado previamente, o *ba* para a criação do conhecimento interorganizacional pode variar amplamente na configuração das empresas e nos tipos de relacionamentos. A Toyota limitou sua rede a um número relativamente pequeno de fornecedores próximos com os quais compartilha uma longa história. A rede da Toyota, durante muito tempo, tinha um certo grau de exclusividade – embora seus fornecedores-chave fornecessem para os fabricantes menores de carros, era raro que um fornecedor próximo da Toyota vendesse para a sua arqui-rival Nissan, apesar de isso ter mudado em anos recentes. A Toyota, inicialmente, também manteve sua rede de fornecedores próxima ao mudar-se para o exterior como os outros fornecedores de carros (Martin, Mitchell *et al.*, 1995), embora a pesquisa mais recente indique que a empresa tenha feito esforços para criar o mesmo sentimento de identidade compartilhada, e as mesmas rotinas para a criação e a transferência de conhecimento, com os fornecedores estrangeiros (Dyer e Nobeoka, 2000).

A Toyota também tem uma estrutura formal de participação acionária em seus fornecedores essenciais. Embora essas participações raramente sejam controladoras, podem apesar disso ser substanciais. De acordo com um estudo de fabricantes de carros e seus fornecedores em meados da década de 1980, por exemplo, a Toyota tinha participação no capital de aproximadamente 40% de seus fornecedores e essa participação era em média de 17% (Ahmadjian e Oxley, 2003). Este ponto tem sido muito controverso: os pesquisadores sobre relações de fornecedores na indústria automobilística e em outras no Japão insistem que participação acionária nos fornecedores não desempenham um papel importante na gestão das relações interorganizacionais (Smitka, 1991; Nishiguchi, 1994). Ainda assim, a pesquisa na indústria automobilística e em outras indica que as relações de negócios – compra e venda de partes e materiais – tende a ocorrer em uma estrutura de vínculos parciais de propriedade (Flath, 1996; Lincoln, Gerlach *et al.*, 1992). Embora o papel exato dessas participações no capital possa ser controverso, é indiscutível que a Toyota e outros fabricantes de carros envolvem seus fornecedores em uma teia de vínculos de propriedade, em níveis que não são insignificantes.

Embora eu tenha usado o caso da Toyota para exemplificar a criação do conhecimento entre conjuntos de empresas vinculadas rigorosamente, modelos similares estão relativamente disseminados na indústria automobilística japonesa e em toda a economia do Japão. Por exemplo, a Matsushita tem confiado crescentemente (pelo menos até recentemente) o desenvolvimento de peças e materiais especializados aos fornecedores de um círculo interno conhecido e confiável, com vínculos fortes de pessoal e capital (Guillot e Lincoln, 2002). A empresa também tentou criar um sentimento compartilhado de cultura e valores com seus fornecedores: por exemplo, difundindo aos fornecedores e afiliados o compromisso com os valores da Matsushita Konosuke e da cultura da Matsushita (Lincoln *et al.*, 1998).

Uma maneira pela qual os fabricantes de eletrônicos tentaram promover o intercâmbio do conhecimento tácito através das fronteiras das empresas foi com a instituição do *shukko*, ou troca de pessoal. Por exemplo, em seu estudo do *shukko* em um fabricante de pequenas peças eletrônicas, Lincoln e Ahmadjian (2001) observaram empregados trocados em diversos níveis: um empregado mais velho, enviado da empresa-mãe depois da aposentadoria, para administrar as operações dos fornecedores, assim como engenheiros mais jovens, enviados temporariamente ao fornecedor, para ajudar a introduzir nova tecnologia e adquirir sensibilidade em seus processos de fabricação. O *shukko* de empregados para as empresas dos clientes permite que os fabricantes de eletrônicos adquiram maior percepção da cultura e das necessidades desses clientes (Lincoln *et al.*, 1998). As associações de fornecedores também são visíveis na eletrônica, e embora tendam a organizar-se em torno de fábricas focais e não no nível de empresa, desempenham um papel similar na transferência de conhecimento tácito e explícito (Fruin, 1997). Embora menos do que na indústria automotiva, os fabricantes de eletrônicos também tendem a manter participação no grupo essencial de seus fornecedores e afiliados próximos.

Em resumo, a Toyota exemplifica um modelo de criação do conhecimento encontrado também em outras indústrias na economia japonesa. Isso não significa que esse padrão seja exclusivo do Japão, ou caracterize todas as indústrias no país, embora estudos da economia japonesa sugiram que as relações próximas, interdependentes, entre as empresas sejam uma característica importante da economia japonesa (Gerlach, 1992; Fruin, 1992). No modelo Toyota de criação do conhecimento, conjuntos de empresas vinculadas proximamente criam o *ba* para a criação do conhecimento, através da troca de pessoal em todos os níveis, da história compartilhada, dos vínculos de propriedade e dos esforços ativos para difundir a cultura e os valores, bem como o conhecimento através das associações formais de grupos amplos. O *ba* para a criação do conhecimento ocorre entre conjuntos relativamente fixos de empresas, vinculados intimamente por meio de múltiplos tipos de laços.

RECOMBINAÇÃO DO CONHECIMENTO: SÍNTESE DO CONHECIMENTO ATRAVÉS DAS FRONTEIRAS DAS EMPRESAS NO VALE DO SILÍCIO

O Vale do Silício também é bem conhecido por sua capacidade de favorecer a criação do conhecimento entre as organizações. Seu modelo de criação do conhecimento, no entanto, é completamente diferente do modelo da Toyota. O modelo do Vale do Silício também demonstra a importância do *ba* – cultura, valores, linguagem e espaço físico compartilhados – para a criação do conhecimento. Lá, entretanto, o *ba* é definido por uma indústria e região, não por uma empresa essencial específica. Além disso, o conhecimento é criado através de vínculos amplos e fluidos entre as empresas, assim como entre as universidades e os institutos de pesquisa. Embora eu utilize o Vale do Silício como modelo para descrever esta forma de criação do conhecimento interorganizacional, padrões similares de criação do conhecimento são também encontrados em outras indústrias – especialmente na biotecnologia. Nesta seção, o exemplo do Vale do Silício será suplementado com alguns exemplos da biotecnologia.

O Vale do Silício tem sido caracterizado por redes de empresas relativamente pequenas, ligadas por relacionamentos pessoais, laços compartilhados com universidades e empresas de capital de risco, e com uma força de trabalho de engenheiros e administradores extremamente flexíveis. Muitas inovações que surgiram no Vale do Silício ocorreram pelas interações através das fronteiras dessas empresas – pela recombinação do conhecimento existente entre elas. Saxenian (1994, p. 112), em seu estudo pioneiro do Vale do Silício, cita um executivo da área dos semicondutores que descreve este processo de criação do conhecimento:

> Existe uma atmosfera exclusiva aqui que se revitaliza, continuamente, graças ao fato de que o entendimento coletivo de hoje é informado pelas frustrações de ontem e modificado pelas recombinações de amanhã... O aprendizado ocorre através dessas recombinações. Nenhuma outra área geográfica cria a recombinação tão eficazmente com tão poucas perturbações. Todo o tecido industrial é fortalecido por esse processo.

No Vale do Silício, as redes disseminadas de laços diversos, os mercados fluidos de trabalho e o ambiente competitivo nos quais as empresas nascem e morrem na sobrevivência darwiniana do mais apto, garantem um número máximo de oportunidades para a combinação do conhecimento e asseguram que apenas as combinações com potencial de mercado serão selecionadas. As combinações fracassadas e as empresas falidas não são totalmente uma perda, pois as razões do fracasso são incorporadas à sabedoria do Vale do Silício – e os administradores e engenheiros partem para novas empresas e novas recombinações, levando com eles as lições que aprenderam.

O modelo do Vale do Silício reflete a importância do *ba* na criação do conhecimento interorganizacional, embora a natureza desse campo de interação diferencie-se, consideravelmente, do modelo da Toyota. No Vale do Silício, a cultura, a linguagem e o conjunto de histórias de guerra que são compartilhados desenvolveram-se não no interior de uma única empresa, mas em toda a região. Os engenheiros, os administradores e os capitalistas de risco desenvolveram essa cultura compartilhada através de suas interações repetidas, de sua educação compartilhada em muitos casos (por exemplo, antecedentes em Stanford) e mesmo através de suas interações em *bas* físicos mais concretos – restaurantes populares e balneários, por exemplo. Saxenian destaca a existência de uma linguagem compartilhada, citando um engenheiro do Vale do Silício (p. 37): "A linguagem do silício da Costa Leste não é a mesma que a da Costa Oeste. Se eu digo que estou trabalhando com angstroms de CMOS, todos no Oeste entenderão o que significa. No Leste isso significará algo diferente. Existe uma comunidade aqui, com uma linguagem compartilhada e significados compartilhados".

O Vale do Silício não é o único exemplo de criação do conhecimento interorganizacional que usa diversas redes disseminadas para acessar e combinar o conhecimento. Processos similares de criação do conhecimento interorganizacional caracterizam também a indústria de biotecnologia. Nessa indústria, como no Vale do Silício, o sucesso de qualquer empresa é, em grande parte, dependente de sua capacidade de explorar as redes disseminadas de empresas semelhantes, instituições de pesquisa, universidades e companhias farmacêuticas. Powell e Brantley (1992, p. 143) observam: "Quando as fontes de conhecimento são diferentes e os caminhos do desenvolvimento tecnológico não mapeados, podemos esperar a emergência de redes de aprendizado". A biotecnologia é mais global e essas redes são menos vinculadas a uma localização regional específica do que no caso do Vale do Silício. Apesar disso, elementos similares de uma cultura, linguagem e experiência compartilhadas provavelmente apóiam a criação e a difusão do conhecimento no interior dessas redes.

MODELOS CONTRASTANTES DE CRIAÇÃO DO CONHECIMENTO INTERORGANIZACIONAL

Vistos pela perspectiva do modelo SECI, os modelos de criação do conhecimento do Vale do Silício e da Toyota mostram alguns paralelos interessantes. Tanto um quanto o outro são caracterizados por *bas* distintos para a criação do conhecimento. Como observado anteriormente, Nonaka descreve o *ba* como um ambiente físico, mental e social que promove a criação do conhecimento. Um *ba* oferece um cenário físico para a criação do conhecimento e uma cultura e linguagem compartilhadas para o diálogo necessário para a criação de novo conhecimento. A Toyota, com sua associação de fornecedores, vínculos densos entre o pessoal do fornecedor principal e dos afiliados, história compartilhada e adesão compartilhada com sua cultura, demonstra as características de um *ba*. No caso do Vale do Silício, as redes humanas, a região, a história e a experiência educacional compartilhadas caracterizam outro tipo de *ba*. Tanto o exemplo do Vale do Silício quanto o da Toyota representam a importância da obtenção das condições certas para a criação do conhecimento, mesmo entre empresas. A linguagem compartilhada, o conhecimento e as interações repetidas são todos necessários na criação do novo conhecimento.

Os modelos do Vale do Silício e da Toyota, no entanto, divergem consideravelmente no tipo de laço que vincula as empresas, no grau de exclusividade e na duração desses laços. No caso da Toyota, vemos interações íntimas, de longo prazo, apoiadas por uma cultura compartilhada que abrange um conjunto de empresas e estruturas formais de comando com laços de propriedade. No Vale do Silício, vemos um conjunto mais amplo de laços, redes amplas e diversas, movendo-se e reconfigurando-se rapidamente. No Vale do Silício, a cultura compartilhada, que forma o *ba* para a troca de conhecimento interorganizacional, não é propriedade das empresas, mas da indústria e da própria região. A educação, a experiência de trabalho e a proximidade compartilhadas levam a uma cultura compartilhadas que transcende às próprias empresas específicas.

Esses dois modelos de criação do conhecimento também divergem nos tipos de conhecimento criado. O modelo SECI considera a criação do conhecimento uma espiral, um processo de movimento entre o conhecimento tácito e o explícito. Uma comparação entre os modelos de criação do conhecimento interorganizacional do Vale do Silício e da Toyota sugere que ambos são efetivos em diferentes estágios da espiral SECI. No modelo da Toyota, a criação do conhecimento tende a concentrar-se no processo, ou na inovação incremental, no contexto de uma única empresa-mãe (Toyota) e na tecnologia existente (por exemplo, os automóveis). No modelo do Vale do Silício, ou nos exemplos da biotecnologia, a inovação tende a ser em tecnologias ou produtos inteiramente novos. O modelo da Toyota é particularmente efetivo em tomar o conhecimento tácito e transformá-lo em explícito. Os laços íntimos, intensos e sobrepostos entre os membros do grupo Toyota permitem que essas empresas entendam-se, comuniquem-se intimamente e traduzam os palpites, as pequenas variações, o sentimento de como fazer as coisas, em linguagens mais facilmente comunicáveis, que podem ser difundidas através das empresas do grupo e para os modelos subseqüentes. No caso do Vale do Silício e da biotecnologia, em contraste, a vantagem está na combinação de diferentes formas de conhecimento. Os laços diversos e mais fracos entre as empresas, universidades e instituições de pesquisa, nessas redes, dão aos membros acesso a uma maior diversidade de informações. Essa informação diversificada pode, então, ser recombinada para criar um novo conhecimento que vai além do conhecimento existente.

Apesar de suas diferenças, os modelos da Toyota e do Vale do Silício receberam muitos elogios como exemplos de criação do conhecimento em suas próprias indústrias. O modelo da Toyota de relações íntimas, interdependentes, com os fornecedores tem sido geralmente reconhecido como superior ao modelo americano, de múltiplos fornecedores e de relações de curto prazo (Womack *et al.*, 1990). Durante as décadas de 1980 e 1990, os fabricantes americanos de carros revisaram suas práticas de administração de fornecedores, visando a torná-las mais parecidas com o modelo da Toyota, embora uma grande distância ainda permaneça (Helper e Sako, 1995). O modelo de criação do conhecimento do Vale do Silício contrastava, favoravelmente, com outro centro da indústria de computadores nos Estados Unidos, agrupada em torno da Rota 128, em Massachusetts (Saxenian, 1994). As maiores empresas, verticalmente integradas e relativamente isoladas da Rota 128, não foram capazes de utilizar as redes diversas e rapidamente mutáveis disponíveis no Vale do Silício. As empresas da Rota 128 foram, conseqüentemente, menos capazes de encontrar e recombinar o conhecimento para criar novo conhecimento.

Os modelos contrastantes do Vale do Silício e da Toyota e seus sucessos em suas próprias indústrias sugerem que o modelo "certo" de criação do conhecimento interorganizacional depende grandemente da natureza do conhecimento e varia de acordo com a indústria, o ambiente e a tecnologia. Modelos diferentes têm vantagens em etapas diferentes da espiral de conhecimento. O modelo da Toyota é particularmente efetivo na transformação do conhecimento tácito em conhecimento explícito e, dessa forma, também em captar as inovações de processos criadas por uma empresa e difundi-las para os demais membros do grupo. O modelo do Vale do Silício é mais efetivo na seleção e na recombinação do conhecimento a partir de uma ampla variedade de fontes – e na criação de conhecimento completamente novo ou no encontro de novos usos para as inovações existentes.

EMPRESAS JAPONESAS PARA ONDE?

As empresas japonesas desempenharam um papel proeminente na literatura sobre a criação do conhecimento (Nonaka e Takeuchi, 1995). Os desenvolvimentos no Japão na década de 1990, no entanto, sugerem dois padrões perturbadores na evolução da criação do conhecimento interorganizacional. Por um lado, existem sinais de que o modelo de criação do conhecimento da Toyota através de relações próximas, interdependentes, entre as empresas está desvendado nas indústrias de manufaturas. Por outro lado, nas indústrias de tecnologia, onde a informação tecnológica e as redes disseminadas, diversas e fluidas do modelo do Vale do Silício são mais apropriadas, as empresas japonesas parecem estar recriando relações interorganizacionais que se assemelham mais com as linhas do modelo da Toyota.

Na década de 1990, a entrada de empresas estrangeiras e a economia estagnada levaram ao crescente desmonte das relações interorganizacionais íntimas e cooperativas do modelo da Toyota. A Nissan, depois que a Renault comprou uma participação majoritária, cortou custos desmontando sua rede de fornecedores, vendendo sua participação acionária em inúmeros fornecedores e contando, em vez disso, com fornecedores que poderiam atingir economias de escala global. A Mitsubishi Motors, sob influência da DaimlerChrysler e da Mazda, agora pertencendo à Ford, fez abordagens similares. A Toyota, em contraste, parece ter mantido relações cooperativas com seus fornecedores essenciais – embora tenha sido criticada na mídia estrangeira por fazer isso (Burt e Ibison, 2001). Mais amplamente na economia japonesa, o desmonte das redes de empresas de colaboração, antes vinculadas intimamente pela propriedade e por outros laços, reflete-se no desenrolar das participações em ações. Desde 1990, diminuiu a percentagem de ações transacionadas publicamente nas mãos de empresas relacionadas e instituições financeiras – sugerindo que a participação acionária, um dos pilares do modelo da Toyota de criação do conhecimento interorganizacional, está enfraquecendo.

As mudanças na contabilidade financeira japonesa e no comando corporativo levaram a mudanças institucionais que tornam essas relações próximas cada vez mais difíceis de manter. Uma consolidação mais rigorosa e outras exigências relatadas tornam mais difícil a manutenção dos grupos de afiliados próximos às empresas. Os investidores estão exigindo que as empresas de manufaturas proporcionem maiores lucros para os acionistas, em vez de usarem esses lucros para sustentar suas empresas relacionadas. Além disso, como Ishikura menciona no Capítulo 7, a globalização da produção está cortando a conexão entre os fornecedores e os fabricantes limitados ao Japão.

Pode ser que essas mudanças para desenrolar o denso modelo conectado das relações de compra e suprimento simplesmente sejam uma resposta às exigências tecnológicas de mudança nas outrora poderosas indústrias manufatureiras do Japão (c.f. Ahmadjian and Lincoln, 2001). Se assim for, essas mudanças podem representar um ajuste saudável nas novas realidades técnicas e ambientais. Entretanto, o desenvolvimento das relações de criação do conhecimento das indústrias automobilística e eletrônica não parece ter sido equilibrado com o aumento de confiança nas indústrias tecnológicas no modelo de rede do Vale do Silício, que embora bem difundido, apresenta diversos pontos fracos. Apesar da pouca pesquisa tecnológica feita pelas empresas japonesas, a verdade é que algumas empresas da indústria de tecnologia basearam suas relações interorganizacionais nos moldes das antigas empresas manufatureiras. Aparentemente, ao mesmo tempo que as empresas nas indústrias manufatureiras antigas estão se desvinculando do modelo da Toyota, as novas estão recriando esses mesmos padrões.

Em um estudo da indústria de TI japonesa, Sako (2001) conclui que essa indústria, apesar da necessidade premente de acessar e recombinar o conhecimento de diversas fontes e de responder a um ambiente altamente incerto e de mudanças rápidas, tem em grande parte recriado as formas existentes de relações interorganizacionais – a confiança em laços relativamente estáveis de finanças e em pessoas com um conjunto fixo de parceiros. Sako (2001, p. 25) argumenta: "Enquanto a maioria dos novos negócios tem a benção de empregadores prévios, e o movimento do trabalho entre as empresas é mediado pelo sistema de transferências temporárias de pessoal de uma grande empresa (*shukko*), o âmbito de manobras para criar bolsões de nova lógica institucional é limitado".

Na pesquisa sobre a indústria de computadores *laptop*, Hoetker (2002) descobre que as empresas japonesas contrastam agudamente com as não-japonesas em sua propensão para comprar painéis de tela plana de fornecedores externos. Os fabricantes de computadores japoneses tendem a ser muito mais verticalmente integrados do que a sua contrapartida não-japonesa, e quando eles realmente obtêm no exterior, a tendência é de que seja de fornecedores fortemente vinculados, com os quais já mantêm um relacionamento relativamente duradouro. Hoetker (2002, p. 2) argumenta que: "Eles fazem isso, mesmo com o prejuízo provocado por não acessarem a capacidade técnica superior disponível nos fornecedores externos".

Em um estudo da indústria de computadores, o pesquisador Anchordoguy (2000) conclui que os padrões de propriedade organizados em torno das empresas, e a propensão para lidar com o mesmo conjunto de bancos e outros afiliados vinculados intimamente, reduzem os tipos de laços fluidos e flutuando livremente, necessários para a criação do conhecimento na indústria baseada em informações incertas e rapidamente mutantes. Anchordoguy alega que a área em que a indústria de *software* japonês mais floresceu, a de jogos, é a que retém o sabor do modelo Toyota, com a ocorrência da criação do *softwares* no interior de grupos intimamente vinculados em torno das empresas nucleares.

Este fracasso em copiar as redes flexíveis e de longo alcance, que caracterizam o Vale do Silício e a biotecnologia, pode ter tornado lenta a inovação japonesa. Branstetter e Nakamura (2003), por exemplo, descobriram que o crescimento na produtividade da pesquisa japonesa estagnou na década de 1990. De acordo com entrevistas extensas realizadas por esses autores, embora as empresas japonesas sintam a necessidade de adotar mais padrões de pesquisa ao estilo dos "Estados Unidos", envolvendo mais colaboração de fora da empresa, do grupo e mesmo das fronteiras nacionais, eles consideram difícil o distanciamento das práticas existentes.

É tentador atribuir a hesitação das empresas japonesas em formar redes, com base em alianças mais fluidas e mutáveis, e na confiança constante na inovação interna ou através dos limites de empresas vinculadas firmemente, a motivos culturais. Os japoneses podem, simplesmente, ficar mais à vontade conduzindo seus negócios dentro de um conjunto conhecido de empresas relacionadas proximamente. E mais provável, como no caso de muitas outras estruturas e práticas nos negócios e na economia japonesa, que os padrões japoneses de relações interorganizacionais sejam o resultado de um processo histórico de evolução distinto, de estruturas institucionais e legais que tornaram mais difícil a confiança em redes mais difusas e fluidas. O ambiente legal, e a dificuldade em fechar e discutir contratos ao "alcance do braço", podem ter tornado a colaboração no modelo do Vale do Silício mais difícil no Japão (Gilson e Roe, 1993). A prática de empregos permanentes e os fortes processos de socialização que as empresas japonesas usaram para intensificar sua identidade e a de seus grupos (Rohlen, 1974) podem ter dificultado a colaboração dos indivíduos e das empresas fora da estrutura de um determinado grupo ou empresa.

Quaisquer que sejam as causas, essa dificuldade em colaborar fora dos limites de um grupo de negócios fortemente vinculado é um desafio para as empresas japonesas, especialmente à medida que outros tipos de criação do conhecimento, em outras partes da espiral de conhecimento, tornam-se mais críticos. As empresas japonesas podem estar demolindo algumas de suas redes duradouras de fornecedores e colaboradores no interesse da redução de custos e de uma maior flexibilidade, sem desenvolverem habilidade comensurável na colaboração da recombinação do conhecimento, através de redes mais difusas e fluidas, ao estilo do Vale do Silício.

Conclusão

Neste capítulo, examinei a colaboração interorganizacional no contexto do modelo SECI e os conceitos de conhecimento tácito e explícito. Argumentei que existem diferentes modelos de criação do conhecimento interorganizacional e destaquei dois tipos: o modelo Toyota e o modelo do Vale do Silício. Defendi que essas configurações das redes de conhecimento têm pontos fracos e fortes muito distintos nos diferentes estágios da espiral do conhecimento. As redes densas da Toyota e seus fornecedores podem ser muito úteis na conversão entre o conhecimento tácito e o explícito e na combinação do conhecimento através das empresas, no tipo de colaboração intensa e detalhada necessária para as melhorias incrementais no processo. As redes mais amplas da biotecnologia e do Vale do Silício, em comparação, são úteis para combinar tipos diferentes de conhecimento, acessar conhecimento remoto e administrar flexivelmente frente a incertezas.

Apesar de suas diferenças, tanto o grupo da Toyota quanto o do Vale do Silício apresentam fortes *bas*, ou cenários, para a troca e a criação do conhecimento. No modelo da Toyota, o *ba* é centralizado em torno da Toyota e de um grupo de empresas fortemente vinculadas, enquanto no modelo do Vale do Silício, o *ba* cobre uma indústria e uma região. Os dois *bas*, no entanto, apresentam cultura, valores e linguagem compartilhados, trabalhando juntos para facilitar o diálogo.

O exame da resposta do Japão à década de 1990, no entanto, sugere que pode ser difícil a passagem de um modelo de criação do conhecimento para o outro. As empresas japonesas têm tido dificuldade em copiar o modelo do Vale do Silício. Apesar disso, as empresas japonesas nas indústrias de alta tecnologia, que mudam rapidamente, devem procurar meios de criar um *ba* para a criação do conhecimento que se estenda além de uma única empresa e de alguns colaboradores próximos para um conjunto ainda mais amplo de organizações. Como criar uma cultura, uma linguagem e metáforas e histórias compartilhadas, além de incutir um senso de confiança e estabilidade que vá além da empresa e de suas afiliadas relacionadas proximamente, é um dos maiores desafios para as empresas japonesas no século XXI.

Referências

Ahmadjian, C.L. and J.R. Lincoln. 2001. "Keiretsu, Governance and Learning: Case Studies in Change from the Japanese Automotive Industry," *Organization Science*, 12, pp. 683-701.

Ahmadjian, C.L. and J. Oxley. 2003. "Using Hostages to Support Exchange: Dependence Balancing & Equity Ties in Japanese Automotive Supply Relationships," unpublished working paper, Hitotsubashi University.

Anchordoguy, M. 2000. "Japan's Software Industry: A Failure of Institutions?" *Research Policy*, 29, pp. 391-408.

Asanuma, B. 1989. "Manufacturer–Supplier Relationships in Japan and the Concept of Relation-specific Skill," *Journal of the Japanese and International Economies*, 3, pp. 1-30.

Branstetter, L. and Y. Nakamura. 2003. "Has Japan's Innovative Capacity Declined?" (Columbia Business School, Center on Japanese Economy and Business).

Burt, T. and D. Ibison. 2001. "Toyota Trimming Costs in the Nicest Possible Way," *Financial Times*, London: www.ft.com, viewed December 12, 2001.

Dyer, J.H. and K. Nobeoka. 2000. "Creating and Managing a High-performance Knowledge-sharing Network: The Toyota Case," *Strategic Management Journal*, 21, pp. 345-67.

Flath, D. 1996. "The *Keiretsu* Puzzle," *Journal of the Japanese and International Economies*, 10, pp. 101-21.

Fruin, W.M. 1992. *The Japanese Enterprise System: Competitive Strategies and Cooperative Structures* (New York: Oxford University Press).

Fruin, W.M. 1997. *Knowledge Works: Managing Intellectual Capital at Toshiba* (New York: Oxford University Press).

Fujimoto, Takahiro. 1999. *The Evolution of a Manufacturing System at Toyota* (New York: Oxford University Press).

Gerlach, M.L. 1992. *Alliance Capitalism: The Social Organization of Japanese Business* (Berkeley, CA: University of California Press).

Gilson, R.J. and M.J. Roe. 1993. "Understanding *Keiretsu* Overlaps," *The Yale Law Journal*, 102, pp. 871-906.

Guillot, D. and J.R. Lincoln. 2002. "Dyad and Network: Models of Manufacturer–Supplier Collaboration in the Japanese TV Manufacturing Industry," unpublished working paper, University of California, Berkeley, Haas School of Business.

Helper, S.R. and M. Sako. 1995. "Supplier Relations in Japan and the United States: Are They Converging?" *Sloan Management Review*, Spring, pp. 77-84.

Hoetker, G. 2002. "Same Rules, Different Games: Variation in the Outcomes of 'Japanese-style' Supply Relationships," unpublished paper, University of Illinois.

Lincoln, J.R., C.L. Ahmadjian, and E. Mason. 1998. "Organizational Learning and Purchase Supply Relations in Japan: Hitachi, Matsushita, and Toyota Compared," *California Management Review*, 24, pp. 241-64.

Lincoln, J.R. and C.L. Ahmadjian. 2000. "*Shukko* (Employee Transfers) and Tacit Knowledge Exchange in Japanese Supply Networks: The Electronics Industry Case," in I. Nonaka and T. Nishiguchi (eds.), *Knowledge Emergence: Social, Technical, and Evolutionary Dimensions of Knowledge Creation* (New York: Oxford University Press).

Lincoln, J.R., M.L. Gerlach, et al. 1992. "*Keiretsu* Networks in the Japanese Economy," *American Sociological Review*, 57, October, pp. 561-85.

Martin, X., W. Mitchell, et al. 1995. "Recreating and Extending Japanese Automobile Buyer–Supplier Links in North America," *Strategic Management Journal*, 16, pp. 589-619.

Nishiguchi, T. 1994. *Strategic Industrial Sourcing: The Japanese Advantage* (New York: Oxford University Press).

Nonaka, I., N. Konno, and R. Toyama. 2001. "Emergence of '*Ba*'," in I. Nonaka and T. Nishiguchi (eds.), *Knowledge Emergence: Social, Technical, and Evolutionary Dimensions of Knowledge Creation* (New York: Oxford University Press).

Nonaka, I. and H. Takeuchi. 1995. *The Knowledge-Creating Company: How Japanese Companies Create the Dynamics of Innovation* (New York: Oxford University Press).

Powell, W.W. and P. Brantley. 1992. "Competitive Cooperation in Biotechnology: Learning through Networks?" in N. Nohria and R.G. Eccles (eds.), *Networks and Organizations* (Boston: Harvard Business School Press).

Powell, W.W., K.W. Koput, et al. 1996. "Inter-organizational Collaboration and the Locus of Innovation: Networks of Learning in Biotechnology," *Administrative Science Quarterly*, 41, pp. 116-45.

Rohlen, T.P. 1974. *For Harmony and Strength* (Berkeley, CA: University of California Press).

Sako, M. 1996. "Suppliers' Associations in the Japanese Automobile Industry: Collective Action for Technology Diffusion," *Cambridge Journal of Economics*, 20, pp. 651-71.

Sako, M. 2001. "Between Bit Valley and Silicon Valley: Hybrid Forms of Business Governance in the Japanese Internet Economy," in B. Kogut (ed.), *Global Internet Economy* (Cambridge, MA: MIT).

Saxenian, A. 1994. *Regional Advantage: Culture and Competition in Silicon Valley and Route 128* (Cambridge, MA: Harvard University Press).

Smitka, M.J. 1991. *Competitive Ties: Subcontracting in the Japanese Automotive Industry* (New York: Columbia University Press).

Von Krogh, G., K. Ichijo, and I. Nonaka. 2001. "Bringing Care into Knowledge Development of Business Organizations," in I. Nonaka and T. Nishiguchi (eds.), *Knowledge Emergence: Social, Technical, and Evolutionary Dimensions of Knowledge Creation* (New York: Oxford University Press).

Williamson, O.E. 1985. *The Economic Institutions of Capitalism* (New York: The Free Press).

Womack, J.P., D.T. Jones, et al. 1990. *The Machine that Changed the World* (New York: Macmillan).

CAPÍTULO **9**

O Processo de Elaboração da Estratégia como Diálogo[1]

Emi Osono

Este capítulo discutirá duas áreas que têm um forte impacto na gestão do conhecimento. A primeira é o processo de elaboração da estratégia; a segunda é o diálogo, a comunicação através de múltiplas perspectivas. Este capítulo concentrar-se-á no diálogo, particularmente no processo de elaboração da estratégia. Embora o diálogo seja um dos conceitos essenciais do aprendizado nos campos relacionados ao conhecimento, como a psicologia do desenvolvimento e a psicologia sociocultural, ainda não foi totalmente discutido na literatura de administração.

Com o foco no processo de elaboração da estratégia e no diálogo, este capítulo tentará responder a três questões: (1) Como as empresas podem administrar melhor diferentes processos de elaboração de estratégias? (2) Como o diálogo contribui para o sucesso nos negócios? (3) Como o diálogo pode ser administrado com sucesso?

Depois que os conceitos-chave relativos ao processo de elaboração da estratégia e o diálogo tenham sido brevemente apresentados, um estudo de caso ilustrará os conceitos-chave e as formas nas quais as diferentes perspectivas interagem no processo de elaboração da estratégia, com a finalidade de responder às três questões definidas acima. O estudo de caso será sobre o Lexus, operação do carro de luxo da Toyota Motor's, nos Estados Unidos, desde 1989. Esse estudo de caso ilustrará que a administração da tensão entre a "univocalidade" (comunicação dominada por uma única perspectiva) e a "multivocalidade" (comunicação dominada por múltiplas perspectivas) será crítica para a melhor gestão do processo de elaboração da estratégia. Este capítulo concluirá com alguns *insights* baseados no caso relativo à administração da multivocalidade = diálogo e à dialética através da univocalidade e da multivocalidade.

PROCESSO DE ELABORAÇÃO DA ESTRATÉGIA

Enquanto a estratégia preocupa-se com fontes de vantagem competitiva, seu processo de elaboração é o meio pelo qual a história é feita (Chakravarthy e Doz, 1992). Mintzberg e Waters (1985) observaram que nem todas as estratégias implementadas eram elaboradas por uma pessoa ou unidade organizacional oficialmente responsável pelo desenvolvimento da estratégia. Eles classificaram as estratégias com base nos processos de sua elaboração em "estratégia intencional" e "estratégia emergente".

A estratégia intencional é a estratégia com intenção organizacional, desenvolvida por tomadores de decisão identificáveis, como uma equipe de administração da organização, o departamento responsável ou consultores externos. A estratégia intencional é o resultado da escolha consciente e é, freqüentemente, racional e analítica. É formalmente registrada com nitidez na documentação ou mesmo na oralidade.

A estratégia emergente, de acordo com a definição apresentada por Mintzberg e Waters (1985), é um padrão de ação que ocorre sem intenção organizacional ou tomada de decisão centralizada. Os sistemas administrativos da empresa – como a estrutura organizacional, o planejamento, o controle, o sistema de alocação de recursos, os incentivos, a administração dos recursos humanos, o sistema de valores e os processos decisórios – influenciam seus padrões de ação (Chakravarthy e Doz, 1992; Bower, 1986).

Por exemplo, quando a Intel retirou-se da DRAM, isso não foi parte de uma estratégia proveniente da alta administração. A alta administração reconheceu a necessidade de deixar o negócio da DRAM e colocar mais ênfase na Logic IC dois ou três anos após a administração intermediária ter começado a passar o investimento da empresa para a Logic IC. O sistema de alocação do orçamento da empresa, que era baseado na lucratividade, transferiu automaticamente os recursos da menos lucrativa DRAM para a mais lucrativa Logic IC (Burgelman, 2002).

A estratégia emergente também é influenciada pelas ações e compromissos organizacionais (Ghemawat, 1991) que são feitos por ocasião de crises ou oportunidades inesperadas (Quinn, 1980; Burgelman e Sayles, 1986). Fujimoto (1999) apontou este fator enquanto observava o processo emergente do Sistema de Produção da Toyota. No desenvolvimento do Sistema de Produção da Toyota, cada ação era tomada em resposta ao ambiente. Por exemplo, ele observou que a rede de fornecedores foi desenvolvida visando a preencher a rápida expansão do mercado, enquanto a capacidade de fabricação da empresa era limitada. Em outra ocasião, a Toyota aumentou o número de modelos para satisfazer um minúsculo, porém fragmentado, mercado doméstico, o que exigiu a capacidade de fabricar, eficientemente, uma grande variedade de produtos em baixo volume. Essas ações não foram tomadas como parte de uma estratégia explícita.

Como administrar melhor esses processos de elaboração da estratégia? O maior problema da estratégia intencional é que a estratégia planejada pode não ser baseada na realidade, ou que a organização possa não ser capaz de implementá-la, mesmo que o plano em si seja excelente. A estratégia intencional pode ser implementada pela organização apenas quando determinadas condições são preenchidas. Primeiro, a estratégia intencional deve ser completamente entendida pelos membros da organização. Segundo, os administradores da frente de trabalho devem entender o significado da estratégia intencional. Terceiro, atingir a estratégia não deve ser perturbado pela tecnologia, pelo mercado ou por fatores políticos externos (Mintzberg e Waters, 1985). Se essas condições não forem preenchidas, a estratégia que é realmente implementada pode diferir, consideravelmente, do que foi a intenção original.

O problema com a estratégia emergente, por outro lado, é que ela pode não atingir necessariamente uma estratégia que seja benéfica para a organização em geral, pois é uma agregação de ações locais. A estratégia emergente pode terminar produzindo resultados positivos para a organização em geral quando o processo de sua elaboração preencher determinadas condições. No caso da Intel, mencionado previamente, o sistema de alocação do orçamento provocou resultados racionais porque seus critérios estavam alinhados com a estratégia competitiva da empresa, que enfatizava a diferenciação e o maior valor agregado. Outra condição envolve a interpretação posterior e o sentido das ações realizadas pela organização. No caso da Toyota, Fujimoto (1999) também observou que, após as ações serem tomadas, aquelas alinhadas com as metas da organização eram intencionalmente retidas. Um sistema coerente de atividades foi formado em conseqüência da interpretação posterior e do sentido das ações. Aparentemente, a última condição é mais dependente do "fazer sentido" da organização e da gestão do conhecimento, o tema deste livro.

Os processos de elaboração das estratégias intencional e emergente não são inerentemente bons ou maus. Ambos apresentam pontos fortes, de diferentes maneiras, em situações adequadas porque dependem de diferentes padrões de comunicação e de criação do conhecimento. Apresentaremos dois diferentes padrões de comunicação social, para vermos o processo de elaboração da estratégia através dos pontos de vista da comunicação e da gestão do conhecimento.

DIÁLOGO COMO COMUNICAÇÃO SOCIAL

De acordo com Wertsch, a comunicação social envolve inerentemente duas tendências opostas: a "univocalidade" e a "multivocalidade" (Wertsch, 1998, p. 117).

A univocalidade preocupa-se com o grau em que a comunicação é dominada pela mesma perspectiva. A comunicação com univocalidade funciona como um dispositivo de transmissão de informação. Sua eficiência é medida pelo modo como o significado é transmitido sem modificar seu sentido original. Os pronunciamentos feitos por professores e autoridades religiosas, políticas e éticas são exemplos de univocalidade. Existe menos espaço para a resistência e para diferentes perspectivas na univocalidade.

A multivocalidade preocupa-se com o grau em que a comunicação carrega múltiplas perspectivas. A comunicação com multivocalidade gera novos significados e ainda tende ao dinamismo, à heterogeneidade e ao conflito entre as perspectivas. Toda comunicação tem componentes de multivocalidade, pois mesmo o monólogo interior contém tanto a voz da pessoa quanto a voz da história e da sociedade inserida nas palavras e expressões usadas (Bakhtin, 1981; Wertsch, 1985; Lotman, 1988; Wertsch, 1991, 2000). Nesse sentido, o pronunciamento sempre contém múltiplas vozes e a comunicação tem "multivocalidade". Além disso, a comunicação desempenha uma função de transmissão e de geração simultaneamente. Por essa razão, não é razoável presumir que a comunicação é completamente univocal ou não permite espaço para a multivocalidade.

O diálogo, que é a comunicação através de *perspectivas diferentes* com multivocalidade (Wertsch, 2000), é indispensável para a criação do conhecimento. Através do diálogo, as diferenças nas perspectivas podem funcionar como um "dispositivo de raciocínio", criando, assim, um novo significado (Lotman, 1988). A pessoa engajada no diálogo pode transcender ao seu mundo de pensamento. Nonaka e Takeuchi (1995) indicam que o conhecimento tácito de um indivíduo ou grupo pode ser articulado em conhecimento explícito através do diálogo. Eles enfatizam que o diálogo é indispensável para a cristalização dos conceitos a partir do conhecimento tácito.

Nonaka (2002, p. 449) sugeriu as seguintes condições para "elevar a qualidade do diálogo": (1) o diálogo deve ser temporário e multifacetado, de forma que sempre haja lugar para a revisão ou a negação; (2) os participantes do diálogo devem ser capazes de expressar suas opiniões livre e sinceramente; (3) a negação pela simples negação deve ser desencorajada; (4) deve haver continuidade temporal; (5) a existência de um grau de informação redundante auxiliará no processo.

Embora o diálogo desencadeie a criação do conhecimento organizacional, não significa que não haja lugar para a univocalidade dentro da organização. Weick (1979, 1995) identificou a construção de perspectivas compartilhadas como a principal função do processamento da informação organizacional. Para ser capaz de agir em conjunto, é crítico que as organizações compartilhem a mesma interpretação do ambiente, através da "representação, seleção e retenção".

É a *tensão entre a univocalidade e a multivocalidade* que gostaríamos de enfocar e aplicar ao processo de elaboração da estratégia. Neste capítulo investigaremos como essa tensão afeta os processos de elaboração da estratégia.

O PROCESSO DE ELABORAÇÃO DA ESTRATÉGIA COMO VOZES

O processo de elaboração de estratégia intencional tende a ser univocal. Ele é, muitas vezes, analítico e racional e tende a ser baseado em um entendimento geral. Assim como uma unidade identificável de tomadores de decisão desenvolve uma estratégia intencional, seu processo de desenvolvimento é similar ao diálogo interno de uma pessoa. A comunicação com o restante da organização visa a compartilhar a estratégia já desenvolvida e, desse modo, tornar-se univocal. A estratégia emergente, por outro lado, tende a ser multivocal. O processo de elaboração da estratégia emergente é de interações através de ações locais independentes. Como cada ação local é baseada na interpretação local da realidade dispersa, a interação através de ações locais contém as diferentes persperctivas locais. A comunicação através das unidades locais da organização, portanto, torna-se multivocal.

O ponto alto do processo de elaboração da estratégia emergente é o potencial para provocar descobertas inesperadas. O diálogo entre as múltiplas vozes contribuirá para o encontro de novos significados e de estratégias inovadoras. O processo de elaboração da estratégia emergente é também adequado aos ambientes onde prevalece a incerteza, ou ao ambiente que é novo para a organização ou está mudando rapidamente. O processo de elaboração da estratégia intencional, por outro lado, não é adequado em tais ambientes. O processo de elaboração da estratégia emergente também é efetivo nos estágios relativamente iniciais do crescimento de uma organização, porque a empresa pode ter um maior número de estratégias possíveis para explorar.

O ponto baixo do processo de elaboração da estratégia emergente é o perigo de uma única pessoa não ser capaz de captar todo o quadro, ou que nenhuma pessoa tenha uma resposta clara a partir do início, pois o processo de elaboração da estratégia emergente confia na cognição e na tomada de decisão distribuída (Salomon, 1993; Cole e Engestrom, 1993; Hutchins, 1995; Tsoukas, 1996). Além disso, como as comunicações com múltiplas vozes nunca se fundirão em uma única voz, leva tempo para determinar a direção geral. As atividades desordenadas, copiadas, também podem ocorrer porque não existe uma coordenação centralizada.

INTERDEPENDÊNCIA DE OPOSTOS

Os processos de elaboração das estratégias intencional e emergente não são mutuamente exclusivos. Para permanecerem efetivos a longo prazo, os processos de elaboração das estratégias intencionais e emergentes complementam-se. Por exemplo, é importante entender tanto o ambiente interno quanto o externo antes de planejar uma estratégia intencional. Algumas vezes, as ações exploratórias necessitam preceder o planejamento para o entendimento do ambiente. As ações exploratórias incluem as tomadas pela própria organização, o acúmulo de conhecimento pelos líderes individuais ou as análises feitas pelos consultores externos, todas associadas ao processo de elaboração da estratégia emergente. Por outro lado, essas ações tomadas pela estratégia emergente devem ser refletidas, fazer sentido e ser institucionalizadas intencionalmente em base posterior. O processo de elaboração da estratégia emergente, sem a racionalização posterior, contém o risco de um desacerto com o ambiente ser negligenciado, pois a eficácia das ações tomadas talvez não seja verificada. Se uma unidade organizacional identificável conduzir o "fazer sentido" e articular sua intenção, o processo de elaboração da estratégia emergente tornar-se-á um processo de elaboração de estratégia intencional.

A univocalidade a multivocalidade também são interdependentes. Mesmo que a comunicação relativa à estratégia articulada intencional seja univocal, qualquer investigação que preceda seu desenvolvimento contém multivocalidade, pois as pessoas tentam analisar os ambientes a partir de diferentes perspectivas. Similarmente, mesmo que a multivocalidade pertença às interações entre as ações locais, ela obtém uma única perspectiva – que é univocalidade – quando as pessoas tentam refletir e conceituar as ações locais.

Dialética através dos processos de elaboração de estratégia intencional e emergente

Como previamente declarado, um processo de elaboração de estratégia diferente deve ser adotado nas diferentes fases do padrão de crescimento da organização. O processo de elaboração da estratégia emergente é mais apropriado para a fase de crescimento, enquanto o processo de elaboração da estratégia intencional é mais apropriado para o estágio inicial de entrada e para o estágio da maturidade, como veremos no caso do Lexus. Para ser efetiva a longo prazo, a organização ocasionalmente tem de transferir-se de um processo de elaboração de estratégia intencional para um emergente, para depois retornar ao processo de elaboração de estratégia intencional.

A expressão "transferir-se ocasionalmente" é usada em vez de uma metáfora como "pêndulo", porque a organização ficará presa a um processo de estratégia por um período considerável de tempo antes de transferir-se para o outro. As atividades distintas que têm lugar durante o processo de elaboração da estratégia intencional incluem a captação da realidade, a condução da análise e a tomada de decisão organizacional, depois a ação. Como a organização tenta evitar a confusão ou a alucinação da estratégia, sua comunicação torna-se univocal. Por outro lado, as atividades distintas que têm lugar durante o processo de elaboração da estratégia emergente envolvem a ação sem a política total, a tolerância da incerteza e os fracassos ocasionais, a investigação da significação das atividades após o evento e a institucionalização da ação. Por essa razão, os processos de elaboração das estratégias intencional e emergente exigem diferentes capacidades.

Como a Figura 9.1 ilustra, esse movimento através dos dois processos de elaboração de estratégia é de natureza dialética. No raciocínio dialético, o processo de elaboração da estratégia aceita o que parecem ser opostos – ou seja, os processos de elaboração das estratégias intencional e emergente – e tenta sintetizá-los transformando-os e transcendendo a uma ordem superior. De forma similar, o diálogo também aceita o que parecem ser opostos – isto é, a univocalidade e a multivocalidade – e tenta sintetizá-los transformando-os e transcendendo a uma ordem superior. Existe uma considerável tensão entre os processos de elaboração das estratégias intencional e emergente, assim como entre a univocalidade e a multivocalidade. Essa tensão entre opostos é descrita, na dialética, como a tensão entre a tese e a antítese, que leva a uma realidade de ordem superior, através da síntese.

Quando é feita uma transição do processo de elaboração de estratégia emergente para a intencional, um conceito de estratégia, que é uma agregação de múltiplas perspectivas, pode necessitar ser definido na organização e compartilhado entre seus membros. Entendimentos diferentes de um conceito de estratégia são acumulados pelos atores locais, através de interações dialogais, enriquecendo, assim, o significado do conceito de estratégia. A estratégia intencional desenvolvida no passado e inserida no contexto também contribui como uma das vozes no processo dialético. Na realidade, um processo de elaboração de estratégia intencional, feito após a experiência do processo de elaboração de estratégia emergente, conterá um significado mais rico.

Este novo processo de elaboração de uma estratégia intencional, que é o resultado de uma interação dialética entre o processo da elaboração da estratégia intencional original e o processo da elaboração da estratégias emergente que o acompanhou, atinge uma ordem superior. Assim, os processos de elaboração da estratégia emergente e intencional afetam-se, desenvolvendo conceitos de estratégia de um modo espiralado. Esse padrão de ziguezague e espiralado não ocorre apenas através de dois processos de elaboração de estratégia aparentemente opostos, mas também através de duas vozes aparentemente opostas na comunicação social. Esse ziguezague e o padrão espiralado através de opostos múltiplos constituem a essência do raciocínio dialético, como indicado no Capítulo 1.

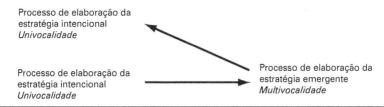

Figura 9.1 Padrão dialético do processo de elaboração da estratégia.

Freqüentemente, é o caso dos líderes com registros de trajetórias de sucesso, que operam sob estratégias excelentes por um longo tempo e apresentam dificuldades para responder às situações nas quais necessitam repensar seus processos de elaboração de estratégia. Como já salientado neste capítulo, diferentes capacidades organizacionais são exigidas para que cada processo de elaboração de estratégia funcione bem. O processo dialético entre os dois processos de elaboração de estratégia não é realizado tão facilmente. O caso do Lexus, que será introduzido posteriormente, é um bom exemplo da existência dos dois tipos de processos de elaboração de estratégia, assim como da transição do processo de elaboração de estratégia intencional para o processo de elaboração de estratégia emergente e da volta, novamente, para o processo de elaboração de estratégia intencional.

PROCESSO DE ELABORAÇÃO DE ESTRATÉGIA, DIÁLOGO E CRIAÇÃO DO CONHECIMENTO

A discussão até agora elucidou as características aparentemente opostas dos processos de elaboração de estratégia e as duas vozes da comunicação social: a univocalidade e a multivocalidade. A Tabela 9.1 resume as dimensões múltiplas nas quais a construção do "processo de elaboração de estratégia/univocalidade" está em contraste com a construção do "processo de elaboração de estratégia/multivocalidade". Cada dimensão será discutida a seguir de maneira breve.

- A estratégia intencional, que é desenvolvida por indivíduos identificáveis ou por uma unidade específica dentro de uma organização, é desenvolvida de maneira *centralizada*. A estratégia emergente literalmente emerge através da interação de ações locais. Em outras palavras, o pro-

Tabela 9.1   Dimensões múltiplas de duas construções contrastantes

Processo de elaboração de estratégia intencional/construção da univocalidade	Processo de elaboração da estratégia emergente/construção da multivocalidade
1. Centralizado	Distribuído
2. Perspectiva unificada	Perspectivas diversificadas
3. Significado original	Novo significado
4. Analítico	Criativo
5. Análise da ação	Aprender fazendo
6. Racional	Redundante
7. Seguro	Inseguro
8. Conceito de estratégia	Ações locais
9. Autoritário	Participativo
10. Hierárquico	Plano

cesso de elaboração da estratégia emergente é baseado na cognição e nas ações *distribuídas* (Salomon, 1993; Cole e Engestrom, 1993; Hutchins, 1995; Tsoukas, 1996).

- Como a cognição e as ações distribuídas estão alinhadas com as diferentes regras ou condições e dependem dos contextos, provavelmente levarão a *perspectivas diversificadas* e entendimentos. Os entendimentos e as perspectivas diversificadas proporcionam multivocalidade na comunicação e funcionam como uma ferramenta para o raciocínio e uma oportunidade para o aprendizado quando se encontram através do diálogo. Em contraste, o processo de elaboração da estratégia intencional provavelmente levará a uma *perspectiva unificada*, que exige univocalidade.

- O processo de elaboração da estratégia emergente é um processo para os membros diversificados da organização encontrarem um *novo significado* no conceito da estratégia, enquanto o processo de elaboração da estratégia intencional tenta compartilhar o *significado original.*

- O processo de elaboração da estratégia emergente pode resultar em algo inovador ou *criativo* que nenhum dos participantes jamais esperava, enquanto o processo de elaboração da estratégia intencional tende a ser *analítico.*

- O processo de elaboração da estratégia intencional é um processo de aprendizado que passa *da análise para a ação.* O processo de elaboração da estratégia emergente acompanha a racionalização das ações após os eventos, e é um processo de aprendizado que passa *da ação para o aprendizado* – em outras palavras, *aprender fazendo* ou aprender através da experimentação.

- O processo de elaboração da estratégia emergente, com sua falta de coordenação centralizada e de controle, pode resultar em *redundância e fracassos*, enquanto o processo de elaboração da estratégia intencional pode ser mais *racional e eficiente.*

- O processo de elaboração da estratégia emergente é apropriado para um ambiente em que prevalece a *incerteza.* O processo de elaboração da estratégia intencional, por outro lado, é mais adequado para um *determinado* ambiente.

- A estratégia emerge de *ações locais* no caso do processo de elaboração da estratégia emergente, mas é impulsionado mais pelo *conceito de estratégia* no caso do processo de elaboração da estratégia intencional.

- A univocalidade é mais eficaz com uma *abordagem autoritária*, enquanto a multivocalidade é mais eficaz com uma *abordagem participativa.*

- A univocalidade é mais difundida na *estrutura hierárquica organizacional*, enquanto a multivocalidade é mais difundida na *estrutura organizacional plana.*

O tipo de conhecimento mais condutivo ao processo de elaboração da estratégia intencional/construção da univocalidade é o conhecimento explícito. Como indicado nos capítulos anteriores, o conhecimento explícito é expresso em palavras, números ou sons, e é estocado na forma de dados, fórmulas científicas, recursos audiovisuais, especificações de produtos ou manuais. Assim, retrata a dimensão mais analítica, racional, eficiente e segura do conhecimento. O conhecimento explícito também pode ser prontamente transmitido de maneira formal e sistemática. Essa qualidade do conhecimento explícito está mais alinhada com a abordagem hierárquica, autoritária, vista no processo da elaboração da estratégia intencional/construção da univocalidade.

O conhecimento tácito não é facilmente visível e expressável, o que faz dele um tipo mais "inseguro" de conhecimento, que pode precisar de mais redundância para comunicar-se. É altamente pessoal e difícil de formalizar, o que o torna mais apropriado para explorar "perspectivas diversificadas". As intuições subjetivas e os palpites dão-se no âmbito do conhecimento tácito, o que o torna um conhecimento mais "criativo" que pode levar a um "novo significado" dentro de uma estrutura "participativa" e "plana". O conhecimento tácito está profundamente enraizado na ação e nas experiências corporais dos indivíduos, o que está alinhado com o "aprender fazendo" e a qualidade das "ações locais" do processo de elaboração da estratégia emergente/construção da multivocalidade. O conhecimento tácito também está enraizado nas idéias, nos valores ou nas emoções que abraça, que são grandemente derivadas da experiência.

Caso: Lexus

Nesta seção, apresentaremos o caso do Lexus, a entrada da Toyota Motor's no segmento dos carros de luxo nos Estados Unidos e seu crescimento subseqüente. Vamos decompor o caso em três fases; a primeira é de 1985 a 1990, quando a estratégia de entrada do Lexus foi desenvolvida e implementada; a segunda é durante a década de 1990, quando o Lexus cresceu em seus negócios; a terceira, posterior a 2001, quando o Lexus tentou reposicionar-se após seus concorrentes terem-no alcançado. A Fase 1 foi impulsionada pelo processo de elaboração da estratégia intencional e dominada pela comunicação univocal; depois, a Fase 2, pelo processo de elaboração da estratégia emergente e pela comunicação multivocal; e finalmente, a Fase 3, pelo processo da elaboração da estratégia intencional e pela comunicação univocal. O processo de elaboração da estratégia intencional na Fase Um, a fase de entrada, permitiu que o Lexus construísse um posicionamento nitidamente diferente de seus concorrentes, com os administradores e os concessionários compartilhando a mesma perspectiva em direção ao carro. Na Fase 2, perspectivas diferentes interagiram, dialogadamente, e permitiram a emergência de uma linha de estratégia divergente para o produto. Essa fase permitiu que o Lexus explorasse e experimentasse várias possibilidades no segmento de carros de luxo nos Estados Unidos. Na Fase 3, o Lexus começou a reposicionar-se ao centralizar seu processo de elaboração da estratégia. O Lexus retornou ao processo de elaboração da estratégia intencional mas, desta vez, o conhecimento acumulado através do diálogo na segunda fase foi retido, levando a um significado mais rico. Esse processo dinâmico é retratado como um padrão dialético, passando através da espiral de tese-antítese-síntese (ver Figura 9.1).

FASE 1: LANÇAMENTO DO LEXUS COM O PROCESSO DE ELABORAÇÃO DA ESTRATÉGIA INTENCIONAL

A Toyota Motor Corporation (a partir daqui, TMC) apresentou o Lexus ao mercado americano de carros de luxo em 1989. Sua estratégia de entrada foi desenvolvida com o processo da elaboração da estratégia intencional por oito administradores, na Toyota Motor Sales, U.S. (a partir daqui, TMS). Foi baseada em uma análise minuciosa do mercado, do ambiente competitivo e do patrimônio interno. Logo ilustraremos como a estratégia de entrada do Lexus alinhou as atividades eficientemente para uma nítida estratégia intencional.

A estratégia de entrada do Lexus foi desenvolvida a partir de uma minuciosa análise anterior e de um processo centralizado de tomada de decisão. Uma equipe de oito administradores de nível médio e sênior, na TMS, teve extensas discussões buscando encontrar um caminho para a entrada bem-sucedida no segmento de carros de luxo nos Estados Unidos. Todas as alternativas possíveis foram detalhadamente discutidas. O plano final foi claramente articulado em dez diretrizes básicas (ver Tabela 9.2), autorizadas em uma reunião do conselho da TMC. Os administradores nas sedes da TMS e da TMC chamavam essas diretrizes de "constituição de dez artigos" e as encaravam como suas diretrizes para a ação. A comunicação relativa à constituição dos dez artigos foi univocal, significando que perspectivas diversificadas não eram toleradas. As atividades foram escolhidas cuidadosamente, de acordo com a constiuição dos dez artigos, e eram observadas quase religiosamente. Em conseqüência, a estratégia de entrada, que depois foi realmente implementada, era quase a mesma do conjunto de diretrizes básicas estabelecidas na constituição de dez artigos, com apenas algumas exceções.

Os administradores da Divisão da Lexus também articularam a filosofia básica do Lexus e a denominaram de "Pacto do Lexus" (ver Tabela 9.3). O Pacto do Lexus anunciava a forte resolução da divisão de: "Fazer a coisa certa desde o início", proporcionar "o melhor carro jamais fabricado", "ter a melhor rede de vendas" e "tratar cada cliente como trataríamos um convidado em nossa casa". Em agosto de 1987, todos os administradores e associados à Divisão da Lexus assinaram o Pacto. Todos os concessionários aliados à franquia da Lexus também o assinaram. Depois que o negócio da Lexus teve início, tornou-se prática comum para todos os concessionários e para o pessoal de serviço, que tinham completado o treinamento sobre o novo modelo Lexus, a assinatura do Pacto ao término das sessões de treinamento. Os administradores da Lexus e os concessionários compartilhavam a mesma perspectiva.

Tabela 9.2 Constituição de dez artigos para o lançamento do Lexus

Maru F **Diretrizes Básicas**

⇒ (1) Finalidade do *Maru F*
  - Lançamento no mercado de carros de luxo, onde é esperado crescimento
  - Fortalecimento da imagem da Toyota

⇒ (2) Mercadoria do topo da linha
  - Melhor mercadoria do mundo em qualidade e no nome – melhor desempenho, qualidade, estilo, confiabilidade, durabilidade, segurança, acessórios, etc.
  - Produto apoiado por alta tecnologia que agrega valor ao carro
  - Qualidade inserida no processo de fabricação (todos os modelos devem ser produzidos na mesma planta)

⇒ (3) Melhor serviço
  - Garantia mais generosa do que a da Mercedes
  - Proporcionar serviço pioneiro
  - Pessoal de serviço entusiasmado, conveniência, sensação de alívio e confiabilidade

⇒ (4) Melhor escoadouro de vendas
  - Formação de estoques similar às butiques de luxo, não às lojas de departamento
  - Estilo de vida de vendas através dos veículos *Maru F*
  - Ao selecionar os concessionários, aplicar os seguintes critérios: lealdade ao fabricante, resultados sobre o investimento melhores do que a média para a Toyota; flexibilidade financeira; e resultados de vendas dos carros novos, usados e de *leasing* (não devem ser dados favores especiais para os candidatos com conexões)

⇒ (5) Melhor imagem
  - Estabelecer posição constante de número 1 no relatório J.D. Power

⇒ (6) Construir forte TMS/campo organizacional capaz de manter a mais alta satisfação do cliente
  - Os poucos escolhidos
  - Unidade organizacional de apoio na TMC é indispensável

⇒ (7) Franquia/nome do modelo
  - Nome do modelo representado pelo nome da franquia + números + letras do alfabeto
  - Aprovação da TMS deve ser exigida para o uso do nome da franquia em outros países

⇒ (8) Políticas de negócios básicos para a manutenção da imagem e do preço
  - Fornecer um pouco menos do que a demanda
  - Operação panamericana
  - A TMS deve ser encarregada da operação nos Estados Unidos (incluindo o Havaí) e nos países relacionados com os Estados Unidos – Países a serem cobertos pela TMS: Estados Unidos, Canadá, Porto Rico, Guam, Samoa Americana. Nesse interim, os veículos *Maru F* devem ser comercializados apenas nos Estados Unidos.

⇒ (9) Sistema flexível de encomenda, fabricação e distribuição
  - Prazo de entrega mais curto para veículos e peças

⇒ (10) Construir sistema de informação completo (utilização efetiva da rede de comunicação *online*)
  - Logística
  - Cliente – administração da base de dados
  - Serviço
  - Peças

Fonte: Toyota Motor Corporation.

Tabela 9.3 Pacto do Lexus

Em agosto de 1987, os administradores e associados da Lexus Division comprometeram-se a proporcionar os mais altos níveis de qualidade de produto e de serviço ao cliente

Pacto do Lexus

O Lexus entrará na corrida automobilística mais competitiva e prestigiosa do mundo. Mais de 50 anos de experiência automotiva da Toyota culminaram na criação dos carros Lexus. Eles serão os carros mais sofisticados jamais construídos.

O Lexus vencerá a corrida porque fará certo desde o início.

O Lexus terá a melhor rede de vendas da indústria. Tratará cada cliente como faria com um convidado em sua casa.

Se você pensa que não pode, não poderá...

Se você pensa que pode, poderá.

Nós podemos, nós venceremos.

O que é o Lexus?

O Lexus é...

Sofisticação da engenharia e qualidade de fabricação

Luxo e desempenho

Uma imagem e uma expectativa de excelência

Valorização do cliente como um indivíduo importante

Tratamento dos clientes da maneira como ELES desejam ser tratados

Uma experiência total que reflete profissionalismo e compromisso sincero com a satisfação

"Fazer certo na primeira vez"

Cuidado no nível pessoal

Exceder à expectativa do cliente

E... nos olhos do cliente:
EU SOU UM LEXUS!!!!!

Fonte: Toyota Motor Corporation.

É difícil de imaginar, agora, que o carro mais caro que a Toyota estava vendendo nos Estados Unidos, em 1989, era um coupê esporte, o Supra, com preço em torno de US$ 27 mil. O sedã mais caro era o Cressida, equivalente ao Mark II no mercado japonês. Seu preço de varejo era um pouco acima de US$ 20 mil. Nenhum fabricante de carros japoneses vendia carros no segmento de luxo do mercado americano até 1989. As três grandes fabricantes americanas de automóveis e as duas fabricantes alemãs de carros de luxo, Mercedes Benz e BMW, dominavam o segmento americano de carros de luxo. Os veículos alemães mais caros custavam entre US$ 60 mil e US$ 70 mil, enquanto os carros americanos custavam em torno de US$ 30 mil. O Lexus enfrentava um ambiente de concorrência acirrada quando estava prestes a entrar no mercado americano.

A Toyota iniciou este novo negócio com uma estratégia intencional muito clara. Ela adotou uma abordagem altamente analítica e procurou um posicionamento estratégico novo que permitisse a obtenção de uma vantagem competitiva sobre os carros de luxo americanos e alemães. Ao mesmo tempo, esse posicionamento tinha de ser claramente diferenciado da imagem da marca da Toyota.

Maru F foi o nome de desenvolvimento para o que viria a ser o LS400, o primeiro modelo Lexus introduzido nos Estados Unidos. A letra F representava o alvo do projeto para desenvolver o modelo principal. O projeto do *Maru F* começou a partir de uma lousa em branco do modo de desenvolvimento de um carro de luxo que até então não existia na Toyota. A Toyota subsidiou seu desenvolvimento, o que significou que estudos minuciosos foram feitos nas fases iniciais do projeto para o surgimento de um conceito de produto aperfeiçoado que tornaria a tomada de decisão subseqüente mais rápida e mais eficaz em relação aos detalhes.

O Lexus deveria custar menos do que as marcas alemãs, mas proporcionaria valor e qualidade excedentes às marcas americanas, mesmo que com um preço mais alto. O Lexus posicionou o LS400 para ter desempenho e equipamento comparáveis ou excedentes aos do 420SEL da Mercedes, mas com preços competindo com os do 300E, que estava um ponto abaixo do 420SEL na classificação. Especificamente, o LS400 custava US$ 14 mil menos do que o 300E da Mercedes, mas com desempenho e equipamento comparáveis. Seu preço também era US$ 11 mil menor do que o do 735i da BMW. Seu preço do ES250 era US$ 4 mil menor do que o do 740 da Volvo, que tinha desempenho e equipamento comparáveis. (Ver a Tabela 9.4 para os preços dos carros de luxo em 1989.) Para salientar a qualidade perfeita e a confiabilidade, a Lexus Division proporcionou uma garantia extensa, de 5 anos ou 50 mil milhas, a partir da compra. Esse período de garantia era muito mais extenso do que o dos outros modelos de primeira linha.

Havia um risco envolvido na tentativa de atrair clientes com base na disponibilidade de compra no segmento dos carros de luxo. No entanto, os resultados da pesquisa de campo validaram o Lexus. Os clientes, nesse segmento, podiam distinguir entre os carros que são "comprados porque os outros são demasiado caros" e os carros que são encarados como uma "escolha inteligente com um nítido entendimento do valor". Por isso, a equipe acreditava que era possível criar uma diferença entre a simples disponibilidade de compra e o valor nítido.

Tabela 9.4 Preços dos principais carros de luxo em 1989 na ocasião do lançamento do Lexus

Mercedes Benz	260E	US$ 39.200
	300E	US$ 44.800
	420SEL	US$ 62.600
BMW	525i	US$ 37.000
	735i	US$ 54.000
	750iL	US$ 70.000
Jaguar	XJ6	US$ 39.400
Lexus	LS400	US$ 35.000 (US$ 40.000 com opcionais)
	ES250	US$ 21.000
Infiniti	Q45	US$ 38.000
	I30	US$ 23.500

Fonte: Nakajima, 1990, p. 236.

A equipe não visava aos ricos por herança, que herdaram sua riqueza das gerações anteriores, mas aos ricos emergentes, exemplificados pelo fundador da Microsoft, Bill Gates. A imagem do cliente visado era a de um profissional de 47 anos, do sexo masculino, com renda anual de US$ 100 mil. Para esse cliente, a TMS posicionou o Lexus como "apaixonante, não apenas um carro, mas a compensação pelo compromisso da pessoa com o trabalho". A fundação essencial do conceito era a "elevação" da vida e expressava-se como a "busca implacável da perfeição" no material de propaganda de lançamento do Lexus.

Para superar os carros alemães em termos de desempenho e qualidade, a Toyota necessitava ampliar sua capacidade tecnológica com rapidez extraordinária. Por exemplo, a Toyota nunca tinha construído um carro cuja velocidade máxima atingisse 250 km por hora. Para atingir tal nível de desempenho, era preciso revisar muitas das partes, incluindo o motor, a partir do zero. Uma nova fábrica foi construída com linhas de produção em massa com muito alta precisão. Para atingir a meta de defeito zero, além de suas famosas atividades preventivas no *design* e nos processos de fabricação, mais inspeções foram instituídas na fábrica, nos portos de embarque, na chegada à concessionária e na entrega ao cliente.

Para posicionar o Lexus claramente como um carro de luxo, a Toyota atribuiu um novo nome de marca e formou uma nova rede de franquias, separada das concessionárias Toyota existentes. A TMS percebeu que o *status* exigido pela nova marca não poderia ser desenvolvido nos mesmos locais onde os vendedores da Toyota vendiam utilitários. Os veículos da Toyota possuíam a reputação de ter menos defeitos, alta durabilidade e preços razoáveis, mas seus carros não eram saudados com entusiasmo.

A parte externa das revendas do Lexus eram uniformemente luxuosas e muito diferentes das revendas da Toyota. A equipe e os administradores da concessionária, incluindo as vendas e os representantes dos serviços, trabalhavam exclusivamente para o Lexus. A TMS também controlava todos os detalhes, de forma que quando os clientes entravam para comprar um Lexus, não viam o nome da Toyota em nenhum lugar. Nas promoções e na publicidade do Lexus, qualquer conexão com a Toyota era evitada deliberadamente. Até mesmo um novo serviço de financiamento foi criado. Os empréstimos e *leasings* vinham do Lexus Financial Services, não do Toyota Financial Services.

O Lexus também padronizou muitos programas de serviços em todos os revendedores. Eles incluíam o empréstimo de um carro da mesma categoria durante a reparação, o serviço de guinchamento gratuito no caso de defeito, o apoio de emergência durante 24 horas (serviço nas rodovias), incluindo cobertura de estada em hotel de até US$ 200 por noite no caso de defeito em local remoto, lavagem gratuita, serviço de traslado do cliente e fornecimento de combustível. Os andares das divisões de serviços ao cliente eram mantidos sempre limpos e o trabalho realizado nos carros, pela equipe da concessionária, era feito todo à vista dos clientes que esperavam. Esses programas tornaram-se o alvo da aspiração para o resto do segmento dos carros de luxo.

Assim, o Lexus foi se posicionado de maneira completamente diferente das outras marcas luxuosas e da marca Toyota.

As concessionárias do Lexus foram selecionadas de acordo com capacidades exigidas, como o registro de trajetória de satisfação dos clientes, a participação no mercado em seu principal território de vendas e a flexibilidade financeira, entre outras. Mesmo as revendas Toyota existentes não podiam tornar-se vendedoras do Lexus, caso não preenchessem essas exigências. O Lexus tinha muito mais encontros face a face do que a norma, visando a compartilhar seus valores e políticas com as revendas.

Por fim, a economia de negócios do Lexus também era totalmente diferente daquela da Toyota. Os carros Lexus tinham etiquetas de preços muito mais caras – o LS400 custava US$ 35 mil ou US$ 40 mil com os opcionais. As revendas, a TMS e a TMC obtinham margens mais generosas. Os carros Lexus usavam materiais e componentes mais caros. A TMS e as revendas investiram mais pesadamente nas instalações, nos serviços pré e pós-vendas e no treinamento e educação da equipe. Ao mesmo tempo, a TMS adotou uma política de manter o fornecimento ligeiramente menor do que a demanda, o que reduziu significativamente os custos do catálogo. O catálogo da revenda média, em 1990, era de 19 dias, o que a TMS considerava apropriado. Os níveis de catálogo dos outros fabricantes de carros de luxo, naquela ocasião, eram três vezes os do Lexus. Para ser mais específico, os níveis de catálogo das outras marcas japonesas eram 2,5 vezes os do Lexus; os das marcas americanas eram três vezes e os das européias, 3,5 vezes.

FASE 2: O PROCESSO DE ELABORAÇÃO DA ESTRATÉGIA EMERGENTE E O CRESCIMENTO DO LEXUS

Nesta seção, examinaremos o processo de elaboração da estratégia emergente no Lexus. Este é um processo através do qual uma estratégia, um padrão consistente de atividades, emerge sem intenção organizacional ou sem um corpo tomador de decisão identificável. A comunicação, sob o processo de elaboração da estratégia emergente, será caracterizada pela coexistência e interação através de perspectivas múltiplas – ou seja, multivocalidade. Ilustraremos como a multivocalidade da comunicação contribuiu para o descobrimento do inesperado ou para o favorecimento da criatividade. Por último, ilustraremos como o Lexus proporcionou um ambiente favorável para a multivocalidade.

O processo de elaboração da estratégia emergente na Lexus

A linha de estratégia de produto do Lexus, na década de 1990, ilustra bem o processo de elaboração da estratégia emergente em funcionamento. Quando o Lexus foi lançado, não havia linha de estratégia de produto articulada para seu futuro crescimento. A franquia do Lexus foi lançada com apenas dois modelos em 1989. Tinha somente um novo modelo para ser apresentado em dois anos. Comparada com a estratégia de entrada, que foi claramente articulada na constituição de dez artigos, esta linha de estratégia de produto era muito menos formalizada.

O Lexus não tinha uma única unidade organizacional responsável por sua linha de estratégia de produto. As responsabilidades da tomada de decisão sobre a introdução e o desenvolvimento do produto estavam dispersas entre as diferentes unidades organizacionais. As decisões sobre a introdução do produto foram feitas através da coordenação e da negociação entre a Divisão de Desenvolvimento de Produto (Departamento de P&D, TMC), a Divisão de Planejamento de Produto (Departamento de Vendas,TMC), a Divisão de Planejamento Estrangeiro (TMC), a Divisão Norte-Americana (supervisiona as vendas e a fabricação nos Estados Unidos, TMC) e a Divisão TMS Lexus. Nenhuma dessas unidades organizacionais tinha autoridade total para decidir. O desenvolvimento de produto dos carros Lexus também foi distribuído pelos Centros de Desenvolvimento de Veículos na sede da TMC, que eram organizados em torno do tamanho e da arquitetura dos carros, como FFs, FRs e caminhões. Dependendo do tamanho e da arquitetura, diferentes Centros de Desenvolvimento de Veículos engajavam-se no planejamento e no *design* de cada carro Lexus. Apenas o *design* exterior foi administrado centralmente para o Lexus, na Divisão Lexus, Centro Global de *Design*, na sede da TMC.

O Lexus expandiu sua linha de montagem e alterou sua linha de produtos significativamente na década de 1990. Até 2001, a linha de produtos do Lexus tinha se expandido para sete modelos a partir dos dois primeiros, em 1989.[2] Sua linha de produtos tinha mudado de maneira drástica. Historicamente, o Lexus tinha uma linha focalizada nos segmentos de prestígio, quase luxo. Estes são os segmentos de produtos onde foram introduzidos os primeiros dois lançamentos, o LS400 e o ES250. Após o lançamento, o Lexus adicionou diferentes tipos de carros, como o coupê esportivo, o sedã semiluxo e os veículos utilitários/esportivos. (Os novos modelos Lexus introduzidos no mercado e as principais mudanças em cada modelo estão listados na Tabela 9.5.) A apresentação do RX300, veículo utilitário esportivo baseado no carro de passageiros, teve um efeito significativo na mudança da composição do produto Lexus, que se tornou fortemente inclinado em direção à categoria do veículo utilitário. Alguns dos administradores envolvidos com o Lexus notaram que a introdução do RX300, em 1998, e do IS300, em 2000, não apenas mudou a composição do produto como também modificou significativamente a imagem da marca Lexus. (Ver a Tabela 9.6 para as mudanças históricas na composição das vendas do Lexus e a Tabela 9.7 para a composição das vendas do segmento de carros de luxo nos Estados Unidos.)

A introdução do IS300, em 2000, ilustra o fato de que a decisão não foi tomada de maneira dedutiva a partir da estratégia intencional, mas através da coordenação e da negociação entre várias unidades organizacionais. A TMS tinha solicitado um modelo com apelo aos clientes jovens no segmento dos carros de luxo. Respondendo a essa solicitação, a TMC sugeria repetidamente um modelo que tinha sido originalmente desenvolvido para o mercado japonês, como um

Tabela 9.5 Expansão da linha Lexus ao longo do tempo

Data	Apresentação do produto	Motor	Categoria do produto
01/09/1989	LS400	V8	Sedã prestígio-luxo
01/09/1989	ES250	L6	Quase luxo
Maio 1991	SC400		Coupê luxo
Agosto 1991	SC300		Coupê luxo
Setembro 1991	ES300 (ES250 abolido)	V6	Quase luxo
Setembro 1992	LS400 (mudança mínima)	V8	Sedã prestígio-luxo
Janeiro 1993	GS300	L6	Sedã semiluxo
Novembro 1994	LS400 (mudança no modelo)	V8	Sedã prestígio- luxo
Janeiro 1996	LX450	V8	Utilitário luxo
Setembro 1996	ES300 (mudança no modelo)	V6	Quase luxo
Outubro 1997	GS400	V8	Sedã semiluxo
Janeiro 1998	LX470	V8	Utilitário luxo
Janeiro1998	RX300	V8	Utilitário luxo
Janeiro 2000	IS300	V6	Quase luxo
Janeiro 2000	LS430	L6	Sedã prestígio-luxo
2001	SC430	V8	Coupê luxo

Fonte: Toyota Motor Corporation.

Tabela 9.6 Composição das vendas do Lexus (por % de volume)

	1989	1990	1991	1992	1993	1994	1995	1996	1997	1998	1999	2000
Quase luxo												
Lexus ES250/30	29,0	32,6	31,6	42,7	37,7	44,7	52,3	54,9	59,9	31,1	24,7	20,1
Lexus IS300												7,5
Coupê luxo												
Lexus SC300			3,4	8,6	6,8	5,2	4,2	2,9	3,1	1,1	0,9	0,2
Lexus SC400			13,2	13,7	10,2	8,5	5,5	3,1	2,1	0,8	0,4	0,1
Sedã semiluxo												
Lexus GS300					20,2	15,9	8,1	2,5	3,9	13,2	13,4	10,6
Lexus GS400									4,0	6,4	3,7	3,0
Sedã prestígio-luxo												
Luxus LS400	71,0	67,4	51,9	35,1	25,1	25,7	29,8	27,3	20,1	13,3	8,8	7,7
Utilitário luxo												
Lexus LX450/470								9,2	7,0	7,0	8,5	7,2
Lexus RX300										27,0	39,5	43,6
Número de modelos	2	3	4	4	5	5	5	6	7	8	8	9

Fonte: Toyota Motor Corporation.

Tabela 9.7 Composição das vendas do segmento de carros de luxo nos Estados Unidos (por volume)

	1989	1990	1991	1992	1993	1994	1995	1996	1997	1998	1999	2000
Quase luxo												
Total de unidades vendidas (%)	17,4	15,3	17,9	21,3	20,8	22,0	26,6	28,0	29,8	26,7	26,8	28,4
Número de modelos	20	21	21	19	18	18	17	17	17	19	20	20
Coupê luxo												
Total de unidades vendidas (%)	21,7	19,2	17,6	18,3	18,1	17,0	15,8	16,6	16,2	14,6	13,2	12,8
Número de modelos	27	32	31	32	31	30	27	27	33	29	29	30
Sedã semiluxo*												
Total de unidades vendidas (%)	11,0	10,0	10,9	11,9	12,9	11,3	9,2	9,0	9,1	11,0	13,4	12,9
Número de modelos	5	6	8	9	11	11	11	12	11	11	12	13
Tradicional												
Doméstico												
Luxo												
Total de unidades vendidas (%)	41,9	42,7	42,6	36,4	37,4	39,3	35,9	32,9	28,8	25,8	23,1	21,2
Número de modelos	6	6	6	6	7	7	7	7	7	7	6	6
Sedã prestígio-luxo*												
Total de unidades vendidas (%)	7,6	12,4	10,7	11,7	10,3	9,4	10,7	10,3	8,8	8,5	7,6	6,6
Número de modelos	10	10	10	10	11	12	12	12	13	12	11	11
Utilitário luxo												
Total de unidades vendidas (%)	0,4	0,4	0,3	0,4	0,5	0,9	1,8	3,3	7,3	13,3	15,9	18,1
Número de modelos	1	1	1	1	1	2	3	5	7	10	12	14

* Apenas importados
Fonte: Toyota Motor Corporation.

carro da marca Toyota. A TMS reagiu negativamente várias vezes mas, por fim, cedeu à sugestão de introduzir o modelo japonês como o Lexus IS300, com algumas modificações, nos Estados Unidos.

As decisões da introdução do novo produto na década de 1990 ocorreram de maneira casual e oportunista, sem um plano grandioso. O desenvolvimento do produto na TMC foi impulsionado pelos carros da marca Toyota a serem vendidos nos Estados Unidos e no Japão, que se esperava que atingissem os maiores volumes de vendas. Foi difícil iniciar o desenvolvimento do produto unicamente para o Lexus. Em conseqüência, as decisões de introdução do produto para o Lexus tendiam a ser inconsistentes e dependiam da disponibilidade de modelos originalmente desenvolvidos para a marca Toyota. Por exemplo, nenhum modelo novo importante foi apresentado à Lexus entre a mudança do modelo LS400, em novembro de 1994, e a apresentação do novo LX450, em janeiro de 1996. Durante 20 meses as revendas não tinham modelos novos do Lexus para vender. A apresentação do novo veículo utilitário para a Lexus exemplificou esta atitude oportunista e fluida. Até que a Acura lançasse o SLX em novembro de 1995, o único veículo utilitário no segmento dos carros de luxo era o Range Rover da Land Rover. Este vazio no mercado encorajou muitos clientes a passarem para marcas produzidas em massa de veículos esportivos e utilitários. Em resposta à explosão dos veículos esportivos e utilitários nos Estados Unidos, a Lexus apresentou o LX450 em janeiro de 1996. O LX450 foi baseado na plataforma do Toyota Land Cruiser, com o interior modificado para preencher as especificações de um carro de luxo. Em outros aspectos, diferia pouco do Land Cruiser.

Um dos administradores envolvidos no lançamento do Lexus, refletindo sobre a história passada, observou a falta de gestão intencional e insistente da linha de produto do Lexus, especialmente na alocação de recursos e na política de vendas:

> Quando discutimos a possibilidade de apresentar novos modelos do Lexus, enfrentamos, freqüentemente, resistência dos encarregados do desenvolvimento de produtos. Eles nos diziam, muitas vezes, que não possuíam recursos suficientes para o Lexus. Outra preocupação era a administração da série LS, a principal da Lexus. Deveríamos ter alocado, consistentemente, recursos humanos suficientes para o desenvolvimento do LS. Também deveríamos ter mantido um determinado volume de vendas do LS, mesmo no final da vida do modelo, para podermos manter o seu prestígio.

O processo de elaboração da estratégia emergente, que depende das ações locais de participantes diversificados que enfrentam realidades diferentes, acompanha inevitavelmente os fracassos. Na realidade, o Lexus mostrou suas falhas algumas vezes. Por exemplo, os novos modelos nem sempre eram elaborados desde o início. Alguns apresentaram desacertos nas especificações, como no caso do GS300, o primeiro carro semiluxo apresentado em janeiro de 1993. Ele foi desenvolvido como um sedã esportivo para o mercado europeu, com especificações do Lexus, tendo os Estados Unidos em mente, mas não decolou. Os levantamentos dos clientes revelaram que o desempenho inferior do motor, comparado com o da concorrência, foi a principal razão para sua impopularidade. Outro exemplo é o IS300, apresentado em 2000. Seu preço de venda era pouco acima de US$ 30 mil e pouco abaixo do Lexus de menor preço na ocasião, o ES300. Com um pedal de acelerador usado em carros de corrida, o IS300 acentuava as características esportivas para atrair os clientes jovens, entusiastas da direção, mas não conseguiu penetrar nesse segmento.

O Lexus foi capaz de sobreviver apesar dos fracassos ocasionais na estratégia da linha de produtos. Por que os fracassos não foram fatais? Acreditamos que os dois fatores seguintes contribuíram: (1) as perspectivas compartilhadas que foram retidas sob a estratégia intencional eram fortes o suficiente para suportar qualquer flutuação; e (2) a capacidade de aprender com o fracasso e melhorar constantemente estava inserida na Lexus.

As perspectivas compartilhadas que foram retidas sob a estratégia intencional incluíam: perspectivas relativas à operação de vendas excelentes, operação de serviços excelente e qualidade de produto excelente. Essas perspectivas retidas proporcionaram consistência e confiabilidade à operação e permitiram que os clientes fossem mantidos, mesmo quando algum tipo de experimentação fracassava. Apresentaremos agora dois exemplos dessas perspectivas retidas.

Uma das perspectivas compartilhadas sob o processo de elaboração da estratégia intencional centralizava-se no serviço excelente. Mesmo durante o período mais difícil, em meados da década de 1990, os administradores da Divisão Lexus continuaram a investir nas atividades de serviços. A perspectiva que encorajava investimentos generosos nas atividades de serviço penetrou em toda a organização. Em vez de administrar as atividades de serviços de acordo com o retorno sobre o investimento (ROI), os administradores da TMS reconheceram a importância de continuar a investir nas atividades de serviço e de campo. Um dos administradores encarregados do serviço comentou sobre as perspectivas compartilhadas na Divisão Lexus da seguinte forma:

> Deveríamos pensar sobre o serviço e a satisfação do cliente com uma perspectiva de longo prazo. É difícil investigar o valor do investimento em serviços porque ele não produz retorno sobre o investimento. No entanto, está claro que o serviço superior estava contribuindo para o valor da marca Lexus e para o sucesso dos negócios. É por essa razão que a Divisão de Serviços do Lexus retorna ao Pacto do Lexus como um indicador de ação. O Pacto do Lexus insiste em que devemos focalizar o cliente em primeiro lugar. Para satisfazer os clientes, um elemento de surpresa e o apoio meticuloso a eles são necessários. Uma cultura e um espírito especiais são exigidos, e o Pacto do Lexus pede isso.

Outra perspectiva que foi compartilhada sob o processo de elaboração da estratégia intencional, e que permaneceu ativa ao longo do processo de elaboração da estratégia emergente, relacionava-se com a qualidade do veículo. Os administradores na TMS, assim como na TMC, enfatizavam consistentemente a importância de manter a qualidade do carro. Um administrador encarregado das vendas, das peças e dos serviços na Lexus comentou sobre a importância da qualidade do veículo do seguinte modo:

> Tudo tem início com um carro superior. Sem isso, todos os outros esforços não importarão. Nunca poderemos destacar o suficiente quanto à importância da qualidade de um veículo. É errado presumir que a qualidade é óbvia e representa pouco. A qualidade extraordinária apóia o Lexus. O primeiro

LS400 era um carro intransigentemente magnífico, graças ao engenheiro-chefe Ichiro Suzuki. A TMS e o pessoal de serviço das revendas trabalharam muito para equiparar-se à qualidade do LS400. O orgulho nos carros leva à qualidade do serviço e à paixão do empregado. Acredito que o compromisso em fazer a coisa certa para o cliente é resultante dessa paixão e desse orgulho.

A Lexus também aprendeu consistentemente com os fracassos, de maneira que os fracassos ocasionais, devidos à experimentação, não duraram muito e resultaram em melhores produtos em um curto período de tempo. A Lexus possuía um bom sistema de retroalimentação que possibilitava isso. Este foi o caso do mal-sucedido LX450, o utilitário esportivo baseado no Land Cruiser mencionado anteriormente. Quando o LX470 foi introduzido, dois anos depois, em 1998, ainda mantinha a mesma plataforma do Land Cruiser, mas era claramente diferenciado dele. Tinha suas próprias especificações para o ajuste da suspensão, da altura do veículo e muitas outras características exclusivas. Mesmo que o processo de elaboração da estratégia tenha indicado o caminho, essa capacidade de reajuste foi uma das razões para o Lexus ter sido tão eficiente. Esta nova solução enfrentará um novo desafio a partir de outra perspectiva, que levará a uma nova experimentação. Dessa forma, o processo dialético continua.

Diálogo na Lexus

Sob o processo de elaboração da estratégia emergente, a comunicação relativa à estratégia da linha de produto na Fase Dois foi impulsionada por interações através de diferentes perspectivas – ou seja, multivocalidade. Em contraste, a comunicação na Fase Um foi dirigida pela univocalidade. Nesta seção, focalizaremos o diálogo (isto é, a comunicação multivocal) através de dois conjuntos de participantes: (1) as sedes da TMC e da TMS; e (2) a Divisão da Lexus TMS e as revendas da Lexus. O diálogo entre a TMS e as revendas da Lexus ilustra como a Lexus proporcionou um contexto favorável para a multivocalidade.

As sedes da TMC e da TMS demonstraram diferenças significativas nas perspectivas, que eram nutridas pela falta de política articulada para a administração da linha do produto. Um administrador da TMC encarregado da produção do Lexus, por exemplo, destacou que não conseguia encontrar nada escrito sobre o que o Lexus deveria ser, ao tentar melhorar a sua qualidade de produção. Os administradores da Divisão TMS do Lexus, por outro lado, voltaram-se para o Pacto do Lexus em busca de diretrizes, embora alguns deles constatassem que não havia uma resposta clara para a questão "O que é o Lexus?". Esses administradores também apontaram que a ausência de uma definição articulada incentivou-os a explorar um conceito de produto de maneira pessoal.

As perspectivas da TMC sobre o Lexus foram desenvolvidas em torno de sua forte identidade organizacional como o "eficiente produtor em massa", enquanto a identidade organizacional da Divisão TMS era a de "operador de vendas de carros de luxo". Com a lógica de um eficiente produtor em massa, a perspectiva da TMC era de que o Lexus deveria compartilhar com a Toyota tantos componentes quantos possível. Na realidade, a política de desenvolvimento do Lexus, a partir de meados da década de 1990, inclinou-se para o compartilhamento de peças, plataformas e especificações com os modelos da Toyota na maior extensão possível. Essa política deixou especificações muito limitadas exclusivas ao Lexus, como as direções com ajuste automático de posição. A lógica do produtor em massa eficiente na TMC exigia, algumas vezes, que a TMS adotasse e vendesse modelos que considerava contrários à imagem do Lexus. Por outro lado, a lógica do operador de vendas de carros de luxo, na TMS, exigia que a TMC se adequasse estritamente às especificações de qualidade e *design* que apelavam ao segmento de carros de luxo americanos, mesmo que isso significasse maiores custos do produto.

As perspectivas da TMC, como eficiente produtora em massa, enfatizavam o desenvolvimento da gestão de custos, a eficiência da operação da fábrica e a administração do catálogo de toda a cadeia de valor. Esses fatores-chave para o sucesso permeavam através da organização e eram compartilhados, através do diálogo, entre os administradores não diretamente responsáveis pela administração da logística ou da fábrica, como as vendas e o *marketing*. Ao mesmo tempo, esses administradores mantinham suas próprias perspectivas, internalizando, dessa forma, a multivocalidade. A perspectiva compartilhada relativa à administração da cadeia de fornecedores e da eficiência da fábrica levou, ocasionalmente, os administradores de vendas e *marketing* a aceitarem as sugestões da TMC para modelos que não tinham certeza que preencheriam as exigências do mercado. Em conseqüência, uma atitude receptiva dirigida à experimentação, que algumas vezes levou ao sucesso inesperado, desenvolveu-se entre os administradores de vendas e *marketing* na TMS.

Dessa interação dialogada através de diferentes perspectivas, emergiu o próprio conceito do Lexus como um carro de luxo. O conceito foi desenvolvido de modo espiralado, retendo sua essência enquanto transferia e expandia suas dimensões. Foi uma sorte que esse processo emergente ocorresse exatamente quando o Lexus estava buscando novas oportunidades de crescimento no mercado, e quando o mercado estava mudando rapidamente com o desenrolar da "democratização do mercado americano de carros de luxo". A incerteza no mercado era crescente, pois o segmento americano dos carros de luxo em expansão estava enfrentando um ambiente no qual as necessidades dos clientes estavam começando a fragmentar-se amplamente.

Passando, a seguir, para o diálogo entre a Divisão TMS e as revendas da Lexus, a próxima seção demonstrará como a Divisão Lexus proporcionou um contexto favorável para o diálogo. A Lexus formou múltiplas camadas de redes de comunicação compostas por clientes, revendedores, escritórios regionais da TMS, TMS, sede da TMC e agência publicitária, que proporcionaram campos, ou *ba* (Nonaka, 2002), para o diálogo. Além dos encontros formais com os revendedores, que a maioria dos fabricantes de automóveis mantém habitualmente, a

Lexus estabeleceu um *ba* menos formal para o diálogo. Apresentaremos a seguir dois desses campos de comunicação.

O primeiro *ba* é conhecido na Lexus como "Encontros de Conversa ao Pé do Fogo". O objetivo desses encontros era discutir qualquer coisa e tudo face a face com a administração de todas as revendas da Lexus. Todos os anos, a chefia da Divisão Lexus e os executivos operacionais da TMS visitavam 12 locais nos Estados Unidos para se encontrar com os CEOs e outros executivos de qualquer um dos 10 a 20 revendedores em cada área. O número de indivíduos atendidos era pequeno o suficiente para garantir uma comunicação íntima. Nesses encontros, a Divisão Lexus explicava sua política sobre os preços dos produtos, *marketing* e serviços. Mais do que uma simples comunicação de política, os encontros visavam a ouvir as opiniões e as questões dos revendedores. Estes e os administradores da Divisão Lexus sentavam à mesma mesa para discussões sem restrições. Durante essas discussões, os executivos da Lexus mantinham uma atitude de "estamos aqui para ouvir", para encorajar os revendedores a verbalizarem suas perspectivas.

Outro campo único de comunicação, conhecido como "Conselho Nacional de Recomendação às Revendas", era realizado duas vezes por ano. Era uma reunião de três dias, freqüentada por nove representantes das associações de revendas locais e pelos quatro representantes do escritório regional da Lexus. A finalidade dessa reunião era coletar as opiniões da região e fazer solicitações à TMS. Cada comentário, não importando quão trivial, era registrado e publicado em um folheto, juntamente com as contrapropostas da Divisão Lexus, para distribuição em todas as revendas. As opiniões coletadas pelo Conselho Nacional de Recomendação às Revendas refletia a visão da maioria das revendas. As opiniões e os comentários nos Encontros de Conversa ao "Pé do Fogo" cobriam detalhes e pontos que poderiam ser facilmente perdidos. A Divisão Lexus considerava esses dois tipos de encontros como suplementares um ao outro.

Além dos Encontros de Conversa ao "Pé do Fogo" e do Conselho Nacional de Recomendação às Revendas, a Divisão Lexus tinha encontros de vários tamanhos e finalidades com os revendedores, como o Encontro Nacional de Revendedores e o Encontro da Associação de Publicidade das Revendas. Além desses encontros formais, os representantes de campo, nos escritórios regionais da Lexus, comunicavam-se com os administradores das revendas e os associados da linha de frente literalmente em base diária. A Divisão Lexus estabeleceu quatro escritórios regionais, cada um responsável por 45 revendas e com um administrador de campo responsável por cinco a dez revendedores. Cada administrador de campo engajava-se em comunicação diária com os administradores das revendas e os membros das equipes encarregadas das vendas, serviços e finanças, não apenas por meio de telefonemas, mas também através de visitas. A informação obtida por meio desse processo era relatada no encontro mensal dos administradores regionais e retornada à divisão. Os administradores da Divisão Lexus também visitavam as revendas regularmente. Por exemplo, um administrador da operação de revenda, na Divisão de Serviço da Lexus, visitava os revendedores uma vez por mês para ouvir propostas sobre processos de serviços e melhores práticas. Em outras empresas automobilísticas, a norma era que os representantes do escritório regional fizessem essas visitas.

O vínculo de comunicação entre os revendedores da Lexus e a Divisão TMS Lexus foi dirigido mais pela multivocalidade do que pela univocalidade. A Divisão Lexus não dizia nada aos revendedores de maneira unilateral, mas desejava interagir constantemente com eles para obter suas perspectivas opostas. Por exemplo, quando o Lexus enfrentou vendas arrastadas, de 1994 a 1996, a TMS proporcionou incentivos em espécie para as compras e o *leasing*. Até então, a Divisão Lexus evitava incentivos em espécie porque eles feriam a imagem da marca e baixavam o valor de revenda dos veículos. Nos Encontros de Conversa ao "Pé do Fogo", os revendedores expressaram sua oposição aos incentivos em espécie, alegando que não eram adequados ao Lexus, e persuadiram a Divisão a "voltar ao básico".

A multivocalidade nunca foi perdida, pois os revendedores mantiveram suas próprias perspectivas, continuaram a solicitar carros mais atraentes e manifestaram suas opiniões sobre como o negócio do Lexus deveria ser operado. Uma razão para os revendedores do Lexus manterem suas próprias vozes era o fato de a TMS não ser proprietária das revendas. Essa estrutura organizacional significava que os revendedores enfrentavam realidades diferentes à da Divisão Lexus e mantinham suas próprias perspectivas. Também permitia que os revendedores mantivessem sua independência e não temessem destacar as áreas insatisfatórias. Outra razão era a atitude e a boa vontade da Divisão Lexus em ouvir e aceitar perspectivas diferentes, exemplificada pela filosofia dos Encontros de Conversa ao "Pé do Fogo": "Estamos aqui para ouvir".

O processo de elaboração da estratégia emergente, durante a Fase Dois, por vezes foi casual e oportunista. Não era nem mesmo bem planejado, nem bem seqüenciado. No entanto, o resultado final foi muito positivo. Em 2000, a Lexus passou à frente da Mercedes pela primeira vez e obteve o primeiro lugar na participação no mercado americano de carros de luxo. A Figura 9.2 mostra que a unidade de vendas do Lexus ultrapassou a Mercedes. A Tabela 9.8 mostra isso em termos de participação no mercado. Além disso, o Lexus freqüentemente liderava a classificação de satisfação do cliente na experiência de compra e serviço. (Ver SSI e IQS na Tabela 9.9 para satisfação do cliente na experiência de compra e na experiência de serviço, respectivamente.) A qualidade dos veículos Lexus sempre permaneceu no topo da indústria. Na qualidade inicial dos novos carros, o Lexus quase sempre ficou no primeiro ou segundo lugar. (Ver IQS na Tabela 9.9 para a qualidade inicial dos veículos.) Em termos de qualidade três anos após a compra, o Lexus retinha a posição número um em nove entre dez anos. (Ver CSI na Tabela 9.9 para a qualidade dos veículos após três anos da compra.)

FASE 3: VOLTA DO LEXUS PARA O PROCESSO DE ELABORAÇÃO DA ESTRATÉGIA INTENCIONAL, MAS EM UM NÍVEL SUPERIOR

O Lexus começou a passar da estratégia emergente para a intencional depois de 2001, estabelecendo corpos de elaboração de estratégia centralizados. A "Equipe da Marca", reidentificando o valor e o conceito essenciais do Lexus, foi inaugurada na TMS em 2002. A "Divisão de Planejamento Lexus", responsável pela estratégia da linha de produto do Lexus, foi estabelecida na sede da TMC em 2002. A TMC também centralizou o desenvolvimento do produto Lexus em uma unidade organizacional em 2003. Esses arranjos organizacionais possibilitaram

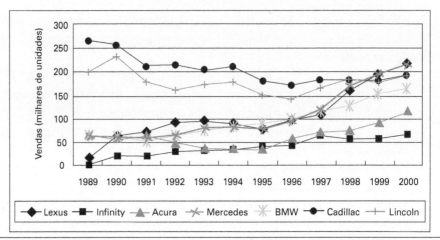

FIGURA 9.2 Número de unidades vendidas das marcas líderes no segmento de carros de luxo nos Estados Unidos.
Fonte: Toyota Motor Corporation.

Tabela 9.8 Participação no mercado das marcas líderes no segmento de carros de luxo nos Estados Unidos, 1989-2000

	1989	1990	1991	1992	1993	1994	1995	1996	1997	1998	1999	2000
Lexus	1,5	5,6	7,0	9,3	9,2	7,7	7,5	7,7	7,9	11,2	11,9	12,25
Infinity	0,2	1,8	2,1	3,0	3,3	3,0	3,9	4,0	5,3	4,0	3,6	3,88
Acura	5,8	4,8	6,7	5,1	3,8	3,2	3,4	5,8	5,7	5,4	5,9	6,94
Mercedes	6,8	6,9	5,5	6,3	6,0	6,4	7,3	8,6	9,9	12,2	12,1	12,22
BMW	5,8	5,6	5,2	6,6	7,6	7,4	8,3	9,3	9,3	9,2	9,8	9,67
Cadillac	24,0	22,7	21,0	21,4	19,8	18,5	17,1	16,1	14,8	13,1	11,4	11,24
Lincoln	18,0	20,3	17,6	16,2	16,8	15,7	14,2	13,4	13,5	13,4	11,3	11,47

Fonte: Toyota Motor Corporation.

Tabela 9.9 Classificação de satisfação do cliente do Lexus, 1990-2000

	1990	1991	1992	1993	1994	1995	1996	1997	1998	1999	2000
IQS	1	1	2	1	1	2	1	2	1	6	2
CSI		1	1	1	1	1	2	1	1	1	1
SSI	4	1	1	3	1	3	1	4	3	6	2

IQS (Initial Quality Study – Estudo de Qualidade Inicial) = Satisfação do cliente com o serviço três meses após a compra.
CSI (Customer Satisfaction with Product Quality & Dealer Service – Satisfação do cliente com a qualidade do produto e o serviço de revenda) = Satisfação do cliente com o serviço pós-venda depois de três anos da compra.
SSI (Sales Satisfaction Index – Índice de Satisfação com a compra) = Satisfação do consumidor com a experiência de compra no momento da compra ou *leasing* de um novo modelo.
Fonte: J.D. Power and Associates.

a elaboração da estratégia centralizada e tornaram mais fáceis e mais rápidas a reflexão, a seleção e a retenção das ações locais.

O processo de elaboração da estratégia intencional terá significado novo e mais rico porque será baseado nas experiências e lições anteriores, obtidas sob o processo de elaboração da estratégia emergente. Por essa razão, esse processo de elaboração da estratégia intencional está em um nível superior àquele do final da década de 1980, e também àquele de elaboração da estratégia emergente da década de 1990. (Consultar a Figura 9.3 para o processo dialético entre os processos de elaboração de estratégia.)

Como ocorreu a transição entre os dois processos de elaboração de estratégia? O círculo de *feedback* da empresa detectou uma discordância entre o processo de elaboração de estratégia e o ambiente. O ambiente competitivo do Lexus mudou à medida que a concorrência tornou-se mais convergente. Os fabricantes de carros de luxo alemães mudaram sua estratégia nos Estados Unidos e melhoraram as equações valor-preço, expandiram sua linha de pro-

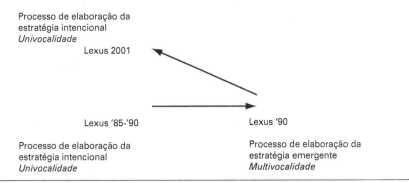

FIGURA 9.3 Padrão dialético dos processos de elaboração da estratégia do Lexus.

dutos, encurtaram o ciclo de vida de seus produtos e iniciaram até mesmo a produção local. Em 1990, o período de intervalo entre as mudanças nos principais modelos Lexus e Mercedes era de 5 e 10 anos, respectivamente. Em 1998, no entanto, esse período era de 5,5 anos para a Lexus e 8 para a Mercedes. Em 2001, esse período tornou-se de 6 e 7 anos para a Lexus e a Mercedes, respectivamente.

As diferenças na equação valor-preço também estavam se estreitando. Se o preço do Lexus era indexado em 100, o preço de um Mercedes comparável, em 1998, era de 116. Em 2001, ele atingiu 106. Sob a estratégia emergente, a Lexus subestimou-se e apresentou redundância. O ponto fraco da estratégia emergente torna-se mais problemático quando a empresa tem de competir com concorrentes similares.

REFLEXÃO SOBRE O ESTUDO DE CASO: DIÁLOGO E DESENVOLVIMENTO DO NEGÓCIO DO LEXUS

O estudo de caso ilustra a experiência da Lexus ao longo de três fases distintas, cada uma dirigida por uma comunicação social diferente – ou seja, a univocalidade e a multivocalidade. A Fase 1 foi dirigida pela univocalidade. A Constituição de Dez Artigos e o Pacto do Lexus estavam no centro da comunicação social. A estratégia de entrada, dirigida pela univocalidade no lançamento, ajudou a Toyota a compartilhar as perspectivas comuns relativas ao Lexus e a construir atividades bem alinhadas. A Fase 2 foi dirigida pela multivocalidade, especialmente na estratégia da linha de produtos. A estratégia da linha de produto do Lexus desenvolveu-se como resultado de um processo de elaboração de estratégia emergente, no qual a solução veio mais das interações dialogadas entre as diferentes abordagens e perspectivas do que da análise antecipada. Não apenas uma unidade organizacional era responsável por toda a estratégia da linha de produto do Lexus. Nesse sentido, a cognição e a tomada de decisão estavam distribuídas. O diálogo entre as múltiplas perspectivas na estratégia da linha de produto ajudou a Lexus a reagir, de modo exclusivo, ao ambiente em mutação do mercado de carros de luxo, nos Estados Unidos. Como as Tabelas 9.6 e 9.7 indicam, a composição da linha de produção do Lexus inclinou-se pesadamente em direção ao segmento dos utilitários de luxo. Através da experimentação com as novas categorias de produtos e as novas equações de valor-preço, a Lexus investigou os limites do mercado de carros de luxo em rápido crescimento, no segmento americano de alta renda na década de 1990, tentando encontrar um novo significado para o conceito de "carro de luxo". A Fase 3, que tinha apenas iniciado, aparenta ser dirigida pela univocalidade (ver Figura 9.3).

O caso também ilustra como funciona o processo dialogado com multivocalidade. Podemos identificar quatro fatores contribuintes para o processo durante a Fase 2. Primeiramente, o Lexus manteve a diversidade de perspectivas, permitindo que a TMC e a TMS funcionassem independentemente e que os revendedores manifestassem suas opiniões também de maneira independente. As perspectivas diversificadas encorajaram os participantes locais a continuarem manifestando suas perspectivas, estimulando, desse modo, o diálogo.

Em segundo lugar, a Lexus nutriu uma atitude de ouvinte e construiu sua capacidade de audição. Ouvir é importante, porque o diálogo pode expandir o mundo da pessoa quando ela tem boa vontade para aceitar a perspectiva do outro. A Lexus tinha *múltiplas camadas de redes extensas de comunicação* com os revendedores que operavam em diferentes contextos e possuíam perspectivas diversificadas. Através dessas redes de comunicação, a Lexus desenvolveu a filosofia de "estamos aqui para ouvir", nos Encontros de Conversa ao "Pé do Fogo", e encorajou os revendedores a expressarem seus pontos de vista. A Lexus desenvolveu uma relação estável, baseada na intimidade e na confiança, com as revendas. A filosofia do "cliente em primeiro lugar, a revenda em segundo, a fábrica em *útimo*" e a política consistente de administração de revendas do Lexus contribuíram para solidificar esse relacionamento.

Em terceiro lugar, a Lexus conduziu muita *experimentação*, exemplificada pela introdução de vários novos modelos mal-sucedidos. A experimentação permitia o diálogo, que levava a novos significados e inovações, desencadeando diferentes perspectivas. Além disso, a Lexus buscava o aprendizado posterior que acompanhava seus erros e experimentações prévias. O aprendizado posterior possibilitava a evolução do processo dialético.

Em quarto e último lugar, a Lexus tinha uma *rede de segurança* para os fracassos que inevitavelmente acompanhavam a experimentação. As *capacidades operacionais* consistentes e eficientes – proporcionando excelente experiência na compra e no serviço, administrando a logística e produzindo carros confiáveis – ajudaram a Lexus a sobreviver a seus fracassos ocasionais.

DIÁLOGO E A TOYOTA

Acreditamos que a Toyota é uma mestra no diálogo. Os mesmos quatro fatores que contribuíram para o uso abundante do diálogo na Lexus também são comuns na Toyota.

Em primeiro lugar, os arranjos organizacionais da Toyota parecem contribuir para a manutenção da diversidade e dos pensamentos de mundo diferentes. Como Bowen e Spear (1999) salientaram, a organização da Toyota é dividida mais funcionalmente do que se costuma presumir. A empresa também teve suas funções de vendas e de fabricação divididas em duas entidades legais distintas há mais de 30 anos. Ao mesmo tempo, redes informais extensivas têm sido desenvolvidas, indo além das funções. A Toyota também utiliza extensamente encontros multifuncionais e comitês. Não possuir uma unidade organizacional ajuda a empresa a evitar a univocalidade excessiva, embora isso possa levar a uma tomada de decisão baseada em consenso e a uma localização menos clara da responsabilidade.

Em segundo lugar, a Toyota também tem uma forte cultura de ouvinte e de construir a capacidade de ouvir. Através das entrevistas, notamos que os empregados compartilhavam ditados como: "ouvir os outros", "respeitar os indivíduos", "os clientes em primeiro lugar, os revendedores em segundo, a fábrica em último" e "vá e veja". Todos esses ditados encorajam o *respeito e a sensibilidade dirigidos aos fatos e às opiniões novas e diferentes*. As pessoas na Toyota não apenas diziam essas frases, mas as colocavam em prática.

Em terceiro lugar, a Toyota aprecia as *experimentações e o aprendizado posterior*. A cultura de experimentação da Toyota é expressa em ditados como "Planejar-Fazer-Verificar-Agir", "aprender com o fracasso" e "visualizar o fracasso". Esses ditados tornaram-se rotinas essenciais no processo de fabricação e agora são compartilhados em toda a empresa. Por exemplo, a Toyota começou a realizar o *marketing* da marca "Scion" visando à geração jovem, nos Estados Unidos, em junho de 2003. As pessoas na TMS chamam este desafio de "campo de provas", no qual se aprende como abordar o segmento jovem. O desejo forte de melhorar continuamente está por trás de uma série de experimentações da Toyota.

Em quarto lugar, a Toyota tem *redes de segurança* para os fracassos que acompanham inevitavelmente a experimentação. Ao entrevistarmos as operações da Toyota na Ásia, na Europa e nos Estados Unidos, confirmamos que a confiabilidade dos seus carros, a administração eficiente da logística e as fortes redes de revendedores são os pontos fortes comuns das operações da Toyota. Essas capacidades organizacionais compartilhadas na empresa proporcionam bases estáveis para a experimentação.

A TOYOTA COMO EMPRESA DIALÉTICA

Acreditamos que a Toyota também seja uma mestra no processo dialético, mencionado nos Capítulos 1 e 4 deste livro. A Toyota sabe como abraçar o que aparenta ser oposto, e dá *boas-vindas à contradição*. Quando enfrentam contradições, as pessoas na Toyota não assumem a atitude de "ou-ou". Aceitam as perspectivas da outra parte sem abandonar suas próprias perspectivas. Aqui estão dois exemplos de como a Toyota buscou "ambos-e" no caso Lexus.

O primeiro exemplo faz parte das contradições que Ichiro Suzuki, o engenheiro-chefe, enfrentou no desenvolvimento do Lexus original. Ele procurava tanto o "controle extraordinário em alta velocidade e estabilidade" quanto o "excelente conforto", tanto o "andar macio e veloz" quanto "uma cabine funcional". (Ver a Tabela 9.10 para uma lista completa de contradições.) Suzuki abordou essas contradições com uma atitude "ainda não". Por "ainda não", ele declarava que não aceitaria nenhuma conciliação, mesmo que suas exigências contivessem contradições. Ele também contava com a "ação na origem" para resolver as contradições. Através da "ação na origem", Suzuki instruiu sua equipe a solucionar a causa principal das contradições, mesmo se isso exigisse

Tabela 9.10 Contradições abraçadas por Ichiro Suzuki no desenvolvimento do LS400

Extraordinários controle de velocidade e estabilidade	Excelente conforto ao andar
Andar macio e veloz	Extraordinária economia de combustível
Redução magnífica de ruído	Peso leve
Estilo elegante	Desempenho aerodinâmico extraordinário
Ambiente acolhedor	Cabine funcional

Fonte: Toyota Motor Corporation.

novas capacidades que a Toyota nunca possuíra. Essas atitudes dirigidas às contradições encorajaram os engenheiros especializados nos diferentes campos a encontrar novas soluções ouvindo os outros e trabalhando em conjunto. Encontrar a síntese entre dois aparentes opostos colocou o Lexus LS400 em uma posição exclusiva contra seus concorrentes. Por exemplo, o LS400 foi o único carro de luxo, em 1989, que rodava em alta velocidade e tinha suficiente eficiência de combustível para não estar sujeito à Taxa dos "Bebedores" de Gasolina.

Outro exemplo de abraço às contradições ocorreu nas fábricas da Toyota. A maioria dos modelos Lexus compartilhava a mesma plataforma dos modelos da Toyota e era fabricada com modelos similares, nas mesmas linhas de montagem. A melhor seqüência de fabricação para a obtenção da eficiência diferia, por um lado, da produção da menor quantidade de defeitos. Uma solução era separar as linhas do Lexus e a dos modelos da Toyota. Essa abordagem "ou-ou" resolveria as contradições, evitando-as. A outra solução, pela qual aToyota optou, era de continuar a fabricar o Lexus e os modelos da Toyota nas mesmas linhas, mas escolher a seqüência que atingisse a melhor qualidade e tentar superar qualquer descompasso com eficiência. Essa abordagem "ambos-e" abraçava as contradições. A Toyota acreditava que seria capaz de fabricar os modelos Toyota no mesmo nível de defeito do Lexus e com o custo de fabricação da Toyota. Fazer isso podia, ao mesmo tempo, diminuir o custo de fabricação do Lexus enquanto era mantido o índice de defeito em quase zero. Essas decisões vieram muito naturalmente dos administradores da Toyota.

CONCLUSÃO

A multivocalidade sob o processo de elaboração de uma estratégia emergente contém o potencial de revelar descobertas inesperadas e criatividade. Por outro lado, a univocalidade sob o processo de elaboração de uma estratégia intencional ajuda a organização a dar sentido aos achados e a institucionalizá-los, esclarecendo assim o conceito da estratégia e formando as capacidades organizacionais necessárias. Para que uma organização mantenha-se em desenvolvimento, é necessário administrar um processo dialético entre a univocalidade e a multivocalidade.

Descobrimos, com o caso do Lexus, que a interdependência entre a multivocalidade e a univocalidade mantém-nas evoluindo de maneira dialética. Outros fatores que ajudam o processo dialético a evoluir incluem os seguintes: altas aspirações para melhorias; deixar as pessoas experimentaram realidades diferentes; proporcionar às pessoas motivação para verbalizar suas perspectivas; ter uma forte orientação dirigida à experimentação; ter receptividade a diferentes perspectivas e diferentes realidades, e dar boas-vindas às contradições.

Por fim, o diálogo faz surgir muito mais do que sabemos quando ficamos conscientes das múltiplas camadas de significado. A voz da história de uma organização e a voz do ambiente, que podem estar inseridas em palavras e expressões, talvez permaneçam no conhecimento tácito. Ele também permite que essas camadas de significado venham à superfície. O diálogo permite que a organização tenha um pensamento de mundo mais complexo, e que aprecie um sentido mais rico das realidades existentes na organização, assim como no ambiente externo. O diálogo, enfim, traz o desconhecido para a superfície.

NOTAS

1. Este capítulo baseia-se no seguinte artigo: Emi Osono, "Strategic Organization or Learning Organization", *Hitotsubashi Business Review,* Toyokeizai-shinposha, 2002 (em japonês). O estudo de caso sobre o Lexus foi conduzido como projeto de pesquisa conjunta entre a Overseas Marketing Division, a Toyota Motor Corporation e a Graduate School of International Corporate Strategy, Hitotsubashi University. O autor agradece a todos nas revendas Lexus, Toyota Motor Sales, U.S., e Toyota Motor Corporation, que ajudaram a tornar possível esta pesquisa. O autor também agradece aos Professores Norihiko Shimizu e Hirotaka Takeuchi por seus comentários perceptivos. A responsabilidade pelo conteúdo reside unicamente no autor.

2. De acordo com o *Kelley Blue Book Used Car Guide: Consumer Edition,*1989-2001. O número de modelos inclui os estilos de corroceria, mas não as variáveis de motor e acabamento.

REFERÊNCIAS

Bakhtin, M.M. 1981. *The Dialogic Imagination: Four Essays by M. M. Bakhtin,* ed. M. Holquist; trans. C. Emerson and Holquist (Austin, TX: University of Texas Press).

Harvard Business Review, September–October.

Bowen, H. Kent and Steven Spear. 1999. "Decoding the DNA of the Toyota Production System," *Harvard Bussiness Review*, September-October.

Bower, Joseph L. 1986. *Managing the Resource Allocation Process* (Boston: Harvard Business School Press).

Burgelman, Robert A. 2002. *Strategy is Destiny* (New York: The Free Press).

Burgelman, Robert A. and Leonard Sayles. 1986. *Inside Corporate Innovation* (New York: The Free Press).

Chakravarthy, Balaji S. and Yves Doz. 1992. "Strategy Process Research: Focusing on Corporate Self-Renewal," *Strategic Management Journal*, 13 (Summer).

Cole, Michael and Yrjo Engestrom. 1993. "A Cultural-historical Approach to Distributed Cognition," in *Distributed Cognitions: Psychological and Educational Considerations*, ed. Gavriel Salomon (Cambridge: Cambridge University Press).

Fujimoto, Takahiro. 1999. *The Evolution of a Manufacturing System at Toyota* (New York: Oxford University Press).

Ghemawat, Pankaj. 1991. *Commitment: The Dynamics of Strategy* (New York: Free Press).

Hutchins, E. 1995. *Cognition in the Wild* (Cambridge, MA: MIT Press).

Lotman, Y.M. 1988. "Text within a Text," *Soviet Psychology*, 26(3).

Mintzberg, Henry and James Waters. 1985. "Of Strategies, Deliberate and Emergent," *Strategic Management Journal*, 6.

Mintzberg, Henry, et al. 1998. *Strategy Safari* (New York: Free Press).

Nakajima, Yasushi. 1990. *Lexus/Celsior heno do-tei [A Long Road to The Lexus/Celsior]* (Tokyo: Diamond).

Nonaka, Ikujiro. 2002. "A Dynamic Theory of Organizational Knowledge Creation," in Chun Wei Choo and Nick Bontis (eds.), *The Strategic Management of Intellectual Capital and Organizational Knowledge* (New York: Oxford University Press).

Nonaka, Ikujiro and Hirotaka Takeuchi. 1995. *The Knowledge-Creating Company* (New York: Oxford University Press).

Osono, Emi. 2002. "Senryaku-teki Soshiki-ka Gakushu-suru Soshiki-ka [Strategic Organization or Learning Organization]," *Hitotsubashi Business Review* (Tokyo: Toyokeizai-shinposha).

Quinn, J.B. 1980. *Strategies for Change: Logical Incrementalism* (Homewood, Ill.: Richard D. Irwin).

Salomon, Gavriel. 1993. "No Distribution without Individuals' Cognition: A Dynamic Interactional View," in *Distributed Cognitions: Psychological and Educational Considerations*, ed. Gavriel Salomon (Cambridge, MA: Cambridge University Press).

Tsoukas, H. 1996. "The Firm as a Distributed Knowledge System: A Constructionist Approach," *Strategic Management Journal*, 17 (Winter).

Weick, K.E. 1979. *The Social Psychology of Organizing*, 2nd ed. (New York: Random House).

Weick, K.E. 1995. *Sensemaking in Organizations* (Thousand Oaks, CA: Sage).

Wertsch, James V. 1985. *Vygotsky and the Social Formation of Mind* (Cambridge, MA: Harvard University Press).

Wertsch, James V. 1991. *Voices of the Mind: A Sociocultural Approach to Mediated Action* (Cambridge, MA: Harvard University Press).

Wertsch, James V. 1998. *Mind as Action* (New York: Oxford University Press).

Wertsch, James V. 2000. "Intersubjectivity and Alterity in Human Communication," in *Communication: An Arena of Development*, eds. Nancy Budwig, Ina C. Uzgiris, and James V. Wertsch, *Advances in Applied Developmental Psychology Series*, ed. Irving E. Sigel, vol. 19 (Stamford, CT: Ablex Publishing Corporation).

CAPÍTULO **10**

CAPACIDADES DE *BRANDING*: UM OLHAR SOBRE A CAPACIDADE DA SONY NA CRIAÇÃO DO CONHECIMENTO DA MARCA[1]

SATOSHI AKUTSU E IKUJIRO NONAKA

Os administradores estão percebendo cada vez mais que as marcas, com sua capacidade de persuadir prontamente os consumidores, são mais valiosas do que as maiores fábricas ou extensões de terras. Embora todos reconheçam a existência do *branding*, dificilmente pode-se descrever a sua substância. Isso ocorre porque a essência das marcas está profundamente inserida dentro de nós. Este capítulo é baseado nos processos de criação do conhecimento. Ele apresentará um novo modelo de capacidade de construção de marca que complementará os modelos relacionados existentes, enquanto observamos o caso da Sony.

NOVAS DIREÇÕES PARA A PESQUISA DE MARCA

As mudanças ambientais estão exercendo pressão sobre as marcas para que mudem radicalmente. Nessa situação, manter uma marca consistente, enquanto o valor do seu patrimônio permanece e melhora, tornou-se um tema crítico. Além de uma análise que utiliza mais os modelos de valorização da marca estática, são exigidas diretrizes sobre como construir marcas fortes o suficiente para enfrentar esse aspecto.

O conceito de identidade da marca foi introduzido com essa finalidade. O internacionalmente renomado guru das marcas de Berkeley, David A. Aaker, define a identidade da marca como um conjunto exclusivo de associações da marca que o estrategista em marcas aspira a criar ou manter.[2] Geralmente, os argumentos sobre a identidade da marca sugerem que a <u>eqüidade</u> da marca é aumentada pela definição da identidade e pela sua transmissão efetiva para os consumidores, através da publicidade e de outras mídias. Embora a identidade da marca possa ser um poderoso guia para o *branding*, um modelo de processo sobre o modo de construir marcas organizacionalmente também é exigido para o *branding* efetivo. Entretanto, os argumentos típicos focalizam as identidades das marcas verbalmente expressas e como organizá-las com ilustrações de casos de profissionalismo.

B.J. Pine e J.H. Gilmore, em *Experience Economy*, e Berndt H. Schmitt, em *Experiential Marketing*, sugerem que a crescente importância do "valor experiencial" é a tendência mais significativa no ambiente mutante que envolve as marcas.[3] Embora as discussões sobre o valor e a identidade das marcas tenham focalizado o conhecimento codificado ou expresso através da linguagem (chamado de conhecimento explícito), a maior parte do valor experiencial é acumulada como conhecimento difícil de expressar através da linguagem (suposto conhecimento tácito). Quando o conhecimento tácito, baseado na experiência, é expresso muito prontamente em forma verbal, tende a não convencer e a carecer de originalidade.

Por exemplo, embora uma experiência emocional na Disneyland não possa ser totalmente expressa através de associações verbais, como "família" ou "diversão", a identidade da Disney – "proporcionar diversão que pode ser apreciada por toda a família" – pode ser compartilhada com os clientes através da experiência real. A razão pela qual a experiência da marca Disney é extremamente tocante e repercute dentro de nós é que todos os empregados da Disney compartilham um rico conhecimento tácito da marca.

As marcas que têm falta de experiência de marca também carecem do rico conhecimento tácito para apoiar seu conceito. Mesmo que possuam vantagens baseadas em benefícios funcionais, são facilmente imitadas pela concorrência e tornam-se *"commodities"*, sucumbindo à competição de preços. As limitações das discussões atuais sobre a identidade da marca residem aqui.

Em resumo, as discussões existentes sobre a identidade da marca normalmente presumem, em primeiro lugar, que a empresa possua e reconheça um conhecimento tácito abundante e depois concentre-se apenas no modo de expressá-lo em palavras e códigos, organizar essas palavras e códigos e, então, comunicá-los efetivamente. Um valor diferenciado não pode ser apresentado pela comunicação de características funcionais (como "veloz") ou expressões abstratas ou lugares-comuns (como "confiança"), se o conhecimento tácito, por trás do conceito, não for enriquecido e a identidade definida com base em um entendimento minucioso do conhecimento tácito.

Indo além desses argumentos, parece que a pesquisa futura relacionada com marcas irá elucidar, completa e sistematicamente, a capacidade organizacional exigida para construir marcas valiosas.[4] Especificamente, os pesquisadores necessitarão focalizar mais a capacidade da organização de criar e compartilhar conhecimento tácito, internamente ou com seus clientes, criar novos conceitos de marca baseados nesse conhecimento tácito, manifestar o conhecimento tácito em seus produtos, e criar um local (ou *ba*) para as experiências de marca. Aqui, nos referiremos a essa capacidade como "capacidade de *branding*".

Redefinindo o conhecimento de marca e criando um modelo para o processo dinâmico que o criará e alavancará, desejamos lançar luz sobre a natureza da capacidade de *branding* – ou seja, a capacidade organizacional de construir marcas.

"CONHECIMENTO DA MARCA" REVISITADO

Para construir uma marca valiosa, é necessário criar um conhecimento sobre ela. Neste capítulo, expandiremos a noção de conhecimento da marca, tradicionalmente especificado como "conhecimento da marca pelo consumidor". Por exemplo, o Professor Kevin L. Keller, do Dartmouth College, em seu influente livro-texto sobre gestão de marcas, usa a noção tradicional de conhecimento da marca para definir o valor da marca com base no consumidor.[5] O que enfatizamos aqui é que "todo e qualquer conhecimento pode ser usado para criar o valor da marca" e os proprietários do conhecimento dessa marca englobam todos os envolvidos na marca, inclusive os consumidores. Além do conhecimento do consumidor, é importante observar atentamente o conhecimento corporativo que constrói as marcas, assim como o conhecimento dos parceiros, incluindo os associados nos negócios.

Com base em um modelo de rede de memória associativa usado na psicologia cognitiva, Keller conceituou o conhecimento de marca como "um nódulo representando a marca na memória e uma série de associações ligadas a ele". O modelo de rede de memória associativa considera a memória como uma rede composta de "nódulos", significando informações, conceitos e "vínculos" para conectá-los.

Observando-se o conhecimento das partes que constroem ativamente a marca, fica claro que o conhecimento tácito é tão importante quanto o conhecimento explícito. Em outras palavras, torna-se crucial o que é chamado de processo de conhecimento, incluindo o *know-how* e as atitudes sobre a construção da marca. Enfatizar o conhecimento tácito pode levar-nos a conceituar o conhecimento de marca não como uma rede de memória. Essa perpectiva pode ser adequada para a visualização ou o monitoramento das associações memorizadas, porém é inadequada para elucidar o processo de criação do conhecimento tácito.

Definiremos o conhecimento como "crença verdadeira justificada". Esse aspecto de crença justificada será enfatizado porque pensamos o conhecimento como "um processo dinâmico no qual a crença de um indivíduo é justificada como 'verdade' através dos seres humanos".[6] Com base nesse entendimento, diferenciamos o conhecimento em explícito e tácito. O conhecimento explícito é o tipo de conhecimento que pode ser claramente expresso em palavras e frases. Por outro lado, o conhecimento tácito é o conhecimento subjetivo e físico, que é difícil de expressar em palavras e frases e inclui o pensamento, a perspectiva, o *know-how*, o projeto e os modelos mentais. A teoria da criação do conhecimento organizacional, sobre a qual baseamos nossa argumentação, presume que o conhecimento humano seja criado e expandido através das interações sociais entre o conhecimento tácito e o conhecimento explícito. Isso está ilustrado na Figura 10.1, que resume o processo de "conversão do conhecimento" em um modelo.[7]

A criação do conhecimento consiste em quatro processos de conversão:

- socialização
- externalização
- combinação
- internalização

A *socialização* é o processo que cria conhecimento tácito a partir de conhecimento tácito através da partilha de experiências. O compartilhar da cultura organizacional não expresso em palavras é um exemplo disso. A *externalização* é o processo que converte o conhecimento tácito de um indivíduo em conhecimento explícito, usando palavras e códigos. Em uma organização, a externalização é geralmente conduzida através do diálogo. A *combinação* é o processo que cria conhecimento explícito novo, categorizando e combinando o conhecimento explícito externalizado. As peças e os produtos podem ser considerados como a incorporação do conhecimento explícito. Fazer produtos a partir de combinações de peças pode ser considerado um processo de combinação. A *internalização* é o processo que incorpora o conhecimento explícito

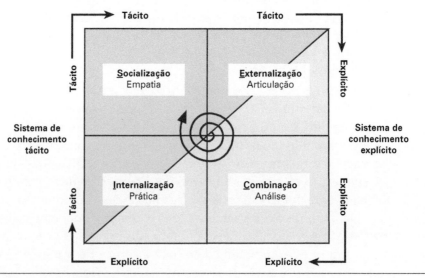

FIGURA 10.1 Processo SECI.

externalizado de volta ao conhecimento tácito do indivíduo. O conhecimento tácito criado a partir da internalização é o que é sentido quando os indivíduos colocam manuais em prática e usam os produtos. As características do novo pensamento sobre o conhecimento da marca são comparadas com aquelas do pensamento convencional refletidas no Modelo de Valor da Marca Baseado no Consumidor, na Tabela 10.1

PROCESSO DE CRIAÇÃO DO CONHECIMENTO DE MARCA

O modelo de Aaker de identidade da marca (modelo Aaker) indica que esta deve ser esclarecida, elaborada e habilidosamente posta em prática. No entanto, é raro

Tabela 10.1 Comparação dos conceitos entre os tipos de conhecimento da marca

Tipo de conhecimento da marca	Conhecimento da marca baseado no modelo de valor da marca com base no consumidor	Conhecimento da marca com base na consideração das capacidades da marca
Conhecimento a ser observado	Coisas que criam a diferença nas respostas do consumidor às atividades de *marketing*	Qualquer conhecimento que pode ser usado para criar o valor da marca. Também prestar atenção ao processo do conhecimento, como *know-how*, modelos mentais e metodologia de pensamento sobre a construção da marca
Proprietários do conhecimento	Consumidores	Todas as pessoas envolvidas na marca
Definição do conhecimento	Nenhum	Crença verdadeira justificada
Entendimento básico do conhecimento	Rede associativa de informação e conceitos na memória	Processo dinâmico que justifica crenças individuais em verdade através da interação humana
Classificação do conhecimento	Conscientização e imagem	Conhecimento explícito e conhecimento tácito
Âmbito da expressão do conhecimento	Associações diretamente conectadas ao nódulo da marca	Considerar também associações que estão apenas indiretamente vinculadas ao conhecimento tácito e ao nódulo da marca

encontrar um administrador com suficientes conhecimento tácito e habilidades de comunicação para descrever a identidade da marca apropriadamente em palavras. Além disso, as discussões sobre a identidade da marca introduzem, tipicamente, profissionalismo em relação à aplicação do programa de construção de marca, sem originar uma teoria a partir dos exemplos de casos específicos. Em conseqüência, os administradores devem construir métodos práticos eles mesmos, utilizando os casos de empresas em situações muito diferentes do contexto de suas próprias empresas. Essa é uma tarefa bastante difícil.

A partir de então, usando a teoria da criação do conhecimento organizacional e uma noção ampliada do conhecimento da marca, redefinimos o método de construção de marca como o processo de criação do conhecimento da marca. Usando essa teoria, descrevemos claramente o processo de criação de conhecimento da marca não focalizado nas metodologias convencionais e introduzimos um modelo suplementar ao modelo da identidade.

A discussão atual é baseada no modelo Aaker e enfatiza o esclarecimento e a elaboração da identidade da marca, que correspondem aos processos de externalização e combinação em nosso modelo. Pensando na marca não apenas como um produto, mas também como uma organização, pessoas e símbolos, é possível acelerar a externalização da identidade. Os candidatos à identidade que foram expressos em palavras são escolhidos, organizados e integrados em elementos, como a identidade essencial; a identidade ampliada, que suplementa a identidade essencial; e a essência da marca, que expressa as qualidades intrínsecas da marca em uma frase ou duas. A seguir, a prioridade é dada de acordo com a situação. Esses passos são conhecidos como processo de combinação.

A identidade que cria valor de marca é freqüentemente definida pela externalização do conhecimento tácito abundante, obtido através da experiência direta. Como afirmado na teoria da identidade, a informação contendo sugestões relativas à identidade pode ser obtida pela análise dos clientes, dos concorrentes e da própria empresa, porém isso, isoladamente, é inadequado.

O conhecimento tácito abundante pode ser criado apenas através do compartilhar de experiências com os que já possuem rico conhecimento tácito (socialização), do uso de produtos que incorporam o conhecimento explícito (internalização) e do emprego de manuais nos quais o *know-how* foi convertido em conhecimento explícito (internalização).

Por exemplo, os empregados da National (ou Panasonic) e da Honda podiam realmente sentir a essência dessas marcas corporativas compartilhando experiências com os fundadores inspiradores, Konosuke Matsushita e Soichiro Honda. Os administradores dos novos *ryokan* (hospedagens ao estilo japonês) podem aprender o que é uma marca de hotel exclusiva hospedando-se no The Ritz Carlton Hotel ou no Imperial Hotel. Os executivos da Disney reafirmam o mundo exclusivo da marca desempenhando o papel de um personagem da Disneyland. Os proprietários das franquias do McDonald's dominam o conceito da marca memorizando a filosofia corporativa e seguindo o manual, até fazerem tudo automaticamente. Todas as experiências diretas levam ao enriquecimento do conhecimento tácito. Outros exemplos incluem a Cidade Nike e as lojas REI (cadeia de produtos para exteriores), que proporcionam um lugar destinado ao compartilhamento do conhecimento tácito com os clientes. Consideramos esse tipo de conhecimento tácito também um significativo conhecimento de marca. É importante utilizar o conhecimento tácito acumulado dentro das corporações para expressar a identidade da marca em palavras.

De acordo com a discussão sobre o modelo Aaker, existem três passos no "Sistema de Execução da Identidade da Marca": (1) identificação da posição da marca, (2) implementação de um programa de comunicação, e (3) monitoramento do rastreamento contínuo. Todos são métodos práticos que se centralizam na comunicação de mensagens com ênfase na propaganda de massa. Para comunicar sistematicamente ao cliente o conhecimento da marca que produz valor agregado, no entanto, a própria marca, incluindo seus produtos e serviços, é usada separadamente da propaganda de massa, como um meio por seu próprio mérito. Nesse caso, o conhecimento tácito é externalizado em um conceito de marca e um produto é criado através de processo de combinação de *hardware*, componentes, conteúdo e *software*. Um produto pode ser considerado a incorporação física do conhecimento explícito. Os consumidores internalizam, então, essas idéias, pensamentos e sentimentos incorporados através da experiência de uso.

Em seu último livro, *Brand Leadership*, Aaker propõe a promoção de experiências de marca através do patrocínio na Web.[8] O papel dessas novas mídias pode ser facilmente entendido observando-se a partir da perspectiva da criação do conhecimento da marca. Por exemplo, as experiências de marca podem ser proporcionadas através de uma página pessoal. O patrocínio não apenas aumenta a conscientização da marca e favorece, eficientemente, as associações com eventos prazerosos, através da exposição de sua identidade, como também proporciona a oportunidade para o uso real do produto e a partilha do conhecimento da marca, na forma de conhecimento tácito, difícil de externalizar, através da participação nesses eventos. Eles agem como um lugar para as experiências da marca, onde os envolvidos com ela, incluindo os usuários, podem compartilhar diretamente o conhecimento tácito através da interação.

A Figura 10.2 representa os processos explicados até aqui. As seções sombreadas representam os processos que não são especificamente considerados nas discussões convencionais sobre identidade da marca (ver 2-a). Em termos do processo SECI, os processos de socialização e internalização, que criam o conhecimento tácito, estão faltando nos processos de conversão do conhecimento (ver 2-b). Com a construção de marca focalizada no conhecimento de marca, é muito importante proporcionar experiências de marca através do conhecimento tácito. As capacidades de *branding* são capacidades organizacionais, baseadas no processo de conhecimento, que promovem efetivamente a seqüência completa de atividades para a construção da marca explicada acima.

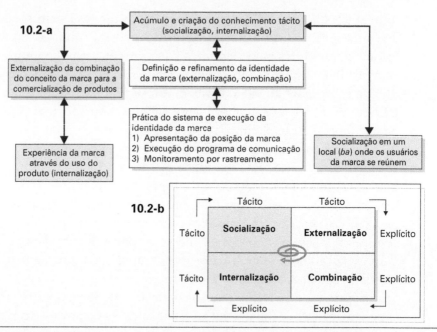

Figura 10.2 Modelo de processo de criação do conhecimento da marca.

Capacidades de *branding*: O caso da Sony

Especificamente, a que tipos de capacidades nos referimos como "capacidades de *branding*"? Elas podem ser facilmente entendidas quando agrupadas nas cinco categorias abaixo:

- metaconhecimento da marca
- visão do conhecimento da marca
- habilidade de alavancar o patrimônio do conhecimento da marca
- habilidade de conceituar um *ba* para a experiência da marca
- criatividade do contexto

Cada uma das cinco capacidades de *branding* será explicada em detalhes e um quadro completo será mostrado no final, com referência à Sony, com sua capacidade de classe mundial na construção de marca, no Japão e no mundo.

Metaconhecimento da marca

O metaconhecimento da marca desempenha o papel de um modelo mental ou método de raciocínio, agindo como força impulsionadora para as atividades que criam conhecimento de marca valioso. Como esse conhecimento origina um novo conhecimento, é chamado de metaconhecimento para diferenciá-lo do conhecimento comum. Ele é como um "molde" ou metodologia que cria conhecimento sobre a marca para ser compartilhado em toda a organização. O metaconhecimento da marca é geralmente criado pelos fundadores da empresa, embora o protótipo original possa ser modificado durante a evolução da organização. Começando com o "Espírito Sony", o pessoal da Sony é extremamente meticuloso com a marca da empresa, assim como com sua tecnologia e *design*. Isso satisfaz o papel do metaconhecimento da marca e funciona como uma força tracional para a produção de novos produtos e serviços que estão à altura da marca Sony.

Desde a sua fundação, até a década de 1970, a Sony lançou um produto de sucesso após o outro. Fortaleceu o poder da marca e cresceu com a forte liderança de seu fundador e com a força centrípeta das empresas iniciantes coesas: produtos inovadores, baseados em tecnologia e *design* extraordinários, e *marketing* global consciente da marca.

Todos os sucessivos presidentes da Sony, de Masaru Ibuka até Norio Ohga, conheciam os estágios iniciais da empresa, tendo participado na criação do espírito Sony, sobre o qual ela está fundada. O Espírito Sony é baseado no "Espírito Marmota" de fazer coisas que os outros não fazem e na política de "Mente Livre e Aberta", resumida no documento de fundação (ou incorporação) da empresa. O Espírito Sony tem sido transmitido dos fundadores da empresa para as gerações sucessoras que, dessa forma, foram capazes de manter a força centrípeta de uma empresa iniciante. Assim foram inventados o primeiro rádio transistor no Japão, a primeira televisão transistor do mundo – a televisão colorida "Trinitron" – e o Walkman.

A Sony tem sido exigente quanto ao *branding* desde a sua origem. Com o sucesso do rádio transistor, o mercado expandiu-se para o exterior e a administração, por essa razão, considerou necessária uma marca de nome internacionalmente aceitável. Em 1955, a marca Sony nasceu. É amplamente sabido que seu nome é uma combinação da palavra SONUS, que significa som ou sonoro em latim, e SONNY, em referência ao menino pequeno, refletindo o que os fundadores pensavam sobre sua empresa: "Uma pequena companhia de jovens brilhantes". Em 1958, o nome da empresa foi trocado de Tokyo Tsushin Kogyo para Sony Corporation. A Sony também se mostrou extremamente exigente com seu logo, modificando-o repetidamente até 1973, quando o atual *design* foi aperfeiçoado. Da mesma forma, sempre se empenhou em sua busca da excelência do *design*, assim como da excelência tecnológica, e ao mesmo tempo reconheceu claramente a importância do papel do *design* do logotipo no valor da marca, mesmo naqueles anos iniciais.

A marca Sony enfrentou o perigo da estagnação, pela primeira vez, no início da década de 1980, quando uma depressão mundial ocorreu no mercado de áudio. Já sendo uma organização "inchada", a Sony foi lenta em reagir à crise, enfrentando, em conseqüência, um declínio significativo no desempenho dos negócios. Em resposta, Norio Ohga, que tinha sido recentemente designado presidente, introduziu o sistema de unidades estratégicas de negócios, apropriado para uma organização grande e estabelecida. Isso envolveu a transformação de sua antiga estrutura organizacional, que evoluíra de uma pequena fábrica, administrada individualmente, para uma estrutura moderna de uma organização em grande escala. Ohga, que conhecia bem os primórdios da Sony, enfatizou a revitalização do Espírito Sony. Ele dividu a organização, que tinha se tornado inflada e introvertida, em unidades estratégicas de negócios, com clara autoridade e responsabilidade por sua categoria de produto. Em conseqüência, o desenvolvimento em cada categoria de produto foi conduzido, minuciosamente, com base no Espírito Sony e a empresa, mais uma vez, começou a lançar produtos de sucesso com seu nome.

VISÃO DO CONHECIMENTO DE MARCA

A visão do conhecimento de marca refere-se à direção que determina o tipo de conhecimento de marca que a organização deve criar para permanecer relevante, e ao que comanda a marca, inclusive suas promessas aos clientes. A visão do conhecimento superior de marca proporciona uma identidade distinta à marca e possibilita um sistema de marca com efeitos sinérgicos. Como um "Contrato da Marca", não apenas comanda como deve ser a marca existente, mas também sugere os tipos de produtos que a organização deve desenvolver, como com o "Mundo de Sonho da Sony".

Os presidentes da Sony, tradicionalmente, tiveram um metaconhecimento da marca adequado, captaram o ambiente de mudanças drásticas e mantiveram sua visão, o que por sua vez desencadeou a construção de marcas inovadoras. Como a visão da Sony indica o tipo de conhecimento de marca que a empresa deve criar e compartilhar com os clientes como organização, isso é equivalente ao nosso conceito de visão do conhecimento de marca.

Não é fácil, mesmo para os principais executivos, o desenvolvimento de visões que promovam a criação de um conhecimento da marca valioso. Além de enriquecer o conhecimento da marca e definir sua perspectiva, acreditamos que, tendo sua própria filosofia administrativa, os executivos superiores podem fazer julgamentos de valor relativos à "Verdade, Virtude e Beleza" que uma marca deve buscar. Desse modo, é mais fácil para os executivos, nas organizações que possuem metaconhecimento da marca como o Espírito Sony, produzirem uma visão extraordinária como base de sua filosofia administrativa.

Do final da década de 1980 ao início dos anos 1990, a Sony expandiu agressivamente seus negócios para a indústria de conteúdo, como pode ser constatado na compra da CBS Records e da Columbia Pictures Entertainment, e no estabelecimento de novas empresas, como a Sony Pictures Entertainment e a Sony Computer Entertainment. Em conseqüência, a marca Sony foi capaz de afastar-se de sua imagem de marca de eletrônicos para consumidores focalizada em equipamentos audiovisuais. Desde o início, esperava-se que a participação na indústria de conteúdo contribuísse, positivamente, para a imagem da marca mantida pelos consumidores. No entanto, foi um verdadeiro desafio fundir organizações com culturas muito diferentes para criar um efeito sinérgico sobre seus negócios, e muitas das partes envolvidas tinham dúvidas sobre o sucesso do resultado. Sob essas condições, a visão do conhecimento de marca sugere fortemente o envolvimento direto na criação desse conhecimento, para o conteúdo e o *software* complementarem os negócios de *hardware* da Sony. Como essa expansão de negócios foi altamente justificada, quando avaliada em comparação com os padrões do Espírito Sony, foi atingida com sucesso sob a liderança forte do CEO Ohga.

Por meados da década de 1990, o ambiente tecnológico experimentou a transferência das tecnologias com base analógica para as tecnologias com base digital. Avanços radicais na Internet, na multimídia e nas tecnologias móveis estimularam mudanças fundamentais nos ideais relativos às redes e ao entretenimento. Era o começo de uma sociedade na qual o futuro não estava claro, insinuando que os procedimentos e práticas convencionais não funcionariam mais. Diferentemente de seus predecessores, o presidente recentemente indicado, Nobuyuki Idei, não tinha participado dos dias iniciais da Sony. Vendo sua indicação como uma oportunidade para a troca de geração na empresa, Idei propôs a "Regeneração", mostrando seu compromisso com uma segunda fundação da Sony.

Idei percebeu que seu papel era o de apontar para uma visão que proporcionasse à empresa uma direção futura. Ao mesmo tempo, ele continuou a valorizar a cultura da Sony estabelecida pelos fundadores, uma atmosfera livre e vigorosa, o desafio do Espírito da Sony e a resultante imagem corporativa de uma "empresa que é inovadora e ativa". Os "Filhos dos Sonhos Digitais", de Idei, mostravam seu compromisso com a transformação da Sony em uma entidade que realizava os sonhos dos jovens, crescendo na época digital de uma "maneira Sony". Além disso, essa "maneira Sony" não apenas incluía "inovação", que a diferia fundamentalmente de outras corporações, mas também "prazer" e "felicidade". A visão do "Mundo Digital de Sonhos" que Idei propôs foi definida como "um lugar onde os Filhos dos Sonhos Digitais poderiam apreciar o valor dos produtos, serviços e conteúdo produzidos e proporcionados pela Sony" e no qual a gestão da marca fosse conduzida com o objetivo de personificar a visão.

Em muitas empresas que administram bem o *branding*, uma equipe de especialistas internos utiliza a visão do conhecimento de marca para implementar a política, baseada no conhecimento explícito externalizado, como os relatórios e os contratos da marca. A Sony estabeleceu um comitê de IC (Identidade Corporativa) na conferência de estratégia de marca de 1991. Posteriormente, em 1994, quando Idei ainda era diretor administrativo, uma organização que controlava diretamente a marca Sony foi lançada sob os auspícios do comitê IC. Em 1997, o novo comitê tinha evoluído para um escritório de gestão de marca no departamento de propriedade legal e intelectual. O papel dessa equipe era o de apoiar a alta administração na gestão da marca e na condução de tarefas como o desenvolvimento e o rastreamento dos regulamentos relativos ao uso da marca Sony. Sob a liderança da alta administração, essa equipe de especialistas em marcas tornou-se uma força-tarefa que comunica sistematicamente o significado da empresa, sua filosofia e cultura a todos os acionistas, através de uma série de atividades corporativas.

HABILIDADE DE ALAVANCAR O PATRIMÔNIO DO CONHECIMENTO DA MARCA

O patrimônio do conhecimento da marca é o conhecimento da marca que uma organização conscientemente considera e administra, estrategicamente, com a finalidade de construir uma marca valiosa. Muitas empresas consideram apenas o conhecimento de marca favorável possuído pelos clientes como patrimônio do conhecimento da marca. No entanto, o conhecimento, como o metaconhecimento da marca, e a visão do conhecimento da marca também devem ser reconhecidos como um patrimônio importante. Além disso, aqueles que podem utilizar extensa e efetivamente esses elementos são considerados capazes de alavancar o patrimônio do conhecimento da marca.

É importante considerar se o patrimônio do conhecimento da marca está sendo alavancado e compartilhado entre as partes concernentes dentro e fora da organização. Dessa forma, o tipo de conhecimento (tácito ou explícito) correspondente a ele necessita ser entendido exatamente. Se o patrimônio do conhecimento da marca for conhecimento tácito e houver a intenção de usá-lo como tal, o compartilhamento deve ser encorajado. Se a intenção for de usá-lo após a conversão em conhecimento explícito, é necessária então a externalização. Similarmente, se o conhecimento de marca for conhecimento explícito e houver a intenção de usá-lo como tal, a combinação deve ser encorajada; porém, se a intenção for usá-lo após a conversão em conhecimento tácito, é exigida a internalização. É possível converter e criar o conhecimento mesmo na fase de preparação dos processos que pretendem usar o patrimônio do conhecimento da marca. No entanto, como a capacidade de conceber um *ba* para vivenciar o *branding* descrita na seção seguinte sugere, as corporações devem tentar construir marcas enquanto conscientes do tipo de conhecimento de marca a ser alavancado e de como fazer isso. Como representado pela visão do conhecimento da marca e pelo metaconhecimento da marca, o conhecimento tácito, como o *know-how* técnico e a sensibilidade, pode ser mais amplamente compartilhado através da personificação, tornando-se conhecimento explícito na forma de produtos e mensagens de comunicação, incluindo as partes e os serviços.

Com o metaconhecimento de marca compartilhado na forma do Espírito da Sony como força impulsora, a Sony construiu um poderoso sistema de marca personificando os conceitos sugeridos pela visão do conhecimento de marca através da marca do produto. O metaconhecimento de marca é um sistema de processo de conhecimento que inclui os modelos mentais, a metodologia de raciocínio e o *know-how*. É, essencialmente, conhecimento pessoal relacionado com condições específicas e com os muitos elementos compartilhados no interior das organizações na forma de conhecimento tácito. Enquanto isso, a visão do conhecimento da marca torna-se explícita até um certo ponto, à medida que os membros do grupo da alta administração tentam, da melhor forma, expressar seus pensamentos implícitos por meio das palavras. Mas, mesmo então, presume-se que o "contexto", que será explicado mais adiante, seja suficientemente compartilhado para garantir que o significado seja entendido. Poucos consumidores entenderam o significado de "Filhos do Sonho Digital" quando Idei o mencionou pela primeira vez. No entanto, o presidente atual, Kunitake Ando, que foi instrumental no sucesso do VAIO (uma marca de computador), entendeu-o bem. Foi apenas depois de observar e experimentar o VAIO, o AIBO (uma marca de robô de entretenimento) e outros produtos Sony que incorporavam a visão, que muitos consumidores foram, finalmente, capazes de visualizar a visão de conhecimento de marca da Sony, incluindo os "Filhos do Sonho Digital" e o "Mundo de Sonho da Sony".

Hoje, muitos concorrentes estão transferindo seus recursos dos produtos acabados para as vendas de componentes, que têm maior lucratividade. Na Sony, no entanto, a maioria dos lucros é proveniente dos produtos acabados relacionados com os consumidores, com os lucros dos negócios de componentes respondendo por apenas cerca de 20%. A Sony entende bem a importância dos produtos de *hardware* como meio para a experiência de marca. Em uma entrevista, o CEO Ando disse: "Para a Sony, o valor está sempre em seu *hardware*".[9] Além do *hardware*, a Sony tem conteúdo e *software*, como filmes, música e jogos, que são propriedade do Departamento de Entretenimento. Usando eficazmente o patrimônio do conhecimento de marca, acumulado na forma de componentes-chave, *hardware* competitivo e conteúdo e *software* valiosos, a Sony proporciona "marcas de produtos" concretas que podem ser experimentadas pelos consumidores. Através da experiência direta, os consumidores conseguem internalizar a marca.

HABILIDADE DE CONCEITUAR UM *BA* PARA A EXPERIÊNCIA DA MARCA

Como um *ba* para a experiência da marca, uma marca deve ter força centrípeta. Se a própria marca funciona bem como um lugar para a experiência de marca, a criação do conhecimento de marca que envolve os clientes será promovida, e ela manterá sua energia e terá grande valor. Idealmente, o conhecimento da marca obtido pela experiência da marca é enriquecido se tanto os empregados como os clientes, bem como os associados nos negócios, os investidores e a comunidade, tornarem-se parceiros que auxiliam na criação da marca através do esclarecimento e do aconselhamento.

O processo de internalização do uso do produto é a experiência de marca mais fundamental e poderosa. Para um mesmo produto, por exemplo, o impacto da experiência da marca será mais forte quando esse produto for representado por seu conteúdo, *software* e serviços do que quando o foco estiver, principalmente, em suas funções físicas. Acima de tudo, ela é efetiva na promoção do processo de socialização, proporcionando lugares de intercâmbio para os usuários leais da marca através dos eventos e das lojas da marca. Também é efetiva na promoção dos processos de externalização e de combinação, através da mídia interativa, como a Web, que proporciona um lugar para o diálogo sobre a marca.

É uma situação ideal se a marca tiver seu próprio mundo exclusivo, e proporcionar experiências de marca que podem ser contadas, como uma história, por aqueles que entram em contato com ela. Os psicólogos provaram que uma rede associativa com uma história condensada permanece firmemente inserida na memória. Podemos visualizar isso, facilmente, ao considerarmos o impacto das experiências da marca na Disney.

Idei dizia: "A marca é o *ba*". Cada empresa da rede, dentro do Grupo Sony, criou seu próprio mundo baseado em suas respectivas marcas, seguindo as diretrizes do Espírito Sony e desenvolvendo produtos que satisfazem as necessidades dos "Filhos do Sonho Digital". Isso sugere que o mundo exclusivo da marca, composto do conhecimento de marca, é um lugar para a criação de conceitos de produtos concretos que representam o Mundo de Sonho da Sony. O VAIO e o AIBO são, assim, manifestações do Mundo de Sonho da Sony e contribuem para a criação do mundo chamado Sony.

Idei elaborou o sistema de rede da empresa como uma estrutura organizacional para a realização dos "Filhos do Sonho Digital". Esse sistema não é uma organização dividida por função ou produto, mas uma baseada na marca como um lugar. As empresas da rede consistem em uma empresa matriz da rede que lida com equipamento de TV e audiovisual, representada pela marca WEGA, uma empresa de rede de tecnologia da informação (TI) que lida com computadores pessoais e telefones, representada pela marca VAIO, e uma empresa de tecnologia essencial e rede que lida com negócios relacionados com dispositivos, como os semicondutores. A SCE, que vende o PlayStation, foi acrescentada para tornar-se a unidade essencial do negócio de eletrônicos. Para cada unidade de negócios, a cena que proporciona valor aos "Filhos do Sonho Digital" é primeiro imaginada. Então, o papel da marca do produto é expressar a cena como seu próprio mundo exclusivo. A meta de cada unidade de negócios não é vencer em seu respectivo mercado de produto, mas criar um *ba* para seus negócios exclusivos no futuro.

Ao mesmo tempo, a Sony está tentando ativamente proporcionar um *ba* para que os clientes experimentem a marca Sony, como pode ser visto na construção do complexo de instalações de lazer do "METREON", em San Francisco, em 1999. No METREON, os destaques das várias atrações de diversão incluem teatros, utilizando o Som Digital Sony e as últimas tecnologias de tela da Sony, além de lojas de entretenimento de alta tecnologia, onde os visitantes podem experimentar as diversas marcas Sony – equipamento de áudio, computadores, jogos de vídeo, DVDs e CDs. Os próprios teatros e lojas têm as seguintes marcas: Sony Theaters Metreon, Sony IMAX Theater e Sony Style que acabaram se tornando elas próprias marcas de produtos. Em conseqüência, o que é proporcionado no *ba* é a "experiência de marca", que internaliza o sistema de conhecimento de marca composto de mundos exclusivos de marcas.

CRIATIVIDADE DO CONTEXTO

Definimos o conhecimento não apenas como uma rede de informação, mas também como uma "crença verdadeira justificada". A informação é interpretada pelos indivíduos, pelo contexto determinado e finalmente é transformada em conhecimento à medida que forma raízes nas crenças e nos compromissos do indivíduo.[10] Por essa razão, o processo de criação do conhecimento da marca é considerado um processo de fazer contextos, no qual o próprio conhecimento de marca funciona como um contexto. Além disso, o *ba* pode ser definido como "um contexto compartilhado e redefinido no processo de criação do conhecimento".[11] Se o processo de construção de marca for visto como um processo de criação dinâmica de contextos, a idéia de administrar as diferenças nos contextos é ativada.

Em algumas ocasiões, as diferenças nos contextos necessitam ser modificadas e, em outras, se tornam oportunidades para criar algo novo, fazendo-se um melhor uso delas. Por exemplo, as diferenças nos contextos são modificadas quando a corporação deseja que a imagem da marca do consumidor se aproxime da identidade da marca que a empresa considera ideal.

Vamos consultar novamente a Sony para considerar o que é criar algo novo obtendo vantagens das diferenças nos contextos. Idei refere-se à Sony como "uma empresa com cadeia de valor", pois todos os produtos, incluindo os filmes, a música, o Walkman e os CDs, estão vinculados através de uma cadeia consistente de valor. O sistema de rede da empresa foi elaborado para funcionar como um mecanismo que dispara a "evolução emergente". (Ver o Capítulo 8 para mais discussão sobre a estratégia emergente.) Esse mecanismo atinge uma evolução imprevisível onde vários elementos constituintes influenciam-se mutuamente. O PlayStation, por exemplo, foi criado inesperadamente como uma mutação resultante de várias tecnologias influenciando-se em campos de negócios similares. Idei diz que o papel da administração, em tempos de futuro imprevisível, é o de indicar uma direção e criar um lugar onde a evolução emergente seja acelerada. A evolução emergente mencionada pode ser descrita como "um sistema para criar novas marcas através da síntese habilidosa dos diferentes contextos das empresas que possuem seu próprio patrimônio exclusivo de conhecimento de marca". No entanto, essa síntese é possível apenas porque cada contexto individual da Sony, como o Espírito Sony, é firmemente compartilhado.

Como pode ser visto no processo de evolução emergente da Sony, não é raro que ocorra o nascimento de uma nova marca ou a criação de um novo conhecimento de marca surja a partir da interação entre pessoas com diferentes contextos. Em um mundo onde o futuro é imprevisível, existem muitos casos em que algo novo é criado a partir de diferentes contextos.

A criatividade dinâmica do contexto é necessária para administrar, habilidosamente, as diferenças nos contextos. Vamos considerar o caso de uma empresa que tenta transformar a imagem atual do consumidor sobre a marca em uma identidade ideal. A Figura 10.3 é uma versão simplificada do modelo real produzido e que está sendo usado para a divulgação sobre a bebida Acerola, da

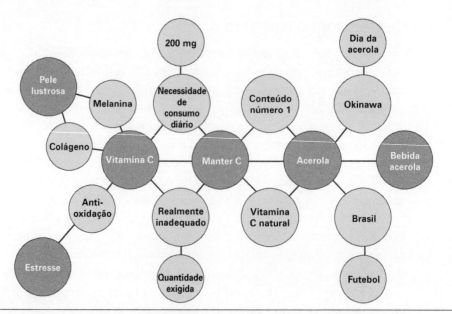

Figura 10.3 Modelo de processo de criação do conhecimento de marca.
Fonte: Dentsu Inc., Context Creation Program Document.

Nichirei. Na verdade, ele é semelhante ao modelo de rede de memória associativa. A Nichirei Corporation é uma das empresas de alimentos líder no Japão, proeminente nas instalações de refrigeração e na indústria de alimentos congelados. A bebida de acerola é feita da fruta importada, principalmente do Brasil e das ilhas do Caribe, usando *know-how* sofisticado de refrigeração. A maioria dos negócios da Nichirei são B2B, com a bebida Acerola sendo uma de suas poucas marcas reconhecidas pelos consumidores finais. O modelo da Nichirei é extremamente avançado, pois, além dos métodos de escalonamento tradicionais, usa a técnica de *text-mining*, que se desenvolveu rapidamente nos últimos anos. Embora o modelo mostrado tenha sido simplificado para proteger o sigilo, ainda proporciona pistas ou sugestões benéficas.

Esse modelo é um mapa estratégico, que vincula os contextos do consumidor, refletindo a imagem da marca Acerola com o contexto da vitamina C, que a empresa designou como sua identidade essencial através do nódulo estratégico chamado "Manter C". Isso, por sua vez, é um conceito-chave para a geração de contexto. A marca conta com esse mapa para criar, subjetivamente, os nódulos necessários na memória do consumidor, e vincula esses nódulos visando a criar um contexto. Comparado com o uso convencinal do modelo da rede associativa de memória, que monitora as associações existentes na memória do consumidor diretamente vinculadas ao nódulo da marca, o ponto mais inovador do modelo da Nichirei é a maneira dinâmica pela qual ele registra o nódulo desejável antes de realmente criá-lo. É, de fato, mais efetivo converter o vínculo em uma seta que indica a direção de cada associação, ou incluí-lo nos fatores tácitos antecedentes que têm dificuldade em aparecer na rede associativa.

Para promover, habilidosamente, a criação do contexto dinâmico, é necessário entender a unidade de denotação da rede associativa, estimar o conhecimento tácito por trás dos nódulos externalizados e proporcionar novas informações e conceitos, ao mesmo tempo em que se prevê como o conhecimento de marca existente adicionará significado às novas informações e aos conceitos como contextos. Assim como no *design* da comunicação, alguns casos podem ser planejados até um determinado ponto, enquanto outros, como a evolução emergente da Sony, são melhor elaborados apenas até o sistema desencadeante, pois os processos são demasiado complexos. A criatividade do contexto dinâmico é a capacidade organizacional de administrar diferenças nos contextos dependendo da situação.

Classificamos as capacidades de *branding* em cinco elementos e os descrevemos em detalhes anteriormente. A Figura 10.4 apresenta esses relacionamentos. Nosso conceito de conhecimento da marca inclui o processo de conhecimento, como o *know-how* e os modelos mentais, e as capacidades de *branding*. Este é também um exemplo típico do tipo de patrimônio de conhecimento da marca definido como "conhecimento da marca que é conscientemente considerado e estrategicamente administrado por uma organização a ser alavancada na construção de uma marca valiosa".

No mínimo, o protótipo do metaconhecimento da marca deve ter sido criado pelos fundadores da empresa e, a partir de então, consistentemente disseminado pela organização como fonte de valor. Por essa razão, ele reside na essência das capacidades de *branding*. Com o metaconhecimento da marca como pré-requisito, a visão do conhecimento da marca indica a direção para a criação do

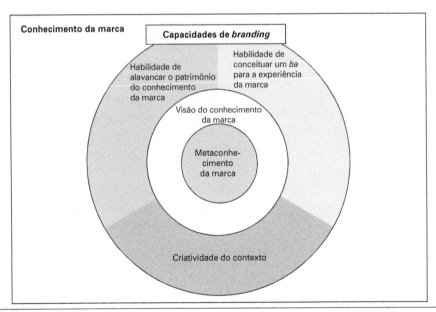

FIGURA 10.4 Diagrama conceitual para as capacidades de *branding*.

conhecimento da marca apropriado para a era concernente, pelo grupo da alta administração que ocupa o cargo na ocasião. A visão do conhecimento da marca é, portanto, posicionada como a epiderme do metaconhecimento da marca. Por um lado, esses dois elementos são conhecimento criado principalmente pelas habilidades individuais e, por outro, tornam-se uma habilidade organizacional na forma de capacidades de *branding* permeando a organização.[12]

Com esses dois elementos no centro, três capacidades formam um grande círculo espalhando-se como os raios do sol. São elas: a habilidade de utilizar o patrimônio do conhecimento da marca, a habilidade de conceituar um lugar para a experiência da marca e a criatividade do contexto. A construção de uma marca valiosa torna-se possível através do uso equilibrado dessas diferentes habilidades baseadas em um único núcleo.

Construção de marca é administração

A teoria do valor da marca é o modelo que explica a situação atual da marca, e a teoria da identidade da marca é o modelo que comanda a marca. Por outro lado, a discussão sobre as capacidades de *branding* propõe um modelo para as práticas de construção de marca. Portanto, elas não se contradizem e devem ser alavancadas para se complementarem.

Nós ampliamos a definição de proprietários do conhecimento da marca para incluir não somente os consumidores, mas também aquelas "pessoas envolvidas com a marca". A discussão, neste capítulo, concentrou-se no relacionamento entre o conhecimento da marca nas corporações e o conhecimento da marca nos consumidores. Entretanto, as capacidades de *branding* incluem fazer o máximo do conhecimento da marca com as partes, como os associados nos negócios, os acionistas, a comunidade local, os "intelectuais" e os "especialistas" na construção de marcas. Apenas algumas corporações avançadas criam, atualmente, marcas valiosas usando o conhecimento de marca dessas partes.

Nos anos recentes, o ambiente em torno das marcas tornou-se crescentemente turbulento, dificultando a antevisão do futuro. Para as corporações que buscam marcas valiosas, será necessária a habilidade organizacional, não apenas de definir e comandar o valor da marca, mas também de criar sistematicamente esse valor. Ao mesmo tempo, a marca é uma entidade simbólica, refletindo a "Verdade, Virtude e Beleza", na qual a organização acredita. As corporações que desejam estabelecer marcas verdadeiramente valiosas devem assumir uma posição que permita que reconsiderem e redefinam sua filosofia administrativa fundamental. O processo de construção de marca é uma forma de administração por seu próprio mérito. As corporações que conseguirem estabelecer marcas valiosas prosperarão no século XXI.

NOTAS

1. Este capítulo é baseado em "Branding Capabilities in Creation Knowledge", de Satoshi Akutsu e Ikujiro Nonaka, *Diamond Harvard Business Review*, agosto, 2001.

2. David A. Aaker, *Building Strong Brands* (New York: Free Press, 1995).

3. B. Joseph Pine, II e James H. Gilmore, *Experience Economy* (Boston: Harvard Business School Press, 1999), e Bernd H. Schmidt, *Experiential Marketing* (New York: Free Press, 1999).

4. A direção desta pesquisa de marca é sugerida em inúmeros exemplos pioneiros de pesquisa e em livros esclarecedores, como o de David Aaker, *Brand Leadership* (New York: Free Press, 2000) (co-autoria de Erich Joachimsthaler).

5. Kevin Lane Keller, *Strategic Brand Management* (New Jersey, Prentice Hall, 1988).

6. Ikujiro Nonaka e Hirotaka Takeuchi, *The Knowledge-Creating Company* (New York: Oxford University Press, 1995).

7. Para detalhes, consultar "New Deployment of Organizational Knowledge Creation", de Ikujiro Nonaka, *Diamond Harvard Business Review,* agosto-setembro, 1999.

8. David Aaker e Erich A. Joachimsthaler, *Brand Leadership* (New York: Free Press, 2000).

9. D.M. Schoenhoff, *The Barefoot Expert* (Westport, CT: Greenwood Press, 1993).

10. "Special Topic: Sony, *ha doko he iku? (*Sony, where are you going?)" *Gekkan Keieijuku*, junho, 2001.

11. Ryoko Toyama e Ikujiro Nonaka, "Good *Ba* and Innovative Leadership", *Hitotsubashi Business Review,* 48(3), 2000.

12. As capacidades de criar metaconhecimento da marca e visão de conhecimento da marca devem ser consideradas capacidades dos fundadores individuais e da alta administração.

Capítulo **11**

Síntese do Conhecimento Modular e Integral: Inovação da Arquitetura do Negócio na Era da TI

Ken Kusunoki

O foco

A "revolução digital" viu a TI (tecnologia da informação) ter um impacto dinâmico no mundo dos negócios. O crescimento explosivo da Internet está no centro dessa revolução. Atualmente, os executivos-chefes estão bem conscientes da importância da TI na promoção de um viés competitivo aos seus negócios. Eles investem enormes somas em TI de vanguarda para "digitalizar" seus modelos de negócio. Muitas empresas criaram a posição de diretor de informação em suas equipes gerenciais, assim como contrataram empresas consultoras para trazerem novas idéias sobre como alavancar seus investimentos em TI, embora existam inovações contínuas dessa tecnologia.

É conhecimento comum que a Internet foi originalmente desenvolvida em um programa de pesquisa, pelo Departamento de Defesa dos Estados Unidos, visando a possibilitar que computadores diferentes pudessem trocar informações mesmo em tempos de emergência, como na eventualidade de uma guerra. Sua complexidade, entretanto, relegou seu uso apenas aos técnicos e cientistas. Foi o advento da WWW (World Wide Web), em 1989, e a liberação de um *browser* da Web, pela Universidade de Illinois e pela Netscape Corporation, três anos mais tarde, que mudaram drasticamente o cenário. Esses desenvolvimentos subseqüentes possibilitaram que quase todos acessassem imediatamente a informação em todo o mundo, com o mero clicar do *mouse*, desencadeando assim a explosão da Internet. Na realidade, o efeito da TI no mundo dos negócios tem sido avassalador. Ela reduziu, por exemplo, o tempo exigido para acessar qualquer informação, enquanto derrubou, simultaneamente, os custos das transações. Em conseqüência, novos produtos e serviços emergiram e muitas novas empresas explodiram em cena, deixando em dificuldades as empresas sem conhecimento da TI.

Em retrospecto, a "digitalização" já tinha começado 30 anos antes dessa "revolução". O SIS (Strategic Information System), da década de 1980, ainda permanece fresco em nossas mentes. No entanto, essa fase tardia da digitalização com certeza parece significativamente diferente. Qual é a diferença essencial entre a atual revolução da TI e a série de "digitalizações" que ocorreu antes da década de 1980? A diferença crítica é a drástica redução de custos na manipulação dos dados digitais. O atributo vital da informação digital reside em sua flexibilidade, pois toda a informação pode ser formada com códigos simples de zeros e uns e, depois, recuperada instantaneamente. Naturalmente, a infra-estrutura da TI não poderia existir sem o progresso na tecnologia dos semicondutores, representada pela Lei de Moore, que afirma que a densidade dos circuitos em um *chip* de computador duplicará a cada dois anos, assim como a inovação das tecnologias complementares de *hardware* e *software* para a computação. Ainda assim, a essência da revolução da TI não está na própria tecnologia; ao contrário, está nas mudanças substanciais dos limites tradicionais nas tarefas e atividades. Por essa razão, onde redesenhar os limites das atividades de negócios passa a ser um tema central na formação da estratégia de negócios. Conseqüentemente, está entrando em voga o termo "modelo de negócio".

Toda empresa deve buscar a TI? A resposta é "sim, mas não". Atualmente, ninguém negaria que a TI tornou-se a infra-estrutura das atividades de negócios. Um negócio sem sistemas computadorizados agora é inimaginável. Nenhuma empresa pode ficar indiferente à importância estratégica da TI ou livre do investimento em TI. Toda empresa deve dominar e usar a TI, ao menos em determinado grau.

A TI, no entanto, não promete um viés competitivo por si mesma. Ela é, por sua natureza, uma tecnologia infra-estrutural usada para conter a informação digital, exatamente como os mecanismos de transporte, como as ferrovias, carregam mercadorias e as redes elétricas conduzem eletricidade. O progresso dessas infra-estruturas está destinado a envolver uma maior padronização da tecnologia, uma maior homogeneização de sua funcionalidade e, em resumo, uma comoditização. A administração necessita considerar uma maneira de abordar a TI de forma que ela se torne um meio de diferenciação entre uma empresa e sua concorrência. É muito fácil investir em TI, mas é difícil ter lucro com esse investimento. Sem uma intenção estratégica nítida, os investimentos em TI não pagarão dividendos. A chave para obter e sustentar a vantagem competitiva através da TI é o profundo entendimento de seu impacto nos negócios e na estratégia da empresa.

Este capítulo discutirá o impacto da TI na estratégia do negócio a partir da perspectiva da "arquitetura do negócio". Quando usamos a palavra "negócios", geralmente ela se refere a todo o sistema de fornecimento de produtos e/ou serviços e suas atividades de apoio aos clientes. As características desse sistema são determinadas pelo padrão de interações entre os vários elementos de atividades. Chamamos esse padrão de "arquitetura do negócio". Uma arquitetura de negócio reflete o "conhecimento arquitetônico" de uma empresa, relativo às atividades que farão parte de todo o sistema do negócio, quais serão suas funções, assim como de que modo as interfaces farão com que as atividades incluídas no sistema interajam e se ajustem.

Existem pelo menos três razões para enfatizar-se a importância da arquitetura do negócio como o conceito-chave na exploração do impacto da TI nos negócios. Primeiramente, como a TI contém informação digital a um custo substancialmente menor, tem o poder de alterar de forma considerável a arquitetura do negócio de uma empresa. Uma das essências da TI é tornar mais flexíveis os limites e as configurações das atividades de negócios. Assim, o conhecimento arquitetônico de uma empresa é a chave para que ela pegue a onda da revolução da TI. Na era da revolução da TI, existem histórias ocultas sobre a arquitetura de negócios que estão por trás das empresas, tanto das bem-sucedidas quanto das mal-sucedidas. A arquitetura e os limites do sistema geralmente não são visíveis, pois costumam ser desconsiderados como uma condição inerente. A TI, no entanto, quebrou os pressupostos, mudando os limites do sistema e os relacionamentos entre as atividades para ciclos mais curtos.

Em segundo lugar, a arquitetura de negócios tornou-se crescentemente importante como dimensão estratégica-chave para a obtenção e a sustentação da vantagem competitiva. No caso da indústria dos computadores pessoais, os negócios incluem atividades como o desenvolvimento, a produção e a obtenção de peças; a produção e a montagem de produtos; ordens; distribuição; vendas; serviços de apoio. Onde poderia ser obtido lucro extra nesse processo? Poderia alguma dessas atividades criar maior valor agregado? Provavelmente, a resposta é "não". Os computadores pessoais são compostos de interfaces padronizadas, como os discos rígidos, a memória, os *drives* de CD, os monitores e os teclados, e é muito fácil fazer um produto disponível no estoque a partir desses componentes. Com apenas um pouco de conhecimento, quase qualquer um pode ir a uma loja virtual, onde uma grande variedade de componentes são vendidos, e comprar as partes necessárias, reunindo-as em um computador pessoal. A Dell Computer é um bom exemplo de empresa que criou uma arquitetura do negócio inovadora, conhecida como Dell Direct Model. Em um mercado onde os novos produtos passam rapidamente pela fase de maturação de seu ciclo de vida em apenas três meses, não basta apenas atingir a vanguarda da funcionalidade dos equipamentos de computação pessoal. Existe a exigência de se pensar seriamente sobre quais atividades deveriam ser buscadas, assim como sobre o que poderia ser terceirizado e, ainda mais importante, que vínculos e interações seriam necessários para fornecer rapidamente produtos mais novos, fabricados com peças mais modernas, para os clientes em uma combinação customizada. A Dell atingiu isso administrando as relações íntimas entre os pedidos, a produção das peças, a montagem final e a distribuição.

Resumindo, a Dell foi bem-sucedida na inovação da arquitetura do negócio, e seu conhecimento arquitetônico exclusivo está no cerne da vantagem competitiva na indústria de computadores pessoais, onde a concorrência é feroz. Em muitas indústrias, a "economia da arquitetura" está, cada vez mais, tornando-se uma dimensão estratégica tão importante quanto as economias convencionais de escala e de âmbito.

Em terceiro lugar, do ponto de vista da arquitetura de negócios, a TI contém um paradoxo: ela não apenas tem a capacidade de criar novas oportunidades de negócios, como tem também o potencial de destruir a fonte de vantagem sustentável da empresa. Como será discutido em detalhes, posteriormente, neste capítulo, a TI tende a induzir as empresas a buscarem uma arquitetura modular, que pode ter o resultado não-intencional da comoditização, forçando-as assim a uma competição feroz de preços. Embora a essência da estratégia competitiva seja atingir a "diferenciação", a TI talvez ameace as oportunidades de diferenciação através da convergência competitiva. Em outras palavras, a TI pode ser uma força impulsionadora dirigida à destruição das fontes de vantagens de uma empresa. Para evitar a armadilha da convergência competitiva e usar a TI como um viés competitivo real para a diferenciação, é importante ter um entendimento abrangente da arquitetura de negócios da empresa.

Este capítulo enfocará não as empresas de TI, mas aquelas que usam a TI em seus negócios para criar uma vantagem competitiva. Se fôssemos comparar a Internet com uma "estrada" nova, poderíamos dizer que existem atualmente muitas estradas novas sendo construídas, proporcionando grandes oportunidades para as empresas de construção e os fabricantes de materiais e maquinária necessários para a sua execução. As empresas de telecomunicações que proporcionam infra-estrutura, os fabricantes que proporcionam fibras ópticas, semicondutores, computadores pessoais, provedores e dispositivos de rede e os vendedores de *software,* todos atraem a atenção como "empresas de TI". Empresas como Cisco Systems, Sun Microsystems, Microsoft, Oracle e AOL ainda são as "queridinhas" do primeiro ato da revolução da TI, enquanto as estrelas foram os provedores de TI no que se referia ao fornecimento. Mas o segundo ato, que está apenas começando, verá uma variedade de outras empresas que utilizam a TI passarem para o centro do palco.

ARQUITETURA MODULAR

Geralmente, a "arquitetura" é aceita como um conceito que capta as características de um sistema artificial. Se todo o negócio é visto como um sistema de várias atividades, o aspecto arquitetônico é como decompor o sistema em partes e como essas partes devem ser vinculadas. Por exemplo, as relações entre a produção e o projeto podem ser determinadas por regras claramente pré-especificadas. Por outro lado, as atividades de projeto e de *marketing* podem ser mais abertas à interpretação exigindo interação íntima. Alguns elementos e seus relacionamentos são determinados por regras de projeto feitas antecipadamente, enquanto outros são deixados para a interação contínua das pessoas. A arquitetura de negócios é uma maneira de entender esses padrões.

Na busca de lucros sustentáveis e superiores, é absolutamente importante construir uma arquitetura de negócios com profundo entendimento de onde e como pode ser criado o valor agregado. A arquitetura não é, necessariamente, automática para todas as empresas. Ao contrário, o esboço da arquitetura de negócios é uma dimensão estratégica que reflete agudamente a intenção estratégica da empresa. Um novo valor agregado pode ser criado a partir da divisão de atividades originalmente unificadas, ou da combinação de atividades originalmente independentes.

As características da arquitetura podem ser entendidas juntamente com a dimensão de modularidade que varia de "arquitetura modular" até "arquitetura integral".[1] Todos os sistemas contêm algumas interdependências entre os seus elementos. O número de elementos e sua interdependência determinam a complexidade do sistema. Um aspecto importante do projeto de um sistema é como reduzir a complexidade entre essas duas fontes. A "agregação de interfaces" que será discutida a seguir é uma estratégia para reduzir a complexidade do sistema, reduzindo o número de seus elementos que interagem uns com os outros. O grau de interdependência varia, dependendo dos elementos do sistema. Para ilustrar, no sistema mecânico de um carro, a relação entre os cilindros do motor e os pistões é, geralmente, mais forte do que entre os pistões do motor e as molas da suspensão. Além disso, a interdependência entre o painel de instrumentos e o motor não é tão forte quanto aquela entre o chassis e a suspensão. Em um sistema organizacional, a relação entre a montagem, no local de produção, e as atividades de vendas, no mercado, poderia ser considerada mais fraca do que a relação entre a montagem e o desenvolvimento da tecnologia de produção. Com o entendimento dessas diferentes interdependências no sistema de atividades, a primeira estratégia para a modularização é agregar interfaces, dividindo todo o sistema em "módulos" de elementos com um nível relativamente alto de interdependência. Através desse processo, muitas das complicadas interfaces podem ser agregadas em um módulo de nível superior. Em outras palavras, a estratégia de agregar interfaces tenta identificar as interdependências que podem ser relativamente desprezadas. Em conseqüência, os elementos contidos em cada módulo podem ser relativamente independentes do movimento dos elementos nos outros módulos.

Em oposição, a "padronização das interfaces" é uma estratégia para manipular a complexidade, reduzindo o grau de interdependência entre os elementos. A segunda estratégia de modularização é pré-especificar as regras que se aplicam às interfaces. Essa é uma estratégia para reduzir a interdependência, estabelecendo uma interface padronizada antecipadamente e evitando, assim, os problemas de coordenação entre seus elementos. Em contraste, a estratégia de integração, ou estratégia integral, aceita intencionalmente as interdependências complexas entre os subsistemas e os deixa em coordenação contínua. Em outras palavras, a estratégia modular pretende ignorar as relações entre os componentes, tanto quanto possível, enquanto a estratégia integral está consciente desses possíveis candidatos à coordenação contínua visando a maximizar o desempenho do sistema.

A combinação dessas duas estratégias é a "estratégia modular" na elaboração da arquitetura do negócio. A estratégia modular possibilita que a empresa construa sua arquitetura de negócios a partir de um número menor de subsistemas elaborados independentemente mas que funcionam juntos como um todo.

A arquitetura do negócio também determina a direção e o padrão de criação, acúmulo e organização do conhecimento. A partir da perspectiva do conhecimento, a estratégia modular supõe uma distinção clara entre o conhecimento modular e o integral. Aqui, o conhecimento integral é sobre a arquitetura como um todo, determinando quais atividades serão parte do sistema e quais serão as suas funções, assim como de que maneira os elementos ajustam-se, conectam-se e se comunicam. Na arquitetura modular, o conhecimento integral forma regras de projeto visíveis que necessitam ser pré-especificadas no início do processo e comunicadas amplamente aos envolvidos. Com o conhecimento integral claramente pré-especificado, o conhecimento modular torna-se "conhecimento escondido" sobre um determinado módulo, que não afeta todo o sistema além do módulo local. Uma arquitetura modular pode ser atingida pela divisão do conhecimento em: conhecimento visível sobre as regras do projeto e conhecimento escondido dentro de cada módulo. A arquitetura modular é benéfica apenas se essa divisão não for ambígua. Na arquitetura integral, essa divisão do conhecimento permanece obscura. Para facilitar a coordenação contínua visando à otimização das interfaces dos elementos, as regras do projeto da arquitetura integral não podem ser pré-especificadas. O conhecimento sobre os elementos integrantes é tão descentralizado que o próprio subsistema é mais ou menos responsável pela aquisição da integridade do sistema. Nessa arquitetura integral, o conhecimento integral pode ser melhorado e alterado através do aprendizado contínuo e das interações dos elementos envolvidos em todo o sistema.

A arquitetura modular possui algumas vantagens. Em primeiro lugar, reduz grandemente os custos de transação e de coordenação entre as atividades incluídas no sistema de negócios. Como a modularidade permite que cada subsistema ou atividade seja independente, é possível mudar-se o sistema fazendo mudanças apenas em um determinado módulo, sem coordenação intensiva e extensiva com os demais módulos. Por exemplo, se a disseminação rápida das câmeras digitais exige uma alta capacidade de processamento de vídeo dos computadores pessoais, não é necessário que todo o sistema do computador seja redesenhado. Basta desenvolver uma CPU (unidade de processamento central) mais veloz ou anexar uma nova placa gráfica. Além disso, qualquer coisa, como um modem ou a memória, pode ser usada em um *notebook*, desde que seja compatível com os padrões da PCMCIA (Personal Computer Memory Card International Association). Vários tipos de sistemas podem ser realizados combinando-se uma série de módulos com regras comuns para as interfaces. A capacidade de elevar o nível funcional mudando um módulo localizado do sistema também significa que outros módulos podem ser usados sem mudança. Como a arquitetura modular reduz os custos de transação e coordenação, os projetistas, os produtores e os usuários podem obter enorme flexibilidade.

Em segundo lugar, a modularidade encoraja a divisão do trabalho. Se cada módulo pode ser desenvolvido independentemente, cada grupo especializado pode concentrar-se em sua própria atividade de desenvolvimento, sem preocupar-se com os outros módulos. Essa divisão de trabalho não apenas aumenta a eficiência, como também pode facilitar o acúmulo contínuo do conhecimento modular, promovendo inovações dentro de cada módulo.

Em terceiro lugar, a arquitetura modular provavelmente resulta em arquitetura aberta, na qual as regras que definem as interfaces entre os elementos são amplamente disseminadas e aceitas em toda a indústria, pois ela é baseada em regras de projeto visíveis e pré-especificadas. Se a arquitetura se tornar aberta, o âmbito das empresas e os usuários envolvidos aumentarão drasticamente, resultando em maiores economias de escala e externalidade de rede. Além disso, as regras compartilhadas do projeto e os padrões das interfaces facilitam a competição entre as diferentes empresas focalizando diferentes módulos. Isso, novamente, encoraja a eficiência e as inovações.

TI E MODULARIDADE

A partir da perspectiva da arquitetura de negócios, a implicação crítica de usar TI é que ela promove, substancialmente, a modularidade da arquitetura do negócio. O exemplo mais saliente é a Internet. A Internet promove a modularidade porque é uma tecnologia baseada no estabelecimento de interfaces abertas e padronizadas. Isso permite que a empresa, caracteristicamente, adote uma arquitetura de negócios modular. Com a interface padronizada, de fácil utilização, a informação pode ser acessada via Internet, potencialmente, em qualquer lugar por qualquer um. Isso poderia levar a custos de transação externa drasticamente mais baixos. Os custos de transações externas incluem os custos de encontrar um comprador ou vendedor, coletar informações sobre os produtos e serviços, concluir e monitorar contratos e transferir os bens ou os serviços do vendedor para o comprador. Uma vez que as regras do projeto estejam claramente determinadas pelas interfaces padronizadas da Internet, a empresa pode tornar-se um arquiteto, criando uma plataforma visível para o negócio ou para um produto formado de módulos, ou competir como especialista modular, focalizando um conjunto específico de atividades que se conformam com a arquitetura.

A Internet não somente baixa os custos de transação com suas interfaces abertas e padronizadas, mas também pode reforçar a externalidade da rede. Por exemplo, um fabricante que fornece peças para um determinado montador pode descobrir que as peças também são valiosas para outros montadores, e expande, então, o alcance do mercado com o uso da Internet. Inversamente, o montador pode descobrir outros fornecedores que podem oferecer peças melhores a um custo menor do que seu fornecedor habitual. Os vendedores e os compradores encontram-se através de um mercado *online* chamado "*e-hub*". Os que desenvolvem esses mercados, os chamados "fazedores de mercados", são exemplos representativos da arquitetura do negócio modular, baseada na Internet, em transações B2B (sigla na língua inglesa, significando negócios para negócios). No campo do B2C (negócios para o consumidor), onde os negócios têm vendas diretas aos usuários finais, novos competidores emergiram da noite para o dia, resultando na explosão das "ponto-com". O eBay, o leiloeiro *online*, buscou a vantagem da arquitetura modular com a Internet em sua criação do enorme mercado C2C (consumidor para consumidor). Como a Internet tem uma interface aberta e padronizada, possibilitando que as empresas tirem vantagem total da arquitetura modular, ela poderia levar à redução dos custos de transação e à alavancagem da externalidade da rede.

Além de promulgar a lógica da interface padronizada, a Internet também encoraja a modularidade da arquitetura do negócio através da agregação de interfaces. Por exemplo, o eBay agrega interações complicadas entre os vendedores e compradores que participam em seus vários mercados de leilões. Vista tipicamente na estrutura em camadas das páginas de busca, a Internet é bem adequada para a agregação de interfaces. Em resumo, a Internet favorecerá a modularidade da arquitetura de negócios através da padronização e da agregação de interfaces.

O Japão tem perdido sua vitalidade nos negócios desde a década de 1990 e sua falha no uso da TI parece ser uma razão subjacente à queda na última década ou mais. Por que as empresas e as indústrias japonesas atrasaram-se na revolução da TI? No nível macro, existem inúmeros fatores que vêm à mente. Eles incluem a baixa dispersão de computadores pessoais e a falta de cultura de teclado, além da peculiaridade lingüística que faz com que poucas pessoas sejam suficientemente proficientes em inglês, que é o principal idioma no mundo da Internet. A presença de regulamentos excessivos e de barreiras intransponíveis na infraestrutura, como as altas despesas associadas às telecomunicações, atrapalham a difusão rápida da Internet. No nível mais micro dos negócios e da administração, por que as empresas japonesas foram tão lentas na adaptação à revolução da TI? As empresas japonesas demonstraram uma resposta infinitamente flexível à crise do petróleo de 1970, e até os anos 1990, orgulhavam-se de sua velocidade no mercado, da melhoria contínua de qualidade e da inovação tecnológica. Quais são as diferenças entre os desafios das décadas de 1970 e 1990?

A perspectiva da arquitetura destaca uma das razões-chave por trás da relutância entre as empresas japonesas de adaptação à TI. Enquanto a TI está fortemente orientada para uma arquitetura modular, a força de muitas empresas japonesas residia em sua arquitetura do negócio baseada no conhecimento integral. A abordagem dos produtos enxutos e dos sistemas de produção enxuta é a remoção completa de todos os excessos do sistema, visando a criar uma forte integridade de produtos totalmente otimizados, sem aceitação de desperdícios. Para atingir isso, o projeto de todas as partes é altamente interdependente e leva, naturalmente, a uma arquitetura integral que depende muito da comunicação e da coordenação íntimas entre as atividades. Similarmente, os laços íntimos e firmes dos negócios com vários fornecedores são essenciais para fazer uma linha de produção com estoque zero. O sistema japonês de produção enxuta foi o curso natural para o Japão, devido às suas restrições ambientais sobre recursos naturais e à força na construção de fortes relações trabalhistas.

Contrastando, a arquitetura modular é um sistema que permite que os engenheiros garantam um certo nível de liberdade, incluindo as capacidades de excedentes. Com memória e poder de processamento excedentes, não seria necessária uma relação íntima entre os engenheiros de *software* e os de *hardware* no desenvolvimento de computadores pessoais. No projeto de um automóvel, os técnicos de motor e os da parte elétrica podem trabalhar independentemente sob condições em que não haja restrições sérias quanto à eficiência de combustível. Nesses casos, um produto completamente eficiente não poderia ser feito, mas eles trabalhariam com maior independência no nível dos subsistemas. Com tal arquitetura modular, as empresas de baixo risco, com conhecimento modular especializado, podem preencher seu potencial sem fazer parte de um grupo corporativo maior.

A estratégia modular da década de 1990 parecia em conflito direto com a arquitetura de negócios japonesa, baseada no conhecimento integral desenvolvido de acordo com os valores corporativos tradicionais. A arquitetura modular é bruta e crivada de desperdícios, tem pouca confiabilidade e não possui a elegância de um sistema equilibrado. Muitas empresas japonesas não apreciam o poder da modularização, tomando a atitude de "Obrigado, mas não". As empresas japonesas ainda são cada vez mais competitivas na indústria automobilística, onde a arquitetura de negócios necessita ser mais ou menos integral. Mas em outras indústrias, como as de computadores pessoais e as de outros produtos relacionados com a TI, no entanto, a arquitetura integral tradicional deixa as empresas japonesas em desvantagem na arena global, enquanto suas rivais, nos Estados Unidos, desfrutam dos benefícios da modularidade. A otimização gradual, contínua, das interfaces entre os componentes com a cultura organizacional do Japão impediu a estrutura modal de uma rede aberta. Em outras palavras, tem havido um dilema sobre o descarte dos pontos fortes presentes com a finalidade de buscar novas oportunidades. Dada a natureza modular da TI, o conhecimento integral que foi criado e acumulado nas empresas japonesas pode ter-se tornado mais ou menos obsoleto em algumas indústrias relacionadas com a TI.

COMODITIZAÇÃO: A ARMADILHA DA MODULARIDADE

Como mencionado anteriormente, a modularização é portadora de inúmeros benefícios. Particularmente, a TI abre muitas possibilidades para que as empresas acessem os pontos fortes da arquitetura modular. Por outro lado, no entanto, a arquitetura modular pode ser muito frágil, pois dificulta o melhoramento ou a renovação contínua do conhecimento integral, enquanto aprofunda intensa e extensivamente o conhecimento modular. A arquitetura modular geralmente enfrenta alguns percalços entre o reforço do conhecimento modular e a flexibilidade do conhecimento integral. Primeiramente, as regras padronizadas do projeto devem ser criadas sob a suposição de que serão aplicadas em múltiplos casos sob múltiplas circunstâncias. Não importa quão boas são as regras do projeto, elas também incluem as que são indesejáveis ou não exigidas para determinadas circunstâncias. Um bom exemplo é a construção de uma casa a partir de blocos Lego, que são módulos com interfaces nitidamente padronizadas. Não importa quantos blocos retangulares forem usados para criar um telhado, ele nunca será plano como um telhado de verdade, simplesmente porque os blocos não são feitos, especificamente, para funcionar como um telhado.

Em segundo lugar, a arquitetura modular inclui, inevitavelmente, determinada rigidez contra possíveis mudanças. Uma vez estabelecidas, as divisões e as regras da arquitetura são difíceis de mudar. Particularmente, uma vez que uma regra é estabelecida, torna-se difícil alterar sua arquitetura, sobretudo quando a externalidade da rede está em funcionamento. Este é o desafio enfrentado pela gigantesca fabricante de sistemas operacionais de computadores, a Microsoft. A flexibilidade sob uma determinada regra de projeto suprime sua adaptabilidade a outras arquiteturas.

Em terceiro lugar, a agregação de interfaces resulta, naturalmente, na criação de uma zona de indiferença na arquitetura de negócios da empresa. No entanto, se essa parte tiver uma interação verdadeiramente importante com as outras, então a modularização causará problemas. Especificamente, se uma mudança em todo o sistema for exigida devido a fatores técnicos ou de mercado, a fragilidade da arquitetura modular ficará repentinamente exposta. Como um contraponto ao fato de ser extremamente flexível a mudanças que podem ser absorvidas nos módulos, possui o problema inato de ser fraca na abordagem das mudanças que se estendem através dos módulos. Desse modo, o sistema modularizado é incapaz de atingir o desempenho máximo. As interfaces padronizadas também significam que o desempenho máximo atingível está restrito pelo padrão. Independentemente de quantos avanços são feitos nos módulos, os limites do sistema não podem ser excedidos.

Na indústria dos discos rígidos, por exemplo, algumas empresas que buscavam a estratégia modular ficaram presas nesse tipo de armadilha da modularidade, quando enfrentaram uma inovação tecnológica no nível dos componentes – ou seja, a emergência das cabeças de leitura magneto-resistentes.[2] Antes da inovação, os discos rígidos usavam cabeças de leitura de filme fino. Na época, muitas empresas tinham estabelecido uma interface padronizada entre as cabeças de leitura e o meio de armazenamento, visando a tirar vantagem da flexibilidade na arquitetura modular. Devido à interface padronizada, as empresas na indústria poderiam especializar-se no conhecimento modular nas cabeças de leitura, no meio de armazenamento ou na montagem desses componentes, o que as forçou a perder, gradualmente, o conhecimento integral sobre as interdependências entre as cabeças de leitura e o meio de armazenamento. A inovação da cabeça de leitura magneto-resistente foi tão radical que exigiu a solução de muitos problemas técnicos novos, relacionados com as interações cabeça de leitura-meio de armazenamento, para captar todo o potencial das cabeças de leitura magneto-resistentes. Sem conhecimento substancial das interdependências, as empresas que tinham desfrutado da força da modularidade encontraram grandes dificuldades na solução dos problemas de interface e perderam sua competitividade na geração das cabeças de leitura magneto-resistentes. Em contraste, algumas empresas japonesas que, intencionalmente, mantiveram uma arquitetura de negócios mais integral introduziram, com sucesso, os discos rígidos baseados em cabeças de leitura magneto-resistentes, com seu conhecimento integral mais rico sobre o modo de adaptação dessas partes.

Entre as ameaças à arquitetura modular, a mais séria era o fato de que a modularidade promoveria a comoditização, destruindo as fontes de diferenciação das empresas. Se for estabelecida uma arquitetura modular completamente aberta, o foco da competição irá descer até o nível dos módulos individuais. Além disso, as interfaces abertas insinuam que as transações dos módulos independentes podem ser feitas facilmente no mercado. O setor B2B (negócios para negócios) da Internet é um bom exemplo de como as empresas são forçadas à guerra de preços no nível modular.

Reminiscentes da indústria de computadores pessoais da década de 1990, as empresas usavam a arquitetura modular, concentrando seus negócios em módulos individuais de *software* e *hardware*. Embora as funções dos módulos individuais melhorassem constantemente o desempenho, a diferenciação ainda podia ser obtida pela busca da fronteira do conhecimento modular. Sob as regras rigidamente pré-especificadas do projeto, no entanto, a arquitetura modular estabelecia um limite natural na melhoria do conhecimento modular. À medida que os produtos se tornassem tecnologicamente maduros, as empresas que tinham buscado a modularidade tornar-se-iam incapazes de diferenciarem-se de algum modo, exceto no preço.

Se a TI dirige a empresa para as arquiteturas modulares, e se a arquitetura modular promove a comoditização do negócio, podemos ver a lógica de que a TI resultará na comoditização. A competição feroz de preços nos negócios para negócios e nos negócios para consumidores da Internet sublinha que a arquitetura modular leva à convergência competitiva e à comoditização. Conforme foi enfatizado na introdução deste capítulo, como a essência da estratégia é a "criação de diferenças dos rivais", a modularização talvez possua um mecanismo autodestruidor para a estratégia.

SÍNTESE DO CONHECIMENTO MODULAR E INTEGRAL

O pressuposto básico aqui é que não existe uma única melhor maneira de projetar a arquitetura de negócios. Nesse sentido, o projeto de uma arquitetura de negócios é uma dimensão estratégica. A arquitetura modular está atualmente na moda, mas não é onipotente. Como a TI provavelmente promove a comoditização, existe a necessidade de redescobrir os pontos fortes que são particulares à arquitetura integral e que possibilitam a evolução do conhecimento integral.

A partir de um diferente ponto de vista, a TI também possui um aspecto de incentivo à criação do conhecimento integral. O aumento do poder de processamento da informação pode possibilitar uma maior integração do sistema de negócios, que pode resultar na descoberta de um novo conhecimento integral. A modularidade é uma técnica usada sob restrições tão severas que as capacidades das pessoas que trabalham em um sistema não acompanham a sua complexidade. À medida que melhora o custo do desempenho do acúmulo, da transmissão e do processamento da informação, pode tornar-se mais fácil atingir mais coordenação. Por exemplo, processando-se consistentemente o projeto, o teste e o processo de produção com o uso de CAD, CAE e CAM, é possível ter-se um nível mais alto de otimização geral. A coordenação e a integração complexas das atividades que previamente tinham sido conectadas apenas por regras simplificadas tornam-se possíveis pela TI.

Conceitualmente, a modularidade e a integralidade são os dois pontos extremos de uma dimensão. A redução no número de interfaces e o estabelecimento de regras de projeto padronizadas geralmente levam à modularização, que resultaria, conseqüentemente, na desintegração do sistema de negócios. No entanto, observando o sistema como um todo, é possível que determinadas partes sejam modularizadas, enquanto outras são integradas. Na realidade, é uma conseqüência lógica que a modularidade em um determinado nível do sistema possa levar à integralidade em diferentes níveis do mesmo sistema.

Na indústria automobilística tem ocorrido um fenômeno recente de modularização de componentes. Por exemplo, com a seção do *cockpit*, no passado os vários medidores e controles eram todos proporcionados por fornecedores individuais, mas atualmente um número limitado de fornecedores fortes (fornecedores de tempo integral) combinam todas as partes relacionadas em um módulo de *"cockpit"*, para que os fabricantes de carros comprem e usem todo o módulo para o *cockpit* de um determinado carro. Para o fabricante do carro, isso significa modularização. Para os fornecedores, no entanto, significa aumento da integralidade de sua arquitetura de negócios, porque é exigido que eles lidem com as relações entre os componentes em um nível inferior. Os fornecedores que costumavam concentrar-se, estreitamente, na criação do conhecimento modular são agora responsáveis pela criação do conhecimento integral, ao menos até um determinado grau. Esse é um exemplo típico do fato de que a modularidade e a integralidade podem, algumas vezes, andar em paralelo. É errado simplesmente presumir que a TI deve sempre promover o conhecimento modular. As coisas que podem potencialmente ocorrer, seja na direção da separação ou da integração, têm uma grande influência sobre os limites das atividades nos negócios existentes. Para os negócios na era da revolução da TI, portanto, é importante prestar constante atenção às possíveis mudanças na arquitetura e nos limites dos sistemas. Nesse sentido, usar a TI como um viés competitivo real exige conhecimento arquitetônico sobre o modo de projetar uma arquitetura de negócios.

Os consoles e o *software* de jogos, os *notebooks*, os terminais portáteis e as câmeras digitais: as empresas japonesas têm mantido a competitividade em áreas onde a arquitetura do produto necessita ser mais ou menos integral. As máquinas miniaturizadas devem conter componentes em um espaço limitado e, portanto, necessitam geralmente de um conhecimento integral rico. Na indústria automobilística, a realização simultânea de eficiência de combustível, eficiência de custo e amistosidade com o ambiente também exige inovação no conhecimento integral. As empresas japonesas com conhecimento integral profundo tiveram sucesso no desenvolvimento da tecnologia que exige coordenação e integração contínua de subsistemas. À medida que os dispositivos e as aplicações de rede tornam-se mais refinados, pode haver uma maior necessidade de melhorar o conhecimento integral para a realização de produtos menores, mais otimizados, incluindo mais subsistemas interdependentes. Ainda assim, isso não significa que não haja necessidade de mudar a arquitetura integral das empresas japonesas. Como já foi mencionado, simplesmente aderir à arquitetura integral tornaria difícil que elas pegassem a onda e se adaptassem à revolução da TI.

O aspecto-chave é o modo de criar uma síntese entre a modularidade e a integralidade, dentro da arquitetura de negócio da empresa, visando a equilibrar bem o conhecimento modular e o integral. Como a TI propicia muitas oportunidades para revisar a arquitetura, as empresas devem reconciliar essas duas filosofias, aparentemente diferentes, para criar uma arquitetura exclusiva. Considerando o fato acima mencionado de que a TI tende a levar à comoditização, a modularidade e a integralidade não devem ser vistas como uma mera compensação. De fato, é crucialmente importante construir uma arquitetura do negócio exclusiva, que sintetize o conhecimento modular e integral visando à obtenção de uma vantagem competitiva sustentável.

O caso da Dell, mencionado anteriormente, também é um bom exemplo de inovação da arquitetura através da incorporação do conhecimento integral em algumas partes de sua arquitetura do negócio. A Dell obteve vantagem competitiva desenvolvendo sua arquitetura do negócio sobre a premissa da arquitetura modular aberta da indústria de computadores pessoais. No entanto, a arquitetura visualizada pela Dell, na qual os pedidos são feitos diretamente pelos clientes, uma série de computadores pessoais é então montada para preencher várias necessidades e entregue, rápida e confiavelmente, com serviços suficientes, não é atingida meramente através da busca da modularidade. Os sistemas e as rotinas da Dell para a administração da cadeia de fornecedores, para as operações de montagem e para a distribuição são elaboradamente administrados, com coordenação mútua detalhada, exigindo a evolução contínua de um conhecimento extremamente integral. A Dell também tinha plena consciência da importância de um sistema de apoio no negócio de computadores pessoais. O valor agregado é criado pelo conhecimento integral relativo às interfaces com as necessidades do cliente, que não podem ser definidas por regras simples. Ao mesmo tempo, entretanto, a administração desse conhecimento integral ainda utiliza totalmente sistemas de TI desenvolvidos internamente. Embora maximize os pontos fortes da arquitetura modular aberta do produto computador pessoal, o lucro da Dell também é gerado através de operações complicadas em toda a sua cadeia de valor. Concluindo, o Modelo Direto da Dell tem duas faces: a de uma arquitetura modular simples e a de uma arquitetura integrada complexa.

Relembre da discussão do raciocínio dialético, no Capítulo 1, que os opostos realmente interpenetram-se. Os sinais de interpenetração de conhecimento modular e integral já podem ser vistos no Japão. Os exemplos incluem as redes que utilizam a tecnologia móvel caracterizada pelo i-mode da NTT DoCoMo. Desde 2000, a diferença entre os índices de uso da Internet no Japão e nos Estados Unidos diminuiu, mas no uso da Internet móvel ainda está crescendo. Uma característica da Internet com base móvel, no Japão, é a velocidade do crescimento, pois levou menos de dois anos para que a taxa de usuários atingisse 10%. (A Internet baseada no computador pessoal levou 5 anos, os telefones móveis levaram 15 anos e os telefones fixos levaram 76 anos.) O i-mode foi construído sobre um conhecimento altamente integral do *hardware*, embora mantivesse uma arquitetura modular aberta para o conteúdo e o *software*. Ele utiliza *hardware* moderno que pode ser alcançado somente através da flexibilidade do conhecimento integral, embora possua uma série de menus de serviços fornecidos por muitas empresas especializadas em seus módulos com rico conhecimento modular.

RAKUTEN E ASKUL

O Rakuten, que opera o maior *shopping online* do Japão, chamado de Rakuten Ichiba, teve sucesso em atingir a síntese de modularidade e integralidade em sua arquitetura do negócio. Desde a sua fundação, em 1997, a estratégia do Rakuten tem sido a de facilitar a comunicação próxima entre os clientes e os vendedores, assim como entre os próprios clientes. Essa densa comunicação no nível de lojas individuais, no *shopping online* Rakuten, não é somente o intercâmbio de informações formais, como as especificações e os preços dos produtos e serviços ou datas de entrega, mas também os interesses e as preferências dos clientes, além da miscelânea de comunicação que não está diretamente vinculada à compra desses produtos e serviços.

Como um mecanismo para facilitar ricas interações, o Rakuten desenvolveu internamente todas as ferramentas de *software* para administração do catálogo dos vendedores, comunicação com os clientes e análise de *marketing*, embora existissem muitos módulos de *software* "padronizados" disponíveis no mercado para esses mesmos objetivos. Todas as lojas têm a obrigação de incluir ferramentas de comunicação com os clientes em seus *websites*, como a "sala do vendedor", o "quadro de avisos" e a seção de "pergunte ao vendedor". Além disso, o Rakuten também empregou conselheiros conhecidos como "consultores EC" e um programa de treinamento para vendedores, chamado de Rakuten University, tudo como parte de sua ênfase na comunicação face a face com os vendedores. A arquitetura do negócio do Rakuten é diferente tanto da arquitetura dos puros fazedores-de-mercado, como o e-Bay, que não estão diretamente envolvidos na transação, quanto daquelas das empresas de e-comércio B2B, como a Amazon, que trabalham diretamente nas transações respaldadas por um grande estoque. Hiroshi Mikitani, CEO do Rakuten, enfatiza:

> Colocar produtos à venda na Web não é comércio virtual. As compras pela Internet não são como uma mera máquina de vendas. Para os clientes, nesta época próspera de não desejar mais comprar muitas coisas, a meta principal é tornar as compras agradáveis, como uma forma de entretenimento, e não pedimos aos nossos vendedores para focalizarem o que irão vender, mas como irão vender. A mídia digital da Internet tem grande significado na abertura de novas possibilidades para compras como forma de lazer, não apenas na melhoria da velocidade e da eficiência. O valor que proporcionamos é algo realmente análogo.[3]

Por exemplo, a Sinshu-Inatani Egg Store, uma loja no Rakuten Ichiba, aumentou as vendas lá e ganhou o prêmio de "Loja do Ano", em 1999. Os ovos orgânicos, chamados de "*Aya-tamago*", vendidos pela loja não são baratos, custando 2 700 ienes (aproximadamente US$ 22) por 30. No entanto, os clientes podem acessar informações sobre o modo de produção dos ovos nas seções "Sala do Vendedor", "Diário da Galinha Bonita" e "As Quatro Estações de Shinshu-Inatani" na página da empresa. Além disso, é proporcionado um fórum para o diálogo direto entre os compradores freqüentes sensíveis aos aspectos ambientais relativos aos alimentos, o que está levando a um maior aumento das vendas. Manter essa comunicação com os clientes não é somente útil para o *marketing* "um a um", baseado nos dados sobre as preferências e necessidades dos clientes, mas também contribui para o sucesso da loja como uma "comunidade" em si mesma. Esse exemplo excede claramente às meras transações B2C (negócio para cliente) de produtos, contendo alguma significação social da experiência de compra. O Rakuten incorporou, intencionalmente, a integralidade em sua arquitetura de negócios para desenvolver continuamente seu conhecimento integral sobre as interfaces do cliente. Alavancando seu conhecimento integral, o Rakuten teve sucesso na criação de um *ba* exclusivo (um campo interativo) para os vendedores e os compradores, que resultou em um local de *shopping* virtual diferente do eBay ou da Amazon.

No campo do B2B (negócio para negócio), a Askul, que vende suprimentos de escritórios através da Internet, apresentou um crescimento rápido devido à sua arquitetura peculiar que inclui tanto a modularidade quanto a integralidade. O valor do cliente da Askul é oferecer uma loja "de uma parada", vendendo virtualmente todos os suprimentos e bens de consumo para escritórios, a qual é conhecida por seu serviço rápido, mantendo a promessa de "isto virá amanhã", ou *"Asu-Kuru"* em japonês. No final de 1999, ela já recebia mais de 30 mil pedidos diariamente. Enquanto muitas empresas de e-comércio B2B procuravam a arquitetura modular, Shoichiro Iwata, o CEO da Askul Corporation, enfatizava:

> Não planejamos fazer comércio virtual inicialmente, mas levando a conveniência dos clientes em consideração, acabamos usando a Internet. A Internet é apenas um elemento do modelo de negócio da Askul. Por isso, estamos fazendo muitas coisas "estranhas" aos olhos de uma típica empresa de comércio virtual.[4]

A arquitetura do negócio da Askul explora, intencionalmente, o conhecimento integral. Primeiramente, ela investiu ativamente em seu próprio sistema exclusivo de distribuição que tem características extremamente integrais. Embora a Askul receba 30 mil pedidos/dia para o dia seguinte, são necessários apenas 15 minutos para o seu sistema doméstico estar pronto para enviar o pacote dos itens encomendados. O sistema de especialização e o *know-how* para lidar com essa operação são muito integrais, sem permitir qualquer excesso de desperdício.

Em segundo lugar, a Askul é um varejista direto, mas ao mesmo tempo criou uma arquitetura que organizou papelarias locais como "agentes". Esses agentes são responsáveis pelo desenvolvimento de clientes locais, fragmentados, além da coleta das notas e pagamentos. Isso é contrário à idéia de não-intermediação, normalmente adotada pelos e-varejistas e que não utiliza atacados ou varejos. Um dos fatores-chave para seu sucesso é que ela se concentrou nos escritórios de escala pequena, com menos de 30 empregados, que não usufruíam do serviço completo dos varejistas de suprimentos de escritório existentes. Os escritórios com mais de 30 empregados correspondem a menos de 10% de seu mercado total no Japão. Embora sejam em grande número, são amplamente dispersos, portanto é difícil captar sua demanda de maneira sistemática. Utilizando agentes no desenvolvimento da clientela, a Askul penetra nos escritórios pequenos e de outro modo inacessíveis. Eles estão acostumados a conduzir, efetiva e eficientemente, a coleta detalhada dos pagamentos e dos créditos. Por exemplo, ao distribuírem folhetos, os agentes têm muito melhor entendimento de seus mercados locais, e isso permite o enfoque no alvo. Muitos vendedores B2B *online*, como o Office Depot e o Office Max, foram forçados a realizar promoções regionais de larga escala, e até mesmo nacionais, e o custo enorme da promoção elimina seu lucro. Em contraste, a arquitetura do negócio da Askul mantém, intencionalmente, interfaces integrais com os atacados e os pequenos varejistas existentes, o que acabou sendo uma fonte de vantagem competitiva.

Em terceiro lugar, o conhecimento integral é criado com os clientes. O número de itens manipulados pela Askul aumentou de 500, quando ela iniciou, para mais de 8 700, atualmente. Desses 8 700 itens, apenas 40% são, por assim dizer, papelaria. Existem todos os tipos de itens usados em escritórios, incluindo periféricos de computadores, café, papel higiênico, bebidas em garrafas e até macarrão instantâneo. Esse é o resultado da resposta a uma série de necessidades dos clientes. Os principais pontos de acesso para os clientes da Askul são o telefone e o fax, com mais de 5 mil mensagens enviadas por um dos dois meios, diariamente. Embora os pedidos dos clientes sejam limitados à Internet e ao fax, o telefone tem sido enfatizado como um meio de coleta de solicitações e reclamações dos clientes. Dessas ligações telefônicas, menos de 10% são reclamações; a maioria são solicitações, como "Eu gostaria deste tipo de produto" ou "Vocês têm este produto?". A Askul sempre responde a essas solicitações e, se for uma solicitação forte, eles acrescentarão o produto à fila. Quando existe uma forte solicitação de um produto e ele não pode ser obtido, a Askul faz parceria com os fabricantes para o desenvolvimento de um produto original.

Os dados para os 30 mil pedidos diários são acumulados, automaticamente, e usados para filtragem. Além disso, a cada 30 minutos, o conteúdo das ligações telefônicas é transferido para a base de dados. Um sistema personalizado, com interface análoga baseada em "conversas telefônicas", foi introduzido em janeiro de 2000. Um sistema em que cada operador grava a conversa com o cliente com sua própria voz é uma prática complexa e de trabalho intensivo. Na Askul, no entanto, este tem sido um recurso de *marketing* muito importante. Usando esse sistema, é possível responder ao cliente dizendo: "Obrigado por sua ligação. Isso se refere à devolução sobre a qual ligou anteriormente?". Além disso, se ocorrer um desastre, é enviado um fax a todos os clientes na região afetada. O texto pode incluir informações sobre o acesso de estradas que possam afetar as entregas e indagações sobre seus escritórios, visando a reforçar o serviço personalizado.

A comunicação com os clientes também pode estimular oportunidades inexploradas, nas quais a "sinceridade" contribui grandemente para o aumento dos usuários freqüentes. A Askul chama o departamento que responde aos clientes com "viva voz" de "centro de relacionamentos". Existem 100 operadores neste centro de contato telefônico, localizado no escritório principal. Essas interfaces humanas descrevem como a empresa desenvolveu, estrategicamente, o conhecimento integral para facilitar as interações com os clientes. Como muitas "ponto-com" e e-comércio, a Askul poderia usar uma abordagem mais modular, com regras de projeto pré-especificadas, para seu relacionamento com os clientes, limitando as possíveis interações a apenas interações baseadas na Web, assim como buscando, agressivamente, a não-intermediação sem o uso de agentes intermediários. Sem essa integralidade na arquitetura do negócio, no entanto, poderia não ter tido diferenciação entre os concorrentes, nem uma força impulsionadora para a evolução contínua de sua estratégia.

ARQUITETURA ORIGINADA A PARTIR DE UM CONCEITO DE NEGÓCIO

Como discutido neste capítulo, a TI inclui uma grande tendência à modularização da arquitetura do negócio, e por esse motivo deve-se prestar atenção à síntese de modularidade e integralidade com o objetivo de criar uma arquitetura exclusiva que proporcione uma vantagem competitiva sustentável. Ainda assim, é muito provável a falha na criação da diferenciação no nível da arquitetura do negócio, porque as empresas tendem a considerar, primeiramente, as atividades, recursos ou "módulos" como unidades que compõem a arquitetura do negócio. Ao contrário, o conceito de negócio deve vir em primeiro plano, como unidade de análise no projeto de arquitetura do negócio. A síntese da modularidade e da integralidade origina-se na inovação do conceito de negócio. (Ver o Capítulo 6 para uma discussão mais detalhada sobre a inovação do conceito.) Sem um *insight* inovador ao conceito de negócio, quanto mais a empresa dirigir-se à TI, maior a probabilidade de a arquitetura do negócio ser meramente um amontoado de módulos indiferenciados.

O conceito de negócio inclui respostas para as seguintes perguntas. O que o negócio está proporcionando essencialmente aos clientes? Que tipos de clientes existem? Por que e como os negócios agradam aos clientes?

O conceito de negócio é uma expressão condensada dos valores intrínsecos dos clientes da empresa. O projeto da arquitetura do negócio deve iniciar com a clara concepção do conceito do negócio. O conceito de negócio determina o esquema da arquitetura do negócio da empresa e seu conhecimento arquitetônico sobre as atividades e os recursos que devem ser envolvidos, assim como o modo de ajuste desses elementos. O conceito do negócio é, então, decomposto em blocos construcionais, e a arquitetura do negócio aparece como um sistema desses blocos. Cada bloco construcional e cada ligação devem refletir o conceito do negócio. Nesse sentido, como representado na Figura 11.1, a arquitetura do negócio pode ser vista como uma versão operacional do conceito do negócio. A arquitetura do negócio é simplesmente o conceito do negócio posto em prática.

Como mencionado anteriormente, o i-mode, o Rakuten Ichiba e a Askul, todos basearam sua vantagem competitiva sobre a síntese criativa da modularidade e da integralidade em suas arquiteturas. Essas arquiteturas originaram-se dos conceitos de negócios que captam valores exclusivos dos clientes. No caso do Rakuten, o valor essencial não está nas especificações visíveis, como o número de lojas e os preços dos produtos, a velocidade da entrega, a facilidade de uso da página da Web e assim por diante. Conceitualmente, o Rakuten proporciona aos clientes "compras como forma de entretenimento". As partes integrais de sua arquitetura do negócio, cujo alvo é a facilitação da comunicação sutil entre os vendedores e os compradores, são as conseqüências naturais de colocar em prática um conceito de negócio orientado ao entretenimento. Os compradores japoneses, nesta época fisicamente afluente, não compram necessariamente porque sentem falta de determinados bens. Ao contrário, o conceito de compras como forma de entretenimento visa a criar um espaço virtual, com comunicação

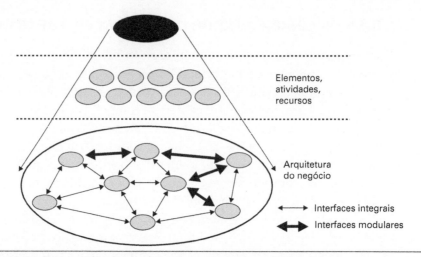

FIGURA 11.1 Do conceito de negócio para a arquitetura do negócio.

densa, como o das antigas ruas comerciais. O verdadeiro valor do Rakuten Ichiba para seus clientes reside no processo social e humano de comprar, não nas transações mais eficientes de bens via Internet.

O valor do cliente da Askul também está claramente intencionado e inserido em sua arquitetura do negócio. Ela proporciona um meio para a compra de equipamento em uma loja "de uma parada" para escritórios, com poucos funcionários que, previamente, tinham de ir "às compras" porque não contavam com os serviços completos, porta a porta, de vendedores de suprimentos para escritório. Esses pequenos escritórios também se livraram dos vários custos envolvidos na manutenção de um estoque de papelaria, graças à presença da Askul, que lida com pequenos pedidos rapidamente. O valor do cliente da Askul não está apenas na redução dos custos de compras de suprimentos para o cliente, mas também no aumento da eficiência total de seus processos de obtenção de suprimentos para escritórios.

A abordagem oposta ao projeto da arquitetura do negócio inicia com a escolha dos "módulos" individuais como partes da arquitetura. Essa abordagem de módulos em primeiro lugar não consegue criar uma vantagem competitiva exclusiva. Dada a modularidade da TI, os vendedores podem desenvolver e proporcionar vários módulos de *hardware* fáceis de usar (como os provedores e os dispositivos de rede) e de *software* (como as bases de dados). Além disso, as inovações no conhecimento modular ocorrem em ritmo acelerado. As empresas podem acessar uma série de módulos recentes, e até mesmo de "sistemas de negócios", como ERP, SCM e CRM e os demais no mercado. A competição entre os "vendedores de TI" é tão acirrada que o custo-benefício será continuamente melhorado. Por exemplo, todo um sistema de mineração de dados pode ser comprado de um vendedor de soluções. Como esses módulos são tão fáceis de obter e facilmente vinculáveis a outros módulos, podendo certamente economizar atividades do negócio, as empresas atualmente inclinam-se a utilizar a abordagem de módulos, em primeiro lugar na construção das suas arquiteturas de negócios.

Entretanto, é difícil obter vantagem competitiva a partir de uma arquitetura do negócio originada de um mero acúmulo de módulos. Como muitos desses módulos são padronizados e podem ser comercializados no mercado, a diferenciação sustentada é, por definição, difícil. Se os concorrentes acessarem o mesmo módulo do mesmo vendedor, qualquer vantagem será imediatamente perdida. Resumindo, a seqüência tem importância na criação de uma arquitetura exclusiva. Não é o suficiente apenas olhar à volta buscando módulos disponíveis e agrupá-los sob a denominação de "rede", "sistema" ou "modelo de negócio". Isso não garante o valor do cliente, como pode ser observado no fracasso de muitas empresas "ponto-com". Na indústria musical, por exemplo, para enfrentar a revolução da TI, importantes empresas gravadoras entraram na atividade de distribuição de música *online*. A Universal e a Sony criaram uma *joint venture* chamada Pressplay, enquanto AOL Time Warner, BMG, EMI e Real Networks lançaram a MusicNet. Nenhum dos dois serviços teve sucesso na obtenção de lucros substanciais, o que demonstra a grande dificuldade da criação do valor agregado real com a arquitetura modular do negócio baseado na Internet.

A construção de uma arquitetura de negócio deve originar-se da visualização de um conceito de negócio novo, exclusivo, que abre uma porta para novo conhecimento arquitetônico sobre os componentes necessários para a realização do conceito. Depois, a empresa pode combinar esses componentes e construir uma arquitetura de negócio particular, que geralmente envolve algumas interfaces integrais que não se ajustam, necessariamente, à filosofia modular da TI.

O conhecimento, ao contrário da informação, é sobre crenças e compromisso.[5] Nesse sentido, o conceito do negócio é o conhecimento mais crítico que comprime as crenças e o compromisso da empresa ao valor que o cliente atribui a seu negócio. Como o conhecimento é diferente da informação, não importando quão intensa e extensamente a empresa usar a TI, ele não leva à criação de um conceito de negócio original. A construção de uma arquitetura exclusiva deve obedecer a seqüência da colocação do conceito do negócio em prática. De outra forma, a empresa será uma escrava da TI, o que pode resultar na autodestruição de sua vantagem competitiva.

TRÊS PARADOXOS DA TI

Sendo bem-sucedidas ou não, o que as empresas e indústrias têm experimentado com a TI nos faz recordar que a revolução da TI envolve alguns paradoxos que merecem consideração na criação do conceito e da arquitetura do negócio. "Quanto mais digital, mais analógico" é o primeiro paradoxo. Como a TI possibilita que a empresa lide com a informação digital tão eficientemente, ela encoraja a arquitetura do negócio a conter muitos elementos digitais. No entanto, isso é simplesmente o resultado. A criação de um novo conceito de negócio, como ponto de partida para sua criação arquitetônica, ainda depende do conhecimento analógico convencional, incluindo os *insights* sobre as necessidades sutis, tácitas, do cliente. Como foi enfatizado anteriormente, uma arquitetura nova e exclusiva é provavelmente construída sobre uma mistura criativa de modularidade e integralidade. Isso significa que os elementos digitais e analógicos devem coexistir no interior da arquitetura do negócio. Na era da revolução da TI, o conhecimento analógico sobre as necessidades e o comportamento latentes do cliente está se tornando ainda mais importante como fonte de diferenciação arquitetônica. Como é mostrado, em uma proposta bem conhecida, que "a riqueza de informação cria a pobreza de atenção", o aspecto crítico não está na informação insuficiente, mas na sobrecarga de informação. O descobrimento dos valores exclusivos aos quais os clientes estão dispostos a prestar atenção é a chave para a criação da vantagem arquitetônica. O fundamento dessa descoberta ainda continua sendo o conhecimento analógico, que é parte integrante do conhecimento tácito.

O segundo paradoxo é "quanto mais global, mais local". A TI possibilita que a empresa colete e transfira a informação digital em escala global, liberando as empresas de uma série de limitações geográficas. Entretanto, a criação de um conceito exclusivo de negócio é, freqüentemente, um fenômeno local, derivado de um *insight* particular de um grupo determinado de clientes. Para as empresas japonesas, a significação de possuir o enorme, porém local, mercado japonês não é absolutamente pequena. Na realidade, a revolução da TI no Japão tem estado atrasada em relação a dos Estados Unidos. Por essa razão, no entanto, o que aconteceu no Japão não é uma simples reprodução do cenário americano. As coisas que ocorreram, subseqüentemente, nos Estados Unidos (a disseminação do *hardware* de computadores abriu gradualmente o mercado para o comércio virtual) ocorreram quase simultaneamente no Japão também, o que incentivou o desenvolvimento de novos segmentos de mercado.

O Japão está realmente à frente dos Estados Unidos em algumas áreas, como a Internet móvel. Desde a introdução do serviço de i-mode, em fevereiro de 1999, seu número de assinantes aumentou para mais de 10 milhões em menos de 18 meses, e a NTT DoCoMo tornou-se o maior provedor de serviços da Internet no Japão. A tecnologia móvel reforçou a exclusividade dos interesses japoneses nos novos equipamentos e refletiu a importância das redes pessoais diárias na sociedade. Ela serve como exemplo do novo negócio da TI, desencadeado pelo estilo local do Japão de melhorias contínuas através do processo e do contexto. A tecnologia móvel e os mercados também podem proporcionar uma fundação para outros grandes negócios no futuro, como a distribuição, o acordo eletrônico e os escritórios móveis, os sistemas avançados de tráfego e os sistemas bancários. Sendo assim, lidar com os clientes e os mercados locais, no Japão, é uma restrição para as empresas japonesas, mas mantém muito potencial para a criação de uma nova arquitetura de negócios. As arquiteturas de negócios peculiares do Rakuten e da Askul também estão baseadas na "densidade de comunicações" no Japão, onde muitas pessoas ou empresas estão localizadas em uma pequena área e suas interações fundem-se como uma rede. As características do mercado e dos clientes japoneses encorajam essas empresas a desenvolverem um conhecimento integral exclusivo que é crítico para sua arquitetura de negócios.

O terceiro paradoxo é "quanto mais expandido, mais concentrado". Visando a visualizar um conceito de negócio, é necessário considerar, minuciosamente, o contexto de seu valor intrínseco para o cliente que deve envolver uma história visível de quem apreciará o valor, assim como por que e como esse cliente irá valorizá-lo. Mesmo que a TI aumente drasticamente a base dos clientes acessíveis, pode obscurecer os clientes-alvo e, em conseqüência, levar a uma arquitetura frouxa, inconsistente, sem a consciência clara dos valores dos clientes. As dificuldades apresentadas pelas empresas B2B, como a VerticalNet, e B2C, como a Webvan, mostram muito sobre essa armadilha. Em comparação, tanto o Rakuten quanto a Askul têm tido sucesso na criação de valor para o cliente, concentrando-se intencionalmente em seus clientes-alvo enquanto usam a plataforma expandida da Internet. No mundo dos e-eixos para transações B2B, a tendência de especialização em um determinado campo e de garantia de serviço detalhado tem superado, rapidamente, a estratégia original de "tornar-se maior, mais rápido" apenas porque "qualquer coisa está na Internet".

Como salientamos no início do Capítulo 1, quanto mais turbulentos os tempos, mais complexo o mundo, mais paradoxos existem. A TI certamente trabalhou para aumentar os paradoxos na última década. Mas, com seu uso passando para o centro do palco, podemos esperar a emergência de mais paradoxos. O Rakuten e a Askul têm se comprovado capazes de mudar tão rápido quanto o ambiente que os cerca, e de lidar com as complexidades ao seu redor proativamente. Como mencionamos no Capítulo 1, uma das principais razões para o fracasso das empresas, nestes tempos de turbulência e complexidade, é sua tendência de eliminar os paradoxos. As empresas bem-sucedidas não somente enfrentam os paradoxos, mas os aceitam, cultivam e tiram vantagem deles.

Este capítulo considerou o impacto da TI a partir do ponto de vista da arquitetura de negócios. Os principais pontos podem ser resumidos como a seguir:

- Uma arquitetura de negócios dirige como o conhecimento da empresa é criado, organizado e explorado. A construção de uma arquitetura de negócios exclusiva é a chave para a diferenciação sustentável nos ambientes competitivos modernos.

- A TI tem um grande impacto nos negócios e na estratégia porque permite e reforça mudanças importantes e freqüentes na arquitetura do negócio.

- A TI promove a modularidade da arquitetura do negócio, abrindo novas oportunidades para a redução de custos, a velocidade da externalidade da rede e o crescimento, entre outros. Além disso, A TI incentiva a empresa a especializar-se no conhecimento modular.

- Entretanto, a modularidade pode também destruir a capacidade exclusiva da empresa através da comoditização. Para que a empresa crie uma vantagem competitiva sustentável, é importante criar uma arquitetura exclusiva, onde tanto a modularidade quanto a integralidade coexistam e se interpenetrem.

- Na criação dessa arquitetura exclusiva, a seqüência tem importância. A construção de uma arquitetura deve iniciar com a visualização de um conceito de negócio inovador que defina o valor intrínseco do negócio para o cliente. A arquitetura do negócio, originada da escolha de módulos individuais, resulta na armadilha da modularidade e na comoditização do negócio.

Dada a intensidade da revolução da TI, os argumentos sobre os impactos da TI aparentavam ter uma parcialidade forte em direção à sugestão de que toda a administração existente deveria mudar de maneira descontínua. No entanto, a essência da estratégia permanece a mesma: criar e sustentar as diferenças dos concorrentes. Os argumentos enfatizam que a TI é um "vento de popa" empurrando as empresas. O vento refrescante da TI leva à inovação, ao nascimento de novos mercados e empresas, a mudanças na estrutura competitiva, à criação de oportunidades de lucro e à redução de uma série de custos. Este "vento de popa", no entanto, é apenas um fator externo à administração estratégica. Estas são mudanças ambientais que podem ser apreciadas por qualquer um, e qualquer um pode ser afetado por elas. Obviamente, as "diferenças" entre as empresas não brotarão automaticamente daqui.

O primeiro ato da revolução da TI certamente provocou mudanças ambientais. No segundo ato, que apenas começou, o papel principal passará gradualmente das empresas que produzem TI para as que usam TI. Aqui, as intenções estratégicas, como a "direção do arco" e o tipo de "mastro" a ser usado, tornar-se-ão o foco do raciocínio administrativo. Que tipo de mastro deve ser usado para colher apropriadamente os "ventos de popa" da TI? Como esse "vento de popa" pode tornar-se um vendaval, o mastro poderá quebrar se o barco não for forte. Muitos barcos estão postando suas velas para pegar o próximo vento, o que torna a concorrência mais dura. O "vento de popa" da modularidade pode mudar, repentinamente, para o "vento de proa" da comoditização. A chave é estabelecer um curso e manter o arco apontado para essa direção. Nessa metáfora, o "barco" representa a empresa e a "direção do arco" significa o conceito de negócio. A arquitetura do negócio é o "mastro" do barco que viaja nos mares turbulentos da revolução da TI.

NOTAS

1. Para o conceito de modularidade, ver K.B. Clark e C.V. Baldwin, "Managing in the Age of Modularity", *Harvard Business Review*, setembro-outubro, 1997; e Y. Aoshima

e A. Takeishi, "The Perspective of Architecture", em T. Fujimoto, A. Takeishi e Y. Aoshima (eds.), *Business Architecture* (em japonês) (Tóquio: Yuhikaku, 2000).

2. Ver H. Chesbrough e K. Kusunoki, "The Modularity Trap: Technology Phase Shifts and the Resulting Limits of Virtual Organizations", em I. Nonaka e D. Teece (eds.), *Managing Industrial Knowledge* (Londres: Sage, 2001).

3. Entrevista pessoal pelo autor com Hiroshi Mikitani, CEO do Rakuten, em agosto de 1999.

4. Entrevista pessoal pelo autor com Shoichiro Iwata, CEO da Askul, em julho de 2000.

5. Para a distinção entre conhecimento e informação, ver o Capítulo 3 deste livro.

CAPÍTULO **12**

CRIAÇÃO DO CONHECIMENTO DENTRO DE UMA ORGANIZAÇÃO DIALÉTICA

HIROTAKA TAKEUCHI

As empresas que caracterizamos como estudos de caso nos capítulos anteriores – IBM, Canon, U.S. Marines, Honda, Matsushita, Seven-Eleven, Toyota, NTT DoCoMo, Sony e Olympus, entre outras – já estão bem estabelecidas em sua maioria. Até mesmo as duas exceções caracterizadas no último capítulo – Rakuten Ichiba e Askul – estão prestes a se tornar bem estabelecidas e conhecidas dentro do Japão. Neste capítulo, caracterizaremos uma organização iniciante. Embora essa organização tenha aberto suas portas somente em 2000, já adquiriu a reputação de inovadora dentro de sua indústria.

Essa iniciante é a ICS, que significa Faculdade de Graduação de Estratégia Corporativa Internacional, na Universidade de Hitotsubashi, e a que a *Business Week* (2 de outubro de 2000) referiu-se como a primeira faculdade de negócios de "classe internacional" do Japão. A ICS é também a organização à qual são filiados todos os autores deste livro. Mais precisamente, os autores são filiados a um dos quatro programas da ICS, isto é, ao Programa MBA em Estratégia de Negócios Internacionais.[1] A sigla "ICS" será utilizada em todo este capítulo para referir-se a esse programa específico.

Apesar de sua curta história, a ICS tem sido capaz de marcar uma série de "primeiros lugares", alguns deles listados a seguir. No Japão, por exemplo, foi a primeira Faculdade de Graduação profissional a:

- ser estabelecida pelo Ministério da Educação, Cultura, Esportes, Ciência e Tecnologia (MECECT);

- lecionar seu programa de MBA totalmente em inglês;

- sediar um simpósio internacional em gestão do conhecimento, conhecido como Fórum do Conhecimento (com a Haas Business School na U.C. Berkeley);

- conferir um prêmio anual a empresas japonesas que se destacam na estratégia competitiva (conhecido como Prêmio Porter, em homenagem ao Professor Porter, da Universidade de Harvard);

- ser selecionada pelo MECECT como Centro de Excelência no campo da gestão do conhecimento;

- receber em um ano dois professorados patrocinados por uma empresa privada (conhecido como Daiwa Securities Chaired Professorships);

- iniciar um Doutorado em Administração de Empresas direcionado a executivos;

- iniciar um programa de MBA de um ano (conhecido como Programa de Jovens Líderes, que é um dos programas de bolsa de estudos patrocinados pelo MECECT);

- unir-se a um banco americano líder em investimentos para sediar conferências de pesquisa freqüentadas por executivos (Cúpula do Século 21, com o Morgan Stanley);

- unir-se a uma faculdade americana de graduação em projeto para desenvolver um curso experimental na criação de conteúdo multimídia (com a UCLA);

- unir esforços com faculdades americanas de administração líderes para realizar programas para executivos em Tóquio (com a Universidade de Columbia e a Universidade Duke);

- oferecer bolsas de estudo financiadas por empresas privadas principalmente para estudantes asiáticos (fundada pela Daiwa Securities e a Amway do Japão);

- fazer com que os alunos de MBA participem de um acampamento de fim de semana com crianças com necessidades especiais e servir refeições a 700 sem-teto em Tóquio, como parte de um curso exigido;

- permitir que os alunos de MBA trabalhem voluntariamente em troca de créditos (um aluno lecionou inglês e matemática, durante três meses, em uma escola primária no Nepal); e

- sediar um leilão anual, patrocinado pelo corpo docente, de itens doados pelos docentes, pelos membros da equipe e pelos estudantes, cuja renda é destinada à caridade.

Iniciar uma faculdade de administração profissional mais de 100 anos depois dos Estados Unidos tem algumas vantagens. Isso proporcionou uma oportunidade para "sair de dentro da caixa", quebrar a moldura, nadar contra a corrente, seguir outro caminho, ignorar a sabedoria convencional, repudiar o que é estabelecido, questionar o conhecido e modificar o *status quo*. O que a ICS tem tentado fazer é reinventar a faculdade de administração.

Alguém escreveu certa vez: "Se Deus quisesse que o homem voasse, teria lhe dado asas". Mas a humanidade sempre sonhou em voar. Se você pensa que não consegue, não conseguirá. Porém, se pensar que consegue, existe uma chance de conseguir. Os irmãos Wright pensaram que conseguiriam. Vislumbrar é procurar coisas que não podem ser feitas. Vislumbrar é alcançar algo além do considerado possível. Vislumbrar é pensar além do futuro. Uma das tarefas, por exemplo, em uma aula de estratégia, na ICS, é a seguinte: "Suponha que sua foto estará na capa da revista *Fortune* daqui a 20 anos. Faça o papel de um repórter da *Fortune* e redija o texto da capa sobre você mesmo e o que você fez para merecer tamanha distinção".

Como parte do programa de orientação, os alunos de MBA da ICS são solicitados a escalar, em pares, uma parede de madeira de 12 metros de altura, com pedras encravadas como apoio, e a caminhar sobre uma tora de madeira, suspensa a 7 metros de altura. Como parte de um curso exigido, eles passam um final de semana com crianças com necessidades especiais, encorajando-as a montar cavalos, ou trabalham voluntariamente servindo refeições a 700 sem-teto, em Shinjuku. A ICS acredita que o desafio para os líderes do século XXI é resolver não só problemas econômicos, mas também problemas sociais igualmente importantes.

A ICS utiliza até música para adquirir novos conhecimentos. Nossos estudantes de MBA passam a metade de um dia ouvindo e assistindo ao ensaio de Orpheus, uma orquestra de câmara sem maestro, em Tóquio.[2] Eles observam os músicos interromperem o ensaio, constantemente, e tomarem as decisões interpretativas que um maestro precisa tomar. Eles percebem que a música é feita nesses ensaios, que todos os membros da orquestra têm tanto o direito à voz na construção da música quanto a responsabilidade no resultado. Os alunos interagem com os membros da orquestra e aprendem coisas novas sobre liderança, tomada de decisões e trabalho em equipe.

O pensamento constante sobre novas maneiras conduziu a ICS a propor idéias inovadoras sobre como reinventar a faculdade de administração, como as listadas no início do capítulo. Como a ICS mantém a inovação contínua? Uma maneira é olhar para fora e para o futuro, antecipando as mudanças no mundo externo. Viver no mundo atual de incertezas, turbulência e complexidade pode funcionar a nosso favor. Em tal mundo, as vantagens anteriores podem se tornar rapidamente obsoletas, forçando-nos a repensar o que há muito tempo é bem-sucedido. Para a ICS, a mudança é um evento diário e uma força positiva. Compare essa forma de pensar com a das organizações preocupadas em defender sua vantagem e temerosas de que haja muito a perder com a mudança. Essas empresas tornam-se insulares ao buscar a previsibilidade e a estabilidade.

O logotipo da ICS, ilustrado na Figura 12.1, simboliza nossa postura: olhar para fora e para o futuro. O logo é formado por uma bandeira tremulando e um rosto humano. Ele significa um líder inovador, não-convencional e audacioso olhando para fora e para o futuro, tremulando a bandeira na fronteira, no limite do conhecimento. O logo lembra-nos de criar constantemente novos conhecimentos, assim como de permanecer flexíveis e fluidos.

Os tempos de incerteza freqüentemente forçam as organizações a buscarem conhecimentos detidos por aqueles fora da empresa. A ICS, como mostra o exemplo acima, tem acumulado conhecimento de organizações de negócios, faculdades de administração americanas, uma faculdade de graduação em projeto nos Estados Unidos, uma agência do governo, uma organização de voluntários, uma orquestra e outras organizações externas. O conhecimento acumulado externamente é compartilhado amplamente dentro da organização, armazenado como parte da base de conhecimentos e utilizado por aqueles dentro da organização engajados no desenvolvimento de novos conhecimentos. O que é exclusivo sobre a maneira como a ICS mantém a inovação contínua é a síntese que cria entre o exterior e o interior.

A ICS COMO ORGANIZAÇÃO DIALÉTICA

Como mencionamos no Capítulo 1, uma das principais razões que leva as organizações a falharem é sua tendência de eliminar paradoxos, contradições, inconsistências, dilemas e polaridades, permanecendo presas a rotinas ultrapassadas criadas pelo sucesso anterior. Felizmente para a ICS, ela teve de criar novas rotinas, pois não possuía nenhum sucesso anterior. Ela não só enfrentou o paradoxo; abraçou ativamente os opostos. Cultivou positivamente as contradições. Ela utilizou passionalmente o paradoxo como convite para encontrar um caminho melhor.

Também mencionamos no Capítulo 1 que, com o objetivo de ter êxito nos tempos turbulentos e no mundo complexo de hoje, as organizações precisam abraçar não apenas um conjunto de opostos, mas uma multidão de opostos ao

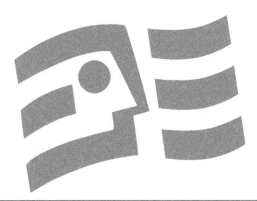

FIGURA 12.1 Logotipo da ICS.

mesmo tempo. Na verdade, a ICS é um exemplo vivo de como uma organização pode enfrentar, abraçar, cultivar e utilizar uma multidão de opostos como estímulo para encontrar um caminho melhor. Ela se desenvolve perseguindo "O Melhor de Dois Mundos" – isto é, buscando A e B ao mesmo tempo. Ela aceita o paradoxo como modo de vida e abraça duas forças aparentemente opostas ao mesmo tempo.

Fiel ao nome de nossa universidade, Hitotsubashi, que é traduzido literalmente como "uma ponte", a ICS busca construir uma "ponte" entre duas forças divergentes e captar o "Melhor de Dois Mundos". Esse *modus operandi* permeia no currículo de MBA, assim como em nossa pesquisa e atividades diárias. É a nossa base filosófica. Utilizamos o conhecimento como recurso-chave para transcender e sintetizar os mundos opostos listados abaixo:

- Oriente e Ocidente;
- pequeno e grande;
- novo e antigo;
- prática e teoria;
- cooperação e competição;
- público e privado; e
- ter e não ter.

ORIENTE E OCIDENTE

Quando o assunto era a educação dos jovens executivos mais promissores, o Japão tradicionalmente os exportava para escolas de administração nos Estados Unidos e na Europa. Era um paradoxo que a segunda maior economia do mundo não tivesse uma escola de administração de classe internacional. Ao iniciar a primeira escola profissional de administração no Japão, a opção mais fácil para a ICS seria modelá-la conforme as de Harvard, Stanford ou Wharton. Em vez disso, a ICS optou por expor os alunos de MBA aos conceitos gerenciais de vanguarda que emergiam tanto do Oriente (por exemplo, o sistema de produção da "célula", na gestão de operações, e o *ba,* na gestão do conhecimento) quanto do Ocidente (por exemplo, o *"trade off"*, na estratégia competitiva, e a "tecnologia perturbadora", na gestão da inovação).

Somando-se a isso, os estudantes da ICS são expostos a pedagogias que vêm sendo popularizadas tanto no Ocidente (por exemplo, o método de caso e simulação) como no Oriente (seminário e redação de tese). O seminário é composto de um consultor do corpo docente e não mais do que alguns alunos. Os alunos inscrevem-se para freqüentar o seminário de sua preferência, mas o membro do corpo docente pode selecionar no máximo quatro alunos atualmente. Todos precisam fazer parte de um seminário, que tem uma função tanto acadêmica quanto social. Academicamente, o seminário reúne-se toda semana para estudar um tópico de pesquisa de interesse comum. No final do programa de MBA, todos os alunos devem apresentar uma tese de graduação, escrita sob supervisão do consultor do seminário. As teses, que têm, normalmente, entre 40 e 80 páginas, são encadernadas e guardadas na biblioteca da universidade. Socialmente, o seminário fornece o *ba* para que os alunos interajam entre si, assim como com o consultor fora da sala de aula. Esses encontros sociais acontecem em rodadas de bebida, durante o jantar na casa do consultor, na banheira de hidromassagem (*onsen*), na quadra de tênis, no campo de golfe ou durante as viagens de campo. O membro do corpo docente geralmente se torna "um mentor para a vida" em conseqüência dessas interações próximas.

Em termos de condução de pesquisa, os membros do corpo docente da ICS encaram sua missão como divulgadores da produção de pesquisa originada no Japão em escala global. É útil ter o inglês como língua oficial na ICS. Também é interessante ter contatos de pesquisas profundos com as empresas líderes japonesas, como a Canon, Toyota, Sony, Honda, NTT DoCoMo, Mabuchi Motor, Fuji Xerox e outras. Os pesquisadores na ICS estão empenhados em desenvolver um modelo de gestão "universal" que se adapte a esta época de globalização, e não apenas um modelo de gestão anglo-saxão ou japonês.

PEQUENO E GRANDE

O corpo estudantil na ICS é mantido intencionalmente pequeno (atualmente 50 alunos por ano). A proporção estudante/docente (membros do corpo docente em tempo integral e professores-visitantes) é menos de 3:1, uma proporção que nenhuma outra escola de administração importante no mundo consegue igualar. Ter um corpo estudantil pequeno permite que os professores ofereçam atenção individualizada aos alunos de MBA, tanto dentro quanto fora da sala de aula. O sistema de seminário, descrito acima, exemplifica esse benefício. Devido ao seu tamanho enxuto, a classe iniciante passa por uma experiência de forte união em seu primeiro ano. Esse vínculo entre os colegas desenvolve-se, naturalmente, com a participação em exercícios de formação de equipes fora do campus durante a semana de pré-inscrição, a participação em cursos essenciais juntos, a participação em múltiplos projetos de equipes, a visita a empresas e fábricas, a visita à casa do reitor ou a prática de atividades esportivas de grupo. A beleza está no fato de que os alunos podem se engajar na maioria dessas atividades e compartilhar o conhecimento tácito como uma unidade organizacional.

Ao mesmo tempo, nossos alunos do MBA podem tirar vantagem da vida em uma grande metrópole, Tóquio. Devido à grande concentração física de negócios em Tóquio, quase todas as principais companhias internacionais têm escritórios na área central da cidade. Como o campus da ICS localiza-se em Kanda Hitotsubashi, próximo do centro de negócios de Tóquio, Otemachi, a apenas duas quadras do Palácio Imperial, os alunos podem visitar as empresas utilizando o sistema de transporte público. Tóquio oferece um dos melhores e mais seguros sistemas de transporte público no mundo. Visitas recentes incluíram uma visita ao Mundo da Mídia da Sony, em Shinagawa, uma visita ao laboratório da NTT DoCoMo, em Akasaka, uma visita ao andar de comércio do Morgan Stanley, em Ebisu, uma teleconferência com o Vale do Silício, no escritório de Akasaka da Accenture, uma festa de final de curso em Roppongi, oferecida pela McKinsey & Co., e projetos de pesquisas de campo com a Starbucks Coffee, em Aoyama, a Fuji Xerox, em Akasaka, e a British Petroleum, em Yotsuya. Todas essas localidades podem ser alcançadas em menos de 30 minutos com o uso do transporte público.

O inverso também é verdadeiro. Os executivos de empresas líderes internacionais, todas presentes em Tóquio, podem facilmente visitar a ICS como palestrantes-convidados. No último ano, a ICS teve a sorte de receber visitas dos altos administradores locais do Morgan Stanley, Fidelity Investments, Lehman Brothers, McKinsey & Co., Boston Consulting Group, Accenture, A. T. Kearney, Monitor, Booz Allen Hamilton, KPMG, IBM, Microsoft, Cisco, Infosys, Pfizer, Philip Morris, Ogilvy, Prophet, Amway, GE, General Motors e Dell.

O fato de localizar-se em Tóquio é também de grande valia em termos de atividades de recrutamento. Os estudantes podem ter fácil acesso aos recrutadores e vice-versa. Em comparação, tem sido uma prática comum nas escolas de administração nos Estados Unidos que alunos do segundo ano estejam ausentes da sala de aula devido a visitas a recrutadores, muitos dos quais se localizam fora da cidade. Essa prática tem se estendido ao primeiro ano do programa de MBA nos Estados Unidos, o que alguns dizem ter um impacto negativo no aprendizado e na colocação. O absenteísmo com a finalidade de recrutamento acontece raramente na ICS.

O fato de ser pequena e grande ao mesmo tempo também se aplica ao corpo docente. O porte do corpo docente é pequeno na ICS, com um pouco menos de 20 professores em tempo integral e visitantes em sua lista. Contudo, a ICS tem o respaldo da grande comunidade Hitotsubashi, que consiste em 400 membros do corpo docente e 300 administradores no campus principal de Kunitachi, localizado a 30 km ao leste de nosso campus. Acima de tudo, a Hitotsubashi tem uma associação de ex-alunos excepcionalmente leal e sustentadora, conhecida como Josui-kai, que possui um prédio de 14 andares bem próximo da ICS.

NOVO E ANTIGO

A ICS tenta criar uma ponte entre a Nova Economia e a Antiga Economia. Nossos estudantes de MBA são expostos às fontes de vantagens competitivas nas respectivas economias: imaginação, experimentação e empreendedorismo na Nova Economia; e escala, eficiência e replicação na Antiga Economia. Ao mesmo tempo, eles também aprendem como são extremamente necessárias as capacidades organizacionais fortes, a estratégia diferenciada, a ênfase na criação de valor para o cliente, o profundo conhecimento da estrutura da indústria e os métodos diferenciados de desempenho das funções físicas para sustentar a vantagem competitiva nas duas economias.

Do ponto de vista histórico, a ICS é ao mesmo tempo nova e antiga. A ICS abriu suas portas, como a primeira escola de graduação profissional estabelecida no Japão, em abril de 2000. Ao mesmo tempo, ela é parte da Universidade de Hitotsubashi, cujas origens remetem à abertura da Escola de Treinamento Comercial, uma escola vocacional particular, próxima a Ginza (Tóquio), em 1875. A Universidade de Hitotsubashi há muito aspira ter seus alunos transformados em "capitães da indústria". A revista *Business Week* (2 de julho de 2001) salientou que "A Hitotsubashi já tem uma longa história de produzir futuros capitães da indústria". Nossa lista de ex-alunos inclui: o diretor corporativo da Toyota Motores, Hiroshi Okuda; o governador de Tóquio, Shintaro Ishihara; e, mais recentemente, o presidente da Matsui Securities, Michio Matsui, e o fundador e CEO do Rakuten Ichiba, Hiroshi Mikitani.

A ICS continuará a tradição da Hitotsubashi. Ao mesmo tempo, focará mais especificamente o desenvolvimento de líderes capazes de iniciar, gerenciar e implementar inovações em escala global. A ICS aspira a criar "capitães da indústria" que sejam também "capitães da inovação". A inovação é bem mais do que novos produtos, serviços, sistemas ou políticas. Ela exige novas percepções de oportunidades, novas maneiras de fazer as coisas, novos meios de fazer sentido, novos processos de compatilhar valores, novos significados de colaboração, novos métodos de construção de capacidade organizacional e novos critérios para a construção de padrões. Como a inovação é um processo, não uma coisa, podemos observá-la, analisá-la, compreendê-la, replicá-la e até mesmo ensiná-la na ICS.

PRÁTICA E TEORIA

Como uma escola profissional, a ICS tem seu foco na prática, razão pela qual quase dois terços dos membros de nosso corpo docente em tempo integral têm experiência profissional real, de tempo integral, em empresas de consultoria, bancos de investimentos, empresas de tecnologia de informação, agências de propaganda e assim por diante. É por isso também que a metade deles possui diploma de alguma conceituada escola de administração dos Estados Unidos. Ao mesmo tempo, a teoria não pode ser separada da prática. Nossos alunos aprendem teorias mais recentes em gestão e as aplicam em situações vivenciadas no mundo real. No ano acadêmico de 2002-03, por exemplo, os alunos conduziram pesquisas de campo com quatro empresas no Japão (duas japonesas e duas afiliadas estrangeiras). Durante um período intensivo de um mês, nas férias de primavera, eles abordaram tópicos que iam da gestão da marca à gestão da ecologia. As equipes de alunos da ICS agiram como consultores e apresentaram seus resultados aos altos executivos das quatro empresas.

Os alunos da ICS têm cursos que ocorrem fora das salas de aula, nas quartas-feiras, para verem o mundo real. No curso de Gestão de Operações, por exemplo, eles fizeram uma visita de um dia a uma planta da Toyota que produz a linha Lexus, ou a uma planta da Canon que produz copiadoras. No curso de Empreendedorismo, visitaram o Mundo Mídia da Sony para conhecer os mais modernos dispositivos audiovisuais, assim como o robô que imita o ser humano e conversa com as pessoas. No curso de Cidadania Global eles visitaram uma planta da Honda para observar como as pessoas com necessidades especiais podem trabalhar lado a lado com pessoas fisicamente capazes, e também para observar uma organização sem fins lucrativos construir um *playground*.

A prática é relevante para a ação no enfrentamento dos problemas e desafios da atualidade, enquanto a teoria é relevante para a definição e a solução dos problemas e dos desafios do amanhã. Com o amanhã em mente, Ikujiro Nonaka designa Platão, Descartes, Kitaro Nishida, Max Weber, Abraham Maslow, Chester Barnard, Herbert Simon, Edith Penrose e outros como leitura exigida no primeiro ano de seu curso compulsório em Gestão do Conhecimento. Ele também exige um trabalho de 40 páginas que ligue a teoria à prática para aquele curso.

Como mencionado acima, uma das exigências para obter uma graduação de MBA na ICS é a submissão de uma tese de graduação, que hoje em dia é uma raridade fora dali. As principais escolas de administração, nos Estados Unidos, costumavam exigir teses anteriormente, mas a inclinação à prática nos dias de hoje, a crescente importância das atividades de recrutamento e o aumento do número de alunos (a Harvard Business School, por exemplo, forma aproximadamente 900 alunos a cada ano) transformaram a tese de graduação em um fardo, tanto para os alunos como para o corpo docente. Opondo-se à tendência, a ICS acredita que uma tese oferece a oportunidade para os alunos aplicarem o conhecimento prático, as habilidades de pesquisa e as capacidades criativas que obtiveram durante os dois anos de curso na definição e na solução dos problemas e dos desafios do amanhã.

COOPERAÇÃO E COMPETIÇÃO

Os alunos da ICS aprendem a importância da cooperação antes mesmo do início das aulas. Durante a semana de pré-inscrição, eles viajam de ônibus até Yatsugatake (uma região montanhosa três horas a leste de Tóquio), onde se engajam em vários exercícios de formação de equipes no ambiente ao ar livre. Esse programa de três dias é patrocinado pela L.L. Bean, uma empresa de catálogos de exteriores. O primeiro dia é dedicado a exercícios de formação de equipes, conduzidos no Curso de Baixos Elementos, como fazer dez pessoas equilibrarem-se sobre um tronco no chão como uma serra e contar até dez. Depois fazer com que todos os membros do grupo passem por diferentes buracos de uma "teia de aranha" gigante, de corda, sem tocá-la. O segundo dia é dedicado aos exercícios de formação de equipes no Curso de Altos Elementos. Aqui, os alunos, trajados com equipamentos e capacetes, caminham em pares sobre uma tora suspensa a sete metros do solo ou escalam, como mencionado anteriormente, uma parede de madeira de doze metros com pedras encravadas. No terceiro dia, os alunos rumam para a floresta, onde atravessam, em equipe, riachos entre as montanhas e abismos.

Tarefas como essas desenvolvem o senso de solidariedade entre os colegas. Um artigo do *Asahi Evening News*, de 27 de novembro de 2000, trazia a seguinte declaração de Gabriela Gomez, uma estudante de Honduras: "A partir daquele momento, éramos uma equipe", disse ela. "As aulas são difíceis, mas não acredito que nenhum nós deixe os outros desistirem. De alguma maneira, conseguimos fazer com que todos prossigam." Como indica seu comentário, o conhecimento tácito acumulado pelos alunos em Yatsugatake, permanece vivo durante todo programa de MBA.

Uma vez iniciadas as aulas, os alunos são encorajados a formar grupos de estudos e solicitados a participar em inúmeros projetos de grupo. A qualquer momento, o aluno pode estar envolvido em quatro ou cinco diferentes projetos em grupo. Esses projetos em grupos tendem a consumir tempo, mas são eficazes em forjar a cooperação entre a diversidade de alunos, metade dos quais é estrangeira. A ICS admitiu estudantes de 27 países desde a abertura de suas portas em outubro de 2000.

Embora a ICS encoraje o trabalho em equipe, a competição também é construída dentro do currículo de inúmeras formas. As notas, por exemplo, são dadas com base em uma curva forçada. Em quase todos os cursos, 30% dos alunos recebem nota A, 60% recebem B e 10% C ou inferior. Poucas escolas de administração em todo o mundo aderem a esse rigoroso sistema de notas de curva forçada utilizado pela ICS. Somado a isso, em seu primeiro ano, os alunos competem para entrar no seminário de sua preferência e para vencer o concurso do plano de negócios no curso de Empreendedorismo. No segundo ano, eles competem pela qualificação para um internato ou para um programa de estudos no estrangeiro. A ICS recorre a uma política "aberta, simples e justa" para realizar as respectivas seleções.

PÚBLICO E PRIVADO

A Universidade Hitotsubashi é uma das 99 universidades públicas do Japão, cuja totalidade de financiamento é diretamente originada no governo japonês.[3] Como escola de administração pertencente ao governo, a ICS tem obtido inúmeros benefícios. Os custos do ensino, por exemplo, são mantidos no mínimo. Pressupondo que o estudante leve dois anos completos para terminar o programa, o custo de obtenção de um grau de MBA, na ICS, custa em torno de um terço a um quarto do que cobraria uma escola particular de administração importante no Japão e de um sexto a um oitavo do que cobraria uma escola nos Estados Unidos ou na Europa.

Outro benefício é estar localizada no recém-construído National Center of Sciences Building, no centro de Tóquio, em um edifício de 22 andares pertencente ao governo. A ICS ocupa aproximadamente um terço do espaço de escritórios desse edifício inteligente, equipado com as mais modernas capacidades da TI. Por exemplo, os alunos que recebem suas tarefas através da Intranet da escola podem acessar a Internet, através de computadores instalados na sala de computação ou de seus próprios computadores, onde está disponível o acesso à Internet sem fio. Também podem acessar a Bloomberg Online e outras bases de dados privados na biblioteca, gratuitamente. Além disso, o prédio está equipado com instalações avançadas de ensino e de reunião, um auditório de 500 lugares, uma grande instalação de atletismo interna, 20 quartos para hóspedes tipo hotel, um restaurante e uma cafeteria.

Ser uma universidade governamental traz benefícios tangíveis para a ICS também de outras maneiras. Por exemplo, o Ministério da Educação indicou a ICS para ser a primeira escola de graduação profissional a ser estabelecida no Japão, a primeira escola de administração a aceitar estudantes do Young Leaders Program da Ásia com bolsa de estudos total, a primeira escola de administração a abrir um programa de MBA de um ano e o primeiro programa de graduação a oferecer o grau de doutor em administração. Os membros do corpo docente da ICS também pertencem a inúmeros comitês importantes do MECECT, o que possibilita que a ICS influencie a política nacional sobre a educação superior.

A ICS é uma escola de administração pertencente ao governo, mas ao mesmo tempo recebe forte respaldo do setor privado. Por exemplo, as três maiores conferências que a ICS organizou até agora foram patrocinadas pela Fuji Xerox, pelo Morgan Stanley e pela Daiwa Securities. As empresas privadas também têm dado apoio à ICS através de pesquisas conjuntas, bolsas de estudo, desenvolvimento de cursos, estudos de campo, visitas a empresas, palestrantes-convidados, estudos de caso, programas para executivos e dotações. Com respeito às dotações, a ICS responde por aproximadamente a metade do total de dotações recebidas do setor privado pela Universidade de Hitotsubashi nos últimos dois anos.

TER E NÃO TER

A ICS está comprometida com a visão de que nossos MBAs terão um papel proativo, diminuindo a distância entre o "ter" e o "não ter" no futuro. Queremos que nossos estudantes estejam ativamente envolvidos na erradicação da pobreza, do ódio, da ignorância, da injustiça, da fome, do crime, da doença, da discriminação, da poluição, do aquecimento global, da exaustão da energia e de outros capitais humanos e ambientais. Repetindo, acreditamos que os MBAs desempenharão um grande papel na solução não apenas dos problemas econômicos, mas também dos problemas sociais no século XXI.

Nosso curso de Cidadania Global proporciona um passo importante em direção a esse fim. No último ano acadêmico, nossos estudantes interagiram com pessoas sem-teto, crianças com deficiências mentais ou físicas, ativistas de ONGs, voluntários e empreendedores sociais, aprendendo o que realmente significa "aprender fazendo". Eles também tiveram a sorte de ter um diálogo pessoal direto com dois "cidadãos globais": Gordon Sato e Masakazu Kakimi.

Gordon Sato, um eminente biólogo americano septuagenário, dedicou grande parte dos últimos dez anos ajudando algumas das pessoas mais pobres do mundo, na Eritréia, um país africano dilacerado pela guerra, com o objetivo de torná-lo auto-sustentável. Ele iniciou um projeto inovador que aproveita dois dos recursos mais abundantes da costa da Eritréia – a luz solar intensa e a água do mar – para cultivar plantas do mangue que podem ser usadas não apenas para alimentar os animais, mas também para proporcionar um hábitat para peixes e crustáceos. Ele contou aos nossos alunos de MBA que seu sonho é ajudar as comunidades empobrecidas da Eritréia a desenvolverem uma economia agrícola sustentável, de baixa tecnologia. Gordon Sato representa um modelo para os cientistas, mostrando que se pode e se deve aplicar o conhecimento baseado em laboratório em um mundo muito mais amplo.

Masakazu Kakimi, um ex-professor de inglês no Japão, devotou os últimos dez anos ajudando algumas das pessoas mais pobres que vivem em vilas remotas do Nepal. Andando de uma vila a outra a pé, diariamente, na região de Palpa, abatida pela pobreza, ele ajuda as crianças a serem tratadas no hospital, fornece às famílias suprimentos de emergência quando suas casas queimam e proporciona aos habitantes locais os materiais necessários para construir salas de aula, chuveiros e pias públicas e outras instalações. Ele é conhecido entre os nepaleses como "OK Baji", pois é um homem idoso (*"baji"*, em nepalês) que diz "OK" aos seus desejos. Na interação com Gordon Sato e OK Baji, os estudantes da ICS puderam adquirir o conhecimento tácito de que existe muito a ser realizado após a aposentadoria.

PROMOÇÃO DA CRIAÇÃO DO CONHECIMENTO DENTRO DA ORGANIZAÇÃO DIALÉTICA

Na seção anterior, vimos como a ICS é uma organização essencialmente dialética que abraça uma multidão de opostos. Nesta seção, discutiremos como uma organização dialética promove a criação e a utilização do conhecimento. A criação do conhecimento é reforçada por três elementos interconectados – o diálogo, a rotina criativa e a visão absoluta – representados na forma de um triângulo, como o mostrado na Figura 12.2. Esses três elementos emergem ao compartilharem de um contexto dinâmico chamado *ba*, ilustrado como um círculo na figura. Cada um desses elementos, assim como o contexto dinâmico no qual existem, será discutido a seguir.

Como afirmamos repetidamente, o novo significado nasce ao abraçarmos os paradoxos, não ao nos livrarmos deles. Mais importante ainda, devemos transcender aos opostos (isto é, a tese e a antítese) e sintetizá-los em uma ordem superior da realidade, para criar um novo significado. A disciplina rigorosa que o diálogo impõe de trazer pressupostos e, simultaneamente, suspender julgamentos ajuda a esse respeito. A pessoa engajada no diálogo é capaz de transcender ao seu mundo de pensamentos.

Em uma organização dialética, os indivíduos expõem suas próprias experiências e realidades e, ao mesmo tempo, sensibilizam-se com as diferentes perspectivas verbalizadas pelos outros. Através do diálogo, as diferenças nas perspectivas funcionam como um "dispositivo de raciocínio," criando assim um

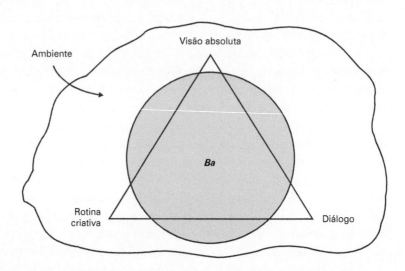

FIGURA 12.2 Reforço da criação do conhecimento na organização dialética.

novo significado, como salientado no Capítulo 9. Portanto, o conhecimento pode ser adquirido através da interação social e da comunicação.

Um bom exemplo de como o novo significado é criado dentro da ICS é o diálogo que se estabelece nos chamados Encontros de Coordenação, que ocorrem entre os membros do corpo docente duas ou três vezes por ano. Esses encontros de meio dia discutem e coordenam o conteúdo de todo o currículo do semestre seguinte e são freqüentados por todos os docentes que ensinam naquele semestre. O último desses encontros teve a participação de um total de 12 membros do corpo docente. Cada docente apresenta o conteúdo exato de seu curso, incluindo os principais temas, os conceitos-chave, os casos, os livros didáticos, as leituras, os palestrantes-convidados, os vídeos, os exercícios, as tarefas e a política de avaliação. Os prospectos que cobrem todo esse conteúdo são distribuídos antecipadamente.

Cada apresentação é seguida de uma discussão aberta sobre como um determinado curso pode ser sintonizado visando à otimização do aprendizado do estudante e/ou à criação de uma melhor síntese geral. No último Encontro de Coordenação, alguns dos comentários notáveis incluíram o seguinte:

- "Vocês não deveriam usar menos casos, no início, e concentrar-se em fazer mais 'bloqueio e ataque' através de conferências?"
- "Você deveria verificar a capacidade de falar inglês de seu palestrante-convidado antes de convocá-lo."
- "Por que não está utilizando mais o vídeo XYZ em seu curso?"
- "Qual foi sua justificativa para trocar o livro didático exigido de X para Y no último minuto?"

- "Você deveria pensar em substituir este caso pelo caso da Harley Davidson."

- "Você disse que iria haver uma avaliação na metade do semestre, no ano passado, mas por que isso não está em sua lista novamente este ano?"

- "Posso tentar incorporar a técnica de pesquisa de opinião *online* que você está usando também no meu curso?"

- "Podemos, você e eu, tentar mudar a programação dos nossos casos para que possam ser ensinados no mesmo dia?"

- "Não deveriam todos os cursos incluir material sobre a ética administrativa e os aspectos jurídicos na prática dos negócios?"

- "Você está solicitando que os estudantes acessem vídeos em seus computadores fora da classe, porém o *download* de vídeos não é ilegal?"

- "Talvez seja mais vantajoso substituir a sua avaliação da metade do semestre por testes curtos em aula."

Todos na sala têm liberdade para verbalizar sua opinião abertamente, independente da sua posição na hierarquia e do seu título. Os diversos antecedentes dos docentes ajudam a provocar perspectivas divergentes no grupo. Aproximadamente um terço dos membros do corpo docente em tempo integral ou visitante, ensinando no próximo ano, não é japonês, e mais de um terço é de mulheres. Cerca de um terço é proveniente de ambientes puramente práticos, quase dois terços possuem experiência administrativa de trabalho na vida real e aproximadamente a metade tem MBAs de escolas de administração importantes nos Estados Unidos, como já mencionado anteriormente. Quase a metade tem experiência de ensino anterior em escolas de administração americanas, incluindo Harvard, Stanford, Universidade da Califórnia em Berkeley, Virginia, Columbia, Universidade de New York e Universidade de Michigan. Essa diversidade leva à "multivocalidade", com múltiplas vozes ventilando diversas perspectivas e pontos de vista.

A ICS reforça a criação do conhecimento nutrindo ativamente os valores que ajudam a abraçar e transcender as contradições, como a oportunidade igual, a abertura às pessoas, a aceitação de novas idéias, a justiça e a humildade. A humildade é importante, pois quanto mais os líderes conseguem controlar seus egos, mais abertos se tornam para aceitar as perspectivas múltiplas. Os líderes lideram melhor quando as pessoas em torno mal percebem que eles existem. Essa liderança não-intencional, que é personificada por Ikujiro Nonaka na ICS, dá à organização uma motivação intrínseca para buscar uma ordem superior de realidade.

ROMPIMENTO E DESAFIO INTENCIONAIS DAS PRÁTICAS EXISTENTES ATRAVÉS DA ROTINA CRIATIVA

Como destacamos no Capítulo 1, uma das duas características da organização dialética é a ênfase que coloca na mudança. Em vez de permanecer estática, a organização dialética está sempre em movimento. A segunda característica é a ênfase nos opostos. A mudança ocorre na organização dialética através do conflito e da oposição.

A organização dialética rompe e desafia intencionalmente as práticas existentes através do que chamamos de "rotina criativa". A organização dialética renova-se, transcende a si mesma, livra-se das práticas passadas através da rotina criativa. Um bom exemplo de rotina criativa funcionando no nível individual é Ichiro, o jogador de *baseball* japonês que alcançou sucesso nos Estados Unidos. Seu desempenho superior está baseado no rompimento e no desafio das práticas existentes. Mesmo um jogador de classe mundial como Ichiro percebe que sempre existe espaço para a melhoria, com o uso constante de rotinas criativas.

Ichiro pratica o que é conhecido no Japão como *kata*, que é uma rotina ou um estilo ideal de prática composto de *shu, ha* e *ri. Kata* é a procura incansável do aprendizado (*shu*), do rompimento (*ha*) e da criação (*ri*). Uma empresa dialética dá as boas-vindas a esse ciclo dinâmico de autotranscendência que motiva seus empregados a buscarem incansavelmente a mudança. Um bom exemplo de *kata* em funcionamento no nível organizacional é o processo de Confronto Construtivo, na Intel. A capacidade de confrontar alguém construtivamente ao lidar com qualquer problema de trabalho tem sido um fator-chave para o sucesso da Intel. Qualquer empregado pode expressar sua opinião diretamente à pessoa apropriada, não importando se essa pessoa for superior hierarquicamente ou mesmo o CEO.

A ICS apresentou inúmeras rotinas criativas que têm rompido claramente com as práticas passadas da Universidade de Hitotsubashi, no campus principal de Kunitachi. Alguns desses rompimentos notáveis com o passado da Hitotsubashi incluem os seguintes:

- Na ICS, todos os membros do corpo docente chamam-se informalmente adicionando o sufixo "*san*" ao sobrenome (por exemplo, Nonaka-san ou Takeuchi-san) ou por seu primeiro nome. Isso rompeu com a prática antiga de chamar alguém com mais idade de "*sensei*" (mestre ou professor).

- A ICS rompeu com prática antiga de atribuir aos membros mais jovens do corpo docente trabalho consumidor de tempo, porém não essencial, e alocou essas tarefas a poucos membros mais idosos que desejavam assumir esse encargo.

- A ICS afastou-se da prática anterior de permitir que as reuniões mensais do corpo docente durassem de quatro a seis horas, diminuindo sua duração, na maioria das vezes, para uma hora através do uso efetivo da TI.

- A ICS afastou-se da prática anterior e iniciou a contratação de profissionais de fora como empregados contratados em posições-chave na escola de administração, inclusive o diretor do programa de MBA, o diretor da TI e o diretor de relações públicas.

CAPÍTULO 12 • CRIAÇÃO DO CONHECIMENTO DENTRO DE UMA ORGANIZAÇÃO DIALÉTICA **309**

- Um membro mais idoso do corpo docente visitar a classe de um membro mais jovem era algo inédito no passado, mas a ICS institucionalizou esse sistema visando a proporcionar críticas construtivas e sugerir áreas de melhoramento.

- Os alunos não tinham um meio sistemático de avaliação dos cursos e dos instrutores no passado, mas a ICS iniciou um esquema de avaliação no qual os estudantes fornecem retroalimentação relativa a dez aspectos do curso, dez aspectos do instrutor e seis aspectos do apoio administrativo.

- Os membros do corpo docente compartilham os resultados da retroalimentação dos alunos entre eles mesmos, uma prática que não teria sido considerada no passado.

- Havia uma regra não-escrita no passado que limitava as viagens do corpo docente ao exterior a não mais do que uma vez por ano, mas a ICS encoraja seus docentes a irem ao exterior sempre que necessário.

- O currículo na ICS passa por uma importante vistoria anualmente, o que é um rompimento com a prática passada de deixar o currículo intocado por um período considerável de tempo.

Esses exemplos, por menores que sejam, refletem o desejo da ICS de buscar incansavelmente o ciclo dinâmico do aprendizado, do rompimento e da criação. A rotina criativa serve como uma disciplina coletiva que reflete nossa visão. É um programa de ação que incorpora nossos valores, crenças e normas de comportamento compartilhados.

PAVIMENTAÇÃO DO CAMINHO PARA O DESCONHECIDO ATRAVÉS DA VISÃO ABSOLUTA

A visão elimina a distância entre a realidade atual e o futuro potencial. Para a organização dialética, a realidade atual freqüentemente proporciona poucas indicações sobre o que o futuro reserva. Limitado pela turbulência, pela complexidade e pelo paradoxo, imaginar como o futuro pode revelar-se pode ser como caminhar em uma floresta escura em uma noite sem lua, ou lançar um barco no mar escuro e revolto. É exigida coragem para pavimentar-se o caminho rumo ao desconhecido. Mover-se em território não-mapeado também exige uma visão absoluta, não relativa. A visão absoluta chega ao âmago de por que até mesmo existimos. É sobre ideais, assim como sobre sonhos.

Apontar o caminho para o desconhecido a sós não é o suficiente, no entanto. Os membros da organização necessitam impulsionar o barco porque suas aspirações estão alinhadas com a visão absoluta. A visão absoluta, dessa forma, tem de estar alinhada tanto com a complexidade do ambiente quanto com o compromisso interno. A visão absoluta torna-se um pacote coerente pela sincronização do ambiente externo e a organização interna. Uma visão absoluta coerente determina que tipo de conhecimento é necessário, criado e retido.

Antes de lançar a ICS no mar escuro e turbulento, perguntamos a nós mesmos: "Por que existimos?". Nossa visão absoluta pode ser resumida como a seguir:

- Aspiramos à criação de uma escola de administração de classe mundial na Ásia.

- Aspiramos à reinvenção da educação superior no Japão.

- Aspiramos à criação de uma base para a transmissão do conhecimento gerado no Japão para os mercados internacionais.

- Aspiramos ao desenvolvimento de "capitães da inovação" que solucionarão não apenas os problemas econômicos, mas os problemas sociais no século XXI.

Três anos após o lançamento do barco, os membros da comunidade ICS – corpo docente, equipe administrativa e alunos – estão comprometidos impulsionando o barco. Também estamos determinados a passar para ideais mais elevados. O relatório de avaliação externa que recebemos em abril de 2003 confere à ICS notas extremamente altas pelos ideais superiores que está tentando transformar em realidade.

COMPARTILHANDO UM CONTEXTO DINÂMICO ATRAVÉS DO *BA*

Os estudiosos do conhecimento gerencial freqüentemente não entendem que o conhecimento não pode ser criado no vácuo. O conhecimento necessita de um contexto para que seja criado, compartilhado e utilizado. O *ba* é o contexto compartilhado em movimento no qual o conhecimento é criado, compartilhado e utilizado, como indicado no Capítulo 4. Nenhum dos três elementos interconectados discutidos anteriormente – diálogo, rotina criativa e visão absoluta – pode emergir sem o contexto compartilhado de um local dinâmico chamado de *ba*.

Embora seja mais fácil pensar no *ba* como um espaço físico, como uma sala de reuniões, ele deve ser entendido como "interações" que ocorrem em um momento e espaço específicos entre os indivíduos, em equipes de projeto, círculos informais, encontros temporários e em espaços virtuais, como os grupos de *e-mail*. Com respeito a isso, a organização pode ser vista como uma configuração orgânica de vários *ba*, onde as pessoas interagem umas com as outras com base no conhecimento que possuem e no significado que criam. Além disso, o *ba* pode ser criado através das fronteiras organizacionais com os fornecedores, concorrentes, clientes, universidades, comunidades locais e até mesmo com o governo.

A ICS tem inúmeros *ba* que possibilitam a emergência do diálogo, da rotina criativa e da visão absoluta. Tomemos, como o exemplo, o grande espaço aberto localizado no sétimo andar, onde todos os docentes em tempo integral têm seus escritórios (ver Figura 12.3). Ele tem poltronas confortáveis, da Knoll, em um espaço aberto cercado por grandes janelas e edifícios altos. É aqui que as decisões estratégicas-chave (as contratações, por exemplo) são tomadas durante as reuniões informais mensais realizadas imediatamente após o encontro dos docentes ou durante encontros casuais.

A maioria das idéias criativas na ICS também nasce aqui. Elas incluem:

- a divisão do semestre da primavera em Primavera I e Primavera II;
- a alocação de 400 mil ienes (aproximadamente US$ 3 333) por docente/ ano para a participação em conferências acadêmicas;
- o estabelecimento de programas de treinamento interno com empresas globais conceituadas;
- a contratação de um ator profissional para uma sessão de meio dia sobre a improvisação;
- o início de um projeto de pesquisa em grande escala englobando a Ásia, os Estados Unidos e a Europa, com a Toyota;
- a transformação de duas das salas de aula planas em salas com o tipo anfiteatro;
- a contratação de Landor and Associates para pintar murais (ver Figura 12.4) e colocar grandes painéis nas paredes (ver Figura 12.5) com o logotipo da ICS como parte da decoração de interior; e
- o início do programa "almoço com os reitores", onde todos os alunos de MBA são convidados a almoçar com o reitor ou com os vice-reitores, no escritório do reitor.

Figura 12.3 *Lounge* do sétimo andar.

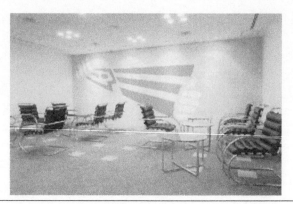

FIGURA 12.4 Mural com o logotipo da ICS.

A ICS também utiliza vários outros *ba* que permitem que as pessoas interajam umas com as outras com base no conhecimento que possuem e no significado que criam. Alguns exemplos são:

- A cerimônia do Prêmio Porter realizada no Hotel Okura, onde interagem nossos docentes e MBAs, acadêmicos de outras universidades, mídia, empresas candidatas ao Prêmio Porter no ano corrente, vencedores anteriores e convidados da comunidade de negócios e da comunidade política.
- Final das tardes de sexta-feira, quando os alunos de MBA interagem com os recrutadores no campus, muitas vezes durante o aperitivo ou lanche.
- Final das tardes de quinta-feira na primavera, quando os alunos de MBA interagem com executivos de empresas profissionais que atuam como palestrantes-convidados sobre o tópico "Como ser um profissional eficiente".
- Sessões de karaokê, onde os alunos interagem com os membros da equipe e o corpo docente.

FIGURA 12.5 Painel pendente com o logotipo da ICS.

- Torneios de golfe e pingue-pongue da ICS, onde os alunos de MBA interagem com o corpo docente e os membros da equipe.

- Um fim de semana andando a cavalo ao pé do Monte Fuji, onde os alunos, o corpo docente e os membros da equipe interagem com crianças autistas, trabalhadores voluntários, funcionários do acampamento e cavalos.

- Sessões de teleconferência e de videoconferência, onde os alunos e o corpo docente interagem com capitalistas de risco no Vale do Silício e com membros de uma organização sem fins lucrativos em Nova Delhi.

- Viagens de campo para as plantas da Toyota, da Canon e da Honda, onde os alunos de MBA e os docentes interagem com os supervisores e os operários das fábricas.

- Uma escola pública de nível médio em Tóquio, onde os alunos e os docentes interagem em inglês com os professores e alunos, assim como com os representantes da Junior Achievement, que administram um jogo de simulação para alunos do nível médio, com os alunos de MBA servindo como facilitadores.

Para encorajar o fluxo livre de idéias e de conversações, a ICS tem mais de uma centena de reproduções de obras de Kandinsky, Escher, Miro e outros artistas em suas paredes. Ela também criou um ambiente que é indutor do pensamento divergente, reunindo intencionalmente docentes e alunos provenientes de vários países, falando diversos idiomas, com antecedentes e experiências variados e possuidores de valores diferentes.

CONCLUSÃO

A habilidade de envolver dois opostos ou extremos ao mesmo tempo tornar-se-á cada vez mais importante para os líderes de amanhã. Eles terão de usar tanto a cabeça quanto as mãos. Terão de buscar tanto a melhoria contínua quanto a tecnologia perturbadora. Para criar novos conhecimentos, eles terão de abranger tanto o conhecimento tácito quanto o explícito.

Respeitando o nome de nossa universidade, a ICS tem tentado construir a "ponte" entre duas forças divergentes e sintetizar o "melhor dos dois mundos". Até agora, ela passou pelo teste de F. Scott Fitzgerald e manteve a capacidade de conter duas idéias opostas ao mesmo tempo, e ainda reter a capacidade de funcionar. O desafio para todos os autores afiliados à ICS neste livro é manter o impulso do barco no mar escuro e turbulento.

NOTAS

1. Os outros três programas consistem no Programa de MBA em Estratégia Financeira, no Programa de Política Pública Asiática e no Programa de Direito de Negócios.

2. Esta experiência de aprendizado tornou-se possível em conseqüência da aliança "estratégica" que a ICS formou com o Morgan Stanley, em 2000.

3. Em abril de 2004, todas as universidades governamentais nacionais tornaram-se universidades "semigovernamentais". O impacto da mudança ainda está para ser determinado, mas mais autonomia e independência serão proporcionadas em troca de confiabilidade e meritocracia.

ÍNDICE

3M 137-140

A

A. T. Kearney 300-301
Aaker, David 268-269
Abordagem "ambos-e" 95, 246-248
Abordagem "ou-ou" 95, 246-248
Accenture 299-300, 300-301]
Administrador intermediário 26-27, 29-30, 66, 72-73, 84-85, 132
Aglomerado 35-36, 166-167, 170-171, 179-180, 190-191, 210-211
Agregração de interfaces 274, 276-278
Ahmadjian, Christina 201-202, 206-207, 211-212, 214-216
Akutsu, Satoshi 251-252, 268-269
Amazon.com 283-285
Amway do Japão 295-296
Analogia 25-26, 40, 46-48, 62-66, 69-70, 72-73, 97-98, 168-170, 191
Ando, Kunitake 262-263
Andrews, Kenneth 94-95, 115
Antítese 17-18, 20-23, 32-33, 36-37, 158-159. 222-223, 226-227, 305-306
Armadilha da modularidade 278-280, 291-293
Arquitetura do negócio 270-293
Asahi Breweries 66
Asakai 34-36
Askul 282-285, 288-295
Autonomia 72-73, 82-83, 86-87, 108-110, 313-314

B

Ba 25-26, 35-36, 38, 92-93, 99-116, 127-130, 137, 166, 169-172, 179-184, 191, 193-194, 201-210, 214-215, 239-240, 252-253, 258, 262-265, 284-285, 298-299, 305, 309-313
Bartlett, Christopher 134-135, 139-140, 166, 170-171, 199-200
Base doméstica 167-168, 170-171, 183-184
BMW 229-231, 241-243
Booz Allen Hamilton 300-301
Boston Consulting Group 300-301
Branding, capacidades de 251-252, 255-258, 267-269

British Petroleum 299-300
Brown, John Sealy 121-122, 125-126, 139-140
Burgelman, Robert 218, 248-249

C

Cadeia de valor 139-140, 165-172, 183-184, 186, 190-191, 193-199, 238-239, 265-266, 282-283
Canon 30-37, 38, 40, 48-49, 52-53, 64-65, 74-77, 173-174, 177, 181-182, 186, 188, 190, 199-200, 294-295, 215-216, 301-302, 312-313
Caos criativo 26-27, 76-78, 108-110
Caos 21, 26-27, 47-50, 76-78, 82-83, 87-92, 108-110
Capitães da indústria 301
Casio 176-177, 181-182
Champy, James 140-141
Christensen, Clayton 164
Cisco 273-274, 300-301
Clark, Kim 164, 292-293
Coabitação limitada 148-154, 159-160, 162-164
Cole, Michael 248-249
Collins, James 37
Combinação 22-28, 30-31, 43-44, 55, 59-60, 65-70, 82-86, 95, 97-99, 144-146, 168-170, 178-179, 186-187, 191, 193-194, 196-199, 202-204, 207-211, 213-214, 254-259, 262-264, 272-275
Comoditização 143-144, 271-273, 278-282, 291-293
Competição global 165-167, 170-172, 181-182, 191, 198-199
Compromisso 29-30, 40-44, 46-47, 51-52, 55-58, 62-63, 72-73, 76-78, 104-105, 108-111, 127-130, 132-133, 137, 151-152, 178, 205-207, 218, 229, 237-238, 248-249, 261-262, 264-265, 289-290, 309-310
Comunidade 25, 57-58, 70, 89, 102-103, 123-126, 128-131, 137-138, 202-203, 208-209, 263-264, 267-268, 284-285, 300-301, 309-310, 312-313
Conceito de produto 29-30, 41-42, 45-48, 52-53, 63-67, 70, 97-98, 103-106, 127, 133-134, 142-153, 158-164, 168-170, 177, 181-183, 196, 229-230, 238, 263-264
Condições de demanda 167, 172, 179-180, 182-183
Condições de fator 167, 180-183
Condições possibilitantes 71, 81, 86-88, 132-133, 161
Confiança 61-62, 104-105, 109-110, 203-204, 296-297, 245-246, 252

316 ÍNDICE

Conhecimento
  ativistas 128-129, 131-132, 132, 137
  conversão 22-27, 55, 58-60, 62-66, 68-70, 81,
    83-86, 97-100, 166, 168-172, 183-184, 186-187,
    191, 196-199, 253-254, 257
  criação 17-18, 21-31, 37, 40-43, 46-50, 52,
    54-59, 63-73, 76-85, 87-89, 91-99, 103, 104-105,
    110-141, 169-172, 199-216, 219-221, 223, 248-249,
    251-257, 262-265, 268-269, 294-295, 305, 307-308
  espiral, 68-73, 76-80, 82-84, 99-100, 169-170, 211,
    213-214
  possibilitação 119-120, 126-129, 132, 135-138
  trabalhadores, 118-119, 127-128
  visão 103, 108-109, 128-130, 132, 137, 258-263,
    267-269
Conhecimento análogo 58-59, 289-291
Conhecimento arquitetônico 271-273, 281-282,
  287, 289-290
Conhecimento da marca 251-269
Conhecimento da marca, patrimônio do 258,
  262-263, 265-268
Conhecimento da marca, visão do 258-263,
  267-269
Conhecimento digital 58-59
Conhecimento explícito 18-19, 21-32, 37, 42-45,
  47-48, 54-55, 57-60, 63-70, 79-83, 93-99, 101-102,
  102-103, 115, 125-126, 133-134, 137, 150-151,
  168-170, 182-184, 186-187, 191, 196-197, 202-203,
  206-207, 209-210, 211, 213-214, 220-221, 225-226,
  252-257, 261-262, 313-314
Conhecimento integral 270-271, 274-286, 290-291
Conhecimento local 127-129, 133-138
Conhecimento modular 274-276, 278-283,
  288-289, 291-292
Conhecimento tácito 18-33, 37, 40-45, 47-48,
  52-54, 57-70, 77-79, 81-83, 84-87, 92, 96-99,
  102-103, 114-115, 115, 117, 123-139, 150-151,
  168-172, 179-184, 186-187, 191-193, 196-200, 202,
  204-207, 210-211, 211, 215-216, 220-221, 226-227,
  248, 252-258, 262-263, 267-268, 290-291, 299-300,
  302-303, 305
Contexto dinâmico 265-268, 305, 309-310
Contexto para estratégia da empresa e rivalidade 167-168
Contexto 21-22, 24-26, 28-29, 35-36, 42-43, 45-46,
  49-52, 55-61, 65-66, 70-71, 77-79, 85-90, 93-95,
  99-100, 104-105, 107-108, 110-111, 113-115,
  119-120, 127-130, 132-138, 143, 145-146, 152-154,
  162-163, 166-170, 172, 191-193, 202, 210-211,
  213-214, 222-225, 238-240, 244-245, 254-256, 258,
  262-268, 290-291, 305, 309-310
Contradição 17-21, 25-27, 31-32, 34-37, 46-48,
  65-66, 86-87, 89, 91-92, 94-98, 103, 115, 160-161,
  246-248, 297-298, 307-308

Conversações 65-66, 127-132, 136-137, 286,
  313-314
Crença verdadeira justificada 55-56, 120-121,
  253-256, 264-265
Crenças 19-20, 30-32, 150-151, 255-256, 264-265,
  309
Criação do conhecimento interorganizacional 29,
  201-202, 204-214

D

Daimler Chrysler 211
Daiwa Securities 295-296, 304-305
Dell Computer 272-273
Denso 205-206
Descartes 24-25, 301-302
Desenvolvimento de produto estilo rúgbi 78-79
Dialética 17-18, 20-22, 24-25, 37, 115, 217-218,
  222-223
Diálogo 23-26, 35-36, 48, 52, 61-62, 69-70, 76-77,
  85-86, 89-92, 97-98, 102-103, 110-111, 115-116,
  182-184, 191, 202-203, 209-210, 214-215, 217-227,
  238-240, 243-246, 248, 254-256, 263-264, 284-285,
  304-306, 309-311
Diferenciação de valor 142-145, 147-154, 157,
  161-164
Disney 252, 256-257, 263-264
Drucker, Peter 115-116
DSC (câmera fotográfica digital) 172-197
Dualismo cartesiano 24-25

E

Empresa criadora de conhecimento 22-23, 26-29,
  39-45, 47-54, 117, 140-141, 199-200, 216, 249-250
Empresa dialética 30-33, 36-37, 95, 115-116,
  246-247, 308-309
Enoki, Keiichi 106-109, 112-115
Epistemologia 54-59, 85-86, 140-141
Esquema 58-59, 253-254
Estratégia emergente 218-227, 232-233, 235-238,
  241-244, 247-248, 265-266
Estratégia intencional 218-227, 229-230, 233,
  235-238, 242-243, 247-248
Externalização 22-28, 55, 59-60, 62-67, 69-70,
  81-85, 93-94, 96-97, 99, 115, 168-170, 183-184, 191,
  192-194, 196-199, 202, 254-257, 262-264

F

Fidelity Investments 300-301
"Filhos dos Sonhos Digitais" 261-265
Flutuação 76-78, 80-83, 181-182, 236-237

Í N D I C E   **317**

Fragilidade 127-128, 135-136, 278-279
Fuji Film 173-174, 178, 181-182, 186, 188-190, 195-196, 200
Fuji Xerox 74-75, 298-300, 304-305
Fujimoto, Takahiro 215-216, 248-249, 292-293

G

GE 66-68, 118-119, 300-301
Gerlach, M. L. 206-207, 215-216
Gerstner, Louis V. 30-32, 37
Gestalt, psicologia 57-58
Ghemawat, Pankaj 248-249
Ghoshal, Sumatra 139-140
Giddens, A. 115-116

H

Haas Business School 294-295
Hamel, Gary 37
Hammer, Michael 140-141
Handa 192-193
Handy, Charles 17-18, 37
Hayek 99, 116-117
Hegel 92-93
Heidegger 99
Henderson, Rebecca 164
Hewlett-Packard 185-186, 188, 190
Hipertexto 28-29, 132-133
Histórias organizacionais 123-125
Honda City 25-26, 40, 45-46, 52, 62-63, 66-69, 142-143
Honda 25-26, 40, 45-48, 50-53, 60-69, 73-75, 79-80, 142-143, 256-257, 294-295, 298-299, 301-302, 312-313

I

IBM
Ibuka, Masaru 258-259
Ichijo, Kazuo 116-119, 138-139, 216
Ichiro 307-309
ICS 294-314
ICS, logotipo 296-297, 311-312
Idei, Nobuyuki 261-266
Indústria do disco rígido (HDD) 279-280
Indústrias relacionadas e de apoio 172
Intenção 55-57, 70-78, 82-83, 86-87, 99, 103-105, 107-108, 119-120, 156-157, 218-219, 222, 232-233, 235-236, 262, 274, 279-280, 284-286, 291-292, 299-300, 307-308, 313-314
Interdependência de opostos 221-222

Internalização 22-28, 44, 55, 59-60, 66-70, 82-85, 97-99, 168-170, 183-184, 202, 254-257, 262-264
Interpenetração de opostos 21-22
Ishihara, Shintaro 301
Ishikura, Yoko 165-166, 211-212
Ito, Tokuichi 155-158, 164
Iwata, Shoichiro 284-285, 292-293

J

Josui-kai 300-301
Junior Achievement 312-313
Justificação 51-52, 121-129, 135-138

K

Kakimi, Masakazu 304-305
Kamiyama, Kazuo 155-157, 164
Kanahara, Yoshio 108-109
Kao 40, 48-51, 80-84
Kata 308-309
Kawabata, Masaki 106-107
Keller, Kevin 252-253
Kikukawa 176-177, 198-200
Kishimoto 176-179, 200
Knoll 310-311
Know-how 19-20, 42-44, 58-59, 66-67, 145-150, 163-164, 168-170, 180-181, 183-184, 252-254, 255-257, 262-263, 265-268, 285-286
Know-what 142-143, 145-154, 163-164
Know-why 144-145, 148-150, 163-164
Kobayashi, Taiyu 77-78, 88
Kodak 185-190
Kojima, Yuichi 155-156, 164
Kojima, Yusuke 176-177, 182-183, 191
Komiya 192-198
Konica 186
KPMG 300-301
Kraft General Foods 66
Kusunoki, Ken 142-143, 270-271, 292-293

L

L. L. Bean 302-303
Landor and Associates 311-312
Lehman Brothers 300-301
Leonard-Barton, Dorothy 164
Lexus 217-218, 222-223, 226-249, 301-302
Lincoln, James 214-216

M

Mabuchi Motor 298-299
Máquina de pão 64-65, 74-75
Marines dos Estados Unidos 19-21, 294-295
Matsui Michio 301
Matsunaga, Mari 107, 113-115
Matsushita 40-44, 47-48, 52-53, 61-62, 64-65,
  67-69, 74-75, 80-81, 173-174, 181, 188, 190,
  195-196, 206, 215-216, 294-295
Matsushita, Konosuke 206-207, 256-257
Mazda 62, 74-75, 211
McKinsey & Co. 299-300
Melhor de Dois Mundos 30-31, 297-298, 313-314
Mercedes-Benz 229-230
Metaconhecimento da marca 258-262, 267-269
Metáfora 24-25, 29, 40-41, 45-48, 50-51, 62-66,
  69-70, 85-86, 89-90, 97-98, 114-115, 130-131,
  168-170, 191, 196-197, 202-203, 214-215, 222,
  292-293
Microcomunidades 122-123, 128-137
Microsoft 143-144, 161-162, 230-231, 273-274,
  278-279, 300-301
Middle-up-down 26-27
Mikitani, Hiroshi 283-284, 292-293, 301
Ministério de Educação, Cultura, Esportes, Ciên-
  cia e Tecnologia (MECECT) 294-296, 303-304
Mintzberg, Henry 218-219, 248-250
Mitarai, Fujio 32-36, 38
Mitos da empresa 124-125
Mitsubishi Motors 211
Modelo de rede de memória associativa, 252-253,
  265-266
Modelo diamante 166
Modelos mentais 19-20, 30-31, 42-43, 44, 58-62,
  66-67, 69-70, 84-85, 89-90, 253-256, 262, 267-268
Monitor 143-144, 154-155, 177, 181, 253-254, 257,
  266, 272-273, 276-277, 300-301
Monsanto 124-125
Morgan Stanley 199-200, 295-296, 299-300,
  304-305, 313-314
Multivocalidade 217-227, 232-233, 235-236,
  239-250, 307-308

N

Natsuno, Tsuyoshi 107-108, 113-115
NEC 40, 50-51, 61-62, 71-72, 74-75, 106-107, 178,
  181, 195-196
Nichirei 265-266
Nikon 181-182, 189, 199-200
Nishida, Kitaro 99-100, 116-117, 301-302
Nissan 77-78, 206, 211

Nokia 118-119
Nonaka, Ikujiro 17-18, 39-40, 54, 58-59, 74-81,
  84-99, 104-105, 116-117, 120-121, 132-133, 138-141,
  164, 166, 168-170, 198-200, 202-203, 209-211,
  215-216, 220-221, 239-240, 248-249, 251-252,
  268-269, 292-293, 301, 307-309
NTT DoCoMo 103, 106-107, 112-113, 282-283,
  290-291, 294-295, 298-300

O

Ogilvy 300-301
Ohga, Norio 258-261
Okuda, Hiroshi 109-112, 301
Olympus 165-166, 172-189, 191-200, 294-295
Ontologia 55
Opostos 17-23, 36-37, 221-223, 246-247, 282-283,
  297-298, 305-308, 313-314
Orpheus, orquestra 312-313
Osono, Emi 217-218, 248-249

P

Pacto do Lexus 227, 229, 237-238, 243-244
Padronização de interfaces 274
Palmisano, Samuel 32
Paradoxo 17-22, 34-37, 91-93, 138-141, 164,
  272-273, 289-291, 297-298, 305-306, 309
Pensamento dialético 91-93
Perspectivas compartilhadas 220-221, 236-237
Perspectivas diversificadas 224-227, 244-245
Pfizer 300-301
Philip Morris 300-301
Piaget, Jean 89, 120-121, 140-141
Planejar-Fazer-Verificar-Agir 245-246
Platão 99, 301-302
Polanyi, Michael 42-43, 57-59, 63-65, 72-73, 83-84,
  86-87, 89-90, 110-111, 116-117, 121-122, 140-141
Porter, Michael 117, 166, 199-200
Prahalad, C. K. 140-141
Prêmio Porter 295-296, 312-313
Prius 103-105, 108-113
Processo de elaboração de estratégia 217-227,
  232-233, 235-238, 241-244, 247-248
Processo de síntese 91-93, 95
Prophet 45-46, 300-301

R

Rakuten 282-284, 287-288, 294-295, 301
Redes 65-66, 79-80, 97-98, 132, 139-140, 179-180,
  201-204, 207-216, 239-240, 244-246, 282-283,
  288-291

Redundância 48-49, 76-80, 82-83, 86-87, 108-109, 225-226, 243-244
Rotina criativa 35-36, 305, 307-311

S

Sako, M. 215-216
Sanyo Electric 177
Sato, Gordon 304-305
Saxenian, A. 216
Schumpeter, Joseph 17-18
Seven-Eleven 101-103, 294-295
Sharp 40, 50-51, 66-67, 77-78, 132-133, 173-174, 176-177, 181, 195-196, 212-213, 273-274
Siemens 118-119, 137-138
Simon, Herbert 18-19, 39-40, 164, 301-302
Síntese 21-33, 35-37, 64-65, 91-92, 94-95, 98-99, 110-111, 124-125, 158, 160-161, 191, 197-198, 222-223, 226-227, 246-247, 265-266, 282-283, 287, 296-297, 306-307
Skandia 118-119
Socialização 22-28, 42-44, 55, 59-62, 66-70, 81-87, 95-97, 99, 125-126, 168-170, 182-183, 202, 213-214, 254- 257, 263-264
Socialização, Externalização, Combinação, Internalização (SECI), 22-24, 92-93, 98-99, 103, 115-117, 193-194, 196, 199-202, 204-205, 209-210, 213-214, 257
Sony 142-143, 155-157, 164, 173-174, 181-182, 186, 188, 190-191, 195-196, 251-252, 258-266, 268-269, 288-289, 294-295, 298-299
   AIBO 262-264
   Espírito 258-266
   MAV-555, gravador de disco 153-154
   Mundo de Sonhos 259-260, 262-264
   VAIO, computador pessoal 190-191
   Walkman 142-143, 155-156, 159-160, 258-259, 265-266
Starbucks Coffee 299-300
Suzuki, Ichiro 237-238, 246-248

T

Takeuchi, Hirotaka 17-18, 54, 88-90, 117, 140-141, 199-200, 216, 248-249, 294-295
Tanaka, Hiroshi 47-48, 63-65
Tanaka, Ikuko 41-44, 52-53, 61-62
Taylor, Frederick 18, 39-40
Teece, David 117, 292-293
Teoria da estruturação 92-93, 95
Tese 17-18, 20-23, 24-33, 35-37, 64-65, 84-85, 91-92, 94-99, 101-103, 111, 124-125, 158-161, 191, 197-198, 222-223, 227, 247-248, 265-266, 282-283, 287, 296-299, 301-302, 305-307
TI 168-170, 200, 211-212, 263-264, 270-283, 287-293, 301, 303-304, 308-309
Tokuhiro, Kiyoshi 113-114
Toyama, Ryoko 91-92, 117, 199-200, 216
Toyota 92, 94-95, 103-113, 115, 201-236, 238-239, 241-249, 294-295, 298-299, 301-302, 311-313

U

Uchiyamada, Takeshi 105-107
Unidade de opostos 21-22
Unilever 118-119, 136-137
Universidade de Hitotsubashi 89, 214-215, 248, 294-295, 301, 303-305, 308-309
Univocalidade 217-227, 238, 240-241, 244-246, 248

V

Vale do Silício 167, 178-179, 201-204, 207-216, 299-300, 312-313
Vantagem local 167, 179-180, 186
Variedade de requisito 79-83, 86-87, 108-109
Verdade, Virtude e Beleza 260-261, 268-269
Visão absoluta 305, 309-311
Volvo 229-230
von Krogh, Georg 117, 138-141, 216

W

Watanabe, Hiroo 25-26, 45-47, 52-53, 62-63, 68-69, 75-78
Weick, Karl 89-90, 140-141, 249-250
Wertsch, James 249-250
Williamson, Oliver 216

X

Xerox 38, 74-76, 87-88, 125-126, 298-300, 304-305

Y

Yaegashi, Takehisa 111-112
Yamamoto, Kenichi 51-52

Z

Zen 25